Handbook of Positive Psychology

긍정심리학 핸드북

C. R. Snyder · Shane. J. Lopez 편저
이희경 역

학지사

Handbook of Positive Psychology

Edited by C. R. Snyder · Shane J. Lopez

역자 서문

"어쩌면 우리는 긍정적인 감정들이 너무나 소중하기 때문에 그 생존 가치를 잘 잊어버리는지도 모른다. 마치 물고기가 자신이 헤엄치고 있는 물에 대해 의식하지 않는 것처럼, 우리도 어느 정도의 희망, 사랑, 기쁨 그리고 믿음 등을 당연한 것으로 받아들인다. 왜냐하면 이러한 것들이 바로 우리를 살아가게 하는 조건들이기 때문이다."(Myers, 2000)

박사학위를 마치고 Brain Korea 21 연구교수로 있을 무렵 우연히 옥스퍼드 출판사에서 출간된 『긍정심리학 핸드북(*Handbook of Positive Psychology*)』을 통해 마틴 셀리그먼(Martin Seligman)의 글을 접하고, 마치 같은 생각을 하는 친구를 만난 것 같은 반가운 마음으로 단숨에 글을 읽어내려갔던 생각이 난다. 이 책이 담고 있는 내용들, 즉 희망, 낙관성, 안녕감, 몰입, 창의성, 미래지향성, 지혜, 용기, 용서, 감사, 영성, 사랑, 유머 등에 관한 참으로 방대한 문헌들을 읽고 이렇듯 다양한 긍정심리 변인들이 과학적으로 연구되어왔다는 사실에 다시 한 번 놀랐다. 긍정심리학에 대해 공부하고 싶은 마음에 번역을 시작하였으나 문헌의 방대함과 나의 늑장으로 이 번역서가 나오기까지 무척 오랜 시간이 걸렸다.

그동안 심리학은 주로 치료에 큰 비중을 두는 학문으로, 인간기능에 대해서 질병 모형에 기초하여 주로 손상된 부분을 교정하는 것에 초점을 맞추어왔다. 물론 이러한 교정심리학이 기여해온 바가 적지 않지만 그동안의 심리학은 병리적인 부분을 진단하고 치료하는 데 지나치게 주목함으로써 인간의 긍정적인 특성, 즉 자원과 강점을 발견하고 증진하는 것이 상담 및 치료의 핵심이라는 점을 간과하는 우를 범하였다. 긍정심리학의 목표는 삶에서 발생할 수 있는 가장 최악의 사태들을 보수하는 데에 골몰해 있던 심리학을 최상의 삶의 질을 형성하는 방향으로 변화하도록 촉진하는 것이다. 이전의 불균형을 바로잡기 위해서는 인간의 강점계발을 정신질환의 치료와 예방의 전면에 내세워야 한다고 저자들은 강조하고 있다.

『긍정심리학 핸드북』 원서에는 55개 장에 이르는 참으로 다양한 긍정심리학 연구 분야들이 망라되어 있다. 하지만, 이 역서에서는 역자의 관심 주제인 13개 장만을 우선 번역하였다. 1장부터 3장까지에서는 긍정심리학의 배경과 주요 논점이 제시되었고, 4장부터 12장까지에서는 심리적 안녕감, 낙관주의, 희망, 자기효능감, 사랑, 공감과 이타주의, 유머, 명상, 영성에 관한 체계적인 문헌들이 소개되었으며, 13장에는 긍정심리학의 미래에 대한 내용이 담겨 있다.

역자 개인적으로는, 번역 과정에서 인간의 강점과 긍정적 심리특성에 대한 방대한 연구 결과들을 접하게 된 것도 성과이지만, 무엇보다 긍정심리학이라는 패러다임의 전환으로 기존의 평가나 상담이론 및 상담과정을 재발견하고 새로운 이해를 하게 된 것이 더 큰 소득이라는 생각이 든다. 자신이 할 수 있다고 믿는 것의 가치, 앞으로 잘 될 거라고 믿는 기대의 힘, 목표를 추구하고 인내하는 것의 소중함, 문제에 다가서려는 용기, 자신이나 타인에 대해 기존 생각을 멈추고 지금 여기서 있는 그대로를 보려는 노력, 삶의 한계를 기꺼이 수용하게 하고 그 안에서 또 다른 삶의 의미를 발견케 하는 영성의 심리학적 이해 그리고 이 모든 것들이 가치 있는 것임을 스스로 믿어야만 발견 가능하고, 그 긍정적 특성 변인들이 개인 내에 변화와 성장의 동인으로 작용한다는 생각을 하게 되었다.

아울러 상담심리학을 배우고 가르치는 사람으로서 무엇이 사람을 변화하고 성장하게 만드는가에 대해 깊이 생각하는 소중한 기회가 되었다. 상담에서의 변화란 내담자의 결함과 손상된 부분을 복구하는 것만이 아니라 내담자 안에 있는 강점을 발견하고 성장하도록 돕는 것이며, 문제를 이해한다는 것은 문제행동의 분류체계(예: DSM)에서 정확하게 진단하고 문제의 원인을 찾는 일이 아니라, 상담자가 자신을 넘어서 내담자의 존재에 대해 깊은 관심을 기울이고 함께 나누며 내담자에게 변화하는 그 과정을 해낼 수 있다는 믿음을 보여주는 것이고, 또한 내담자가 겪고 있는 문제도 성장해가는 하나의 과정으로 소중하게 받아들이는 것임을 다시금 생각하게 되었다. 이 과정에서 상담자의 가치나 태도가 무엇보다 중요하며, '내담자가 어디에 있었는가보다는 어디로 가기를 원하는지를 이해하는 것'이 그 핵심이라고 생각된다. 그동안 상담자들이 문제를 이해하고 해결하는 훈련을 받는 데 집중한 나머지 내담자의 자원과 강점을 발견하고 인간의 긍정적 심리특성 및 강점의 역동을 이해하고 훈련받을 기회가 적었던 것 같다. 앞으로 이러한 이해를 바탕으로 한국에 적합한 긍정심리학적 상담 모형 및 개입 프로그램의 개발 등이 이루어지기를 기대한다.

이 책이 나오기까지 지면 관계상 일일이 열거할 수 없을 만큼 많은 분들의 도움이 있었다. 특별히 초고의 어눌함과 오역된 부분을 헌신적으로 꼼꼼하게 바로잡아주며 상담 장면에서의 긍정심리학적 의미에 대해 함께 고민하고 토론했던 연세대학교 심리학과 이동귀 교수님께 진심으로 감사드린다. 이 과정을 통해 사람을 이해하고 변화하는 과정에서 무엇이 소중한 것인가에 대해 깨달을 수 있었던 것 같다. 아울러 가톨릭대학교 대학원에서 긍정심리학 세미나 및 긍정심리상담 강좌를 통해 함께 공부한 제자들과 대학원생들에게 감사의 마음을 전한다. 또한 이 책의 출간을 흔쾌히 동의하고 지원해주신 학지사 김진환 사장님과 충실하게 책의 완성을 도와준 편집부 이지혜 차장님께 감사드린다.

그리고 언제나 전폭적인 지지자가 되어주는 남편과 세 아이들 홍권, 지은, 준원에게 고마운 마음을 전하고 싶다.

끝으로 이 작은 결실이 긍정심리학 분야에 관심 있는 분들께 배움의 디딤돌이 될 수 있기를 기대해본다.

2008년 8월

이희경 드림

한국어판 편저자 서문

궁정심리학의 활약상을 보게 되어 기쁘다.

어제는 인간이 지닌 최상의 특성(긍정성)이 어떻게 긍정적인 성과를 이끌어내는지를 볼 수 있었던 특별한 기회가 있었다. 나의 어린 조카 베일리(Bailey)는 주니어 올림픽에서 장대높이뛰기에 참가했다. 그 아이의 기술, 희망, 결의는 코치, 가족, 친구들의 격려와 더불어 베일리가 자기 최고기록에 근접하는 성과를 내도록 하였다. 베일리와 다른 참가자들의 성취는 따뜻하고 지지하는 분위기 속에서 이루어졌는데, 여기에서는 물론 승자에게 메달이 수여되지만 그보다 각자의 노력과 팀의 협력이 더 중요시되었다.

긍정심리학자로서 나는 희망과 지지가 어떻게 경기장의 주니어 올림픽 참가자들에게 영향을 미치는지 정말 궁금했다. 이내 나는 몰입의 빈도와 지속기간이 특출한 개인 및 팀과 그렇지 않은 사람(들)을 가장 잘 구별할 수 있을 것이라고 생각하였다. 만일 운동경기에 긍정심리학을 적용해본다면 과연 어떤 변인들이 좋은 성과를 이끌어낼 수 있을까? 『긍정심리학 핸드북』에 공헌한 학자들은 이 질문을 포함한 우리 삶의 성과들과 관련된 수많은 문제들에 대해 질문하고 답하였다. 훌륭한 원고를 써주신 이분들께 감사드린다.

아울러, 한국 독자들이 긍정심리학의 정수를 접함으로써 각자의 삶의 문제와 연구에 긍정심리학 이론들을 적용할 수 있도록 기회를 마련해주신 가톨릭대학교 이희경 박사님께 감사드린다. 끝으로, 여러분들이 가치 있는 삶을 영위하는 데 도움이 될 공부를 하고자 결심한 것을 알면 하늘나라에서 매우 기뻐하실 나의 은사 릭 스나이더(C. R. Snyder) 박사님을 회고한다.

네브래스카 주 오마하에서

셰인 로페즈(Shane J. Lopez)

서 문

이 책에 공헌한 많은 학자들이 사람들로 하여금 삶의 긍정적 측면에 초점을 맞추도록 하는 데 기여했다는 점이 나를 매우 기쁘게 한다. 나는 연구를 통해 인간정신의 창조적 가능성을 확인하고, 고양시키며, 축하한 이 과학자들이 언젠가 비전을 가진 리더로 인식될 거라고 확신한다.

최근까지 나는 삶의 질을 높이는 데 힘이 되는 영적 법칙들—사랑, 희망, 감사, 용서, 기쁨, 미래지향적 태도, 겸손, 용기 그리고 고귀한 목적과 같은 긍정적인 특성과 미덕—을 조사하는 과학적인 연구에 대해 들어본 적이 거의 없었다. 아마도 이러한 영적인 법칙과 성격특성에 대한 나의 오랜 관심은 다음의 관점을 공유함으로써 가장 잘 이해될 것이다. 나의 할아버지는 시민전쟁 때 의사였으며, 내 자녀들 중 몇 명도 의사이다. 지난 세기에 걸쳐 의학연구에 쏟아 부은 엄청난 재정적 자원 때문에, 나의 자녀들이 조부보다 인간의 신체에 관해서는 백 배 혹은 천 배 더 잘 알게 되었다는 데 우리 모두 동의할 거라고 생각한다. 그러나 나는 우리가 인간의 정신에 관해서는 왜 이렇게 아는 부분이 적은가에 대해 항상 궁금해왔다.

이 책에서 강조된 연구 결과들을 보면 재능 있는 많은 학자들과 상을 수상한 연구자들이 예전의 그들 원칙의 핵심(삶의 도전들을 통해 배우는 인간정신의 힘을 이해하려는 것)이던 것을 되찾고 있다는 압도적인 증거를 발견할 수 있다. 이 책의 각 장을 쓴 연구자들과 그리고 그들의 연구에 영감을 받은 수많은 사람들이 우리가 긍정심리학을 이해하는 길잡이와 같은 역할을 할 수 있는 본질적인 질문 "무엇이 이기적이 되려는 생물학적 경향을 극복하고 인간 본성의 긍정적인 특성을 가꾸고 유지하는 것에서 삶의 의미, 목적, 가치를 찾도록 하는가?"에 대해 더 많이 알도록 도와주기 위해 용기 있게 자료를 수집하고 가설을 검증하고 있다.

사실, 나는 그 어느 때보다 더욱 낙관적이어서, 빠른 시일 내에 과학자들이 내 삶의 지향점이 되어온 영적 법칙, 즉 '이타적 사랑'에 대한 인류의 이해를 증진시킬 새로운 발견들을 출판할 것이라고 생각한다. 내가 좋아하는 속담 중에 "모아둔 사랑은 작아지지만, 나눈 사랑은 자라난다."라는 말이 있다. 사랑은 돈보다 강하다. 사랑은 돈과 같지 않아 줄수록 더 남는다. 사랑하는 독자 여러분, 어쩌면 당신도 이타적 사랑과 같은 영적 원칙을 과학적 혹은 경험적으로 연구하는 사람이 될지도 모른다. 모든 인류의 근본이 되는 '삶의 법칙'에 대해 더 많이 알게 됨으로써 우리 모두가 도움을 받게 되지 않을까?

끝으로, 나는 현재와 미래의 연구자들이 긍정심리학의 비전을 깨닫고, 연구재단들과 정부가 이처럼 중요한 작업을 지원하는 계획을 주도해 우리 모두 겸양의 정신을 바탕으로 전진하기를 희망한다. 우리는 신께서 개개인과 인류에게 주신 많은 선물들에 대해 잘 알지 못하고 있다. "우리가 알고 있는 지식이 얼마나 보잘것없으며, 과연 우리는 얼마나 진실로 배우려고 애쓰는가(How little we know, how eager to learn)."라는 현자의 말처럼.

Radnor, Pennsylvania Sir John Templeton

편저자 서문

우리는 얼마나 자주 심리학의 새로운 접근을 위한 첫 핸드북을 만드는 기회를 갖게 될까? 이 『긍정심리학 핸드북』을 준비하면서 평생에 한 번 있을 학문적 모험을 했다. 우리는 이 책을 준비하는 데 의문을 던진 적이 없다. 우리는 적절한 시간과 장소에 있었고, 이 책은 그렇게 나오게 되었다.

운 좋게도 옥스퍼드 대학교 출판사의 훌륭한 편집자인 Joan Bossert 그리고 Catharine Carlin과 이 책의 필요성에 관한 관심을 나누었고 막대한 양의 편집을 순조롭게 완성하였다. 또한 이 책의 각 장 저자들도 우리의 요청에 흔쾌히 동의해주었다. 기쁘게도 이 책은 거의 스스로 태어났다. 이러한 공헌을 이 책의 저자들의 열정과 그들의 긍정심리학 개념과 과학에 돌린다.

우리는 한 편집팀으로 이 책을 완성하였다. Snyder는 세부적인 부분에 대한 충실한 감독관이면서도 생각과 표현에 있어 독창성을 추구했다. Lopez는 아이디어 간의 관련성을 검토하고, 관련된 문헌들을 요청하였으며, 편집 과정에서 놀라운 열정을 보여주었다. 이런 노력을 바탕으로 각 장에 나온 문장 하나하나에 대해 분석하고 의견을 제시할 수 있었다. 요컨대, 우리는 적극적인 자세로 편집에 임했다. 많은 상을 수상한 학자, 뛰어난 교수이며 명예로운 학위를 가진 이 책의 저자들은 이러한 세밀한 편집 요구에 대해 주저할 수도 있었을 것이다. 그러나 그들은 그렇게 하지 않았다. 대신에 그들은 우리의 피드백을 받아들이고 이미 훌륭하게 쓰인 초고를 훨씬 더 뛰어난 장으로 바꾸어놓았다. 우리는 인내심을 갖고 이 과정을 따라준 훌륭한 저자들에게 고마움을 표한다. 최고를 향한 그들의 헌신을 이 책의 모든 장에서 볼 수 있을 것이다.

각 장의 주제에 대한 독자들의 이해를 돕기 위해 저자들에게 해당 영역에 대한 훌륭한 개관논문을 어디서 찾을 수 있는지 명시하도록 요청하였다. 이 논문들은 참고문헌에 별표로 표시되어 있다. 독자들이 주제에 대해 자세한 설명을 원한다면, 이 관련 문헌을 참조하기 바란다.

이제, 뛰어난 학자들의 공헌을 정독하기 전에, 자아도취적이고 절망적이며 심리적 문제들과 약점들로 가득 찬 사람들이 있는 행성을 상상해보자. 혼돈, 불안, 공포 그리고 적대감이 그들의 마음에서 일어난다. 이들은 서로가 거짓말, 속임수, 핍박, 싸움, 살인으로써 소통한다. 그들은 서로 상처를 주고, 자기자신에게도 상처를 입힌다. 물론, 이 상상의 행성은 멀리 있지 않고 우리가 지구라고 부르는 곳이다. 비록 이러한 문제들이 있다고 하더라도, 이는 인류의 약점에 초점을 맞추는 심리학의 성향으로 인해서 더욱 커진다. 이제 다른 행성을 상상해보자. 사람들이 서로 돌보고, 희망적이며, 심리적 강점에 제한이 없다. 그들의 생각과 감정은 맑고, 초점이 있고, 평화롭다. 이들은 서로 시간을 내서 말하고 들음으로써 소통한다. 그들은 자신과 서로에게 친절하다. 다시 말하지만, 멀리 있지 않은 이 상상의 나라는 지구다. 이런 긍정적인 기술은 지구상의 많은 사람들에게 필요하다. 이에 관해서, 냉소적인 사람들을 포함하여 어느 누구도 후자의 결론에 대해 이의를 달지 않을 것이다. 그러나 심리학을 포함해서 어떤 과학도 사람들의 이런 긍정적인 부분을 진지하게 바라보고 있지 않다. 긍정심리학이 강조하는 것이 이 후자의 부분이다. 이 책은 인류의 긍정성에 대한 과학적 개관을 제공한다. 유망한 새로운 패러다임이 생겨났을 때 여러분과 같은 사람들의 의견과 반응들이 이 긍정심리학의 운명을 결정지을 것이다. 비록 과학이 특정 개념과 사실에 바탕을 두고 진보하지만, 새로운 이론의 성공은 지지자들을 얻는 능력에 달려 있다는 것 또한 사실이다. 이러한 점에서, 이 책은 여러분이 긍정심리학이 살아남을 수 있는가를 결정할 때보다 충실한 이해를 바탕으로 임할 수 있도록 도와줄 것이다.

Lawrence, Kansas C. R. Snyder
Shane J. Lopez

차 례

04 심리적 안녕감
마음집중 대(對) 긍정적 평가

05 낙관주의

06 희 망

07 자기효능감
자신이 할 수 있다는 것을 믿는 데서 나오는 힘

08 사 랑

09 공감과 이타주의

10 유 머

11 명 상

12 영 성
신성한 것의 발견과 보존

13 긍정심리학의 미래
독립 선언

긍정심리학, 긍정 예방 그리고 긍정 치료

긍정심리학
긍정 예방
긍정 치료

긍정심리학

제2차 세계대전 이후의 심리학은 주로 치료에 큰 비중을 두는 학문으로 변모했다. 심리학은 인간기능에 대해서 질병 모형을 사용하여 주로 손상된 부분을 교정하는 데에 집중하였다. 이처럼 병리적 부분에 대해서만 지나치게 주목함으로써 자아실현을 하는 사람과 번영하는 공동체 같은 개념들을 무시하고, 또 내담자의 강점을 증진하는 것이 치료에 가장 유력한 수단이 될 수 있다는 가능성까지도 무시하는 결과를 초래했다. 긍정심리학의 목표는 삶에서 일어날 수 있는 가장 최악의 사태들을 보수하는 데에 골몰해 있던 심리학을 최상의 삶의 질을 형성하는 방향으로 변화하도록 촉진하는 것이다. 이전의 불균형을 바로잡기 위해서는 강점의 계발을 정신질환의 치료와 예방의 전면에 내세워야 한다.

주관적 수준에서 보면 긍정심리학 분야는 다음과 같은 긍정적이고 주관적인 경험에 관한 것이다. 과거의 안녕감(well-being) 및 만족감, 현재의 몰입(flow), 기쁨, 감각적 즐거움, 행복감 그리고 낙관주의, 희망, 믿음과 같은 미래에 대한 건설적인 생각. 개인 수준에서는 다음과 같은 긍정적인 개인 특성을 다룬다. 사랑과 직업을 영위하는 능력, 용기, 대인관계 기술, 심미적 감수성, 인내심, 용서, 독창성, 미래지향성, 뛰어난 재능 그리고 지혜 등. 집단 수준에서 긍정심리학은 개개인들이 더 나은 시민이 되도록 이끄는 다음과 같은 시민적 미덕과 제도에 관한 것이다. 책임감, 양육(nurturance), 이타성, 시민의식, 절제, 관용 그리고 직업윤리가 이에 해당한다(Gillham & Seligman, 1999; Seligman & Csikszentmihalyi, 2000).

---

* Martin E. Seligman

긍정심리학 운동의 개념은 필자가 미국 심리학회의 회장으로 당선된 지 몇 개월이 지나지 않아 생기기 시작했다. 이 개념은 필자가 정원에서 다섯 살짜리 딸 니키와 함께 잡초를 뽑는 도중에 떠오른 것이다. 솔직히 고백하건대 아동에 대한 책을 쓰면서도 아이들과 잘 어울리지 못하는 것이 사실이다. 목표지향적이고 늘 시간에 쫓기는 나는 정원에서 잡초를 뽑고 있을 때는 잡초를 제거하는 것에만 집중하게 된다. 그런데 니키는 잡초를 공중에 던지며 춤추며 놀고 있었다. 그래서 니키에게 소리를 질러 댔는데, 니키는 멀리 갔다가 다시 와서는 이렇게 말했다.

"아빠, 잠깐 얘기 좀 해요."

"그래. 뭔데, 니키야?"

"아빠, 제 다섯 번째 생일 전까지를 기억하세요? 내가 세 살이었을 때부터 다섯 살이 된 날까지 저는 투정쟁이였어요. 매일 투덜댔죠. 제가 다섯 살이 되었을 때, 저는 다시는 투정부리지 않겠다고 결심했어요. 아마 제가 지금까지 한 일 중에서 가장 힘들었던 일이었을 거예요. 그러니까 제가 우는 소리를 그칠 수 있었던 것처럼, 아빠도 그렇게 까다롭게 구는 걸 그만둘 수 있어요."

이 사건은 필자에겐 하나의 통찰 경험이었다. 필자는 니키에 대해서 좀 더 알게 되었고 아이를 양육하는 것이나, 나 자신에 대해서 그리고 내 전공에 대해서도 많은 것을 배우게 되었다. 우선 니키를 잘 키우는 것은 투덜대는 걸 교정하는 것이 아니라는 것을 깨달았다. 니키는 자기 스스로 그것을 해냈던 것이다. 오히려 니키를 키우는 것은 이 놀라운 기술—나는 이것을 '영혼을 들여다보는 일'이라고 부르는데—을 확대하고 육성하여 딸아이의 약점이나 인생에 있을 풍파에 대한 완충기 역할을 할 수 있도록 도와주는 것이라는 것을 알게 되었다. 아이를 양육하는 일은 잘못된 것을 교정하는 것 이상이라는 것을 깨닫게 되었다. 양육이란 아이의 가장 큰 장점들, 즉 그들이 지니고 있고 제일 잘하는 것을 알아내고, 이러한 긍정적 자질들을 최대한 발휘하면서 살아갈 수 있도록 도와주는 것이다.

내 인생의 문제에 대해 딸아이가 정곡을 찌른 셈이다. 나는 까다로운 사람이었던 것이다. 내 인생에서 50년의 세월 동안 나는 내 영혼의 우울함을 참으며 살았고, 또 지난 10년 동안은 햇빛 가득한 집에 구름이었다. 그동안 내게 일어났던 좋은 일들은 아마도 나의 까다로움 때문이 아니라, 까다로움에도 불구하고 온 것이라고 하는 것이 옳을 것이다. 이를 깨닫는 순간 나는 변화하기로 굳게 결심했다.

하지만 니키가 준 가장 큰 시사점은 심리학이라는 과학의 연구와 응용에 관한 것이었다. 제2차 세계대전 전 심리학의 주요 과제는 크게 세 가지였다. 정신질환의 치료, 사람들이 삶을 더 생산적이고 충만하게 살도록 도와주는 것 그리고 재능을 발견하고 육성시켜주는 것이었다. 세계대전 직후 두 가지의 사건—둘 다 경제와 관련된 것이었다—이 심리학의 외면(face)을 바꾸어놓았다. 1946년에 재향군인회가 발족하였고, 수천 명의 심리학자들이 정신질환을 치료하면서 생계를 꾸려갈 수 있다는 것을 알게 되었다. 바로 그때 임상심리학이 하나의 고유한 분야로 발돋움하였다. 1947년에는 국립보건원(National Institute of Mental Health: 이 연구소는 미국 정신의학회의 질병 모델에 기초하고 있었으며 국립 정신질환 연구소라는 명칭으로 더 잘 기술된다)이 설립되었으며, 학자들은 그들의 연구가 병리에 관한 것이라면 연구지원금을 더 받을 수 있다는 것을 알게 되었다.

이러한 상황은 많은 실질적 이득을 가져다주었다. 즉, 정신질환의 이해와 치료에 관한 엄청난 진보들이 있었다. 적어도 이전에는 알 수 없었던 14가지의 정신장애들이 그 비밀을 과학 앞에 드러냈고 그 결과로 지금은 치료 가능한 혹은 상당히 완화될 수 있는 것들로 밝혀졌다(Seligman, 1994). 하지만 역효과라고 할 수 있는 것은 바로 심리학의 다른 두 가지 과제—사람들의 삶을 보다 풍요롭게 하는 것과 재능을 육성하는 것—가 완전히 잊혀져버렸다는 점이다. 단순히 재정적 지원이 되는 주제에 관한 것뿐만 아니라 우리가 우리 자신을 보는 관점도 이러한지원 여부에 따라 바뀌었다. 심리학은 단순히 건강 분야의 한 하위 영역으로 자신을 보게 되었고, 그것은 '피해자학(victimology)'으로 변모했다. 심리학자들은 사람들을 수동적인 초점으로 바라보았다. 자극이 오면 반응을 보인다(이 얼마나 극단적으로 수동적인 말들인가!!). 외부적인 강화물들이 반응 혹은 추동(drive), 피부조직의 요구 혹은 본능을 강화시키기도 하고 약화시키기도 한다. 아동기의 갈등이 이후의 우리 모습을 좌지우지한다.

그다음 심리학의 경험주의적 초점은 개인의 고통을 평가하고 치료하는 쪽으로 이동하였다. 심리적 장애에 관한 연구와 부모의 이혼, 죽음 그리고 신체적이고 성적인 학대와 같이 환경적인 스트레스에 의한 부정적인 효과에 관한 연구들이 폭발적으로 발표되었다. 임상가들은 손상된 곳을 보수한다는 질병-환자의 틀로 정신질환을 치료하게 되었다. 손상된 습관들, 손상된 추동들, 손상된 아동기 그리고 손상된 두뇌들 말이다.

긍정심리학 운동이 우리에게 전달하고자 하는 것은 심리학이 변형되어왔다는 것을 상기시키는 것이다. 심리학은 단지 질병, 약점, 손상된 것에 관한 것이 아니다. 심리학은 강점과 미덕에 관한 학문이기도 하다. 심리학에서 치료라 함은 잘못된 것을 고치는 것만이 아니다. 옳은 것을 계발하는 것이기도 하다. 심리학은 단지 질병이나 건강에 관한 것만이 아니라 일하는 것, 교육하는 것, 깨닫고 사랑하고 성장하며 즐겁게 노는 것이기도 하다. 그리고 이렇게 최상의 것을 찾는 과정에서 긍정심리학은 단지 소망적 사고, 자기기만 혹은 방관자로서가 아니라 최상의 과학적 연구방법을 갖가지 복잡한 인간행동이 제시하는 독특한 문제들에 적용하려고 노력한다.

긍정 예방

긍정심리학적 접근의 전면에 자리잡고 있는 것은 예방과 관련된 것이다. 지난 10년간 심리학자들은 예방에 관심을 두어왔고, 또한 예방은 1988년 샌프란시스코에서 열린 미국 심리학회의 주제이기도 했다. 어떻게 하면 유전적으로 취약하거나 정신질환을 조장하는 환경에 있는 젊은이들을 우울증이나 약물남용 혹은 정신분열증과 같은 문제들로부터 예방할 수 있을까? 어떻게 하면 부모의 지도 양육을 받지 못하고 못된 기질을 가졌거나 총기를 소지할 수 있는 환경에 노출되어 있는 아이들이 학교에서 살인적인 폭력을 휘두르지 못하도록 예방할 수 있을까? 지난 반세기 이상 우리가 얻은 교훈은 질병 모형이 이러한 심각한 문제들을 예방하는 데에 도움이 되지 못한다는 것이다. 실제로 예방에 관한 괄목할 만한 주요 진전은 대체로 체계적인 유능성(competency) 계발에 초점을 둔 관점에서 나왔지, 약점을 교정하는 관점으로부터 나온 것이 아니었다.

우리는 인간의 강점들이 정신질환을 이겨낼 완충기 역할을 한다는 것을 발견하였다. 예를 들면 용기, 미래지향성, 낙관주의, 대인관계 기술, 믿음, 직업윤리, 희망, 솔직성, 인내심, 현재에 집중할 수 있는 능력 그리고 통찰력 등이 있다. 금세기 예방 분야의 과제는 젊은이들에게 있는 이러한 미덕들을 어떻게 증진할 것인가를 이해하고 배우는 것을 사명으로 하는 인간 강점에 관한 과학을 창조하는 것이다.

예방 분야에 관한 필자의 작업은 바로 이런 접근에 바탕을 두고 있으며 개개인 누구나 지니고 있지만 대개 잘못된 곳에 사용하고 있는 기술들을 확장시키는 것과 관련이 있다. 이 기술이란 바로 논박(disputing; Beck, Rush, Shaw, & Emery, 1979)이며, 이 기술을 사용하는 것이 '학습된 낙관주의'의 핵심이다. 만약 직업상 경쟁관계에 있는 어떤 외부 인물이 당신이 직무를 다하지 않았으므로 임금을 받을 자격이 없다고 비난한다면, 당신은 그 사람의 주장에 대해서 논박할 것이다. 당신은 모든 증거들을 열거하며 자신의 직무를 매우 성공적으로 수행했다고 할 것이다. 당신은 그 비난사항을 한 줌의 재로 만들어버릴 것이다. 하지만 만약 당신 스스로 새로운 일을 맡는 것이 적절치 않다고 잘못된 비난을 하는 경우—이는 비관론자들이 보이는 자동적 사고의 주된 내용인데—당신은 논박하려 하지 않을 것이다. 만약에 내부에서 비난이 발생하면, 우리는 그것을 믿으려는 경향이 있다. 그렇기 때문에 '학습된 낙관주의' 훈련 프로그램에서는 아동과 성인들 모두 자신의 비극적인 생각에 대해 인식하고 논박을 잘 할 수 있도록 가르친다(Peterson, 2000; Seligman, Reivich, Jaycox, & Gillham, 1995; Seligman, Schulman, Derubies, & Hollon, 1999).

이러한 훈련은 실제로 효과가 있으며, 일단 당신이 그 기술을 학습한다면 그것은 자기 스스로 강화를 주는 특징이 있다. 학습된 낙관주의가 성인과 아동의 불안과 우울을 예방한다는 것을 보여주었으며, 향후 2년간 그 발생률을 절반가량 감소시킨다는 것을 증명한 바 있다. 필자는 이 연구에 관해서는 이 정도로 언급하고 넘어가려 한다. 왜냐하면 필자의 주 의도는 '니키의 원칙'을 설명하는 데 있기 때문이다. 즉, 강점을 계발하는 것이—이 경우 낙관주의와 그것을 언제 사용할지 배우는 것—손상을 복구하는 것보다 우울과 불안을 효과적으로 예방한다는 것이다. 이와 유사하게 우리가 만약 약물에 취약한 환경에서 자란 청소년들이 약물남용이 되지 않도록 하는 효과적인 예방방법은 단순히 문제를 교정하는 것이라기보다는 그 청소년들이 이미 지닌 강점을 찾아내고 확대하는 것이다. 미래지향적이고 대인관계 기술이 있으며 운동에 몰입할 수 있는 청소년은 약물남용에 빠질 위험이 없다. 또한 유전적으로 취약성이 발견된 청소년이 정신분열증으로 발전하지 않도록 예방하려면, 손상된 부분을 보수하는 방식은 효과가 없다. 오히려 이들이 효과적인 대인관계 기술들을 배우고 강한 직업윤리의식을 지니며 역경 속에서도 인내할 수 있는 법을 배우는 것이 정신분열증에 빠질 위험을 줄여줄 것이다.

이것이 예방에 대한 긍정심리학의 기본 입장이다. 긍정심리학에서는 정신병리에 대항하는 완충기들, 즉 인간의 긍정적인 특성들을 상정한다. '니키의 원칙' 은 위기에 처한 사람들 안에 있는 이러한 강점들을 찾아내고 확대하며 집중함으로써 효과적인 예방을 할 수 있다고 보는 것이다. 이와는 대조적으로 인간의 약점, 손상된 두뇌에 초점을 맞추고 『정신장애의 진단 및 통계편람(DSM)』을 신봉해온 것이 효과적인 예방을 서투르게 만들었다. 우리에겐 이제 인간의 강점과 미덕에 관한 많은 연구가 요구되고 있다. 이제 우리는 인간의 강점에 대한 분류학을 개발해야 한다. DSM-IV의 반대인 "UNDSM-I" 말이다. 이러한 강점들을 신뢰롭고 타당하게 측정해야 한다. 장기적인 연구와 실험을 통해 이러한 강점들이 어떻게 성장, 발전 혹은 발육부진하는지 이해할 필요가 있다(Vailant, 2000). 우리는 이러한 강점을 계발할 수 있는 개입 전략들을 개발하고 시험해나가야 할 것이다.

우리는 현장에 있는 임상가들에게 그들이 이미 실제로 내담자들과 하는 주요 작업들은 내담자의 약점을 보수하는 것이 아니라 내담자의 강점을 확대하는 것이라는 것을 인식하도록 촉구해야 한다. 우리는 가족과 학교, 종교단체 그리고 기업체와 함께 일하는 심리학자들이 이러한 강점들을 촉진하는 분위기를 만들어야 한다는 것을 강조해야 한다. 심리학의 주요 이론들이 이제는 강점과 탄력성(resilience)에 관한 새로운 과학을 지원하고 있다. 즉, 더 이상 주류 심리학은 인간을 '자극'에 '반응'하는 수동적인 개체로 보지 않는다. 대신, 인간을 선택의 기회와 개인적 선호가 있는 의사결정자로서 보고, 따라서 노련하고 효율적으로 될 가능성도 있고 아니면 열악한 환경에서는 무기력하고 절망적인 존재가 될 수도 있다고 본다. 긍정심리학의 관점을 지닌 과학적 연구와 임상실제는 많은 주요 정서장애들을 예방하는 데 직접적인 효과가 있을 것이다. 아울러 두 가지 간접효과가 있을 것으로 예상된다. 첫째, 정신적 안녕감이 신체에 미치는 효과를 배움으로써 우리의 내담자들이 보다 신체적으로 건강한 삶을 살도록 돕는 것이다. 둘째, 심리학이 그간 무시해온 나머지 두 가지 사명, 즉 보통 사람들을 더 강건하게 만들고 최대한의 잠재력을 실현하는 방향으로 바꾸는 것이다.

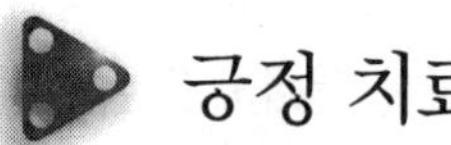

긍정 치료

필자는 지금부터 심리치료가 어떻게 작용을 하고 왜 실제로 효과가 있는가에 대해서 조금은 급진적인 주장을 하려 한다. 필자는 비록 직관적이고 불완전하기는 하지만 긍정심리학이 현재 이루어지고 있는 치료의 주요한 효과를 가져오는 요소라는 것을 제시할 것이다. 긍정심리학이 심리치료에 기여하는 바가 인정을 받고 세련화된다면 그것은 심리치료에 대한 훨씬 더 효과적인 접근이 될 것이다. 하지만 그전에 심리치료에 있어서 내가 '특정한(specific)' 요소들이라고 믿는 것들에 대해서 언급할 필요가 있다. 심리치료에 있어 몇 가지 분명한 특정 치료법이 있다

고 믿는다. 그중 몇 가지를 예로 든다면

- 피와 상처 공포증에 대한 적당한 긴장을 하도록 하는 훈련
- 조루 사정에 대한 음경 축소훈련
- 공황 상태에 대한 인지치료
- 공포증에 대한 이완훈련
- 강박증에 대한 노출훈련
- 야뇨증에 대한 행동치료

(필자의 저서 *What You Can Change and What You Can't*(1994)에 특정한 치료법에 관한 문헌을 개관하고 있다.) 하지만 장애에 대한 특정 기법만을 논의하는 것은 필자가 말하려고 하는 전체적인 그림과 거리가 멀다.

현재 심리치료의 효과성에 대한 특수성 이론들에는 그 이론의 기반을 약하게 만드는 세 가지 치명적인 걸림돌들이 있다. 첫째, 심리치료에 대한 효과성 연구들(실제 생활에 관한 현장 연구들)은 실험실 내에서의 효과성 연구에 비해 심리치료의 효과가 현저히 크다는 것을 보여준다. 예를 들어, 한 소비자 보고 연구에서 응답자의 90% 이상이 현저한 효과가 있었음을 보고했다. 이에 반해 특수한 심리치료 접근의 효율성에 관한 연구에서는 응답자의 65% 정도만이 효과가 있다고 답변하였다. 둘째, 적극적인(active) 요법 한 가지가 또 다른 적극적인 요법과 비교되었을 때는 특정 치료의 효과는 사라지거나 매우 적어진다는 것이다. Lester Luborsky의 전집과 국립 공동우울증연구(National Collaborative Study of Depression)가 한 예가 될 수 있을 것이다. 특정 치료의 효과에 관한 확실성의 결여는 약물에 관한 문헌들에서도 나타난다. 방법론 학자들은 그러한 연구 결과의 오류에 대해서 끊임없이 논쟁하지만 전반적으로 특정

치료가 효과적이지 않다는 점에 관해서는 해결하지 못하고 있다. 사실상 필자가 떠올릴 수 있는 어떤 심리치료 기법도(위에 언급한 몇 가지를 제외하곤) 적절하게 시행된 다른 심리치료 혹은 약물처방과 비교해서 특별히 더 큰 특정한 치료 효과를 가져오지는 않았다. 마지막으로 심리치료와 약물처방에 대한 거의 모든 연구에서 나타나는 거대한 '위약효과(placebo effect)'를 들 수 있다. 전형적인 예로 우울증에 관한 문헌들을 보면 50%가량의 사람들이 위약처방이나 모의 심리치료에 긍정적인 반응을 보이는 것으로 나타난다. 효과적인 특정 약물들이나 치료요법들은 여기에 보통 15%를 더한다. 따라서 75% 정도 항우울 약물의 효과가 위약효과에 의해 설명된다고 볼 수 있다(Kirsh & Sapirstein, 1998).

그렇다면 심리치료가 왜 그렇게 확연한 효과를 가져오는가? 왜 특정한 심리치료 기법들이나 특정 약물들의 효과가 미미한가? 왜 위약효과가 그렇게 큰 것인가?

이러한 질문들에 대해서 숙고해보고자 한다. 이와 관련된 많은 개념들은 불명예스러운 명칭인 '비특정적인(nonspecific)'이라는 목록에 들어가 있었다. 필자는 일반적인 요소들을 전략 및 심층방략이라고 재명명하려 한다. 좋은 치료에서는 다음과 같은 전략들이 나타난다.

- 주의집중
- 권위 있는 인물
- 정서적 유대
- 서비스에 대한 대가 지불
- 신뢰
- 마음을 여는 것
- 문제에 이름을 붙이는 것

• 의사소통에서의 기교(tricks in the trade)(예를 들어, "여기서 멈춥시다." 보다는 "이쯤에서 잠시 쉬지요."라고 말하는 것)

심층방략(deep strategies)이란 신비한 기술들이 아니다. 좋은 치료자들은 항상 이런 방략들을 사용하고 있다. 다만 이런 것들에 이름이 없고, 연구가 되지 않았고 질병 모형 안에 가두어져 있었을 뿐이다. 우리는 학생들에게 이것들을 유익하게 활용할 수 있게 교육하고 있지 않다. 나는 이러한 심층방략들이 긍정심리학의 기법이라고 생각하며 심층방략들이 그러한 방략들을 최대한 발현시키는 새로운 기법을 개발하는 광범위한 과학의 주제가 될 수 있다고 믿는다. 한 가지 중요한 방략이 희망의 주입이다(Synder, Ilardi, Michael, & Cheavens, 2000). 하지만 위약효과나 해석의 형식, 무기력 그리고 사기 저하 등에 관해 설명하는 문헌들에서 희망의 주입에 대해서 자세히 설명하고 있으므로 여기에서는 설명하지 않겠다.

또 다른 하나는 '완충기가 되는 강점의 계발' 혹은 '니키의 원칙'이다. 필자는 유능한 심리치료자들이 공통적으로 사용하는 방략은 우선 내담자의 다양한 강점을 확인하고 그것을 계발하는 것이지, 단순히 손상된 부분을 치료하는 특정한 기법만을 사용하는 것이 아니라고 믿고 있다. 심리치료에서 계발되는 강점으로는 다음과 같은 것들이 있다.

• 용기
• 대인관계 기술
• 합리성
• 통찰
• 낙관성

- 솔직함
- 인내심
- 현실성
- 즐거워할 수 있는 능력
- 문제에 관한 균형 있는 시각 견지하기
- 미래지향성
- 목적 찾기

강점 계발방략의 완충 효과가 현재까지 알려진 특정한 '치료적' 요소들보다 더 큰 효과가 있다고 가정해보자. 만약 이러한 가정이 참이라면 적극적인 치료법들과 여러 약물치료들을 비교했을 때 보이는 상대적으로 적은 특정성의 효과나 상당한 위약효과의 존재에 대해 납득이 가게 된다.

심층방략의 한 가지 예가 '이야기하기(narration)'다. 자신의 인생에 대해서 이야기하는 것, 달리 보면 혼돈이라고 여겨지는 것을 이해하는 것, 각자 삶의 방향을 가다듬고 발견하는 것 그리고 자신의 삶을 피해자적인 입장에서 보는 것이 아니라 능동적인 활동인으로서 보는 것 등에는 모두 강한 긍정성이 있다고 믿는다(Csikszentmihalyi, 1993). 모든 효과적인 심리치료들은 이러한 이야기하기를 고무하고, 이런 이야기하기는 희망이 작용하는 것과 똑같은 방식으로 정신장애에 대해서 완충기로 작용하는 것 같다. 하지만 여기서 주목해야 할 것은 '이야기하기'는 치료 과정에 관한 연구에서 주요 주제가 아니며 이에 대한 분류 체계도 없고, 이야기하기를 촉진하도록 학생들을 훈련시키지도 않으며, 이를 활용하는 임상가들에게 의료보험회사가 심리치료비를 지불해주지도 않는다는 것이다.

심리치료에서 긍정심리학의 사용은 성과 연구의 치명적인 맹점을 드러내준다. 즉, 경험적으로 타당성이 입증된 치료(empirically validated therapies)를 찾는 작업은 손상된 부분을 고치는 것, DSM-IV 분류 체계에 정확히 맞아떨어지는 특정한 기법들에 대한 타당화 작업에만 초점을 맞춤으로써 우리를 결박하는 꼴이 되었다. 이와 마찬가지로 의료관리단체(managed care organizations)에서 오로지 손상을 치료하는 데만 방향이 맞춰진 단기 치료들만을 강조하는 것은 환자들을 치료할 때 가장 강력한 수단이 되는 것들, 즉 환자들을 보다 강건하게 되도록 돕는 것을 저해하는 결과를 낳을 수도 있다. 의학 모형에 바탕을 두고 작업을 하고 상처 부위에 바르는 연고만을 찾는 데에 몰두해온 결과, 우리는 우리의 연구와 훈련의 방향성을 잘못 설정해왔다. 질병 모형에 입각한 심리치료를 받아들임으로써 우리는 약한 부분은 치료하고 동시에 강한 부분은 육성하는 심리학자로서의 명분을 잃어버리게 된 것이다.

결 론

『긍정심리학 핸드북(*Handbook of Positive Psychology*)』의 서론을 21세기의 심리학 연구와 실제에 대한 예측으로 끝맺고자 한다. 필자는 긍정적인 인간기능에 대한 심리학이 도래해 개인, 가족 그리고 지역사회의 번영을 위한 과학적인 이해와 효과적인 개입 방법들을 성취할 것이라고 믿는다.

혹자는 이것이 아마도 환상에 지나지 않으며, 심리학은 피해자, 낙오자 그리고 이러한 상태의 교정 이상의 것을 넘어설 수 없다고 생각할지 모른다. 하지만 나는 이제야말로 이러한 관념을 바꿀 시기라고 제안하고 싶다. 나는 긍정심리학이 새로운 것이 아니라는 것을 잘 알고 있다. 긍정심리학은 저명한 이전 학자들에 의해 논의되었다(예를 들어, Allport, 1961; Maslow, 1971). 하지만 어떤 면에서 보면 이들조차도 자신의 생각들을 뒷받침할 수 있는 축적된 경험적 연구들을 모으는 데 실패했다고 할 수 있다.

그들이 왜 그렇게 하지 못했을까? 그리고 왜 심리학이 그렇게 부정적인 측면에만 초점을 두어왔을까? 왜 심리학은—어떠한 증거도 없이—부정적인 동기들은 확실한 것이며 긍정적인 감정들은 파생된 것이라고 전제하게 되었을까? 이러한 질문들에 대한 몇 가지 가능한 설명들이 있다. 부정적인 감정과 경험들은 보다 더 급박하기 때문에 긍정적인 것들을 덮어버리고 있을 수도 있다. 이것은 진화론적인 입장에서 보면 그럴듯하다. 왜냐하면 부정적인 감정은 흔히 당장 급한 문제들 혹은 객관적으로 존재하는 위험을 반영하기 때문에 잠시 멈추어 경계를 강화하고 우리 행동을 되돌아본 후 필요하다면 자신의 행동을 바꾸게 할 만큼 강력하기 때문이다(물론 어떤 위험 상황에서는 이를 반영할 충분한 시간이 주어지지 않은 상태에서 반응하기 마련이다.). 이에 비해서 우리가 세상에 잘 적응하고 있을 때는 그러한 경보체계가 필요없다. 행복을 증진시키는 경험들은 종종 특별한 노력 없이 얻게 되는 것처럼 느껴진다. 그래서 어떤 측면에서는 심리학이 부정적인 측면에 초점을 맞추는 것은 부정적인 감정 대 긍정적인 감정의 생존 가치상의 차이를 반영하는 것일 수도 있다.

하지만 어쩌면 우리는 긍정적인 감정들이 너무나 중요하기 때문에 그 생존 가치를 잘 잊어버리는지도 모른다. 마치 물고기가 자신이 헤엄치고 있는 물에 대해 의식하지 않는 것처럼, 우리도 어느 정도의 희망, 사랑, 기쁨 그리고 믿음 등을 당연한 것으로 받아들인다. 왜냐하면 이러한 것들이 바로 우리를 살아가게 하는 조건들이기 때문이다(Myers, 2000). 그것들은 존재의 기본적인 조건들로서, 이들이 존재함으로써 어떠한 객관적 장애물들도 마음의 평정이나 심지어 기쁨으로 마주할 수 있다. Camus는 철학의 가장 으뜸가는 주제는 왜 사람이 자살을 하지 말아야 하는가에 대한 것이라고 했다. 단순히 우울증을 치료하는 것만으로 이 질문에 답할 수는 없다. 즉, 살아야 할 긍정적인 이유들이 존재해야만 이 질문에 대답할 수 있다.

심리학이 부정적인 면에 초점을 둔 데에는 역사적인 이유도 있다. 어떤 문화권에서든 군사적인 위협, 물자의 부족, 빈곤, 불안정 등에 직면하게 되면, 그들은 자연스럽게 방어와 손상을 통제하는 데 관심을 기울이게 될 것이다. 그들은 문화가 안정되고 번영하는 평화적 시기에만 창조성이나 미덕 그리고 최상의 삶의 질에 관심을 기울이게 될 것이다. 5세기의 아테네, 15세기의 플로렌스 그리고 빅토리아 시대의 영국 등이 긍정적인 특성들에 관심을 기울였던 문화들의 예다. 아테네 철학은 인간의 미덕에 초점을 두었다. 선한 행동이란 무엇이며 선한 인격이란 무엇인가? 무엇이 인생을 좀 더 의미 있게 만드는가? 민주주의도 이 시기에 태어난 것이다. 플로렌스는 유럽에서 가장 강력한 군사적인 힘을 가진 나라가 되는 것을 선택하지 않고 그 잉여자원을 미의 추구에 투자하였다. 빅토리아 시대의 영국은 명예와 절제 그리고 의무를 중요한 인간의 미덕으로 삼았다.

지금 우리의 문화가 미학의 유적을 세워야 한다고 주장하는 것은 아니다. 그것보다는 우리나라가—풍족하고 평화롭고 안정되어 있으니—세계사적으로 비슷한 기회를 제공한다고 믿는 것일 뿐이다. 우리는 과학적인 기념비를 세울 수도 있다. 즉, 무엇이 삶을 살 만한 가치가 있게 만드는가에 대한 이해를 최우선으로 하는 하나의 과학을 창조해내는 것 말이다. 이와 같은 노력은 사회과학 전체를 부정적인 편향으로부터 벗어나게 할 것이다. 현재 주류 사회과학은 인간행동을 지배하는 강한 힘을 자기에 대한 관심, 공격성, 세력 다툼, 계층 갈등 등으로 보려는 경향이 있다.

이러한 과학은 최고로 발달한다 해도 부득이하게 불완전한 것이다. 비록 이상적으로 성공한다 할지라도 인류가 삶에서 최상의 것들은 어떻게 성취할 것인가에 대한 물음으로 나아갈 수밖에 없다.

나는 이 신세기에 긍정심리학이 개개인들과 지역사회 그리고 사회가 번성하도록 하는 요인들을 이해하고 개발하리라고 예상한다. 이러한 과학은 순전히 새로 시작할 필요는 없다. 단지 우리가 과학에 들이는 노력에서 그 초점을 약간만 바꾸면 된다. 지난 50년간 심리학과 정신의학은 치유에 관한 학문이 되어 정신질환에 관한 여러 유용하고 응용 가능한 연구들을 발전시켰다. 기존의 심리학과 정신의학은 분류학을 발전시켰고 또한 정신분열증, 분노 혹은 우울증과 같은 모호한 개념들을 신뢰롭고 타당하게 측정하는 방법들도 개발하였다. 또한 정신병리와 관련된 그러한 달갑지 않은 결과를 가져오는 원인을 이해할 수 있는 세련된 방법들—실험연구 및 종단연구—을 발전시켰다. 무엇보다도 기존의 학문은 약물학의 발달을 가져왔고, 많은 정신장애를 '치료 불가능'에서 '상당히 치료 가능한' 상태로 옮겨왔고, 몇 가지 사례에서는 '완치 가능'하게 만들었다. 이와 같은 연구방법, 많은 경우 동일한 실험실을 이용하여 그리고 차후 2세대 정도의 과학자들이 강조점과 연구지원비 배분상에 약간의 초점 전환을 통해 삶을 가치있게 하는 특성들을 이해하고 측정하며 개발하는 데 투자할 것이다. 인간의 긍정적인 특성에 대한 연구의 부수적인 결과로서 과학은 정신질환뿐만 아니라 신체질환에 대한 예방을 어떻게 할 수 있는지 배우게 될 것이다. 이와 같은 연구의 중요한 영향으로 우리는 개인과 지역사회가 단지 참고 살아남는 것만이 아니라 번영하는 데 도움이 되는 자질들을 어떻게 육성할지 배우게 될 것이다.

Allport, G. W. (1961). *Pattern and growth in personality*. New York:

Holt, Rinehart, & Winston.

Beck, A., Rush, J., Shaw, B., & Emery, G. (1979). *Cognitive therapy*. New York: Guilford.

Csikszentmihalyi, M. (1993). *The evolving self*. New York: HarperCollins.

Gillham, J. E., & Seligman, M. E. P. (1999). Foot-steps on the road to positive psychology. *Behaviour Research and Therapy, 37,* S163-S173.

Kirsch, I., & Sapirstein, G. (1998). Listening to Prozac but hearing placebo: A meta-analysis of antidepressant medication. *Prevention & Treatment,* 1, Article 0002a, posted June 26, 1998. http://journals.apa.org/prevention/volume1

Maslow, A. (1971). *The farthest reaches of human nature*. New York: Viking.

Myers, D. G. (2000). The funds, friends, and faith of happy people. *American Psychologist, 55,* 56-67.

Peterson, C. (2000). The future of optimism. *American Psychologist, 55,* 44-55.

Schwartz, B. (2000). Self-determination: The tyranny of freedom. *American Psychologist, 55,* 79-88.

Seligman, M. (1991). *Learned Optimism*. NY: Knopf.

Seligman, M. (1994). *What you can change and what you can' t*. New York: Knopf.

Seligman, M. E. P. (1995). The effectiveness of psychotherapy: The Consumer Reports study. *American Psychologist, 50,* 965-974.

Seligman, M. E. P. (1996). Science as an ally of practice. *American Psychologist, 51,* 1072-1079.

Seligman, M., & Csikszentmihalyi, M. (2000). Positive psychology: An introduction. *American psychologist, 55,* 5-14.

Seligman, M. E. P., Reivich, K., Jaycox, L., & Gill-ham, J. (1995). The *optimistic child*. New York: Houghton Mifflin.

Seligman, M. E. P., Schulman, P., DeRubeis, R. J., & Hollon, S. D. (1999). The prevention of depression and anxiety. *Prevention and Treatment,* 2. http://journals.apa.org/prevention

Snyder, C., Ilardi, S., Michael, S., & Cheavens, J. (2000). Hope theory: Updating a common process for psychological change. In C. R. Snyder & R. E. Ingram (Eds.), *Handbook of psychological change: Psychotherapy processes and practices for the 21st century* (pp. 128-153). New York: Wiley.

Vaillant, G. (2000). The mature defenses: Antecedents of joy. *American Psychologist, 55,* 89-98.

광기를 중단하기

긍정심리학 그리고 질환 이데올로기와 DSM의 재구축

어떻게 임상심리학이 '병리적'인 것이 되었는지에 관하여
현재의 임상심리학: 질병 이데올로기와 DSM
DSM의 사회적 해체
DSM의 지적 해체: 잘못된 가정들의 검증
질병 이데올로기와 DSM의 한계를 넘어서

임상심리학(clinical psychology)의 고대 어원적 의미들이 잊혀져버린 지 오래된 지금까지도 이 용어는 이 학문에 대한 우리의 사고방식에 영향을 미치고 있다. 임상(Clinic)이란 단어는 그리스어 klinike 혹은 '병상에서의 의료 행위' 라는 말에서 기원하며, 심리학(psychology)이라는 단어는 '정신' 또는 '영혼' (*Webster New Collegiate Dictionary*, 7판, 1976)을 뜻하는 그리스어 psyche에서 기원한다. 히포크라테스 시대 이래로 얼마나 변화된 것들이 미미한가! 오늘날의 임상심리학자들 중 그들의 환자를 말 그대로 병상 가까이에서 치료하고 있는 경우는 드물지만, 너무나 많은 수의 임상가들과 대부분의 일반인들은 아직도 임상심리학을 '병든 영혼' 이나 '병든 마음' 을 지닌 사람들을 위한 일종의 "의료 행위" 로 간주하고 있다. 이제 임상심리학 그 자체의 학문적 시각을 교정하고 일반대중에게 비친 인식을 전환할 때가 온 것이다. 이 책에서 소개되듯이 긍정심리학은 이러한 변화를 가능케 하는 오랫동안 미루어왔던 기회를 제공한다.

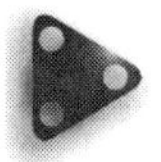

어떻게 임상심리학이 '병리적' 인 것이 되었는지에 관하여

그러나 임상심리학에 대한 간략한 역사적 개관에서도 볼 수 있듯이 어떤 변화도 쉽게 일어나지는 않을 것이다. 임상심리학은 1896년 미국 펜실베이니아 대학교의 Lightner Witmer에 의하여 최초로 "심리 상담소" 가 설립되면서 시작되었다(Reisman, 1991). Witmer와 당시의 초기 임상

* James E. Maddux

심리학자들은 '정신장애'가 있는 '환자들'이 아닌, 주로 학습이나 학교 문제들을 보이는 아동들을 대상으로 일하였다(Reisman, 1991; Routh, 2000). 그렇기 때문에 그들은 정신분석학적 이론이나 그것이 강조하는 정신병리학보다는 심리측정 이론과 부수적인 신중한 측정에 대한 강조에 더 영향을 받았다. 그러나 1909년 Freud가 클라크 대학교를 방문한 후, 정신분석과 그 파생 이론들은 이내 정신의학뿐 아니라 임상심리학에서까지 지배적인 위치를 차지하게 되었다(Barone, Maddux, & Snyder, 1997; Korchin, 1976).

다른 몇 가지 요인들도 임상심리학자들이 정신병리학에만 관심을 기울이고 사람들을 질병 모형에 비추어 바라보도록 하는 데 기여했다. 첫 번째 요인으로, 임상심리학자들에 대한 학문적 훈련이 대학에서 시행되기는 했지만, 실습 훈련은 주로 정신병원이나 정신과 진료소에서 이루어졌다는 사실을 들 수 있다(Morrow, 1946; Rough, 2000에서 인용). 이러한 환경에서 임상심리학자들은 의학과 정신분석학적 훈련을 받은 정신과의사의 지시 아래 주로 심리진단사로 일하였다. 두 번째, 제2차 세계대전(1946년)이 끝난 후 재향군인회가 설립되었고, 이들은 곧 미국 심리학회와 함께 임상심리학자들을 위한 훈련 기관들과 규범들을 발전시키는 작업에 합류했다. 이 초기의 훈련 기관들이 재향군인회 병원들 내에 위치했기 때문에, 임상심리학자들에 대한 훈련은 주로 정신과에서 지속적으로 이루어져왔다. 세 번째로는, 국립보건원이 1947년에 창설되고, "수많은 심리학자들이 정신질환의 치료로 생계를 이어갈 수 있다는 것을 알게 됐다."는 사실이다(Seligman & Csikszentmihalyi, 2000, p. 6).

그리하여 1950년대까지 임상심리학자들은 "자신들을 단지 건강 의료업의 한 하위 분야로 바라보게" 되었다(Seligman & Csikszentimihalyi, 2000, p. 6). 이 시점까지 임상심리학의 실습은 심리학적 적응과 부적응의 범위와 본질에 관한 네 가지 기본 가정으로 특징지어진다(Barone, Maddux, & Snyder, 1997). 첫째로, 임상심리학은 정신병리학을 다루는데, 이는 이탈되어 있고 비정상적이며 부적응적인 행동과 정서상태에 관한 것이다. 둘째로, 정신병리학과 임상적인 문제들 그리고 임상집단은 살면서 생기는 정상적인 문제들, 즉 비임상적 문제들이나 비임상집단과는 단지 그 정도상의 차이뿐 아니라 그 종류가 다르다는 점이다. 셋째로, 정신장애들은 생물학적이거나 의학적 질병과 유사하며 개인의 내면 어딘가에 존재한다. 넷째로, 임상가의 과제는 사람(환자) 내에 있는 장애(질환)를 확인(진단)하고 그 내적 장애(질환)를 제거(치유)할 개입(치료)을 하는 것이다.

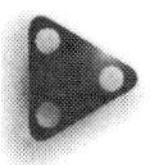

현재의 임상심리학: 질병 이데올로기와 DSM

일단 임상심리학이 '병리학화(pathologized)' 되자 이를 다시 되돌릴 수가 없었다. Albee(2000)는 "무비판적인 의료 모형의 수용과 정신장애에 대한 기질적인 설명과 함께 정신과의 헤게모니, 의학적 개념들과 언어"(p. 247)가, 1950년 Boulder Conference에서 임상심리학 훈련 규준들을 수립하는 데 있어 '치명적 실수'가 되었다고 제안했다. 그는 이 '치명적 실수'가 "이제까지의 임상심리학 발전을 왜곡하고 저해했다."(p. 247)고 주장했다. 실제로 1950년 이래로 변화된 것은 거의 없었다. 임상심리학과 정신건강의 이러한 기본 가정들에 관한 이전의 설명들이 임상심리학자들의 활동을 소개하는 암묵적인 안내서로 작용한 것이다. 게다가 임상심리학의 언어도 의학과 병리학의 언어로 계속 통용되었는

데, 이는 질병 이데올로기라고 알려진 언어다. 증상, 장애, 병리, 질병, 진단, 치료, 의사, 환자, 임상, 임상적, 임상가와 같은 단어들은 모두 이전에 언급된 네 가지 가정들과 부합하고 있다. 이러한 용어들은 정상보다는 비정상을, 적응보다는 부적응을 그리고 건강보다는 질환을 더 강조하고 있다. 이 단어들은 정상적인 행동과 비정상적 행동들, 임상적 문제와 비임상적인 문제들 그리고 임상적과 비임상적 대상 사이를 가르는 이분법적 사고를 조장한다. 이들은 인간의 적응과 부적응의 문제를 주위 환경이나 편견과 억압 같은 사회 문화적 가치들 또는 사회 문화적 요인들 안에서 일어나는 인간의 상호작용들이 아니라 인간의 내면에 위치시킨다. 마지막으로, 이러한 용어들은 도움을 구하는 사람들을 그들 자신의 직접적인 통제가 불가능한 정신 내적이고 생물학적 힘들의 수동적 희생자로 묘사함으로써 이들이 전문가의 '돌봄과 치료'의 수동적 수혜자가 되어야 함을 함축한다. 이러한 질병 이데올로기와 의학화되고 병리화된 언어들은 "심리학은 질병이나 건강에 관심을 둔 의료 분야의 단지 한 하위 분야가 아니다."라고 주장하는 긍정심리학의 시각과 상반된 입장을 보이고 있다. 심리학은 그 이상의 것이다. "심리학은 일, 교육, 통찰, 사랑, 성장 그리고 놀이"에 관한 것이다(Seligman & Csikszentmihalyi, 2000, p. 7).

이렇게 병리학과 의학을 지향하는 임상심리학은 그 효율성을 다하였다. 수십 년 전부터 의료 영역의 강조점이 질병의 치료에서 질병의 예방으로, 또 그 후 질병의 예방에서 건강의 증진으로 전환되기 시작했다(Snyder, Feldman, Taylor, Schroeder, & Adams, 2000). 보건심리학자들은 이러한 전환을 20년 전부터 인식하고 그때부터 이를 촉진하는 데 영향력을 행사했다(예: Stone, Cohen, & Adler, 1979). 임상심리학자들에게도 이와 비슷한 전환점이 필요하다. 이러한 전환 없이는 정신의학이 지난 이

삼십 년간 그래온 것처럼 정체성과 목표에 관한 문제에 시달리게 될 것이다(Wilson, 1993). 현대화를 위한 길은 병리학적 정신의학에 더욱더 초점을 맞추는 것이 아니라 심리학의 주류에 더 가까이 다가가서, 더 넓은 의미의 인간행동을 이해하는 데 주력하고, 보다 더 긍정적인 임상심리학을 수립하기 위한 긍정심리학 운동에 합류하는 것이다. 임상심리학자들은 항상 "성공 이론들보다는 복잡한 실패 이론들에 더 비중을 두고 투자해왔다."(Bandura, 1998, p. 3) 그들은 "이미 상담실에서 하는 최상의 작업 중 대부분이 내담자들의 약점들을 보수하는 것이 아니라 강점을 증대시키는 것임"을 인정해야 할 필요가 있다(Seligman & Csikszentmihalyi, 2000).

질병 이데올로기적 언어를 포기하고 인간행동에 대한 하나의 새로운 사고방식을 제안하는 긍정심리학의 언어를 채용하지 않는 한 긍정적인 임상심리학을 수립하는 것은 불가능한 일이 될 것이다. 이 새 언어에서는 행동, 인지 그리고 정서의 비효율적인 패턴들은 살면서 일어나는 문제들일 뿐이지 장애나 질병이 아니다. 인생에서 일어나는 이러한 문제들은 개개인의 내면에 있지 않고 개인과 타인 간의 상호작용 안에서 발생하는데, 일반적으로 문화를 포함한다. 자신의 삶의 질을 향상하고자 도움을 구하는 사람들은 내담자 또는 학생들이지 환자들이 아니다. 심리건강을 향상시키려는 전문가들은 교사, 상담가, 자문가, 코치 혹은 사회운동가들이지 의료인이나 의사들이 아니다. 삶의 질을 향상시키기 위한 방략과 기술은 교육적이고 관계적이며, 사회적이고 정치적인 개입들이지 의학적 처치들이 아니다. 마지막으로, 사람들이 삶의 문제들을 해결하고자 찾아가게 될 기관들은 종합센터, 학교, 휴양소와 같은 장소들이지 진료소나 병원이 아니다. 이들이 필요한 조력은 특수 시설기관들에서가 아니라, 지역 회관이나 사립·공립 학교, 교회 그리고 사람들 각자의 가정에서도 이루어진다.

우리의 언어와 이데올로기를 변화시키기 위한 노력들은 저항에 부딪치게 될 것이다. 아마도 기존의 질병 이데올로기적 언어를 버리고 긍정심리학의 언어를 채택하는 데 있어 가장 주요한 장애물은 질병 이데올로기가 정신의학과 임상심리학에 관한 가장 권위 있는 서적이라 할 수 있는 『정신장애의 진단 및 통계편람(*the Diagnostic and Statistical Manual of Mental Disorders*)』 또는 간략하게 DSM이라고 알려진 것에 담겨 있는 것이다. 1950년대 초에 처음 출판되어(미국 정신의학회(APA), 1952) 지금은 제4판이나 6판까지 출간된 DSM은(APA, 2000) (우리가 그 3판과 4판들을 정말로 '개정판'이라고 판단하느냐에 달려 있겠지만), 심리적인 문제의 평가와 치료에 관한 거의 모든 전문 서적뿐 아니라, 사실상 학부와 대학원생들을 위한 이상심리학과 정신병리학의 모든 교재와 강의에 조직적인 구조를 제공하고 있다. DSM은 그렇게도 경외의 대상이 되어, 많은 임상적인 과정에서(필자가 속한 프로그램도 포함) 학생들은 마치 그것이 수학적 공식이나 경전인 양, 한 줄 한 줄씩 이 교재의 부분들을 암기하는 지경에 이르렀다.

DSM의 인간경험의 범주화와 병리학화는 긍정심리학과 정반대되는 것이다. 이전에 질병 이데올로기에 대해서 기술된 가정들의 대부분이 DSM-IV(APA, 1994)의 서문에서 분명하게 부인되었기는 하지만, 사실상 그 이후의 모든 단어들이 이 부인 상황과 불일치하고 있다. 예를 들어 DSM-IV(APA, 1994)에서는 "정신장애"란 "어느 한 개인에게 발생하는 의학적으로 중요한 행동적 또는 심리학적 증후나 패턴"으로(p. xxi에 강조되어 추가) 정의하고 있으며, 인생에서의 수많은 일상적 문제들이 "정신장애들"로 간주되고 있다. DSM-IV가 이렇게까지 질병 이데올로기에 치중하고 있어서 협력, 기대, 이타성 그리고 유머는 "방어기제들"로 기술되고 있다(p. 752).

임상심리학이 이 질병 이데올로기라는 우상을 숭배하는 한, 인간의 강점들을 중시하는 이데올로기로의 변화는 불가능할 것이다. 그러므로 우리에게 필요한 것은 우상숭배금지령과 같은 개념이며, 여기서 부숴야 할 우상은 바로 DSM이다. 이 우상숭배금지라는 단어는 비유적으로 받아들일 수는 있지만 문자적 의미 그대로 받아들이면 안 된다. 목표는 DSM의 파괴가 아니라 그것의 해체(deconstruction), 즉 그 힘의 근간으로서 작용하는 사회적 요인들과 준 과학적(pseudoscientific) 정당성을 부여하는 암묵적인 지적 가정들에 대한 검증이다. 이러한 해체는 우리가 인간행동과 삶의 문제들을 바라보는 시각을 재구축하는 첫 번째 단계가 될 것이다.

DSM의 사회적 해체

다른 모든 우상들에서처럼 강력한 사회문화적, 정치적, 전문적, 경제적 요인들이 질병 이데올로기와 DSM을 수립했으며 또한 이들을 지탱해 왔다. 따라서 이 우상타파를 시작하기 위해서 우리는 심리적 정상성과 비정상성에 관한 개념들이, 특수한 진단적 명명들과 범주들과 마찬가지로, 사람들에 관한 사실들이 아니라 **사회적 구성**개념, 즉 그 사회의 구성원들(개인들과 기관들)에 의해 오랜 시간에 걸쳐서 발전되고 공유되는 세계관을 대표하는 추상적 개념들이라는 것을 인식해야 한다. Widiger와 Trull(1991)이 말했듯이, DSM은 "어떤 과학적 기록이 아니라 … **사회적** 기록"인 것이다(p. 111, 강조 부분 추가됨). DSM의 진화를 이끌어온 질병 이데올로기와 정신장애에 대한 개념은 이론가들과 연구원들, 전문가들 그리고 그들의 내담자들과 이것들이 모두 깊이 새겨진 문화의 암묵적이고도 명백한 협동 작업을 통해 구성된 것이다. 이러한 근거에서 '정신장애'와 DSM의 수많은 진단적 범주들은, 고고학자가 묻혀 있는 유적들을 발굴하거나 의학 연구원이 바이러스의 한 종류를 발견하는 것과 같은 방식으로 '발견된(discovered)' 것이 아니다. 그것들은 발명된(invented) 것이다. 하지만 필자가 여기서 정신장애들을 발명품들로 기술하는 것이 그것들이 "신화들"(Szasz, 1974)이라거나 정신적으로 장애를 가진 것으로 분류된 사람들의 고통이 실재하지 않는다는 것을 의미하는 것은 아니다. 대신에 내가 말하려고 하는 것은 이러한 장애들이 유물들이나 바이러스와 같이 "존재하거나" "고유한 측정들"을 가지는 것이 아니라는 점이다. 이러한 이유들로 인하여, DSM과 같은 정신이상의 분류법은 "단순히 개개인 집단의 특성들을 기술하고 분류할 뿐 아니라 … 능동적으로 정상과 비정상의 버전을 **구성한다** … 그런 다음 정상과 비정상으로 분류된 개인들에게 적용된다."(Parker, Georgaca, Harper, McLaughlin, & Stowell-Smith, 1995, p. 93)

질병 이데올로기의 '정신이상'과 정신장애에 관한 다양하고 구체적인 DSM 범주들은 사람들에 관한 심리적 사실이 반영되거나 묘사하는 것이 아니다. 대신 그것은 사회적 유물들로 인종, 성별, 사회 계급 그리고 성(性)적 지향과 같은 구성개념들처럼 동일한 사회문화적 목표들을 제공하는데, 이는 특정 개인과 기관의 힘을 유지하고 확대하는 것과 권력자에 의해 정의된 사회질서를 유지하기 위한 것이다(Beall, 1993: Parker et al., 1995; Rosenblum & Travis, 1996). 이러한 다른 사회 구성개념들 같이, 심리학적 정상과 비정상의 개념은 궁극적으로는 사회적 가치—특히, 사회에서 가장 영향력 있는 개인과 집단, 기관의 가치—에 매여 있으며, 행동의 상황적 규칙들은 이러한 가치들로부터 나온다(Becker, 1963; Parker et al., 1995; Rosenblum & Travis, 1996). McNamee와 Gergen(1992)은 "정신건강 관련 직업을 가진 사람은 정치적, 도덕적 또는 평가적인 측면에서 중립적이지 않다. 정신건강 전문가들의 활동은 전형적으로 어떤 가치나 정치적 제도 또 계급 제도나 특권을 유지하기 위해 이루어진다."(p. 2)고 말했다. 그러므로 '정신장애'의 개념 정의를 둘러싼 논쟁과 누가 이를 정의하는지에 대한 논란, 또 DSM의 계속되는 개정판들은 진실의 탐색들이 아니다. 그보다, 그것들은 개인적이고 정치적이며 경제적인 권력을 위한 일련의 추상적 개념들에 관한 논쟁들인데, 이 권력이라는 것은 앞서 언급된 추상개념들을 정의하여 사회가 무엇을 그리고 누구를 정상과 비정상으로 볼지를 결정하려는 권위로부터 파생된다.

의학사상가 Lawrie Resnek(1987)은 신체적 질병에 내리는 정의조차도 "규범적이거나 평가적인 개념"(p. 211)이라고 했는데, 왜냐하면 질병이라고 명명하는 것은 "그 증상을 가진 사람이 훌륭하고 가치 있는 삶을 이끌어갈 능력이 더 적다고 판단하는 것"(p. 211)이기 때문이다. 만일 신체적 질병에 대한 이 명제가 참이라면, 심리학적 '질병'에 대해서도 이는 참일 수밖에 없다. 우리가 가진 심리학적 정상-비정상과 건강-질병에 대한 개념들이 사회적 구성개념으로서 사회문화적 목적과 가치들을 제공하기 때문에, 이 개념들은 사람들이 어떻게 살아야 하고 무엇이 인생을 가치 있는 것으로 만드는지에 관한 우리의 가정들과 연결되어 있다. 이 사실은 1952년에 미국 정신의학회가 DSM의 제1판에 동성애를 포함시키기로 한 결정과 그 후 1973년에 동성애를 질병으로 보는 것을 무효화하기로 한 결정에서 확실히 드러난다(Kutchins & Kirk, 1997; Shorter, 1997). 정신과 의사인 Mitchell Wilson(1993)이 주장한 것과 같이, "동성애 논쟁은 정신과적 진단들이 뚜렷하게 일탈에 대한 사회적 구성개념들로 포장된 것임을 보여 준다."(p. 404) 이러한 논의는 또한 카페인 의존이나 성적 충동성, 저강도의 오르가슴, 형제간 경쟁의식, 자기 패배적 성격, 비행기여행 후유증, 병리적 소비, 수면장애와 관련되어 발기 시 고통을 느끼는 증상에 관한 논쟁들에서뿐만 아니라 외상후스트레스 장애, 성도착 강간 그리고 가학적 성격장애들에 관한 논쟁들에서도 첨예하게 나타나는데(Kutchins & Kirk, 1997), 이 모든 것들은 DSM-IV에 포함되도록 제안되었다(Widger & Trull, 1991). 다른 사람들도 "정신분열증"(Gilman, 1988)이나 "중독"(Peele, 1995) 그리고 "인격장애"(Alarcon, Foulks, & Vakkur, 1998) 또한 질병의 개체들이라기보다는 사회적으로 구성된 범주들임을 주장해왔다.

그러므로 Widger와 Sankis(2000)가 "사회적, 정치적인 이해관계들이 정신병리학의 참된 가치에 대한 보다 현실적이고 정확한 인식을 방해할 수 있다."(p. 379, 강조)고 한 주장은 잘못된 것이다. 정신병리학의 '참된 가치(true rate)'는 일반적인 의미의 정신병리학이나 특정 정신병리학들의 구성개념의 정의에 포함된 사회적이고 정치적인 이해관계와 분리되어 존재하는 것이 아니다. Lopez와 Guarnaccia(2000)는 "정신병리학은 정신 혹은 신체의 병리학처럼 사회적 세계에 관한 병리학이다."(p. 578)라고 진술함으로써 진실에 더 가까이 접근하였다.

각 개정판마다 DSM은 사람들이 어떻게 삶을 살아야 할지와 무엇이 삶을 가치 있게 하는지에 관해 더 많은 것을 설명하려 했다. 그 페이지 수는 1952년 82장에서 1994년 거의 900장까지 증가했고, 정신장애의 종류는 106가지에서 297가지로 증가했다. '정신장애'의 영역들이 DSM의 개정판이 나올 때마다 확장되었고, 삶은 더욱더 병리화되어 진단가능한 정신장애를 가진 사람들의 수는 계속해서 증가해왔다. 더욱이, 우리 정신건강 전문가들은 '정신장애들'과 같이 명백하게 눈에 띄는 행동, 사고, 감정의 역기능적 패턴들을 명명하는 데에만 만족하지 않았다. 그 대신 점차적으로 생각할 수 있는 거의 모든 인간의 문제를 병리화해왔다.

DSM-IV에서 발견되는 '정신장애들' 중 몇 가지를 살펴보자. 월경 전의 정서적 변화는 이제 조기월경장애라고 불린다. 담배 흡연자들은 니코틴 의존성이 있는 것으로 분류된다. 만일 당신이 많은 양의 커피를 마시면 카페인 중독이나 카페인이 야기하는 수면장애를 발달시키게 될 것이다. 술에 취하는 것은 알코올 중독이 된다. 당신이 '외모상 결함에 집착하면' 그 결과로 "기능상에 상당한 고통이나 결함"(p. 466)을 가져와 신체기형장애를 가지게 되는 것이다. 어떤 아동의 학문적 성취가 "상당한 정도로 그 나이 또래나 학교, 또 지적 수준에 기대되는 것보다 낮다면"(p. 46) 학습장애를 가지는 것으로 판단한다. 성질을 잘 부리는 유아는 반항장애를 가진 것으로 여겨진다. 심지어는 형제자매 간에 발생하는 문제조차도, 아직까지는 공식적인 정신장애는 아니지만, DSM-IV에서는 다루고 있다.

인간의 성(性) 행동은 다양한 형태로 보이고 있어서 무엇이 '정상적'이고 '적응적' 인지를 결정하는 것은 곤란한 과제다. 그럼에도 성적 행동의 병리화 현상은 DSM-IV에서 무수히 발생하고 있다. 성관계를 자주 하고 싶어 하지 않는 것은 저활동성 성적욕구장애가 있는 것으로 간주되고, 성관계를 전혀 원하지 않는 것은 성적혐오성장애로, 성관계를 가지기는 하지만 오르가슴을 느끼지 못하거나 너무 늦게 또는 빨리 느끼는 것은 오르가슴장애로 간주된다. (남성의 경우), "뚜렷한 긴장이나 대인관계적 어려움을 야기하는 … 적절한 발기 상태"(p. 504)를 유지하는 것에 실패하면 남성 발기장애로 판명된다. (여성의 경우), "성적 흥분을 나타내는 어떤 적절한 윤활 작용이나 팽창 반응"(p. 502)을 획득하거나 유지하는 데 실패하여 고통을 느끼게 되면 여성 성적흥분장애를 가진 것으로 간주된다. 또한 과도한 자위행위는 정신장애의 신호로 간주되기도 한다(Gilman, 1988). 아마도 DSM-V에서 자위행위를 전혀 하지 않는 것이 만약 '뚜렷한 긴장이나 대인관계적 어려움'을 수반한다면, 그것은 정신장애('자기발정혐오장애(autoerotic aversion disorder)')가 될 것이다.

가장 최근에는 인터넷 중독과 주행광(road rage) 그리고 병리적 증권매매 상거래 행위의 만연 현상에 관한 미디어 보고서들이 범람하고 있다. 이러한 새로운 장애들에 관한 토론은 과학적 회의들을 통해 다루어져 왔고, 만약 언론매체와 정신건강 전문가들이 계속해서 그 구성개념들을 만드는 데 협력하거나 그러한 장애들을 치료하고 그에 관한 책들을 펴내는 것이 수익성이 있게 되면 이러한 논의들은 DSM-V에 반영될 가능성이 높다.

이러한 경향은 지금 분명하게 드러나고 있다. 먼저 우리는 어떤 가상적 사회 규범이나 이상에서 벗어나는 행동, 사고, 감정 또는 욕구의 한 유형을 보게 되거나, 우리가 다른 사람들보다 특정 사람들에게 보다 자주 더 심하게 나타나는 걸로 예상되는 어떤 공통적인 호소를 확인하게 되면, 어떤 특정 행동이 바람직하지 않거나 부자유스럽거나 파괴적이라고 결정을 내리게 된다. 그러고 나면 우리는 그 유형에 의학적으로 그럴듯한 명칭, 이왕이면 그리스어나 라틴어에 기원을 두는 이름들을 부여한다. 결국 그 새 용어는 한 약어로 축약될 수도 있는데, OCD(강박장애)나 ADHD(주의력결핍/과잉행동장애), BDD(body dysmorphic disorder, 신체변형장애)와 같은 것들이 그것이다. 이 새로운 장애는 그런 후 생명을 부여받아 질병과 같은 실체가 된다. '그것'에 관한 뉴스가 퍼져나감에 따라, 사람들은 '그것'의 증상을 가지고 있다고 생각하기 시작한다. 의학, 정신건강 전문가들은 '그것'을 진단하고 치료하기 시작하며, 임상가와 내담자들은 건강보험 정책이 '그것'의 '치료'를 부담해야 한다고 요구하기 시작한다.

수년간 필자가 다니는 대학교에서는 '외국어 학습능력장애'라고 불리는 것을 구축해왔다. 우리 상담소에서는 매년 학생들이 이 '장애'를 가졌는지에 대한 평가를 대여섯 번 정도 요청받는데, 보통은 대학 외국어 필수자격 시험에서 면제받기를 바라는 고학년들이 그 대상이 된다. 이와 같은 의뢰는 보통, 선의를 가진 외국어 강사와 학생 장애 상담을 위한 우리 기관에 의해 추진된다. 물론 우리 심리학 프로그램은 이러한 의뢰를 받아들이는 것 그 자체로, 또한 때로는 소위 장애라고 명명되는 것의 '증거'를 찾아내는 것으로, 이러한 '장애'를 구축하는 데 조력해왔다. Alan Ross(1980)는 이러한 과정을 장애의 구상화(reification)라고 했다. 정신건강 관련 전문가들이 진단적 용어와 그러한 용어들이 전문가와 내담자 모두에게 미치는 영향력을 경외감을 가지고 본다는 면에서, 이러한 과정을 가리키는 보다 더 정확한 용어는 그 장애의 신격화(deification)가 될 것이다.

우리는 인간이 생각하고, 느끼고, 행동하고, 바라는 모든 것이 완벽하게 논리적이거나 적응적이고 또는 효율적이 아닌 경우 정신장애라고 명명되는 그런 시기를 향해 빠른 속도로 접근하고 있다. 각 새로운 정신장애의 범주가 심각한 정신적 어려움들을 가진 사람들의 고통을 하찮은 것으로 만들 뿐 아니라, 그들의 행동에 대한 도덕적이고 법적인 책임을 회피할 기회를 마련해주기도 한다(Resnek, 1997). 지금이야말로 이 '광기'를 중단해야 할 때인 것이다.

DSM의 지적 해체: 잘못된 가정들의 검증

DSM과 그것이 대표하는 질병 이데올로기가 아직도 영향력이 있는 이유는 사회적, 정치적, 직업적 이득을 제공하기 때문이다. 그러나 DSM

또한 하나의 지적 기반을 가지고 있으며, 비록 그것이 잘못된 것이긴 하지만 우리의 검증을 필요로 한다. DSM의 개발자들은 인간행동과 어떻게 이를 이해해야 할지에 대한 수많은 가정들을 만들어왔는데 이것들은 면밀한 논리적 조사를 통해 이루어진 것이 아니다.

잘못된 가정 1: 범주는 세상에 관한 사실이다

DSM의 기본 가정은 사회적으로 구성된 범주들의 체제가 세상에 관한 일련의 사실들이라는 것이다. 여기서 문제가 되는 것은 일반적 분류, 특히 DSM 분류의 신뢰도가 아니다. 즉, 우리가 어느 정도까지 사물들을 범주화하는 작업에서 합의를 이끌어내는 방식으로 범주들을 정의할 수 있는가에 관한 것이다. 대신에 문제가 되는 것은 그러한 범주가 타당한가 하는 것이다. 이전에 설명했던 것처럼, 어떤 분류 체계의 타당성은 현실을 정확하게 반영하는 정도를 말하는 것이 아니라 그것을 개발한 이들의 목적에 기여하는 정도를 말하는 것이다. 이러한 이유 때문에 모든 분류 체계는 임의적(arbitrary)이다. 그렇다고 해서 모든 분류들이 변덕스럽고 생각없이 만들어진 것을 의미하는 것은 아니다. 하지만 앞서 언급했듯이, 그것들은 그 분류 체계를 개발한 이들의 목적에 기여하기 위해 구성되었다. Alan Watts(1951)는 언젠가 토끼들을 모(毛) 특성에 따라 분류하는 것이 나은지 아니면 육질에 따라 분류하는 것이 나은지를 질문한 적이 있다. 그는 대답하기를, 이는 당신이 모피상인가 도살업자인가에 달려 있다고 했다. 당신이 토끼들을 어떻게 분류할지는 당신이 그 토끼들을 가지고 무엇을 하고 싶어 하는지에 달려 있다. 그 어떤 분류 체계도 다른 체계보다 더 타당하거나 '사실적'이라고 할 수 없다. 우리는 모든 분류 체계들에 대해서도 똑같은 말을 할 수가 있을 것이다. 분류 체계들은 '타당'(사실)하거나 '타당하지 않은'(거짓) 것이 아니다. 대신, 그것들은 사회적인 구성개념들로 좀 더 혹은 덜 유용하게 쓰일 뿐이다. 그렇기 때문에 현실을 나타내는 어떤 한 체계의 '타당성'은 단지 그것의 유용성에 의해서만 평가할 수 있고, 그것의 유용성은 오직 가치에 기반을 둔 일련의 선택된 목적에 관련해서만 평가될 수 있다. 그러므로 "이 분류 체계가 얼마나 타당한가?"를 물어보는 대신 "우리가 무엇을 가치 있다고 여기는가? 우리가 어떤 목표를 달성하기를 원하는가? 또 이 시스템이 그것을 달성하는 데 얼마나 도움이 되는가?"와 같은 질문들을 해야 할 것이다. 그렇기 때문에, "진단적 타당성과 유용성"이 다른 구성개념인 것처럼 말할 수 없다(Nathan & Langenbucher, 1999, p. 88 강조 부분 첨가됨). 그것들은 하나이며 동일한 것이다.

심리장애의 전통적 분류법을 옹호하는 대다수는 "분류하는 것은 어떤 과학에서도 중심이 된다."(Barlow, 1991, p. 243)라는 가정으로 그들의 노력들을 정당화해왔다. 그러나 범주적 사고가 세계를 이해하는 데 있어서 서구의 특징적인 수단이라고 할지라도 유일한 수단은 아니다. 서구의 사상가들은 항상 세계를 분리된 사물들로 나누는 일에 상당한 에너지와 재능을 쏟아왔는데, 이들은 현실을 분리된 범주들로 나누고 이것 아니면 저것 혹은 흑과 백의 이분법으로 구성하였다. 서구인들은 세계가 인간 사고의 범주들로 결합되고(Watts, 1951), "인생의 의미를 이해하는 것은 일련의 사건들이 어떤 하나의 정형화된 틀에 맞춰지지 않는 한 불가능하다."(Watts, 1951, pp. 43-44)고 믿는 것 같다. 불행하게도 일단 범주화하기 시작하면, 우리는 범주들이 '사물들'을 대표하는 것으로 보며, 또한 그것들을 현실 세계와 혼동하게 되는 것 같다. Gregory Kimble(1995)이 말했듯이, "만일 현실에 대한 한 단어가 존재한다면, 거기에 상응하는 하나의 현실 항목이 반드시 있을 것이다. 만일 두 단어가 존재한다면, 두 가지의 현실이 존재할 것이며 그것들은 각각 다를 것이다."(p. 70)라고 믿게 된 것이다. 철학자 Alan Watts (1966)가 말한 것처럼, "우리가 (세계를) 특정한 사물들과 사건들로 아무리 나누고 분류하고 세어보고 구분해 놓더라도, 그것은 세계에 대한 하나의 사고방식에 지나지 않는다. 세계는 사실상 절대 분리되지 않는다."(p. 54)는 것을 깨닫는 데 실패했다는 것이다. 또한 범주들을 현실 세계와 혼동한 결과로서 우리는 너무도 흔히 '분류'를 '이해'로 혼동하거나 '명명'을 '설명'으로 혼동하게 된다(Ross, 1980; Watts, 1951). 사물에 이름을 붙이는 것이 그 사물을 이해하고 설명하는 것이 아니라는 사실을 잊고 만 것이다.

잘못된 가정 2: 정상과 비정상은 구분할 수 있다

DSM의 개발자들에 의해 상정된 두 번째 잘못된 가정은 우리가 정상과 비정상적 사고, 감정, 행동을 구분하는 분명한 기준을 수립할 수 있다는 것이다. DSM-IV의 개발자들이 "정신장애의 각 범주가 다른 정신장애나 정신장애가 아닌 것과 분리되는 절대적인 경계를 가진 완전한 별개의 실체라는 가정은 없다."라고(APA, 1994, p. xxii) 주장하고 있기는 하지만, 범주들을 기술하는 데 800페이지나 할애함으로써 이러한 주장의 신뢰도를 떨어뜨리고 있다. 이러한 불연속성 가정은 적어도 세 가지 이유로 잘못되었다. 첫 번째로, 상담소를 찾아온 소수의 사람들과 유사하거나 동일한 문제를 경험하지만 결코 전문적 도움을 구하지 않으려는 대다수의 사람들을 무시하고 있을 뿐 아니라 문제가 심해지기 전에 전문적인 도움을 구하려는 본질적으로 건강한 다수의 사람들도 무시하고 있다(Wills & DePaulo, 1991). Bandura(1978)가 말했듯이, "그 누구도 상담소를 이용하는 소수의 사람들과 문제를 경험하지만 상담소를 이용하지 않

는 대다수의 사람들이 어떻게 다른지 연구하는 도전적인 과제를 맡으려 하지 않았다."(p. 94)

정상–비정상 그리고 임상적–비임상적 이분법이 생기게 된 데는 우리의 상담서비스 제도도 일조하였다. '진료소'라고 불리는 장소는 우리가 세계를 임상적이거나 비임상적 환경으로 나누는 데 기여하고, 심리학적 문제들을 임상적(비정상적)이거나 비임상적(정상적) 문제들로 구분하게 하며, 사람들을 임상적(비정상)과 비임상적(정상) 대상들로 범주화하게 한다. 하지만 종교단체와 교회가 있다고 해서 신이 존재하는 증거가 될 수 없듯이, 정신건강 전문가와 진료소가 있다는 사실이 임상적 장애와 임상 집단이 존재한다는 증거가 될 수 없다. '진료소'에 어떤 이가 있다는 것 자체가 대부분의 사람들이 사는 동안 겪게 되는 문제들과는 다른 종류와 정도의 심리학적 병리가 그 사람 안에 있다는 가정을 충분히 뒷받침할 수 없다.

두 번째로, 이 불연속성 가정은 사실상 거의 모든 주요 성격 이론가에 의해 만들어진 하나의 가정, 즉 적응적이거나 부적응적 심리현상들은 그 종류에서가 아니라 정도상에서 차이를 보이며 그것은 정상과 비정상 간에, 적응과 부적응 기능 간의 연속선상에 존재한다는 가정에 위배된다. 성격과 정신 병리학에 대한 행동주의적, 사회적 인지 접근법의 근본적인 가정은 어떤 행동의 적응이나 부적응은 행동 그 자체의 본질에 있는 것이 아니라 이러한 행동이 그 사람의 목적과 상황적 규범, 기대 그리고 요구들과의 전체 상황적 맥락에서의 효율성에 있다는 것이다(Barone et al., 1997). 실존주의 이론가들은 정신건강과 정신질환 간의 이분법을 거부하는데, 새로이 부각되고 있는 구성주의 심리치료 운동에 관여하는 대부분의 이론가들도 같은 입장을 보이고 있다(Neimeyer & Mahoney, 1994; Neimeyer & Raskin, 1999). 모든 이론들 중에서 가장 병리학적이라고 하는 정신분석 접근조차도 정신병리가 기저에 있는 무의식적 갈등과 방어기제들에 의해 특징지어지는 것이 아니라 그러한 갈등과 방어들이 일상생활에서의 기능을 어느 정도까지 방해하는가에 의해 특징지어진다고 가정하고 있다(Brenner, 1973).

세 번째로, 정상-비정상의 이분법은 성격, 사회, 임상심리학의 현대 이론가들과 연구원들이 만든 다른 기본적인 가정에 위배되는데, 그 가정은 부적응적 행동이 습득되고 유지되는 과정이 적응적 행동의 습득과 유지를 설명하는 과정들과 동일하다는 것이다. 아직까지 그 누구도 자신을 정신건강 전문가에게 맡기는 사람들('임상 집단')의 문제와 그렇지 않은 사람들('비임상 집단')의 문제를 설명하는 심리적 과정이 서로 다르다는 것을 증명하지 못했다. 말하자면, '정상'이라고 판단되는 행동들과 사회적 규범들을 위반해서 '병리적'이라고 판단되는 행동들이 서로 다른 과정에 의해 통제된다고 가정할 만한 근거가 없다는 것이다(Leary & Maddux, 1987).

네 번째로, 이 가정은 점증하는 경험적 증거들, 즉 정상과 비정상이 효율적이거나 비효율적인 심리기능과 마찬가지로 하나의 연속선상에 놓여 있으며, 소위 심리장애라고 불리는 것은 단순히 정상적인 심리적 현상과 평범한 일상의 문제들의 극대화된 변형물들이라는 가정에 위배된다. 이러한 **차원적인 접근**(dimensional approach)은 사람이나 장애를 분류하기보다는 정서, 기분, 지능 그리고 성격 유형과 같은 심리적 현상에서 개인차를 확인하고 측정하는 데 관심을 둔다(Lubinski, 2000). 흥미 차원에서 개인들 간의 상당한 차이가 예상되는데, 이러한 차이점들은 지능검사에서도 볼 수 있다. 지능에 관해서, 정상과 비정상 사이의 어떤 구분들도 편의상 또는 효율성을 위해 사회적으로 구성된 것이지, 실제 현상의 '유형들'이나 사람의 '유형들' 가운데 비연속성이 존재한다는 지표로는 간주되지 않는다. 또한, 통계적 편차가 반드시 병리학적인 것으로 간주되지 않는다. 비록 한 차원의 어느 쪽이든 그 끝에 나타난 극단적 편차들(예를 들어, 내향성, 외향성, 신경증, 지능과 같은 것들)이 기능상 비유연성(inflexibility)을 나타낸다면 부적응적인 것이라고 말할 수 있을지라도 말이다.

심리적 적응에 대한 차원적인 접근의 타당성에 대한 경험론적 증거는 인격과 인격장애 영역에서 가장 두드러지게 나타난다. 일반인 집단과 '인격장애'를 지닌 집단에서의 인격문제에 관한 요인분석 연구들은 이 두 집단 간에 놀랄 만한 유사성이 있음을 입증하였다. 게다가 이러한 요인구조들은 인격장애를 범주화하여 분류하는 DSM의 체계와 일치하지 않는다(Maddux & Mundell, 1999). 인격장애의 차원적 관점은 또한 문화간 연구에 의해서도 지지되고 있다(Alarcon et al., 1998).

다른 문제들에 관한 연구들도 차원적 관점을 지지한다. 다양한 정서경험에 관한 연구들(예: Oatley & Jenkins, 1992)은 '임상적인' 정서장애들이 일상적인 정서 혼란이나 문제들과는 비연속적인 별개의 정서적 경험으로 분류되지 않는다는 것을 보여준다. 관계에서의 성인애착 유형에 관한 연구들이 강력히 제시하는 것은 차원들이 범주들보다 애착 유형을 기술하는 데 더 유용하다는 것이다(Fraley & Waller, 1998). 자기패배적 행동에 관한 연구들이 보여준 것은 그런 행동들이 지극히 일반적이며 그 자체로는 비정상의 징후나 '장애'의 증상들이 아니라는 것이다(Baumeister & Scher, 1988). 아동들의 읽기 문제에 관한 연구는 '난독증(dyslexia)'은 아동들이 그 증상이 있느냐 없느냐를 얘기하는 실무율(all-or-none) 상태가 아니라 '난독증'과 '비난독증' 아동들 사이에 본래 불연속성 없이 단지 정도의 차이가 있을 뿐이라는 것을 보여주고 있다(Showitz, Escobar, Shaywitz, Fletcher, & Makuch, 1992). 주의력 결함/과

다행동장애(Barkley, 1997)와 외상후스트레스성장애(Anthony, Lonigan, & Hecht, 1999)에 관한 연구는 앞서 말한 바와 같은 차원성이 있음을 입증한다. 우울증과 정신분열증에 관한 연구들은 이러한 '장애'들이 질병과 같은 증후로서가 아니라 개인차의 차원들로 이루어진, 다소 연결성이 약한 군집들로서 가장 잘 설명된다고 하였다(Claridge, 1995; Costello, 1993a, 1993b; Persons, 1986). 마지막으로, 생물학 분야의 연구자들은 소위 정상과 비정상(아니면 병리적)이라 불리는 심리 상태들 사이의 연속성을 계속 발견하고 있다(Claridge, 1995; Livesley, Jang, & Vernon, 1998).

잘못된 가정 3: 범주는 임상적 판단을 촉진한다

진단적 범주들이 가장 유용하게 쓰이려면, 견실한 임상적 판단과 결정과정을 촉진해야 한다. 그러나 진단적 범주들은 전문가의 선의에도 불구하고, 오류와 편견이 고무되고 유지되는 악순환이 행해지는 쪽으로 작용하여 전문적 판단을 흐릴 수 있다.

이러한 악순환은 전문가가 내담자를 처음 만날 때에 갖는 네 가지 신념들로 시작한다. 첫 번째는 정상이나 비정상 심리기능 간에 이분법이 있다는 것이고, 두 번째는 정신장애라 불리는 뚜렷한 증후들이 사실상 존재하고 실재적 특성을 가진다는 것이며, 세 번째는 '진료소'에 찾아오는 사람들은 분명히 '임상적 문제'를 갖고 있으며, 그 문제라는 것은 이러한 증후들 중 하나에 부합될 것이라는 가정이다. 네 번째는 전문가가 다른 사람들에 대한 정확한 지각을 하며, 다른 사람들에 대한 객관적인 정보를 수집하고, 정보를 처리하며 객관적으로 의사결정을 한다는 것이다.

이러한 신념들은 내담자와 상호작용하거나 내담자에 대해서 생각하거나 정보를 수집하는 데 있어서 편향되고 오류를 범하기 쉬운 방식으로 이끈다. 임상심리 훈련에 관한 가장 큰 미신 중의 하나는 석사학위 이상을 가진 전문가들이 그러한 훈련을 받지 못한 일반인들보다 다른 사람들에 대한 정보를 수집하고 인상들을 형성하는 데 있어 더 정확하고 실수를 덜 범하며 편견을 적게 가지고 있다는 것이다. 연구 결과는 이와는 다른 사실을 보여준다(Grab, 1998). 특히, 치명적인 것은 확증적인 가설 검증에 대한 편견인데, 전문가들은 내담자가 임상적으로 유의미한 기능 장애 또는 정신장애를 가지고 있다는 가정을 지지하는 정보를 찾는다는 것이다. 이러한 방략의 사용은 지각과 판단에 있어 오류와 편견의 가능성을 증가시킨다. 게다가 정상과 비정상(또는 건강과 병리) 그리고 특정정신장애들의 판별 기준들은 너무도 모호해서, 그것들은 불확실한 상황에서의 의사 결정에 관한 연구들에서 입증해온 대로 거의 대부분 지각과 판단상의 오류와 편향들을 범하게 된다(Dawes, 1998). 마지막으로, DSM은 장애가 있거나 건강하지 못한 기능의 범주만을 기술하기 때문에 건강한 기능의 증거를 탐색하는 데는 거의 도움을 주지 못한다는 것이다. 그래서 근본적으로 부정적 편향이 발전되기 마련인데, 이는 전문가가 병리적 증거에는 세밀한 관심을 쏟지만 건강에 관한 증거는 무시하기 때문이다. 긍정심리학의 입장에서 보면, 이것이 DSM과 질병 이데올로기가 범하는 가장 심각한 오류들 중 하나인 것이다.

이러한 오류와 편향은 전문가가 비록 아주 정확하지는 않을지라도 자신의 가설과 일치하는 쪽으로 내담자에 대한 정보를 수집하고 내담자의 인상을 형성하게 한다. 따라서 전문가는 자신의 사회적 지각과 판단 능력에 대한 잘못된 자신감을 얻게 된다. 다시 말하면, 전문가는 자신이 병리학에 대해 알고 있다고 믿으며 병리현상을 보게 됐을 때 실제로 사람들이 DSM에 의해 기술된 범주들에 속한다고 믿게 되는 것이다. 내담자들이 전문가의 평가와 결정에 쉽게 동의하기 때문에(Snyder, Shenkel, &

Lowery, 1977), 전문가의 자신감은 자신이 옳다고 하는 이러한 증거에 의해 강화되기 마련이다. 따라서 이러한 요소들 모두가 함께 하나의 '협동적 착각'을 만들게 된다.

마지막으로, 이런 잘못된 피드백과 그에 따른 그릇된 정확성과 자신감 때문에, 시간이 지남에 따라 전문가는 점점 더 자신감을 얻게 되지만, 전문가의 경험과 내담자에 관한 지각과 판단에서의 오류 및 편향성 사이에 정적 상관이 있다는 연구 결과(예: Garb, 1998)가 제시하듯이 오류들도 증가하게 된다. 따라서, 전문가는 훨씬 더 오류를 범하기 쉬운 과정을 반복할 가능성이 많은 임상적 만남을 자신 있게 갖게 되는 것이다.

잘못된 가정 4: 범주는 치료를 촉진한다

앞서 언급했듯이, 분류 도식의 타당성은 효용성이나 "그것이 특정 목적을 달성하는 데 얼마나 성공적인가?"를 고려함으로써 가장 잘 평가된다(Follete & Houts, 1996, p. 1120). 인간행동과 '장애'를 조직화하고 이해하는 체계의 궁극적 목적은 고통을 경감시키는, 긍정심리학의 관점에서는 심리적 안녕감(well-being)을 증진시키기 위한 방법을 발전시키는 것이다. 그러므로 '정신장애'의 분류 체계의 타당성을 결정하기 위해서는 "그것이 얼마나 사실인가?"를 물어볼 것이 아니라 "그것이 얼마나 사람들이 만족스러운 삶을 살도록 하는 효과적인 방법들을 고안하는 데 도움이 되는가?"를 물어볼 필요가 있다. Gergen과 McNamee(2000)는 "'질병'과 '치료'에 관한 담화는 그 자체적으로 선택적이며 … 만약 그 직업상 목표가 내담자를 돕는 것이라면 … 그 목표에 이르기 위한 문은 더 실용적인 질문들에 열려 있어야 한다. 어떤 측면에서 내담자가 분류를 해야 한다는 것으로 인해 도움을 받거나 혹은 상처를 입는가?"(pp. 336-337)라고 논한 바 있다. Raskin과 Lewandowski(2000)는 "만일 사람들이 무엇이 정말로 장애인지에 관한 객관적 진실에 접근하지 못한다면, 장애의 구성개념들은 특정한 임상적 상황들에서의 효용성과 의미의 측면에서 서로 경쟁해야 한다."(p. 26)라고 주장했다.

효과적인 개입은 이론들과 개념들을 바탕으로 하기 때문에 이런 개입을 설계하기 위해서는 어떻게 행동, 사고, 정서 유형들이 발달하고, 부적응성에도 불구하고 어떻게 유지되는지에 관한 이론에 기초를 둔 인간기능에 관한 개념화가 요구된다. 설계상, DSM은 순전히 기술적(descriptive)이고 비이론적이다. DSM은 비이론적이기 때문에 장애들의 병인학(etiology)을 다루지 않는다. 따라서 DSM은 개입방략을 가져올 수 있는 적응문제의 발달과 유지에 관한 이론에 기초한 개념화를 제공할 수가 없다. 단지 일반적으로 문제가 되는 행동들의 목록(증상들)만을 포함하는 기술적인 범주이기 때문에, 어느 정도는 무엇이 변화되어야 할 필요가 있는지에 대한 제안을 할 수 있을지는 모르지만, 그것이 어떻게 변화를 촉진시킬 수 있는가에 대한 지침을 제공할 수는 없는 것이다.

질병 이데올로기와 DSM의 한계를 넘어서

DSM과 질병 이데올로기의 해체는 우리에게 '하지만 무엇이 그것들을 대체할 것인가?' 라는 질문을 남긴다. 긍정심리학이 바로 질병 이데올로기에 대한 대안을 제공한다. 긍정심리학은 심리적 안녕감, 만족, 행복, 대인관계 기술, 인내, 재능, 지혜 그리고 개인적 책임감을 강조한다. 그것은 무엇이 인생을 살 가치가 있는 것으로 만드는지에 대해 이해하고, 사람들이 더욱더 자기조직적이고 자기지시적이 되도록 도와주며, "사람과 경험이 사회적 맥락 속에 있다."(Seligman & Csikszentmihalyi, 2000, p. 8)는 사실을 재구성하는 데 관심을 두고 있다. 암시적이든 명시적이든 사람들에게 어떻게 살아가야 할지를 말해주는 특정한 사회적 가치에 기초한 질병 이데올로기와는 달리, 긍정심리학은 "개인들의 삶의 과정에 따른 선택들을 알려줄 수는 있지만, 인생에서 어떤 행로가 바람직한가에 대해서는 어떤 입장을 강요하지 않는다(Seligman & Csikszentmihalyi, 2000, p. 12).

세 개의 경쟁적인 접근들이 존재하긴 하지만, 그중 무엇이 DSM을 대체할지를 예견하는 것은 어려운 문제다. 앞서 언급했던 차원적 접근(dimensional approach)은 범주들을 구성하는 것보다는 개인 간 차이들을 연속선상에서 기술하고 측정하는 데 더 관심이 있다. 이는 사람들이 행동적, 인지적 그리고 정서적 현상에 있어 통계적 편차를 보일 것이라고 가정하지만, 그런 편차가 그 자체로 부적응적이거나 병리적이라고 가정하지 않는다.

대인관계적 접근(interpersonal approach)은 "부적응 행동은 다른 사람들과 반복된 교류들 안에 생기며 … (그리고) … 그것은 대인관계에서 자신의 행동 중 자기패배적이고 성공적이지 못한 측면들을 알아차리고 교정하는 데 실패한 결과에 기인한다."(Kiesler, 1991, pp. 443-444)라고 하는 가정에서 출발한다. 이 접근은 개인의 행동에 초점을 맞춘 것이 아니라 한 체계 속에서 다른 사람들과 상호작용하는 개인의 행동에 초점을 맞춘다(Benjamin, 1996; Kiesler, 1991). 예를 들어, 관계적 진단(relational diagnosis)은 "부부나 가족의 구조적 기능과 상호작용적 유형들을 이해"(Kaslow, 1996, p. v)하는 것에 관심을 두고 있다. 때로 과도할 정도의 관심이 관계 형태들에 대한 유형학을 발전시키는 데 집중되고 있기는 하지만, "이론적 공식과 임상적 개입들은 민족성, 문화, 종교, 성별, (그리고)

성적 선호에 의해 근거해야 한다."(Kaslow, 1996, p. v)라는 가정은, 정신장애가 개인 내에 존재한다는 DSM의 가정과는 뚜렷한 대조를 보인다.

사례 공식화 접근(case formulation approach)에서는 심리적, 행동적 문제들을 이해하는 가장 유용한 방법은 사람들과 그들의 문제를 범주에 넣는 것이 아니라 "한 개인의 심리적, 대인관계적, 행동적 문제에 관한 원인과 촉진 요인들 그리고 영향에 대한"(Eells, 1997, p. 1) 가설을 형성하는 것이라고 주장한다. 사례 공식화는 이론에 바탕을 두기 때문에, DSM의 비이론적이고 기술적인 접근과는 정반대의 것이다. 사례 공식화는 행동주의와 인지이론가들의 관심을 가장 많이 받아왔지만, 정신역동, 단기정신역동적, 대인관계적이고 경험적인 관점들에서도 지지를 받아왔다(Eells, 1997). 그 다양성에도 불구하고, 사례 공식화 접근법은 진단적 범주내리기와 명칭붙이기를 피한다는 점에서 공통점이 있는데, 그 사람이 어떤 사람인지 또는 그 사람이 무엇을 가지고 있는지를 이해하는 데 관심이 있는 것이 아니라, 그 사람이 어떤 일을 하고 어떤 것을 생각하며 느끼는지를 이해하는 데 관심을 둔다. 그리고 그 개인의 특수한 욕구와 목적에 맞는, 이론에 근거한 개입들을 발전시키는 데 주안점을 둔다.

그 차이점들에도 불구하고, 이러한 세 가지 접근들은 질병 이데올로기가 강조하는 병리학과 병리가 사람들의 내면에 있다는 가정 그리고 범주화와 분류화의 경직된 체계에 대한 강조를 거부하고 있다. 또한 이러한 접근들은 적응적이고 부적응적 기능 모두를 검증할 무대를 마련하기 때문에, 긍정심리학의 원칙이나 목적과 기본적으로 공존할 수 있다.

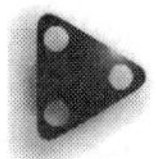

결 론

질병 이데올로기는 그 유용성을 다했다. 이제는 임상심리학자들이 그들의 분야에 대해 자신들이 바라보는 시각과, 또 그들의 분야 및 주제들에 대해 일반 대중들이 지각하는 부분에 대한 인식의 변화가 필요한 시기다. 긍정심리학 운동은 심리건강, 인간 적응과 조절에 관한 시각을 재구성함으로써 우리가 임상심리학에 대해 가지고 있는 시각들을 재교육하고 재구성할 귀한 기회를 제공한다. 우리에게 필요한 것은 질병 이데올로기가 아니라 긍정심리학 이데올로기에 근거한 임상심리학으로, 이는 다음과 같은 세 가지를 거부한다.

첫째, 인간과 인간경험의 범주화와 병리화. 둘째, 정신장애는 한 개인과 다른 사람들 간의 관계, 크게는 문화에 존재하기보다 개인 내에 존재한다는 가정. 셋째, 우리에게 무엇이 최악이고 취약한 것인지를 이해하는 것이, 무엇이 최상이고 가장 훌륭한지를 이해하는 것보다 더 중요하다는 생각이다.

이러한 이데올로기상의 변화는 인간이 인생을 항해하면서 경험하게 되는 인간행동과 그 문제들에 대해서 말할 때 사용하는 언어의 변화, 즉 질병 이데올로기의 언어에서 긍정심리학의 언어로의 변화와 함께 시작되어야 한다. 왜냐하면 질병 이데올로기의 언어가 DSM에 담겨 있기 때문에, 재구축은 이 질병 이데올로기라는 우상을 해체함으로써 시작되어야 한다. 우리가 DSM을 경외하는 한, 우리가 사람들과 인생의 문제들에 대해 이야기하는 방법상의 변화는 더디게 진행될 것이다.

질병 이데올로기와 DSM은 그것을 구축하는 데 참여한 우리들 누군가의 사회적, 정치적, 경제적인 목적들에 기여하기 위해 구축되었다. 그것들은 그들이 기여하는 목적을 가진 개인들과 기관들에 의해 유지될 뿐 아니라 어떻게 하면 적응적이고 부적응적인 인간행동 모두를 가장 잘 이해할 수 있는지에 대해 경험적으로 지지되지 않은 일련의 암묵적인 가정들에 의해서 유지되기도 한다. 심리학자들은 그들의 전문적인 활동들의 지침이 되는 심리장애들에 대해서 사회적으로 구축된 가정들의 본질과 이 가정들의 논리적이고 경험적인 취약성 모두를 인식해야 할 필요가 있다. 우리는 의문의 여지가 없는 사회문화적 요인들과 질병 이데올로기, DSM 그리고 우리의 '왜곡되고 손상된' 임상심리학의 근거를 제공하는 철학적 가정들에 대한 의문을 계속해서 제기하여야 할 것이다. 마지막으로, 우리는 학생과 대중들 그리고 정책 결정자들도 이러한 의문을 제기하도록 격려할 필요가 있다.

참고문헌

Alarcon, R. D., Foulks, E. F., & Vakkur, M. (1998). *personality disorders and culture: Clinical and conceptual interactions*. New York: Wiley.

Albee, G. W. (2000). The Boulder model's fatal flaw. *American psychologist, 55*, 247-248.

American Psychiatric Association (1952). *Diagnostic and statistical manual of mental disorders*. Washington, DC: Author.

American Psychiatric Association (1994). *Diagnostic and statistical manual of mental disorders* (4th ed.). Washington, DC: Author.

American Psychiatric Association (2000). *Diagnostic and statistical manual of mental disorders* (4th ed., text revision). Washington, DC: Author.

Anthony, J. L., Lonigan, C. J., & Hecht, S. A. (1999). Dimensionality of post-traumatic stress disorder symptoms in children exposed to disaster: Results from a confirmatory factor analysis. *Journal of Abnormal Psychology, 108,* 315-325.

Bandura, A. (1978). On paradigms and recycled ideologies. *Cognitive Therapy and Research, 2,* 79-103.

Bandura, A. (1998, August). Swimming against the mainstream: *Accenting the positive aspects of humanity.* Invited address presented at the annual meeting of the American Psychological Association, San Francisco, CA.

Barkley, R. A. (1997). *ADHD and the nature of self-control.* New York: Guilford.

Barlow, D. H. (1991). Introduction to the special issue on diagnosis, dimensions, and *DSM-IV:* The science of classification. *Journal of Abnormal Psychology, 100,* 243-244.

Barone, D. F., Maddux, J. E., & Snyder, C. R. (1997). *Social cognitive psychology: History and current domains.* New York: Plenum.

Baumeister, R. F., & Scher, S. J. (1988). Self defeating behavior patterns among normal individuals: Review and analysis of common self destructive tendencies. *Psychological Bulletin, 104,* 3-22.

Beall, A. E. (1993). A social constructionist view of gender. In A. E. Beall & R. J. Sternberg (Eds.), *The psychology of gender* (pp. 127-147). New York: Guilford.

Becker, H. S. (1963). *Outsiders.* New York: Free Press.

Benjamin, L. S. (1996). *Interpersonal diagnosis and treatment of personality disorders* (2nd ed.). New York: Guilford.

Brenner, C. (1973). *An elementary textbook of psychoanalysis.* New York: Anchor Books.

*Claridge, G. (1995). *The origins of mental illness.* Cambridge, MA: Malor

Books.

Costello, C. G. (1993a). *Symptoms of depression.* New York: Wiley.

Costello, C. G. (1993b). *Symptoms of schizophrenia.* New York: Wiley.

Costello, C. G. (1996). *Personality characteristics of the personality disordered.* New York: Wiley.

Dawes, R. M. (1998). Behavioral decision making and judgment. In D. T. Gilbert, S. T. Fiske, & G. Lindzey (Eds.), *Handbook of social psychology* (Vol. 1, pp. 497-548). New York: McGraw-Hill.

*Eells, T. D. (1997). Psychotherapy case formulation: History and current status. In T. D. Eells (Ed.), *Handbook of psychotherapy case formulation* (pp. 1-25). New York: Guilford.

Follete, W. C., & Houts, A. C. (1996). Models of scientific progress and the role of theory in taxonomy development: A case study of the DSM. *Journal of Consulting and Clinical Psychology, 64,* 1120-1132.

Fraley, R. C., & Waller, N. G. (1998). Adult attachment patterns: A test of the typological model. In J. A. Simpson & W. S. Rholes (Eds.), *Attachment theory and close relationships* (pp. 77-114). New York: Guilford.

*Garb, H. N. (1998). *Studying the clinician: Judgment research and psychological assessment.* Washington, DC: American Psychological Association.

Gergen, K. J., & McNamee, S. (2000). From disordering discourse to transformative dialogue. In R. A. Neimeyer & J. D. Raskin (Eds.), *Constructions of disorder* (pp. 333-350). Washington, DC: Amerian Psychological Association.

Gilman, S. L. (1998). *Disease and representation.* Ithaca, NY: Cornell University Press.

Kaslow, F. W. (Ed.) (1996). *Handbook of relational diagnosis and dysfunctional family patterns.* New York: Wiley.

Kiesler, D. J. (1991). Interpersonal methods of assessment and diagnosis.

In C. R. Snyder & D. R. Forsyth (Eds.), *Handbook of social and clinical psychology* (pp. 438-468). New York: Pergamon.

Kimble, G. (1995). Psychology stumbling down the road to hell. *The General Psychologist, 31,* 66-71.

Korchin, S. J. (1976). *Modern clinical psychology.* New York: Basic Books.

*Kutchins, H., & Kirk, S. A. (1997). *Making us crazy: DSM: The psychiatric bible and the creation of mental disorders.* New York: Free Press.

Leary, M. R., & Maddux, J. E. (1987). Toward a viable interface between social and clinical/counseling psychology. *American Psychologist, 42,* 904-911.

Livesley, W. J., Jang, K. L., & Vernon, P. A. (1998). Phenotypic and genotypic structure of traits delineating personality disorder. *Archives of General Psychiatry, 55,* 941-948.

Lopez, S. R., & Guarnaccia, P. J. J. (2000). Cultural psychopathology: Uncovering the social world of mental illness. *Annual Review of Psychology, 51,* 571-598.

Lubinski, D. (2000). Scientific and social significance of assessing individual differences: "Sinking shafts at a few critical points." *Annual Review of Psychology, 51,* 405-444.

*Maddux, J. E., & Mundell, C. E. (1999). Disorders of personality: Diseases or individual differences? In V. J. Derlega, B. A. Winstead, & W. H. Jones (Eds.), *Personality: Contemporary theory and research* (pp. 541-571). Chicago: Nelson-Hall.

McNamee, S., & Gergen, K. J. (1992). *Therapy as social construction.* Thousand Oaks, CA: Sage.

Morrow, W. R. (1946). The development of psychological internship training. *Journal of Consulting Psychology, 10,* 165-183.

Nathan, P. E., & Langenbucher, J. W. (1999). Psychopathology: Description and classification. *Annual Review of Psychology, 50,*

79-107.

Neimeyer, R. A., & Mahoney, M. J. (Eds.) (1994). *Constructivism in psychotherapy*. Washington, DC: American Psychological Association.

Neimeyer, R. A., & Raskin, J. D. (1999). *Constructions of disorder: Meaning-making frameworks for psychotherapy*. Washington, DC: American Psychological Association.

Oatley, K., & Jenkins, J. M. (1992). Human emotion: Function and dysfunction. *Annual Review of Psychology, 43,* 55-86.

*Parker, I., Georgaca, E., Harper, D., McLaughlin, T., & Stowell-Smith, M. (1995). *Deconstructing psychopathology*. London: Sage.

Peele, S. (1995). *Diseasing of America*. San Francisco: Lexington Books.

Persons, J. (1986). The advantages of studying psychological phenomena rather than psychiatric diagnosis. *American Psychologist, 41,* 1252-1260.

Raskin, J. D., & Lewandowski, A. M. (2000). The construction of disorder as human enterprise. In R. A. Neimeyer & J. D. Raskin (Eds.), *Constructions of disorder: Meaning making frameworks for psychotherapy* (pp. 15-40). Washington, DC: American Psychological Association.

Reisman, J. M. (1991). *A history of clinical psychology*. New York: Hemisphere.

Resnek, L. (1987). *The nature of disease*. New York: Routledge and Kegan Paul.

Resnek, L. (1997). *Evil or ill? Justifying the insanity defense*. London: Routledge.

*Rosenblum, K. E., & Travis, T. C. (Eds.) (1996). *The meaning of difference: American constructions of race, sex and gender, social class, and sexual orientation*. New York: McGraw-Hill.

Ross, A. O. (1980). *Psychological disorders of children: A behavioral approach to theory, research, and therapy* (2nd ed.). New York: Mcgraw-Hill.

Routh, D. K. (2000). Clinical psychology training: A history of ideas and practices prior to 1946. *American psychologist, 55,* 236-240.

Seligman, M. E. P., & Csikszentmihalyi, M. (2000). Positive psychology: An introduction. *American Psychologist, 55,* 5-14.

Shaywitz, S. E., Escobar, M. D., Shaywitz, B. A., Fletcher, J. M., & Makuch, R. (1992). Evidence that dyslexia may represent the lower tail of normal distribution of reading ability. *New England Journal of Medicine, 326,* 145-150.

Shorter, E. (1997). *A history of psychiatry.* New York: Wiley.

Snyder, C. R., Feldman, D. B., Taylor, J. D., Schroeder, L. L., & Adams, V. (2000). The roles of hopeful thinking in preventing problems and enhancing strengths. *Applied & Preventive Psychology: Current Scientific Perspectives, 15,* 262-295.

Snyder, C. R., Shenkel, R. J., & Lowery, C. (1977). Acceptance of personality interpretations: The "Barnum effect" and beyond. *Journal of Consulting and Clinical Psychology, 45,* 104-114.

Stone, G. C., Cohen, F., & Adler, N. E. (Eds.) (1979). *Health psychology: A handbooks.* San Francisco: Jossey-Bass.

Szasz, T. J. (1974). *The myth of mental illness.* New York: Harper and Row.

Watts, A. (1951). *The wisdom of insecurity.* New York: Vintage.

Watts, A. (1966). *The book: On the taboo against knowing who you are.* New York: Vintage.

Widiger, T. A., & Sankis, L. M. (2000). Adult psychopathology: Issues and controversies. *Annual Review of Psychology, 51,* 377-404.

Widiger, T. A., & Trull, T. J. (1991). Diagnosis and clinical assessment. *Annual Review of Psychology, 42,* 109-134.

Wills, T. A., & Depaulo, B. M. (1991). Interpersonal analysis of the help-seeking process. In C. R. Snyder & D. R. Forsyth (Eds.), *Handbook of social and clinical psychology* (pp. 350-375). New York: Pergamon.

*Wilson, M. (1993). DSM-III and the transformation of American psychiatry: A history. *American Journal of Psychiatry, 150,* 399-410.

정신건강학을 향하여

진단과 개입의 긍정적 방향

정신질환: 치료와 예방의 현 상태
정신건강: 긍정적 진단
정신건강: 긍정적 치료와 개입

정신질환의 진단과 그 치료에 관한 학문은 20세기 후반 50년에 걸쳐 그 형태를 갖추어왔다(U.S. Department of Health and Human Services, 1995). 세련된 대화와 약물치료가 이제 여러 정신질환을 치료하는 데 사용된다. 그러나 이러한 치료들의 대부분은 단명하거나 부분적으로만 효과적이어서, 정신질환이 여전히 개인과 가족 그리고 공동체를 무력하게 만들고 있다. 병인학과 정신장애의 치료 연구에 많은 자본을 투자했음에도 환자의 수는 줄어들지 않고 있으며, 만연한 고통을 줄이지도 못하고 있는 것이 사실이다. 분명한 것은 국가가 정신장애의 초기 발병을 예방하고, 고통을 줄이고, 장애를 예방하는 새로운 기술들을 제안하는 방법들을 강구해야 한다는 것이다.

이러한 이유에서 우리는 이 장에서 정신건강의 진단과 치료에 대한 긍정적 접근의 유용성이 아직 충분히 인식되지 않은 도구로 남아 있다는 점을 주장할 것이다. 이 목표를 위해서 주관적 안녕감(subject well-being)의 개념과 측정에 관한 문헌들을 요약할 것이다. 이 문헌 검토가 완전하지는 않지만(Diener, Suh, Lucas, & Smith, 1999; Keyes, 1998; Keyes & Ryff, 1999; Ryff, 1998b; Ryff & Keyes, 1995 참조), 우리의 목적은 주관적 안녕감의 증상을 기술하여 어떻게 사회 과학자들이 정신건강에 대한 진단과 연구를 시작할 수 있을 것인지에 관한 제안을 하는 것이다.

덧붙여 우리는 정신건강 연구가 정신질환에 대한 오랜 관심, 유병률 및 치료와는 구분되고 그런 것들에 보완적이라고 주장한다. 이 장의 두 번째 부분에서 우리는 정신건강의 진단을 긍정적 치료 및 요법에 관한 학문의 싹을 틔우는 것과 연관시키고 있다. 이러한 치료들을 검토한 후에, 우리는 어떤 긍정적 치료들은 역경에 대한 완충기로 작용하지만 다

* Corey L. M. Keyes & Shane J. Lopez

른 치료들은 우울증 재발을 예방하는 데 사용될 수도 있다는 증거를 제시할 것이다.

정신질환: 치료와 예방의 현 상태

우리는 정신질환에 관한 학문에 있어 지금이 가장 최상이자 최악의 시기라고 믿는다. 과학적 진보를 통해 병인학적 발견이나 진단상의 구체성을 향상시키는 데 기여한 진단적 도구, 환자 증상의 심각성 및 수를 감소시키는 다양한 효과적인 대화치료들이 이루어졌다(Seligman, 1995). 게다가 선택적 세로토닌 재흡수 억제약물(SSRIs)의 출현으로 증상의 심각성이나 숫자를 감소시켜왔을 뿐 아니라 이전의 향정신약학 군에 속하는 약물에 의한 부작용들도 감소하였다(U.S. Department of Health and Human Services, 1999).

이러한 성취에도 불구하고, 정신장애의 부담은 더욱 만연하는 것으로 보인다(Klerman & Weissman, 1989). 정신건강 전문가들은 과학적이고 실제적인 한계에 부딪쳐 고투하고 있으며, 정신질환은 계속해서 사람들의 주관적 안녕감에 어두운 그림자를 드리우고 있다. 우리의 견해로는, 정신질환에 관한 학문은 '무너진(broken-down)' 사람들을 위한 효과적인 치료법을 개발해왔지만, '무너져가고 있는(breaking down)' 더 많은 사람들을 예방하기에는 여전히 비효율적이다.

예를 들어, SSRI를 복용하는 많은 환자들 중에서 우울증 증상의 경감은 부분적이거나 단기적이고, 그 환자들 중 거의 3분의 1은 약물치료에 반응을 보이지 않는다(예: O'Reardon, Brunswick, & Amsterdam, 2000). 더군다나 대부분의 치료에서 증상이 경감된 기간은 얼마 되지 않는다. 단극성 주요우울증(unipolar major depression)을 가진 환자들 중 60~70%가 증상 경감 후 6개월 안에 재발한다(Keller, Shapiro, Lavori, & Wolfe, 1982; Ramana et al., 1995). 치료의 효과를 계속 유지하는 단계의 치료들은 초기의 증상 완화 기간에 뒤따르는 일정기간 동안의 치료를 포함하는데, 우울증 재발의 감소에 도움이 되었다(U.S. Department of Health and Human Services, 1999, p. 261).

1990년대에 실시된 정신질환의 유병률에 관한 연구들을 보면 미국 인구 중 엄청난 숫자가 정신질환을 지니고 있는 것으로 나타났다. 즉, 성인의 4분의 1에서 3분의 1 정도가 생애 동안 정신질환을 경험할 것으로 추정된다. 18세 이상 성인의 4분의 1 정도가 매년 정신장애를 경험할 것이며, 이러한 사람들 중 많은 수가 치료를 복잡하게 하거나 혼재된 고통을 야기하는 동반 장애들(예: 중독성 장애)을 보일 것이다(U.S. Department of Health and Human Services, 1999; Kessler et al., 1994, Robins & Regier, 1991).

연구들에 의하면 또한 단극성 우울증의 첫 발병 연령이 지난 세기 동안 더 어려졌다(Burke, Burke, Rae, & Regier, 1991; Cross-National Collaborative Group, 1992; Lewinsohn, Rohde, Seeley, & Fischer, 1993; Wittchen, Knauper, & Kessler, 1994). 우울증은 대개 중년기 성인에게 처음 발병했었는데, 이제는 청년기의 '흔한 감기' 정도가 되어버렸다. 이와 마찬가지로, 이전의 우울증 삽화(episode)는 이제 우울증 재발에 영향을 미치는 위험 요인으로 보인다(Gonzales, Lewinsohn, & Clarke, 1985; Lewinsohn, Hoberman, & Rosenbaum, 1988). 간단히 말하면, 더 많은 사람들이 더 어린 나이에 정신장애를 경험하고 있는데 이는 동반되는 다른 질환(즉, 신체적이고 정신적인)으로 이행되거나 정신질환 재발률을 더 증가시킬 가능성이 높다는 것이다.

정신질환은 가정과 지역사회 그리고 직장에서의 삶의 질과 생산성에 하나의 멍에로 작용한다. 세계질병부담(The Global Burden of Disease) 연구와 보고(Murray & Lopez, 1996)는 정신질환의 불능적(disabling) 특성에 대한 정책 결정자들의 혜안을 넓혀주었다. 이 연구는 조기 사망으로 건강한 인생 시기의 감소와 감소된 생산성이라는 관점에서 '질병'이 사회에 미치는 부담을 명백히 표현하고 있다. 단극성 우울증은 혈관 수축적 심장질환에 이어 두 번째로 모든 연령대 성인들의 건강한 인생 시기를 감소시키는 가장 유력한 요인이었으며, 선진국과 개발 도상국가들에서 44세 미만 연령의 성인들에게 장애를 가져오는 주요 원인이었다.

정신질환은 생산성을 감소시키고, 정신질환으로 인해 매해 임금손실

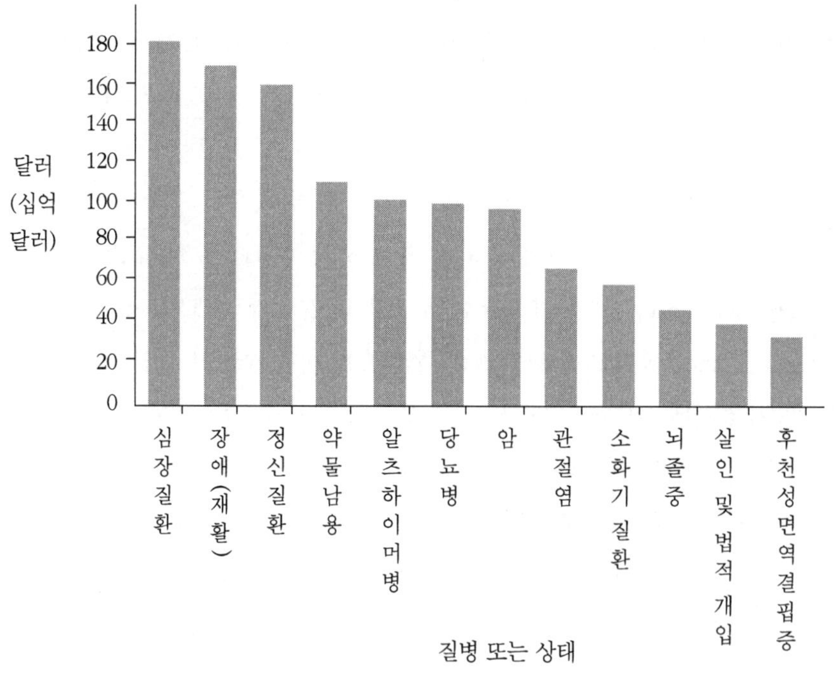

[그림 3-1] 국립보건원(National Institutes of Health)은 1999년 회계연도 동안 질병 및 상태로 인한 직·간접 비용들을 추정하였다.

과 의료비 그리고 장애 소송에 드는 비용 등을 합치면 수십 억 달러가 든다(Mrazek & Haggerty, 1994). 1999년 회계연도 동안 국립보건원(National Institutes of Health)은 정신장애와 관련하여 사회가 직·간접적으로 부담하는 비용이 대략 1,600억 달러에 이르는 것으로 추정했다(U.S. Department of Health and Human Services, 1999). [그림 3-1]에서 보듯이 정신장애에 대한 사회적 부담은 주요한 부담으로, 매년 1,800억 달러에 이르는 심장질환의 사회적 부담 비용에 크게 뒤지지 않는다.

정신질환은 수명을 단축시킨다. 주요 우울증은 관상동맥 심장질환 및(Musselman, Evans, & Nemeroff, 1998) 조기 사망을 암시하는 중독성 장애(Kessler et al., 1996)와 같은 만성적 신체질환들이 생길 위험과 관련된다. 단극성 및 양극성 우울증과 같은 정동장애들은 자살의 주요 원인이 되고 있는데, 모든 자살 사례 중 거의 3분의 1이나 되는 비중을 차지하고 있다. 자살 '성공률'은 십만 건 중에서 12건 정도가 되는데, 이는 지난 40년 동안에 일정하게 유지되어왔다. 동일한 기간 동안 특정 연령 집단 내에서의 자살률은 우울증의 첫 발병 연령이 낮아진 것과 연동하여 변화했다. 즉, 장년층에서의(백인 장년 남성) 자살률이 감소한 반면에, 청소년기와 청년기에서의 자살률은 1952년과 1996년 사이에 거의 세 배나 증가했다(U.S. Department of Health and Human Services, 1998; Koening & Blazer, 1992; Rebellon, Brown, & Keyes, 출판 중).

희소식은 정신질환학에 대한 국가적 관심과 투자가 많아지면서 효과적인 대화 및 약물치료가 생겨났다는 점이다. 이러한 치료들은 뇌 화학작용이나 정신적 기능에 있는 정신질환의 근접 원인들을 개선하는 데 매우 효과적이었다. 그러나 증상 경감은 단기적이었다. 정신질환을 야기하는 원거리 요인들(예: 빈곤)을 개선하는 데에 목적을 두는 효과적인 예방 분야 역시 성장하였다. 그러나 대부분의 예방 노력들은 대개 '위험에 처한' 대상 인구들(예: 빈곤층 청년)에 그 방향이 맞추어져 있고, 그러한 노력은 신체적 질병이나 정신장애를 가져오는 위험들로부터 이러한 개인들을 보호하는 요인들을 발견하고자 하는 것이다.

지금까지는 정신질환 그 자체의 종식이나 신체질환과 정신장애를 예방하기 위한 또 하나의 가도인 정신건강 증진 분야에 집중된 학문적 관심과 연방정부의 연구자금 투자가 매우 부족한 편이었다. 우리 앞에 놓인 도전들은 첫째, 정신질환의 확산 감소, 둘째, 청년기의 조기 발병 예방, 셋째, 치료 후 증상 완화의 연장, 넷째, 전생애에 걸쳐서 정신질환의 재발률 감소다. 그 목표를 향해서 우리는 현재 성행하고 있는 정신질환 예방과 치료의 학문을 보완할 21세기 정신건강 증진과 치료에 관한 학문을 구상하고 있다. 성인들의 정신건강을 더욱 증진시키기 위해서 사회과학자들은 정신건강의 증진에 직접적인 목표를 둔 진단과 개입을 강조해야 할 것이다.

정신건강: 긍정적 진단

정신건강의 증상들

정신건강은 그에 대응되는 정신질환과 유사하게 증후군 개념에 기초하여 나타나는 상태다. 즉, 질환과 마찬가지로 건강은 특정 단계에 있는 일련의 증상들이 특정 기간 동안 나타나고, 이러한 건강은 독특한 두뇌 상태 및 사회적 기능을 보인다(미국 정신의학회(APA), 1980; Keyes, 출판 중; Mechanic, 1999). 정신건강을 연구하기 위해서 연구자들은 건강을 안녕감(well-being) 증상들로 이루어진 하나의 증후군으로 조작적으로 정의할 필요가 있다.

주관적 안녕감은 개인의 정서상태 심리적 기능과 사회적 기능면에서 자신의 삶에 대한 지각과 평가를 반영한다. 안녕감 연구자들은 흔히 긍정적 정신건강을 주관적 안녕감의 유사어로 사용한다(Diener, Lucas, & Oishi, 2002). 하지만 우리는 그 누구도 정신건강의 총체적 개념을 연구하지 않았다고 주장하는데, 그 이유는 학자들이 정신건강의 증상인 안녕감의 특정한 측면에서 수량적인 차이만을 연구하기 때문이다. 즉, 학자들은 정서적 안녕감의 차원들(예: 행복이나 만족)이나 심리적 안녕감(예: 개인적 성장) 또는 사회적 안녕감(예: 사회적 통합)의 차원들에 대한 예측변인을 연구한다는 것이다.

이러한 관점에서 보면, 주관적 안녕감의 구성요소들은 주요 우울증의 증상 군집들과 비슷한 방식으로 두 가지 증상 군집에 속하는 것 같다. 첫 번째 군집은 정서적 활력의 측정치를 반영하고, 두 번째는 긍정적 기능의 측정치로 구성된다. 우울증이 우울한 기분 그리고 역기능(예: 과식증 또는 거식증)을 구성하는 것과 같은 방식으로, 주관적 안녕감은 정서적 안녕감과 긍정적 기능면에서 조작적으로 정의되어왔다.

1995년에 실시된 McArther 재단의 미국에서의 성공적인 중년 인생(MIDUS) 연구에서 정의되었듯이, 정서적 안녕감의 증상들은 긍정적 정서, 부정적 정서 그리고 인생에 대한 전반적인 만족의 척도들을 포함한다. 연구들에서 밝혀진 것은 만족과 행복의 면에서 정서적 안녕감을 공인하는 측정치들은 서로 연관성이 있지만 또한 구별되는 차원들을 가진다는 것이다(예: Andrews & Withey, 1976). 긍정적, 부정적 정서면에서의 정서적 안녕감의 표현 측정치들 역시 서로 연관되어 있지만 구별된 차원들을 가진다(Bryant & Veroff, 1982; Diener, 1984; Diener Sandvik, & Pavot, 1991; Diener et al., 1999).

긍정적 기능(Jahoda, 1958: Ryff, 1989a)에 대한 임상 및 성격 이론가들의 개념을 종합적으로 정의한 Ryff(1985, 1989b)의 연구로부터 시작하여, 주관적 안녕감에 관한 연구는 일련의 광범위한 긍정적 기능에 대한 측정 쪽으로 발전해왔다. 긍정적 기능은 심리적 안녕감의 여섯 가지 차원들로 구성된다. 자기수용, 타인과의 긍정적 관계, 개인적 성장, 인생의 목적, 환경 통제능력 그리고 자율성이 그것이다(각각의 차원에 대한 정의와 항목의 예를 보려면 〈표 3-1〉 참조). 심리적 안녕감의 척도들은 타당화되었고 신뢰로운 6요인 구조가 MIDUS 연구에서 확인되었다(Ryff & Keyes, 1995).

Keyes(1998)는 긍정적 기능으로서의 안녕감은 또한 사회적이라고 생각하며, 사회적 안녕감의 다섯 가지 차원들을 제시했다. 심리적 안녕감이 개인의 기능평가에 보다 사적이고 개인적인 평가기준들을 제시했다면, 사회적 안녕감은 사람들이 그들의 인생의 기능을 평가할 때보다 더 공적이고 사회적인 평가기준의 전형이 된다. 이러한 사회적 차원들은 타당화되고 신뢰로운 것으로, MacArthur MIDUS 국립 연구에서 검증되었을 뿐 아니라 위스콘신 주의 Dane 카운티 성인들의 표본에서도 검증되었다. 두 연구들 모두 제안된 사회적 안녕감의 5요인 이론을 검증했는데, 사회적 응집성, 사회적 실현, 사회적 통합, 사회적 수용 그리고 사회적 공헌의 차원들로 구성되어 있다(각각의 차원에 대한 정의와 항목의 예를 보려면 〈표 3-1〉 참조).

정신질환과 정신건강: 화해를 향해서

정신질환 증상의 측정치들은 주관적 안녕감(즉, 정신건강의 증상들)의 측정치들과 다소 부적인 상관을 보인다. 따라서 「정신질환: 육군 장성 군의관의 보고서(Mental Health: A Report of the Surgeon General)」(U.S.

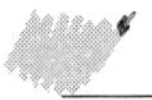

〈표 3-1〉 심리적 안녕감과 사회적 안녕감 차원의 개념과 조작적 정의

심리적 안녕감(Psychological Well-Being)	사회적 안녕감(Social Well-Being)
자기수용: 자신에 대한 긍정적 태도를 가진다; 자신의 다양한 측면들을 인식하고 받아들인다; 과거의 삶에 대해 긍정적으로 느낀다. 내가 내 인생을 돌아보면, 나는 지금까지 이러한 결과들이 일어나게 된 것에 만족한다. **개인적 성장**: 계속적인 발전과 잠재력을 느끼며 새로운 경험에 개방적이다; 점진적으로 유식해지고 효율성을 얻는다고 느낀다. 내게 인생은 배움과 변화 그리고 성숙을 위한 하나의 연속적인 과정이다. **인생의 목적**: 인생의 목표와 방향성이 있다; 현재와 과거의 삶들은 소중하다; 인생의 목적을 부여하는 신념들을 가진다. 어떤 이들은 인생을 목적 없이 표류하지만, 나는 그들 중의 하나가 아니다. **환경의 통제**: 자신감이 있고 복잡한 환경을 관리할 능력이 있다; 개인적으로 적합한 환경들을 선택하거나 생성해낸다. 나는 일상의 책임들을 관리하는 데 능숙하다. **자율성**: 자기 결정력이 있고, 독립적이며, 내적으로 행동을 통제한다; 특정한 방식으로 사고하고 행동하도록 강요하는 사회적 압력들에 저항한다; 스스로를 개인적 기준들로 평가한다. 나는 내 자신의 의견들에 대해 확신을 가지며, 그것들이 다른 대부분의 사람들이 생각하는 방식과는 다를지라도 자신감을 가진다. **타인과의 긍정적 관계**: 따뜻하고 만족스러우며 신뢰할 수 있는 인간관계를 만든다; 다른 이들의 복지에 관심을 가진다; 공감, 애정, 친밀감을 느낄 줄 안다; 인간관계의 주고받는 본질을 이해한다. 사람들은 내가 너그러운 사람이라고 말하며, 나는 내 시간을 다른 사람들과 함께 하려고 한다.	**사회적 수용**: 사람들에 대해 긍정적 태도를 가지고 있다. 타인들을 인정하고, 타인들의 때로는 복잡하고 당황스러운 행동들에도 불구하고, 전반적으로 사람들을 수용한다. 나는 사람들이 친절하다고 믿는다. **사회적 실현**: 사회가 긍정적이라는 것에 관심을 갖고 믿는다; 사회는 긍정적으로 성장할 가능성이 있다고 생각한다; 자기-사회(self-society)가 잠재력을 실현하고 있다고 생각한다. 세계는 모두를 위해서 더 나은 방향으로 변해가고 있다. **사회적 기여**: 자신이 사회에 기여할 뭔가 소중한 것이 있다고 느낀다; 일상적 활동들이 공동체에 의해 평가된다; 생각한다; 나는 세상에 줄 가치 있는 뭔가를 가지고 있다. **사회적 응집**: 사회를 지성적이고, 논리적이며 예견할 수 있는 것으로 본다; 사회와 공동체에 관심을 가지고 있다; 나는 사회에서 다음에 어떤 일이 일어날지를 예견하는 것은 쉬운 일이라고 생각한다. **사회적 통합**: 공동체의 일부분이라 느낀다; 자신들이 공동체에 속하며, 지지받고 있으며, 공동체와 공통성을 공유한다고 생각한다. 내가 속한 공동체는 안락함의 원천이다.

주의: 예시항목은 고딕체로 표기

Department of Health and Human Services, 1999)에서 진술한 것과 같이, 정신건강과 정신질환은 하나의 단일 건강 연속선상에서 반대 양극에 위치하고 있는 것이 아니다. 구체적으로 심리적 안녕감의 측정치들은(1995년 Ryff와 Keyes에서 개관된 별개의 두 연구들에서) Zung 우울증 조사목록과는 평균 -.51의 상관을 보이는 것으로 나타났고, 우울증 역학연구센터의 우울증 수치와는 -.55의 상관이 있었다. 인생의 만족도와 행복(즉, 정서적 안녕감)의 지표들과 척도들 또한 우울증 수치들과 -.40에서 -.50 정도의 상관을 보였다(예: Frisch, Cornell, Villanueva, & Retzlaff, 1992).

이러한 결과에 기초해서 우리는 건강이 완전한 상태라는 주장에 대한 지지를 할 수 있다(WHO, 1992). 정신건강은 단순히 정신질환이 없거나 높은 안녕감이 존재하는 상태를 말하는 것이 아니다. 그보다 우리는 정신건강을 첫째, 정신질환의 부재, 둘째, 고도의 안녕감으로 구성되는 하나의 완전한 상태로 정의하였다. 완전한 정신건강([그림 3-2]에서 기술된)

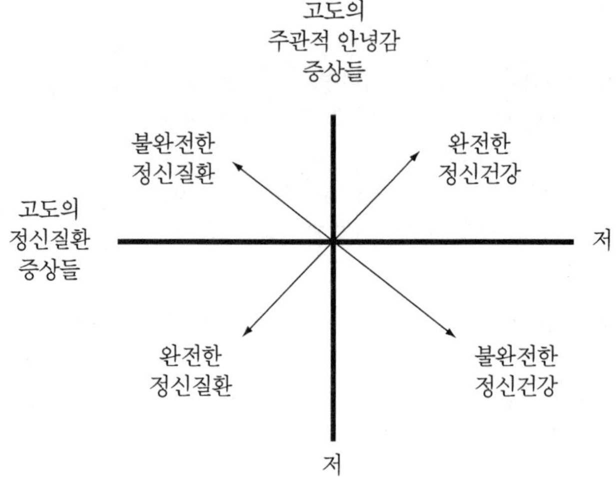

[그림 3-2] 정신건강과 정신질환: 완전한 상태 모델

의 모형은 정신질환과 정신건강 차원들을 결합시키고, 그럼으로써 정신질환의 두 가지 상태와 정신건강의 두 가지 상태를 밝히고 있다. 이 모형에서 정신건강은 하나의 완전한 또한 불완전한 상태로 구성되며, 정신질환 역시 하나의 불완전한 또한 완전한 상태로 구성되고 있다.

완전한 정신건강이란 최근의 정신질환 부재뿐만 아니라 높은 수준의 정서적, 심리적, 사회적 안녕감의 증상들을 결합하는 증후군을 말한다. 그러므로 정신적으로 건강한 성인은 정서적 활력(예: 높은 행복감과 만족감)을 나타내고, 심리적으로나 사회적으로 잘 기능하며, 최근 12개월 내에 정신질환으로부터 자유로울 것이다. 반면에, 불완전한 정신건강은 최근 정신질환으로부터 자유로울 수 있지만, 낮은 수준의 정서적, 심리적, 사회적 안녕감을 경험하는 상태를 말한다(Keyes, 준비 중).

완전한 정신질환이란 낮은 수준의 정서적, 심리적, 사회적 안녕감의 증상들과 최근 12개월 내 우울증과 같은 정신질환을 포함하는 증후군이라고 하겠다. 그래서 정신적으로 건강하지 못한 성인은 우울증의 전형적 증상들을 보일 뿐 아니라, 그들의 삶에 대해서도 좋다고 느끼지 못하고 심리적으로나 사회적으로도 잘 기능하지 못할 것이다.

이와는 대조적으로, 불완전한 정신질환을 가진 성인은 우울해하기도 하지만 또한 중간 정도나 높은 수준의 심리적, 사회적 기능을 보이며, 인생에 대해 상대적으로 만족스럽고 행복하다고 느낄 것이다. 개념적으로, 불완전한 정신건강 상태에 있는 성인들은 심각한 알코올 문제를 가지고 있지만 성공적으로 직장을 유지할 수 있는 높은 기능의 개인들과 유사한 상태에 있다.

달리 말하면, 정신적으로 건강한 성인들은 '병리들'로부터 자유롭다는 것이다. 그러나 정신질환을 가지지 않은 성인들 중 어떤 이들은 낮은 수준의 안녕감을 가질 수 있는데, 이는 Keyes에 의해 쇠약해지고 있는

(languishing)으로 기술된 상태를 말한다. 대조적으로, 정신질환이 없으면서 높은 수준의 정서적 안녕감과 높은 수준의 심리적, 사회적 안녕감을 가진 성인들은 융성(flourishing)한 상태를 경험한다(Keyes, 준비 중). 정신적으로 건강하지 못한 성인들은 최근 12개월 내의 정신질환을 경험하고 있을 것이다. 이들 중 일부는 인생에서 몸부림치고 있다(floundering)고 기술될 수 있는데, 이는 그들이 정신질환을 가지고 있을 뿐만 아니라 또한 매우 낮은 수준의 정서적, 심리적, 사회적 안녕감을 경험하고 있기 때문이다. 하지만 정신질환이 있는 많은 성인들이 중간 정도이거나 높은 수준의 정서적, 심리적, 사회적 안녕감을 경험할 수도 있는데, 이것은 인생과 투쟁(struggling)하는 상태로 기술될 수 있다(Keyes & Haidt, 준비 중).

Penninx 등(1998)은 처음으로 정신건강은 완전한 상태라고 조작적으로 정의하고 진단적 접근법을 사용했던 사람들 중의 하나였다. 이들은 신체장애를 가진 나이 든 여성들(65세 이상)의 정서적 활력의 발생률과 예측 변인들에 대해 조사하였다. 정서적 활력은 높은 수준의 지각된 숙달감, 행복 그리고 우울증과 불안 등의 증상이 거의 없는 상태로 정의되었다. Penninx 등은 신체장애를 가진 이 노년 여성들 중 35%가 정서적 활력의 기준을 만족시킨다는 것을 발견하였다. 이 노년 여성들의 3분의 1이 불완전한 정신건강—즉, 우울증으로부터는 자유롭지만 낮은 정서적 활력을 가진다는—의 기준에 들어맞았다. 반대로 이 노년 여성 중 32%는 완전한 정신질환으로 나타났는데, 낮은 정서적 활력과 상당히 많은 우울증 증상들을 경험하는 것으로 보고되었다.

요약하면, 정신건강은 여러 증상들로 이루어진 하나의 증후군이라 할 수 있다. 이러한 증상들은 개인들이 자신의 인생에 대해 느끼는 행복과 만족에 대한 평가, 긍정적인 정서와 부정적 정서의 균형을 반영하는 정서적 안녕감을 포함한다. 정신건강의 증상들은 또한 다양한 차원의 심리적 안녕감과 사회적 안녕감에 의해 나타나는 긍정적 기능의 수준을 나타낸다. 정신건강과 정신질환은 각각 완전한 하나의 상태들로 정신장애들이나 주관적 안녕감을 나타내는 증상들의 유무를 살펴봄으로써 가장 잘 진단될 수 있다.

완전하고 불완전한 정신질환과 정신건강의 상태들을 진단할 수 있는 능력은 보다 효과적인 예방과 치료 프로그램들을 개발하도록 이끌 것이다. 예를 들어, 불완전한 정신건강(예: 인생에서의 번민)은 아마도 개인들이 우울증 발병 전에 머무는 '중간역'이거나 많은 사람들이 전통적 심리치료를 따라서 거쳐가는 한 장소라고 할 수 있을 것이다. 예방적인 측면에서는 젊은이들의 번민에 대한 진단을 통해 안녕감을 고양하고 정신질환으로의 저하를 예방하기 위한 치료와 요법들을 필요로 하는 개인들을 식별해내는 데 사용될 수 있다. 개입의 측면에서 정신건강의 진단은 우울증상을 감소시키는 목적의 전통적 섭생법(regimens)을 완전하게 하기 위해 사용될 수 있다. 만약 치료 후 몇 달 내에 재발의 가능성이 있다면, 정신건강 진단을 통해 쇠약해지는 개인들과 정신건강 영역으로 이끌기 위해 추가적 치료들을 요하는 개인들을 발견해낼 수 있을 것이다. 우리는 개입과 치료가 사람들을 쇠약한 상태로 방치하는 것이 아니라 번영의 상태로 이끌기 위해 재발률과 재발하는 숫자를 줄여야 한다고 가정한다.

정신건강: 긍정적 치료와 개입

긍정적 치료의 목적은 안녕감 수준을 증진시키거나 한 개인에게 이미 존재하는 강점들을 이끌어내는 데 있다. 현재 대부분의 치료들이 정신질환의 존재나 부재를 목적으로 하기 때문에, 증상 감소가 이 치료법들의 주요 목표가 되어왔다. 그러나 우울증 환자의 증상 경감의 단기적 성격은(Ramana et al., 1995) 증상 감소가 단지 치료의 첫 단계일 뿐이라고 강력히 제안하고 있다. 환자의 안녕감을 측정하고 정신건강의 상태와 조건을 제안할 능력은 치료가 효과적으로 인생의 질 향상을 위한 더 높은 목표들을 추구하고, 가능하다면 인생에 번영을 가져오는 것이어야 한다(예: Frisch et al., 1992; Gladis, Gosch, Dishuk, & Crits-Christoph, 1999). 이 절에서 우리는 내담자와 치료 그리고 치료 결과를 재개념화하기 위한 초석을 다지게 될 것이다. 이에 더하여, 우리는 적지만 증가하고 있는 '긍정적' 이고 '부가적' 성질을 가진 것으로 알려진 개입의 본질과 유용성에 관한 문헌들을 개관할 것이다.

진단과 치료의 연결

심리학 내 여러 분야의 회원들은(예: 구조주의 심리치료자들, 상담 심리학자들, 임상보건 심리학자들) 그들의 내담자들과 연구 참가자들이 '어떤 장애를 가진 내담자' 로 낙인이 찍히는 것을 막으려고 노력해왔다. 포괄적이고 개념적인 체제로서의 DSM-IV에 관한 과도한 의존에서 탈피하고자 하는 운동은 포스트모던 심리학자들이 "어떻게 하면 우리가 내담자의 투쟁을 치료적으로 유용하면서도 동료들과 사례 관리자들과의 의사소통 시 여전히 문제가 되지 않는 방식으로 개념화할 것인가?" 라는 질문을 던지도록 하였다(Neimeyer & Raskin, 2000, p. 4). 그렇지만 이러한 의도와 실제 사이의 격차는 해결되지 않은 채 남아 있다. 내담자들의 인간적 경험에 대한 고양된 민감성과 최고의 치료와 보통의 치료 사이의 커다란 차이에 대한 인식은 바람직한 방향으로의 변화를 의미한다. 그럼에도 불구하고, 대부분의 진단적 접근들(가장 확실하게는 DSM 체계지만 다른 것들도 포함하여)은 강점 및 고투(struggles)에 대한 개념화를 촉진하는 데 실패하고 말았다(Wright & Lopez, 2002). 더욱이 우리가 추측할 수 있는 것은 사람들은 그들이 허우적대거나 다른 적절한 자원들이 부족하지 않는 한 심리적 지원을 구하지 않는다는 것이다. 완전한 정신건강에 관한 Keyes의 분류 체계는 내담자들의 인지적, 행동적, 정서적 레퍼토리를 역동적인 방식으로 개념화하는 구조적 틀을 제공하고, 또한 진단과 치료를 연결하는 움직임을 반영하고 있다.

진단 체계상의 변화나 대안에 대한 소개는 잠재적으로 첫째, 누가 심리치료적 개입을 필요로 하는지, 둘째, 무엇이 변화, 성장, 안녕감을 자극하는지, 셋째, 무엇이 성공적 치료 성과로 간주되는지에 관한 재개념화를 수반하게 될 것이다. 심리적 예방, 개입 그리고 건강증진은 가정과 학교의 구조 속으로 짜여 들어갈 수가 있다. 작은 친절한 행동들(Isen, 1987)이나 경외감을 자아내는 이야기들(Haidt, 2000) 또는 다른 일상적 사건들의 긍정적 효과들을 염두에 두는 것도 심리적 변화 접근법들의 초점이 될 수 있는 것이다. 따라서 우리는 문제 관리나 증상 경감에 초점을 맞추는 새로운 기획을 창출하기보다는 또 다른 부가적인 변화 과정을 만들어내려는 것이다. 그렇기 때문에 치료적 변화를 위한 노력은 최적의 인간기능과 정신건강을 목표로 한다.

내담자, 치료, 성과를 재개념화하기

건강의 적극적 추구자로서의 내담자

진단적인 변화 과정에서 내담자의 역할에 관해 많은 것들이 기록되어 왔다("심리치료 연구에서 정의하기 어려운 내담자 변인"에 대한 소개를 보려면

Petry, Tennen, & Afflect, 2000 참조). 그리고 치료실제와 학문적 영역에서 내담자를 개인적 변화의 주체자로 보는 견해가 서서히 형성되어왔다. 내담자들을 '수동적 수용자'로서 보거나 치료자들을 마술적 변화 기술들의 전파자로서 보는 견해는 구식이 되어버렸다. Strupp(1980)은 주장하기를 "환자 자신이 스스로를 (치료 과정에서) 필수적 요소로 사용할 의지나 능력을 지니고 있다면"(p. 602) 심리치료는 그 개인에게 도움이 될 수 있다고 했다. Bohart와 Tallman(1999)은 내담자들이 "자신을 치료 과정에 이용하는 것(availing)"을 넘어 자신들의 최적 건강 상태를 인식할 능력을 지닌 자가치료자(self-healers)라고 주장하였다. Robitschek (1998)은 Ryff와 Keyes(1995)의 긍정적 성장에 관한 안녕감 차원에 추가하여 제시하기를, 사람들이 "개인적 성장을 향한 주도성"을 지니고 있는데 이는 "성장 과정을 충분히 자각하고 의도적으로 그 과정에 참여하는" (p. 183) 능력을 촉진시킨다고 했다.

메타-분석적 성과 연구는 '내담자 요인들'이 변화에 기여할 수 있음을 제안한다. Lambert(1992)는 치료 외적 변화와 연관된 내담자 변인들이 변화 과정을 가속화시킨다고 하였다. 더 구체적으로 말하면 치료 기법, 기대, 위약 효과, 치료적 관계 그리고 치료 외적 변화 요인들은 각각 15%, 15%, 30% 그리고 40%씩으로 내담자의 삶을 향상시키는 데 기여하고 있다. 분명히 임상적 개입들은 변화를 위한 연료의 단 한 부분만을 제공한다.

'변화 책임감'의 대부분은 적극적 자가치료자들에 맡겨지고, 변화는 사회적으로 설정된 치료자와의 작업동행을 발전시키며, 변화를 기대하고 바라며(이 책 6장 참조), '치료 외적' 강점들과 인생의 방략들을 사용하려고 애쓰는 것을 통해 실현된다. 내담자에게 그처럼 변화에 대한 상당한 정도의 책임감을 부여하는 것은 Bohart와 Tallman(1999)가 말한

"자가치료자로서의 내담자"의 개념을 강화하고, Hoyt(1994)가 말해 자주 인용되는, 사람들이 "자신의 현실을 창조"하게 하는 심리치료 운동의 "새로운 방향"이라는 단어를 재차 강조하게 한다. "이 새로운 방향은 환자들/내담자들이 그들의 약점이나 한계보다 진취적 정신을 불러일으키는 강점과 자원에 더 초점을 맞춘다. 이와 유사하게, 사람들이 어디에 있었는가보다는 그들이 어디로 가기를 원하는가를 더 강조한다." (p. 8)

치료: 예방, 개입 그리고 건강증진

'정신치료'와 어원적으로 유사한 심리치료라는 말은 일상에서 일반적으로 부정적인 의미를 내포한다. 가장 확실하게 이 말이 암시하고 있는 것은 내담자가 '변화를 가져오는 마술'의 수동적 수용자라는 것이다. 이제는 정신건강 전문가들이 내담자와 협력하기 위해 어떤 일을 해야 할지 재개념화하는 것이 필요하다. 우리의 견해는 사람들이 자가치료자로서(Bohart & Tallman, 1999) 자기 변화의 의미를 평가하는 다중적이고 때로는 충돌적인 규준들을 지니고 있을 것이라는 신념에 그 기반을 둔다(Keyes & Ryff, 2000). Keyes의 분류 모형에서 치료란 사람들이 '존재'(즉, 완전하거나 불완전한 정신질환과 정신건강)의 단계들을 통과하여 나아가도록 도와야 한다는 생각을 육성하는 것이다.

심리치료는 전통적으로 질병을 교정하는 것으로 간주되어왔다. 질병 예방과 심리치료의 영역들이 어떤 공동의 원칙들(예: 보호 요인으로서 유능감의 증진)을 공유하고 있기는 하지만, 근본적인 차이점들은 보다 더 분명하다. 임상가들은 개인의 사례에 초점을 맞추고 내담자에게서 개인적인 변화를 불러일으키고자 시도한다. 이에 비해서 예방은 개인뿐 아니라 환경적으로도 변화를 일으킴으로써 사례 수(즉, 유병률) 및 새로 발생한 사례(즉, 사건) 수를 감소시키려는 시도인 것이다(Heller, Wyman, &

Allen, 2000). 심리학의 '고유하게 지니고 있는 권리(birthrights)', 즉 건강과 재능의 육성(Seligman, 1998)을 행사하기 위해서, 심리학은 정신장애의 발생을 줄이고 환경적 변화와 개인적 변화를 포용하는 치료법을 개발해야 할 것이다. 임상가들은 과정 및 성과 연구자들과 마찬가지로, 심리치료가 약자로 PIP—예방(prevention), 개입(intervention), 증진(promotion)—의 세 가지 요소를 포함하도록 개념화해나가야 한다.

성과: 초기 기준선을 넘어서

소비자 보고서 조사를 포함하여 심리치료의 효과성과 효율성에 대한 연구들은 내담자들이 어느 정도까지 증상 경감의 치료적 목표들과 인생 영역에서의 향상된 기능을 실현하느냐에 초점을 맞추어왔다(Seligman, 1995). 증상학과 활력상의 변화들은 치료적 운동의 구성요인들이지만, 이런 변화를 평가할 때 병이 발생하기 이전의 기능수준에 대한 기준선은 거의 고려되지 않고 있다(성과를 평가하는 차원들에 관한 더 자세한 논의는 Ingram, Hayes, & Scott, 2000 참조).

편의적인 성과 측정치들이 임상가들과 연구자들에 의해 종종 사용되었다. 이들 중 하나인 전반적 기능평가(Global Assesment of Functioning, GAF) 척도는(DSM-IV; APA, 1994) 어떻게 증상들과 활력이 심리적 기능 향상을 개념화할 때는 포함되지만 실제로는 상당히 제한적인 방식으로 적용되는지를 보여주는 실례가 된다. 지금 사용되는 GAF 수는 장애 증상들이 어느 정도로 사람들의 삶에 영향을 주고 있는지를 결정하는, 평가자에게 수월한 수단을 제공한다. 개념적으로, 만약 개인의 행동을 평가했을때 증상과 이들이 기능적인 부분에 영향을 주는 부분을 나타내는 증거가 거의 없을수록 높은 GAF 점수가 주어진다. 요컨대 그 개인은 '장애와 취약한 기능으로부터 해방'된 기준선 상태임을 확인하는 방향으로 변화되어온 것이다. 하지만 이것은 한 개인이 얼마나 잘 기능하는지에 관해 임상가들이 알아야 할 정보 중 일부분만을 제공하고 있다. 더군다나 기준선에서의 기능수준은 확인되지도 않은 것이며, 치료 운동의 '불이행(default)적' 최종 목표는, 최적 건강의 지표로 GAF 100을 상정하는 개념적 체계 안에서 기껏해야 기준선에 위치하는데, 그 상태는 정신질환의 증상이 없는 것을 의미한다.

GAF보다 더 정교한 성과 측정치들이 있기는 하지만 긍정적 치료들의 효과성에 대한 평가는 제한적일 수 있는데, 이는 결과를 측정하는 현 체계가 증상의 경감에 초점이 맞추어져 있기 때문이다. 그러므로 새로운 진단과 치료 패러다임을 채택하는 것은 성과 연구 접근에 영향을 미칠 것이다. 또 내담자가 다른 건강 단계 혹은 좌표상의 사분면(quadrant)으로 움직이는 것으로 보는 견해는 예방을 통해서 어떻게 건강 쇠약을 막을 수 있는지, 개입을 통해 어떻게 성장과 안녕감의 장애물들을 제거할 수 있는지, 또 건강증진을 통해 어떻게 기준선으로 제시된 기능수준(치료를 요했던 심리적 어려움을 겪기 이전 상태)을 넘어서도록 도울 수 있는지를 제안한다.

이러한 "기준선을 넘어서는" 치료적 운동에 관한 견해와 Keyes의 분류 체계에 대한 성과를 확장하기 위해서는, 진단 구조의 두 주축들로 정신질병 증상과 관련된 기준선과 주관적 안녕감의 측면들(각각 x와 y축을 구성)로 구성할 필요가 있다. 이 분류 기준들은 '미리 설계된(built-in)' 성과 기준을 제공하는데 그 이유는 기준선을 넘는 치료 운동이 증상이 감소됨과 동시 혹은 별개로 활력이 증가함에 따라 하나의 진단 범주에서 또 다른 진단 범주까지 움직이기 때문이다. [그림 3-3]은 각 사분면에서 시작되는 이러한 긍정적 변화를 기술한다.

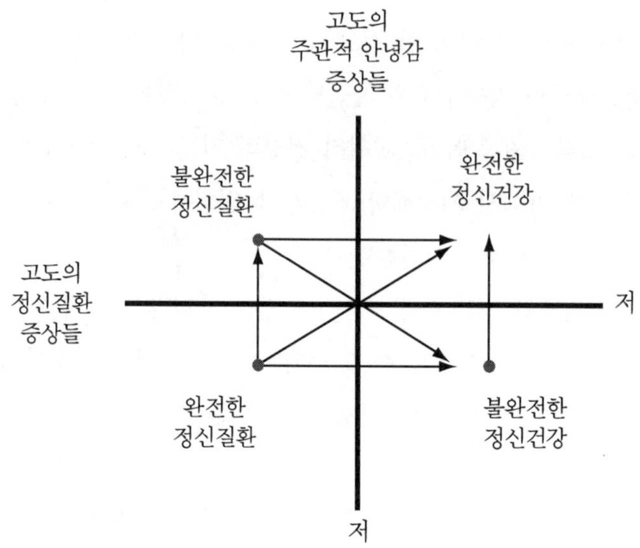

[그림 3-3] 기준선을 넘는 변화 만들기

긍정적 치료 체계

최근 등장하는 일련의 연구들에서 연구자들은 부정적 사고 및 관련된 증상의 감소에만 주목하는 것이 항상 최적의 기능을 이끄는 것은 아니라고 제안하고 있다(예: Riskind, Sarampote, & Mercier, 1996; Snyder & McCollough, 2000). Lopez, Prosser, LaRue, Ulven 그리고 Vehige (2000)가 지적하듯 "무엇인가 또 다른" 것이 효과적인 심리기능에 필수적인 것 같다. 어떤 유형의 치료적 개입이 정신건강과 관련된 기능을 증진시킬 수 있을까?

긍정적 치료 체계는 스트레스에 대한 완충기로 작용하는 안녕감을 증진시킬 수 있으며, 다른 치료들은 질병과 연관된 위험 요인들이나 치료 후 재발을 예방하는 데 사용되거나(Kaplan, 2000) 전반적 건강과 안녕감을 증진시키는 데 사용될 수 있다. 이러한 체계에서는 내담자들이 문제를 가지고 있다고 보기보다는 심리적인 부분에 초점을 두는 것으로 가정한다. 다음 절에서 우리는 예방과 개입 그리고 증진 초점을 가진 긍정적 치료의 실례들을 기술할 것이다(희망훈련을 예방, 개입, 증진으로 통합하는 것에 관한 논의에 관해서는 Snyder, Feldman, Taylor, Scheroeder, & Adams, 2000 참조).

예방

낙관주의를 지향하는 귀인훈련은 아동들을 우울증으로부터 예방한다. 학습된 낙관주의 훈련(Seligman, Reivich, Jaycox, & Gillham, 1995)은 부정적 사고방식을 유연한 사고와 탄력성(resiliency)을 향상시키는 긍정적 인지 과정으로 전환하도록 고안되었다. 학습된 낙관주의 개입에서는 설명 양식의 세 가지 구성요소(즉, 영구성, 전파(pervasiveness) 그리고 개인화)가 인지적 기술들로 수정되어서 사람들이 일상적 사건들의 긍정적이거나 부정적인 결과 모두에 보다 더 건강한 방식으로 반응할 수 있도록 한다.

학습된 낙관주의 훈련의 예방 효과들을 지지하는 증거는 Seligman 등(1995)의 연구에서도 나타난다. 우울증에 빠질 위험이 있는 70명의 5~6학년 학생들을 대상으로 한 연구에서, 아동들에게 그들이 상황을 설명하는 양식을 바꾸기 위한 기술들을 가르쳤다. 통제 집단의 아동들에 비해서, 학습된 낙관주의 개입을 받은 아동들이 연구 직후 우울증 증상이 상당히 감소함을 경험했다. 게다가 훈련이 끝난 뒤 2년 후 6개월 동안의 후속 연구에서 그 아동들 중 우울증을 발달시킬 가능성이 있는 아동은 절반 정도에 불과한 것으로 나타났다.

개입

Snyder(1994, 2000)와 그의 동료들은 심리적 건강과 심지어는 신체적 건강까지도 증진시키기 위하여, 희망 구성요소들을 사용하는 다양한 접근방법들을 연구하고 있다(희망이론과 그 모형에 관한 더 자세한 논의를 보려면 이 책의 6장 Snyder, Rand, & Sigmon 참조). 두 집단의 임상 연구자들(Irving et al., 1997; Klausner, Snyder, & Cheavens, 2000)이 제시된 증상들에 대한 희망훈련의 효과를 검증하는 개입 연구들을 실시하였다. Klaisner 등은 우울증상이 있는 노인들이 목표 설정, 합리적 목표들과 과정에 대한 토론 그리고 매주 과제 부과를 통한 경로 및 주도 사고(pathways and agency thoughts)의 생산성을 높이는 데 초점을 맞춘 집단치료로부터 효과를 보았다는 것을 입증하였다. 참가자들이 보고하는 무망감과 불안 상태는 상당히 감소한 반면에, 희망 상태는 증가하였다. 더욱이 회상치료 집단원과 비교했을 때 희망 초점 집단원들의 우울증상이 현저히 감소하였다.

또 다른 희망 적용 연구에서 Irving 등은 5주간의 치료 전 희망-초점 오리엔테이션 집단이 지역사회 정신건강센터를 내방하는 내담자 수를 늘리는 이득을 가져다주었다고 주장했다. 더욱이 이들은 또한 희망의 수치가 낮은 내담자들이 희망의 구성요인인 안녕감, 기능수준, 대처방식 그리고 증상에 대한 측정치에 더 큰 반응을 보인다는 사실을 발견했다. 세 번째 개입(Kansas 대학교의 Cheavens et al., 2001)은 스트레스-관련 문제들로 심리치료를 받는 개인의 불안 증상을 감소시키고 전반적인 기능을 향상시키기 위하여 고안된 5주 희망 개입 집단의 효과성을 검증하였다. 초기 분석들은 이러한 개입이 효과적임을 시사한다.

희망치료 체계는 계속해서 발전해왔지만 지금까지 그 효과성은 아직 검증되지 않았다(내재된 가정들과 관련 임상기법들의 체계들에 관한 더 자세한 기술을 보려면 Lopez, Floyd, Ulven, & Snyder, 2000 참조). 희망치료는 경로와 주도 사고와 관련된 필수적인 기술 및 잘 개념화된 목표 사고들을 생성하는 데 필요한 전제(prerequisite) 기술에 기초하고 있다. 따라서 희망치료는 내담자들이 더 분명한 목표를 개념화하도록 도와주고, 목표 달성에 수많은 경로들을 생성하고 목표 추구 유지를 위한 정신적 에너지를 모으며, 넘을 수 없는 장애물들을 극복할 수 있는 도전들로 재구성하도록 도와준다. 이 체계는 아마도 경미한 우울증, 불안 그리고 적응상의 문제들에 가장 효과적일 것이다(부부들을 위한 희망-개입에 관한 논의를 보려면 Worthington, 1999; Worthington et al., 1997 참조).

건강의 증진

심리적 안녕감의 차원(Ryff, 1989b; Ryff & Keyes, 1995)들은 Fava (1999)에 의해 고안된 심리치료적 처치를 개발하는 기반이 되었다. 안녕감 치료는 8회기로 된 처치로 구조화된 문제지향적 접근을 활용하고, 자기관찰과 치료 관계를 강조한다. 건강증진과 관련된 치료자의 주요 책임은 내담자들이 안녕감에 중요한 개념들(즉, 환경적 통제력, 개인적 성장, 삶의 목적, 자율성, 자기수용 그리고 타인과의 긍정적 관계)에 대해 가지고 있는 시각들을 인지적으로 재구성하도록 돕는 것이다. 건강에 관한 의식이 일깨워지고, 안녕감의 일화들이 확인되며 강조된다. 내담자가 통제력, 성장 그리고 긍정적 관계를 배우기 시작하면, 치료의 중반 회기들에서는 안녕감을 방해하는 과정에 초점을 맞추게 되고, 그 후의 회기들에서는 기준선을 넘어서는 진보를 촉진하고 더욱더 큰 심리적 안녕감을 유도하게 된다.

예비 타당화 연구들에 의하면, 이러한 치료 접근은 정동장애에서 회복 중인 사람들에게서 나타나는 잔여 증상들을 감소시키는 다른 기술들보다 더 효과적이거나 동일한 효과를 보이는데(Rafanelli et al., 1998), 이는 사람들이 이전에 보인 기능수준의 기준선을 넘어서도록 한다. Fava(1999)는 안녕감 개입의 가치에 주안점을 두었지만, 그가 고안한 기술들이 건강증진 효과를 보이는지에 대해서는 언급하지 않았다. 향후 안녕감 치료의 적용과 검증은 안녕감의 다른 차원들(예: 사회적 안녕감과 정서적 안녕감)을 강조하고, 이런 작업들이 건강의 측면에서 가져올 수 있는 혜택들(재발 예방, 대처 자원 등)에 대해 연구해야 할 것이다.

이상에서 언급된 개입들이 내담자가 그들 개개인의(ideographic) 기준선을 넘어서는 기능수준에 도달하도록 돕기 위하여 고안된 치료법 체계들과 개입을 총망라한 것은 아니다. "발전적 자원들"(Benson, Leffert, Scales, & Blyth, 1998; Scales, Benson, Leffert, & Blyth, 2000)을 증가시키는 것은 아동들이 역기능에 보다 덜 취약하도록 만드는 것으로 보인다. 희망치료는 개입뿐 아니라 예방적 지원을 제공한다(Kansas 대학교에서 진행 중인 Lopez et al. 연구 참조). 긍정적 심리치료에 초점을 맞추는 성과 연구는 Pesechkian에 의해 개발된 한 체계(Pesechkian, 1997; Pesechkian & Tritt, 1998)가 효과적임을 지지해주었다. 효과적으로 보이는 건강증진 치료들은 용서와 정서 지능 훈련에 초점을 맞추는 치료들을 포함한다.

변화의 핵심(heart and soul)

심리적 변화 과정들이 흔히 경험이 풍부한 연구자들과 임상가들에 의해서조차 신비화되고는 있지만, 과학적 관심이 인간 잠재력의 능동적인 구성요소들을 밝혀내기 시작했다. Hubble, Duncan 그리고 Miller는 그들의 1999년 저서 『변화의 핵심(*The Heart and Soul of Change*)』에서 심리적 변화 과정을 구체적으로 밝혀내는 데 있어 큰 진전을 가져왔다.

Bergin과 Garfield(1994)는 "치료자들이 내담자의 자원에 의존하면 의존할수록, 더욱더 변화가 일어나는 것으로 보인다."(p. 826)라고 진술하였다. 내담자들이 변화 과정에서 그들의 강점과 자원을 알맞게 사용하도록 돕는 것은 정신건강 전문가들이 변화 과정에서 내담자의 역할에 대한 긍정적인 태도와 내담자들이 가고자 하는 곳으로 그들을 이끄는 방략을 공유함으로써 시작된다. 여기서 우리는, 변화의 핵심은 능동적인 자가치료자들의 마음과 정신 그리고 예방과 개입, 증진방략들에 놓여 있다고 제안한다. 즉, 우리가 같이 작업할 사람들의 자원을 이용해야 한다는 것이다. 마찬가지로 연구자들도 긍정적 변화를 드러내는 기술과 측정치들을 활용해야 할 것이다.

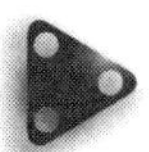

결 론

지금이야말로 정신질환의 연구와 치료를 위한 최상이자 최악의 시기라고 할 수 있다. 우리가 만약 근접 원인들(proximal causes)과 환자 유치에만 계속 몰두한다면, 통계적으로 유의하지만 단기적인 정신질환의 증상 완화만을 가져오는 더 많은 대화 및 약물치료를 하게 될 것이다. 정신질환이 사회, 가정 그리고 개인에게 떠맡기는 부담들을 감안할 때 우리는 정신질환의 병인학과 치료에 관한 연구에 투자를 계속하는 것이 바람직하다.

그러나 우리가 강력히 주장하는 것은 정신질환의 병인학과 치료에 관한 더 포괄적인 접근이 요구된다는 것이다. 이러한 새로운 접근은 건강이 단순히 질병 증상이 없는 상태를 의미하는 것이 아니라 안녕감 증상이 존재하는 상태라는 것을 인정할 것이다. 진실되고 완전한 정신건강의 목표를 달성하기 위하여 정신건강에 관련된 병인학과 치료들을 진단하고 연구하며, 정신건강이라는 학문을 발전시켜야 한다. 경험적 자료들이 분명히 제시하는 것은 정신질환과 정신건강이 상호 연관되어 있지만 각기 다른 차원들이라는 것이다. 결과적으로, '국가의 건강 향상'이라는 목적을 달성하기 위해서 국립보건원(National Institute of Mental Health)은 지난 45년 이상에 걸쳐서 정신질환에 관한 학문을 수립했던 것과 마찬가지로 정신건강에 관한 학문을 수립하기 위한 정치적인 지원과 경제적 기반을 마련해야 할 것이다(U.S. Department of Health and Human Services, 1995).

미 육군 장성 군의관(Surgeon general)(U.S. Department of Health and Human Services, 1995)이 말한 것처럼 "정신건강은 정신기능의 성공적 수행 상태로서, 생산적 활동들로 이어지고 사람들과의 관계를 충족시키고, 변화에 적응하며, 역경에 대처할 능력을 가져온다." (p. 4) 이러한 정신기능의 상태는 정신질환 증상의 유무뿐 아니라 정서적, 심리적, 사회적 안녕감의 유무도 포함한다.

참고문헌

American Psychiatric Association (1980). *Diagnostic and statistical manual of mental disorders* (3rd ed.). Washington, DC: Author.

American Psychiatric Association (1994). *Diagnostic and statistical manual of mental disorders* (4th ed.). Washington, DC: Author.

Andrews, F. M., & Withey, S. B. (1976). *Social indicators of well-being:*

Americans' perceptions of life quality. New York: Plenum.

Benson, P. L., Leffert, N., Scales, P. C., & Blyth, D. A. (1998). Beyond the village rhetoric: Creating healthy communities for children and adolescents. *Applied Developmental Science, 2,* 138-159.

Bergin, A. E., & Garfield, S. L. (1994). Overview, trend, and future issues. In A. E. Bergin & S. L. Garfield (Eds.). *Handbook of psychotherapy and behavior change* (4th ed., pp. 821-830). New York: Wiley.

Bohart, A., & Tallman, K. (1999). *How clients make therapy work: The process of active self healing*. Washington, DC: American Psychological Association.

Bradburn, N. M. (1969). *The structure of psychological well-being*. Chicago: Aldine.

Bryant, F. B., & Veroff, J. (1982). The structure of psychological well-being: A sociohistorical analysis. *Journal of personality and Social Psychology, 43,* 653-673.

Burke, K. C., Burke, J. D., Rae, D. S., & Regier, D. A. (1991). Comparing age at onset of major depression and other psychiatric disorders by birth cohorts in five U.S. community populations. *Archives of General Psychiatry, 48,* 789-795.

Cross-National Collaborative Group. (1992). The changing rate of major depression: Cross-national comparisons. *Journal of the American Medical Association, 268,* 3098-3105.

Diener, E. (1984). Subjective well-being. *Psychological bulletin, 95,* 542-575.

Diener, E., Sandvik, E., & Pavot, W. (1991). Happiness is the frequency, not the intensity, of positive versus negative affect. In F. Strack, M. Argyle, & N. Schwarz (Eds.), *Subjective well-being: An interdisciplinary perspective* (pp. 119-139). Oxford: Pergamon.

Diener, E. Suh, E. M., Lucas, R. E., & Smith, H. L. (1999). Subjective well-being: Three decades of progress. *Psychological bulletin, 125,*

276-302.

Fava, G. A. (1999). Well-being therapy: Conceptual and technical issues. *Psychotherapy and Psychosomatics, 68,* 171-179.

Frisch, M. B., Cornell, J., Villanueva, M., & Retzlaff, P. J. (1992). Clinical validation of the Quality of Life Inventory: A measure of life satisfaction for use in treatment planning and outcome assessment. *Psychological Assesment, 4,* 92-101.

Gladis, M. M., Gosch, E. A., Dishuk, N. M., & Crits-Christoph, P. (1999). Quality of life: Expanding the scope of clinical significance. *Journal of Consulting and Clinical Psychology, 67,* 320-331.

Gonzales, L., Lewinsohn, P. M., & Clarke, G. (1985). Longitudinal follow-up of unipolar depressives: An investigation of predictors of relapse. *Journal of Consulting and Clinical Psychology, 53,* 461-469.

Haidt, J. (2000, January). *Awe and elevation.* Paper presented at the Akumal II: A Positive Psychology Summit, Akumal, Mexico.

Heller, K., Wyman, M. F., & Allen, S. M. (2000). Future directions for prevention science: From research to adoption. In C. R. Snyder & R. E. Ingram (Eds.), *Handbook of psychological change* (pp. 660-680). New York: Wiley.

Hoyt, M. F. (1994). Introduction: Competency-based future-oriented therapy. In M. F. Hoyt (Ed.), *Constructive therapies* (pp. 1-10). New York: Guilford.

Hubble, M. A., Duncan, B. L., & Miller, S. D. (Eds.) (1999). *The heart and soul of change: What works in therapy.* Washington, DC: American Psychological Association.

Ingram, R. E., Hayes, A., & Scott, W. (2000). Empirically supported treatments: A critical analysis. In C. R. Snyder & R. E. Ingram (Eds.), *Handbook of psychological change* (pp. 40-60). New York: Wiley.

Irving, L., Snyder, C. R., Gravel, L., Hanke, J., Hilberg, P., & Nelson, N.

(1997). *Hope and effectiveness of a pre-therapy orientation group for community mental health center clients.* Paper presented at the Western Psychological Association Convention, Seattle, WA.

Isen, A. M. (1987). Positive affect, cognitive processes, and social behavior. In L. Berkowitz (Ed.), *Advancements in social psychology* (Vol. 20, pp. 203-254). Orlando, FL: Academic Press.

Jahoda, M. (1958). *Current concepts of positive mental health.* New York: Basic Books.

Kaplan, R. M. (2000). Two pathways to prevention. *American psychologist, 55,* 382-396.

Keller, M. B., Shapiro, R. W., Lavori, P. W., & Wolfe, N. (1982). Relapse in major depressive disorder: Analysis with the life event table. *Archives of General Psychiatry, 39,* 911-915.

Kessler, R. C., McGonagle, K. A., Zhao, S., Nelson, C. B., Hughes, M., Eshleman, S., Wittchen, H. U., & Kendler, K. S. (1994). Lifetime and 12 month prevalence of *DSM-III-R* psychiatric disorders in the United States: Results from the National Comorbidity survey. *Archives of General Psychiatry, 51,* 8-19.

Kessler, R. C., Nelson, C. B., McGonagle, K. A., Edlund, M. J., Frank, R. G., & Leaf, P. J. (1996). The epidemiology of co-occurring addictive and mental disorders: Implications for prevention and service utilization. *American Journal of Orthopsychiatry, 66*(1), 17-31.

Keyes, C. L. M. (1998). Social well-being. *Social Psychology Quarterly, 61,* 121-140.

Keyes, C. L. M. (in press). Definition of mental disorders. In C. E. Faupel & P. M. Roman (Eds.), *The encyclopedia of criminology and deviant behavior* (Vol. 4). London: Taylor and Francis.

Keyes, C. L. M. (in preparation). *Mental health: The diagnosis and epidemiology of flourishing and languishing in the U.S.* Manuscript submitted for publication.

Keyes, C. L. M., & Haidt, J. (Ed.) (in preparation). *Flourishing: The positive person and the good life*. Washington, DC: American Psychological Association.

Keyes, C. L. M., & Ryff, C. D. (1998). Generativity in adult lives: Social structural contours and quality of life consequences. In D. McAdams & E. de St. Aubin (Eds.), *Generativity and adult development: Perspectives on caring for and contributing to the next generation* (pp. 227-263). Washington, DC: American Psychological Association.

Keyes, C. L. M., & Ryff, C. D. (1999). Psychological well-being in midlife. In S, L, Willis & J. D. Reid (Eds.), *Middle aging: Development in the third quarter of life* (pp. 161-180). Orlando, FL: Academic Press.

Keyes, C. L. M., & Ryff, C. D. (2000). Subjective change and mental health: A self-concept theory. *Social Psychology Quarterly, 63,* 264-279.

Klausner, E., Snyder, C. R., & Cheavens, J. (2000). A hope-based group treatment for depressed older outpatients. In G. M. Williamson, P. A. Parmalee, & D. R. Shaffer (Eds.), *Physical illness and depression in older adults: A Handbook of theory, research, and practice* (pp. 295-310). New York: Plenum.

Klerman, G. L., & Weissman, M. M. (1989). Increasing rates of depression. *Journal of the American Medical Association, 261,* 2229-2235.

Koening, H. G., & Blazer, D. G. (1992). Mood disorders and suicide. In J. E. Birren & R. B, Sloane (Eds.), *Handbook of mental health and aging* (2nd ed., pp. 379-407). San Diego, CA: Academic Press.

Lambert, M. J. (1992). Psychotherapy outcome research. In J. C. Norcross & M. R. Goldfried (Eds.), *Handbook of psychotherapy integration* (pp. 94-129). New York: Basic Books.

Lewinsohn, P. M., Hoberman, H. M., & Rosenbaum, M. (1998). A prospective study of risk factors for unipolar depression. *Journal of Abnormal Psychology, 97,* 251-264.

Lewinsohn, P. M., Rohde, P., Seeley, J. R., & Fischer, S. A. (1993). Age-cohort changes in the lifetime occurrence of depression and other mental disorders. *Journal of Abnormal Psychology, 102,* 110-120.

Lopez, S. J., Floyd, R. K., Ulven, J. C., & Snyder, C. R. (2000). Hope therapy: Building a house of hope. In C. R. Snyder (Ed.), *The Handbook of hope: Theory, measures, and applications* (pp. 123-148). New York: Academic Press.

Lopez, S. J., Prosser, E. C., LaRue, S., Ulven, J. C., & Vehige, S. (2000). *Practicing positive psychology.* Unpublished manuscript, University of Kansas, Lawrence.

Mechanic, D. (1999). Mental health and mental illness: Definitions and perspectives. In A. V. Horwitz & T. L. Scheid (Eds.), *A Handbook for the study of mental health: Social contexts, theories, and systems* (pp. 12-28). New York: Cambridge University Press.

Mrazek, P. J., & Haggerty, R. J. (Eds.) (1994). *Reducing risks for mental disorders.* Washington, DC: National Academy Press.

Murray, C. J. L., & Lopez, A. D. (Eds.) (1996). *The global burden of disease: A comprehensive assessment of mortality and disability from diseases, injuries, and risk factors in 1990 and projected to 2020.* Cambridge, MA: Harvard School of Public Health.

Musselman, D. L., Evans, D. L., & Nemeroff, C. B. (1998). The relationship of depression to cardiovascular disease: Epidemiology, biology, and treatment. *Archives of General Psychiatry, 55,* 580-592.

Neimeyer, R. A., & Raskin, J. A. (Eds.) (2000). *Construction of disorder: Meaning-making frameworks for psychotherapy.* Washington, DC: American Psychological Association.

O' Reardon, J. P., Brunswick, D. J., & Amsterdam, J. D. (2000). Treatment-resistant depression in the age of serotonin: Evolving strategies. *Current Opinion in Psychiatry, 13,* 93-98.

Penninx, B. W. J. H., Guralnik, J, M., Simonsick, E. M., Kasper, J. D., Ferrucci, L., & Fried, L. P. (1998). Emotional vitality among disabled older women: The Women' Health and Aging Study. *Journal of the American Geriatrics Society, 46,* 807-815.

Pesechkian, N. (1977). *Positive psychotherapy: Theory and practice of a new method.* Berlin: Springer-Verlag.

Pesechkian, N., & Tritt, K. (1998). Positive psychotherapy: Effectiveness study and quality assurance. *European Journal of Psychotherapy, Counseling, and Health, 1,* 93-104.

Petry, N. M., Tennen, H., & Affleck, G. (2000). Stalking the elusive client variable in psychotherapy research. In C. R. Snyder & R. E. Ingram (Eds.), *Handbook of psychological change* (pp. 89-108). New York: Wiley.

Rafanelli, C., Conti, S., Ruini, C., Ottolini, F., Grandi, S., & Fava, G. A. (1998). A new psychotherapeutic strategy: Well-being therapy. In E. Sanavio (Ed.), *Behavior and cognitive therapy today: Essays in honor of Hans J. Eysenck* (pp. 223-228). Oxford: Elsevier Science.

Ramana, R., Paykel, E. S., Cooper, Z., Hayhurst, H., Saxty, M., & Surtees, P. G. (1995). Remission and relapse in major depression: A two year prospective follow up study. *Psychological Medicine, 25,* 1161-1170.

Rebellon, C., Brown, J., & Keyes, C. L. M. (in press). Suicide and mental illness. In C. E. Faupel & P. M. Roman (Eds.), *The encyclopedia of criminology and deviant behavior (Vol. 4): Self-destructive behavior and disvalued identity.* London: Taylor and Francis.

Riskind, J. D., Sarampote, C., & Mercier, M. (1996). For every malady a sovereign cure: Optimism training. *Journal of Cognitive Psychotherapy: An International Quarterly, 10,* 105-117.

Robins, L. N., & Regier, D. A. (Eds.) (1991). *Psychiatric disorders in America: The Epidemiological Catchment Area study.* New York: Free Press.

Robitschek, C. (1998). Personal growth initiative: The construct and its measure. *Measurement and Evaluation in Counseling and Development, 30,* 183-198.

Ryff, C. D. (1985). Adult personality development and the motivation for personal growth. In D. Kleiber & M. Maher (Eds.), *Advances in motivation and achievement: Motivation and adulthood* (Vol. 4, pp. 55-92). Greenwich, CT: JAI Press.

Ryff, C. D. (1989a). Beyond Ponce de Leon and life satisfaction: New directions in quest of successful ageing. *International Journal of Behavioral Development, 12,* 35-55.

Ryff, C. D. (1989b). Happiness is everything, or is it? Explorations on the meaning of psychological well-being. *Journal of Personality and Social Psychology, 57,* 1069-1081.

Ryff, C. D., & Keyes, C. L. M. (1995). The structure of psychological well-being revisited. *Journal of Personality and Social Psychology, 69,* 719-727.

Scales, P. C., Benson, P. L., Leffert, N., & Blyth, D. A. (2000). Contribution of developmental assets to the prediction of thriving among adolescents. *Applied Developmental Science, 4,* 27-46.

Schweinhart, L. J., & Weikart, D. P. (1989). The High/Scope Perry Preschool study: Implications for early childhood care and education. *Prevention in Human Services, 7,* 109-132.

Seligman, M. E. P. (1995). The effectiveness of psychotherapy: The Consumer Reports study. *American Psychologist, 50,* 965-974.

Seligman, M. E. P. (1998). *Learned optimism: How to change your mind and your life.* New York: Pocket Books.

Seligman, M. E. P., Reivich, K., Jaycox, L., & Gillham, J. (1995). *The optimistic child.* New York: Houghton Mifflin.

Snyder, C. R. (1994). *The psychology of hope: you can get there from here.* New York: Free Press.

Snyder, C. R. (Ed.) (2000). *The Handbook of hope: Theory, measures, and applications*. New York: Academic Press.

Snyder, C. R., Feldman, D, B., Taylor, J. D., Schroeder, L. L., & Adams, V., III. (2000). The roles of hopeful thinking in preventing problems and promoting strengths. *Applied & Preventive Psychology: Current Scientific Perspectives, 15,* 262-295.

Snyder, C. R., & McCullough, M. E. (2000). A positive psychology field of dreams: "If you build it, they will come ····" *Journal of Social and Clinical Psychology, 19,* 151-160.

Spitzer, R. L., & Wilson, P. T. (1975). Nosology and the official psychiatric nomenclature. In A. Freedom, H. Kaplan, & B. Sadock (Eds.), *Comprehensive textbook of psychiatry* (pp. 826-845). Baltimore: Williams and Wilkins.

Strupp, H. H. (1980). Success and failure in time limited psychotherapy. *Archives of General Psychiatry, 37,* 595-603.

U.S. Department of Health and Human Services (1995). *Basic behavioral science research for mental health: A report of the national advisory mental health council*. Rockville, MD: Author.

U.S. Department of Health and Human Services (1998). *Suicide: A report of the surgeon General*. Rockville, MD: Author.

U.S. Department of Health and Human Services (1999). *Mental health: A report of the Surgeon General.* Rockville, MD: Author.

U.S. Department of Health and Human Services (2000). *Disease-specific estimates of direct and indirect costs of illness and NIH support*. Rockville, MD: Author.

Watson, D., & Tellegen, A. (1985). Toward a consensual structure of mood. *Psychological Bulletin, 98,* 219-235.

Wittchen, H. U., Knauper, B., & Kessler, R. C. (1994). Lifetime risk of depression. *British Journal of Psychiatry, 165* (Suppl.), 16-22.

World Health Organization (1948). World Health Organization constitution. In *Basic Documents*. Geneva: Author.

Worthington, E. L., Jr. (1999). *Hope-focused marriage counseling.*

Downers Grove, IL: Intervarsity Press.

Worthington, E. L., Jr., Hight, T. L., Ripley, J. S., Perrone, K. M., Kurusu, T. A., & Jones, D. R. (1997). Strategic hope-focused relationship enrichment counseling with individual couples. *Journal of Counseling Psychology, 44,* 381-389.

Wortman, P. M. (1995). An exemplary evaluation of a program that worked: The High/Scope Perry Preschool Project. *Evaluation Practice, 16,* 257-265.

심리적 안녕감

마음집중 대(對) 긍정적 평가

마음집중 소개하기
마음집중, 불확실성 그리고 자동적 행동
부주의함과 평가
행동의 다양한 의미들
구별은 평가가 아니다
무위(無爲)의 신화
마음집중 대(對) 긍정 평가

인생은 전쟁터다. 이 점에 대해서는 낙관주의자들과 비관주의자들 모두 동의한다. 악은 무례하며 강건하다; 미는 매혹적이지만 흔하지 않다; 선은 매우 약해지기 쉽다; 우둔함은 반항적 기질이 있다; 사악함이 승리를 한다; 어리석은 자들은 위대한 자리들을 차지하고, 지각 있는 사람들은 미약한 위치에 있으며, 인류는 일반적으로 불행하다. … 여기서는 고통과 기쁨이 뒤섞여 있지만, 이 신비한 조화를 떠도는 하나의 가시적 규칙이 있어 우리가 의지를 사용하기를 배우고 이해하기를 구하도록 명한다.

Henry James

마음집중 소개하기

악, 미, 선, 어리석음, 사악함이라고 생각되는 것은 모두 정신의 산물들이다. 아름다움과 선으로 가득 찬 세상에서 행복하게 살아가는 것이 분명히 더 쉬울 것이다. 또한 우리 자신에 대해서도 아름다움과 선을 생각한다면 행복해지기가 더 쉬울 것이다. 이 장에서는 긍정적이든 부정적이든 간에 우리가 내리는 분별없는 평가가 어떻게 불행을 가져오는지와 행복에 대한 마음집중(mindfulness)의 직접적 효과들 그리고 사람들이 긍정적이 되도록 가르치는 것보다 마음집중을 가르치는 것이 왜 더 많은 이익을 가져오게 되는지 살펴볼 것이다. 대부분의 사람들은 비관주의는 실질적으로 불행과 거의 동의어라는 점에 동의할 것이다. 긍정적 평가도 어떻게 동일한 결과로 이끌지 살펴보는 것은 검토할 가치가 있을 것이다.

그러나 시작하기에 앞서 무엇이 마음집중이고 그렇지 않은 것인가를

* Ellen Langer

적어도 잠깐 살펴볼 필요가 있다. 마음집중은 유연한 정신 상태로 새로운 것에 대한 개방성, 새로운 특성을 능동적으로 이끌어내는 하나의 과정이다. 우리가 주의(mindful)를 기울이면, 우리는 상황과 관점에 민감하게 되며 현재에 존재하게 된다. 우리가 부주의(mindless)할 때에 우리는 경직된 사고방식에 갇혀버리고, 상황과 관점에 무감각하게 된다. 우리가 부주의할 때 우리의 행동은 규칙과 일상적 습관에 의해 지배된다. 대조적으로, 우리가 주의를 기울이고 있을 때 우리의 행동은 규칙과 일상적 습관들에 의해 지배받기보다는 안내를 받는다. 마음집중은 하나의 대상이나 생각에 안정적으로 집중하는 의미로서의 각성이나 주의가 아니다. 마음집중 상태에서 우리는 자극 영역을 능동적으로 변화시킨다. 마음집중은 새로운 것(novelty)을 필요로 하거나 창출해낸다는 점에서 통제된 과정(예: 31×267)이 아니다. 습관이 부주의한 것이기는 하지만, 부주의함 자체가 습관은 아니다. 부주의는 반복된 경험의 작용으로써 발생하는 것이 아니며, 앞으로 입증해 보이겠지만 부주의는 정보에 단 한 번 노출되어 생기기도 한다.

오래전에 운전을 배운 우리들은 미끄러운 바닥에 차를 세울 때 가장 안전한 방법은 브레이크를 부드럽게 밟았다 놓았다 하는 것이라고 배웠다. 오늘날 대부분의 새 차들은 ABS(급제동 시 바퀴잠김 방지) 브레이크를 장착했다. 이제 미끄러운 바닥에서 차를 세우는 가장 안전한 방법은 브레이크를 발로 세게 밟는 것이다. 그러나 우리 대부분은 아직도 얼음판을 만나면 브레이크를 밟았다 놓았다 한다. 한때 안전했던 것이지만 지금은 위험하다. 상황이 변했는데도 우리의 행동은 그대로다.

많은 시간 우리들은 부주의 상태에 있다. 물론 우리는 그것을 알아차릴 수 있는 적당한 상태에 있지 않기 때문에 잘 알아차리지 못한다. 그것을 알아차리기 위해서는 마음집중 상태에 있어야 한다. 그러나 25년 이상의 연구 결과에 의하면 부주의는 우리에게 많은 대가를 요구한다. 연구 결과, 마음집중의 증진은 더 큰 유능감, 건강, 장수, 긍정적 정서, 창의성 그리고 카리스마를 얻게 하고 심리적 소진(burnout)을 감소시킨다는 것을 알게 되었다.

부주의는 두 가지 방법으로 일어난다. 반복을 통해서 혹은 정보에 단 한 번의 노출로 일어난다. 우리는 첫 번째에 더 익숙하다. 우리 대부분은 운전을 하고 나서 먼 길을 온 것을 발견하고, 어느 순간에 '생각 없이 운전했다는 것'을 깨달은 적이 있을 것이다. 이것을 우리는 부주의한 행동이라고 부른다. 반복에 의한 부주의의 다른 예는 우리가 어떤 일을 연습의 반복으로 배울 때 이것이 '제2의 천성' 같이 되는 것이다. 우리는 새로운 기술을 잘 배워서 그것에 대하여 다시 생각하지 않게 하려고 한다. 문제는 우리가 이렇게 성공한다면 우리는 그것에 대하여 생각을 해보는 것이 유익함에도 생각하지 않게 된다는 것이다.

우리가 정보에 장기간에 걸쳐 혹은 처음으로 노출되어 부주의 상태가 되든지 간에, 우리는 부지불식간에 그 정보에 대하여 단 하나의 이해만 하게 된다. 예를 들면, 나는 말(horses)들은 고기를 먹지 않는다고 배웠다. 내가 승마경기장에 있을 때, 어떤 사람이 자신의 말에게 먹일 핫도그를 사러 가는 동안 그 말을 지켜달라고 나에게 부탁했다. 나는 내가 아는 사실을 그와 공유하였다. 나는 그 사실을 맥락과 관계없이 절대적인 방식으로 배웠고, 그것이 사실인지 아닌지 의심하지 않았다. 이것이 우리가 대부분의 것을 배우는 방식이다. 이것이 우리가 자주 잘못에 빠져 있으면서도 의심을 갖는 경우가 드문 이유다. 그는 핫도그를 가져왔고 말은 그것을 먹었다.

권위자에 의하여 정보가 주어졌을 때, 정보가 무관한 것처럼 보일 때 혹은 절대적인 언어로 주어졌을 때, 우리는 일반적으로 의문을 품지 않는다. 우리는 그것을 수용하고, 특정한 마음상태에 사로잡히게 되어 그 상황이 다르게 진행될 수 있다는 것은 무시하게 된다. 권위는 때때로 틀리기도 하고 혹은 사건을 과장하기도 하며 오늘은 관련 없던 것이 내일은 관련이 있기도 한다. 우리는 언제 미래의 문을 닫기를 원하는가? 사실상 우리에게 주어지는 거의 모든 정보는 절대적 언어로 표현된다. 그래서 우리는 생각 없이 그것을 받아들이게 된다. 너무 자주 우리는 생각 없이 무엇을 사랑하고 미워하고 겁내고 존경해야 하는지를 배운다. 사람, 물건, 생각 그리고 자신에 대한 우리의 학습된 정서적 반응은 우리의 안녕감을 통제한다. 그러나 이런 반응 중 많은 것들이 표면적 가치에서 선택된다. 그 편이 우리의 평가가 이루어지게 하는 심층적인 가치나 전제에 대하여 의문을 제기하는 것보다는 더 쉬워 보인다.

마음집중, 불확실성 그리고 자동적 행동

우리 문화는 많은 면에서 불확실성을 줄이려고 노력하고 있다. 우리는 사물들에 대해 알기 위해서 배운다. 이러한 노력 중에 우리는 우리 마음자세의 안정성과 기저에 자리잡고 있는 현상의 안정성을 혼동한다. 우리는 사물을 의도적으로 붙잡고 그것을 통제하는 것으로 느끼려 한다. 그러나 사물은 항상 변하기 때문에 우리가 추구하는 바로 그 통제를 포기한다. 불변하는 것을 찾기보다는, 아마도 우리는 사물이 무엇인가보다는 사물이 무엇이 되어가는가를 배우기 위해 불확실성의 위력을 이용해야 한다. 만일 우리가 무능함에 대하여 개인 내적인 귀인을 하기보다는 우리의 불확실성에 대하여 보편적인 상황에 귀인을 하면 우리가 경험하는 스트레스와 무능함은 많이 감소할 것이다. 새로운 분별로 특징지어지는 마음집중은 우리를 이러한 방향으로 인도한다. 그것은 사물이 변한다는 것을 분명히 하고, 우리의 평가적인 마음자세를 느슨하게 하여 이러한 변화를 두려워할 필요가 없게 한다.

우리의 연구를 포함한 많은 실험 연구들은 대부분 인간행동의 자동성(automaticity)에 대한 적절한 사례다(Bargh & Chartrand, 1999). 대부분의 사회적 행동에서 고려되지 않은 특성의 비용은 간과되거나, 기대되는 이익에 비하여 치뤄야 할 내용이 더 크다. 이러한 이익에 대한 논의는 규범적인 부분과 서술적인 부분으로 나뉜다. 어느 것도 문제가 없는 것은 아니다. 이 논의의 규범적 부분은 고전적인 '자원이 한정되어 있다.'는 입장이다. 인지적인 작업에는 비용이 많이 들어가므로 우리가 특정한 어려움(predicament)에 집중할 것이라고 하는 가치와 관점에 대해 인지적으로 전념하는 것이 효과적이다. 신속하고 결정적인 행동이 요구되는 환경에 반응해야 하는 상황에 잘 적응하는 것이 바로 인지적인 행동이다. 그러나 인지적 전념에 대하여 우리는 중세의 Burridan의 이야기에서, 두 건초더미들 사이에서 강박적으로 망설이다 굶어 죽은 나귀와 같이 얽매이게 된다. 우리는 상황에 마음을 집중하여 몰입하는 대안이 결정적이고 목적적인 행동을 억누르는 '분석 마비(analysis paralysis)'로 이끈다고 잘못 믿어 왔다.

그러나 이 주장은 우리가 환경이 고정적이고, 환경에 대한 이해가 완전하다거나 모든 가능한 결말들에 대처하는 '유일한 최고의 방법'을 발견했다는 사실을 수용할 때에만 가능하다. 하지만 이러한 가정들 모두 비현실적이다. 예측하기 어려운 방식으로 계속 변화하는 세상에서 우리 대신 우리의 신념을 소멸되도록 하는 것(Popper, 1973)이 성공적인 개인의 보증서(hallmark)라고 할 수 있다. 부주의하도록 자신을 내버려두는 것은 미래를 닫아버리는 것이다. 어떤 시점에서 우리는 이렇게 하기를 원할까? 20세기 인식론에 관한 문헌은 과학적 이론과 모형들이 현재 이론들과는 급진적으로 다른 후계 이론들에 의해 정기적으로 대체된다(Popper, 1959)는 것을 가르쳐준다. 이 과학적 지식의 '패러다임(paradigms)'의 계승은 시간에 걸쳐 더욱 진실한 이론들을 향한 '직선적인 진보'의 길을 따르지 않는다(Kuhn, 1981; Miller, 1994). 이론들—혹은 사람들이 다른 행동을 선택하기 위하여 사용하는 인지적 도식이나 세상에 대한 모형—은 주기적으로 변한다. 그리고 합리성의 징표는 가설을 추가적으로 강화해서 분명한 논박으로부터 이론을 구할 수 있는 것이 아니라 이론이 폐기될 수 있는 조건을 구체화할 수 있는 능력이다(Lakatos, 1970).

과학이 이론에 의문을 가지는 것만큼이나 개인이 자신의 이론에 의문을 가지는 것이 분명 중요하다. 정보가 한 번 부주의하게 처리되면 다시 고려할 가능성이 사라진다. 이것은 일반적으로 계획 없이 부주의하게 일어난 것이기 때문에, 개인이 자신의 이론에 대해 의문을 제기하는 것이 그에게 이익이 된다고 하더라도 그렇게 해야 한다는 생각이 들지 않는 것이다. Bargh와 그의 동료들은 환경이 흔히 신속한 행동을 요구한다는 사실에 초점을 맞추었다(Bargh & Chartrand, 1999). 그들이 고려하지 못한 것은, 환경에 대처하기 위해서는 적응적이고 따라서 가변적인 행동 역시 요구된다는 사실이다. 이제는 행동력(actionability)을 돕는 인지적 사전전념(precommitments)을 더 이상 강조하지 않는다. 오히려 행동의 특성을 나타내던 이론이 다른 이론에 의하여 바로 대체될 가능성이 있는 가운데 행동할 수 있는 능력을 강조한다. 만일 우리가 잠재적으로 새로운 이론에 열려 있다면, 우리는 어떤 행동을 취할 수 있을까? 이 시점에서 어떤 사람들은 분석이 우리를 마비시킬 수 있다고 말하고 싶을 것이다. 그렇지만 분석마비는, 우리가 최상의 이론을 발견할 수 있는 분석의 어떤 등급(혹은 표준)이 있다고 가정할 때에만 일어난다. 이 경우 우리는 '올바른' 결정을 계속 탐색하게 된다. 그렇지 않다면 우리는 모든 모형들이 결국 잘못 이해됐거나 의미 있게 개선될 것이라는 것을 알고 있기 때문에 새로운 모형의 관점에서 환경을 재구성하거나 재해석하는 과정에 의해 마비될 이유가 없는 것이다. 우리는 불확실성에도 불구하고 행동을 취할 수 있다. 실제로, 우리는 우리 마음의 안정성과 근본적인 문제의 안정성을 혼동할 때마다 그렇게 할 수 있다. 정석이 되어버린 뉴턴의 물리학 공식과 같이 논박이 불가능해 보이는 이론조차도 강화된 가설들을 추가함으로써 논박에서 잘 벗어날 수 있다는 사실에도 불구하고 시간과 공간의 상대성을 선호하는 현대 물리학자들에 의해 버림을 받았다 (Lakatos, 1970).

누군가의 이론을 정교히 다듬는 능력이나 새로운 상황들을 직면했을 때 과감히 수정하는 능력은 '최상의 이론'에 관한 판단을 보류할 수 있는 우리의 능력에 결정적으로 달려 있는 것 같다. 어떤 이론이 반박받았다고 해서 그 이론을 결코 포기하지는 않는다. 우리가 한 이론을 포기하게 되는 이유는 그것보다 더 엄격하게 검증되고 그러한 검증을 더 잘 견뎌낸 더 나은 이론이 있기 때문이다(Lakatos, 1970).

학습행동에 관한 연구들은 어떤 주어진 한 시기에 동일한 현상에 관한 다양한 관점을 '생생하게' 유지하는 것이 '경험'으로부터 학습하는 과정에 매우 중요하다고 제안하였다. 한 예로, Thomas Kuhn(1981)은 아동들이 '속도'의 개념에 관해 배우는 방식들에 관한 Piaget의 연구를 분석하면서, "속도를 움직이는 대상의 뚜렷하지 않음"으로 생각하는 정신 모형과 "속도를 대상이 목적지까지 이르는 데 최소 시간"으로 생각하는 정신 모형을 동시에 지지하는 것이 움직이는 대상의 운동률(rates of motion)에 관한 올바른 추론능력에 매우 중요한 것이라고 주장했다. 적어도 우리가 새로운 정보에 폐쇄적이면 학습이 이루어지기 어렵다는 것은 분명하다.

우리의 연구들(예: Bodner, Waterfield, & Langer, 1995; Chanowitz & Langer, 1981; Langer, Hatem, Joss, & Howell, 1989; Langer & Piper, 1987)은 학생들에게 조건화된 정보의 제시가 주어졌을 때("x는 y로 보일 수 있다.")가 조건화되지 않은 정보의 제시("x는 y일 뿐이다." 혹은 "x는 y이다.")보다 그 후의 수행평가에서 더 나은 수행을 가져온다는 것을 보여주는데, 이는 성공적인 적응행동이 우리의 인지적 전념이 우리의 마음을 잡고 있는 것을 느슨하게(loosening)하는 데 달려 있다는 생각을 지지해준다.

자동적(automatic) 행동을 지지하는 이러한 주장은 자동적 행동이 사람들이 몰입하기에 더 빠르고 약간 더 '쉽다'는 신념에 근거하고 있다. 여기에 대해 몇 가지 논평할 필요가 있다. 우리는 속도가 얼마나 자주 진정 본질적인 문제인지를 고려할지 모른다. 이에 대답하기 위해서 우리는 마음을 집중하지 않은 반응과 마음을 집중한 반응들 사이에 어떤 차이가 있는지 살펴볼 것이다. 우리는 동일한 반응을 마음집중을 통해서 혹은 부주의하게 생성해낼 수 있다. 우리가 이렇게 하기를 선택할 때, 속도에 있어 생기는 차이는 미미한 것이 되기 쉽다. 이 점에서, 나의 초창기 연구에서는 부주의가 우리에게 변화의 문을 닫게 하는지, 또한 우리는 모든 것을 동시에 구별하는 지속적 마음집중 상태에 있을 수 없다는 점을 분명히 하는 데 실패하였다. 부주의한 상태가 아주 드물게 유익하다는 주장은 우리 자신을 가능성으로부터 배재하는 것을 원하지 않는다는 것을 의미한다. 그 대신 우리는 어떤 특정 내용에 관련해 구체적으로 마음집중하거나 혹은 '잠재적'으로 마음집중하기를 원한다. 예를 들어, 우리는 각각의 콘플레이크(cornflakes)를 다른 콘플레이크들과 다른 모양으로 보이게 하는 수많은 방식을 알아차리기를 원하지 않는다. 그러나 금속 땅콩이 우리 밥그릇에 미끄러져 들어가는 것을 못 볼 정도로 자동적이기를 원하지도 않는다. 그렇다면 마음을 집중한 아침식사는 주의를 기울이지 않은 아침식사와 동일한 시간이 소요될 수 있다.

더욱이 아이가 차에 치는 것을 막으려고 자동차의 방향을 갑자기 바꿀 때, 즉 몇 백분의 1초가 문제가 되어 예외적인 속도가 필요한 경우도 마음집중 행동으로 피할 수 있을 것이다. 마음을 집중할 때 우리는 종종 아직 일어나지 않은 위험을 피할 수 있다.

사실상 마음집중은 우리의 수행(performance)을 감소시키기보다는 증가시킬 수 있다. 현재에 머물러 있는 상태를 잃지 않으면서 수행 경험을 즐기며, 정보처리에 요구되는 노력이 줄어든 상태로 묘사되는 "몰입(flow)"(Csikszentmihalyi, 1990) 상태에 대해 생각해보자. 몰입의 상태를 가장 많이 경험할 것이라고 알려진 사람들—외과의사들이나 음악가와 같은 사람들—이 상호작용하는 자극들을 처리하는 과정에서 자동적이기 쉽다고 주장하기는 어렵다. 이와 비슷하게, 부주의한 상태 예방에 관한 우리의 연구들(Langer, 1989, 1997 참조)에서는 사람들이 마음을 집중해서 학습했을 때, 같은 정보를 무조건적으로 제공받은 사람들보다 배우는 경험을 더 즐기는 것으로 나타났다.

자동성이 의식적인 자각이나 현재에 몰입하는 것보다 더 '쉽고' 따라서 정보의 '자동적' 처리는 '통제된(노력이 많이 드는)' 처리와 비교된다는 가정은 잘못된 것이다. 마음집중은 통제된 정보처리와는 무관하다(Langer, 1992 참조). 전자의 경우, 새로운 구분에 적극적으로 관여하지만(예: 언제 1+1=1이 되는가?—껌 한 덩어리를 다른 껌 한 덩어리에 더할 때), 후자의 경우는, 이전에 만들어진 구분에 의존하게 된다(예: 우리가 237×36의 셈을 할 때와 같이). 그래서 마음집중은 통제된 정보처리와 혼동될 때 노력이 많이 드는 것으로 보일 수 있다. 마찬가지로, 스트레스를 주는 사고와 혼동될 때에도 노력이 많이 드는 과정으로 보일 것이다. 한 특정 사건이 반드시 부정적인 결과를 가져온다고 확신할 때 스트레스를 주는 것으로 보인다. 우리에게 부정적인 일이 일어나는 것을 생각하는 것은 힘들다. 어려운 것은 부정적인 것이 될 것이라는 것은 부주의한 가정이지 마음집중의 가정이 아니다. 우리가 놀이를 할 때와 같이 일에 몰두할 때, 확실함보다는 새로움을 찾는 것을 생각해보면 마음집중의 편안함이 분명해질 것이다. 실제로 유머는 마음집중에 의한 것이다(이미 들어본 적이 있고 기억에 남아 있는 농담은 새롭게 생각되지 않는 한 재미가 없다.). 마음집중은 냉철한 인지 과정이 아니다. 우리가 주변 세계에 대하여 평화롭게 반응하는 것을 알 때 우리는 마음집중 상태이다.

우리 중 대부분은 연습을 통해서만이 완벽해진다는 사고방식을 가지고 있다. 우리는 복잡한 기술의 '그' 기본을 잘 배워서 그것에 대해 다시 생각할 필요도 없고, 그 과제를 최고 수준으로 숙달해나갈 수 있다는 사실을 너무도 당연히 받아들인다. 초기 연구에서(Langer, 1997) 나는 "누가 무엇이 그 기본인지를 결정하는가?"라는 질문을 던진 바 있다. 학습자가 누구든 그 결정을 내린 사람과 차이를 보이는 한, 우리의 고유한 강점을 이용하기 위하여 '그' 기본들에 대해 의문을 제기하는 것이 유익할 것이다. 이러한 의문 제기는 우리가 부주의할 때 배제된다. 예를 들어, 아주 조그마한 손으로 테니스 라켓을 쥐는 방식이 아주 큰 손으로 라켓을 쥐는 방식과 동일해야만 한다는 것이 이상하게 보이는데, 양쪽 모두 라켓의 무게에 상관없이 그것을 잡는 방식은 변하지 않는다. 우리가 어떤 과제에 대해 아주 조금 알 때 가졌던 이해를 그대로 그 과제에 대해 고정되게 갖고 있다는 것이 말이 되는가? 전문가는 그렇게 하지 않을 것이다. 대신 그들은 그 기본적인 것(basics)들에 의문을 제기한다. 우리의 자료들은(예: Langer & Imber, 1979) 부주의한 실행이 불완전한 수행을 가져오게 된다고 제안한다.

부주의함의 대가는 수행상의 저하 그 이상이다(Langer, 1989, 1997 참조). 설사 우리가 사는 세상이(개인적이고 대인관계적이며 비인격적인) 확실성에 의해 통제된다고 하더라도 그것을 경험하기 위해 '거기에 있는' 것이 유익할 것이다. 불확실한 세계에서 부주의함은 사물들이 변화할 때마다 우리가 잠재적으로 대가들을 치르도록 만든다.

불확실성은 우리를 현재에 있게 한다. 불확실성에 대한 지각은 마음집중을 가져오고, 마음집중은 다시 더 큰 불확실성을 가져온다. 이렇게 마음집중은 눈앞에 주어진 과제에 몰입하게 만든다. 현재에 머물고, 우리가 하는 일에 몰두하는 것은 마음집중이 우리에게 만족을 주는 두 가지 방식이다. 게다가 새로운 차이를 이끌어냄으로써 우리는 관점에 민감해지고, 그렇게 함으로써 평가라는 것이 자극 자체에 내재되어 있는 부분이 아니고 우리가 어떻게 바라보는가의 함수라는 것을 알게 된다. 평가에 대한 우리의 부주의함은 아마도 우리가 불행하게 되는 가장 큰 이유일 것이다.

부주의함과 평가

우리는 평가가 우리와 독립적으로 존재한다는 것을 당연하게 받아들인다. 매일 우리는 사람들, 사물들 그리고 사건들이 그 자체로 좋거나 나쁜 것인 양 생각하고 느끼고 있다. 예를 들어, 도로의 홈이나 세금 징수원, 이혼이 나쁜 것인 반면, 고급 상어알, 자선 사업가나 휴일은 좋은 것이다. 그러나 우리는 우리가 세상의 다양한 사건들과 사물들, 상태들에 부여된 가치 판단들을 수용해왔다는 사실에는 본질적으로 주의를 기울이지 않는다. 우리가 무엇인가를 유쾌하거나 불쾌한 것이라고 여기는 이유는 우리가 그것을 한 특정한 방식으로 보기를 선택하기 때문이다. 그러한 판단은 우리의 통제 안에 있지만 우리는 너무도 자주 이 사실을 알아차리지 못하고 있다.

'거기에 존재하는' 것들은 자명하게 좋거나 나쁜 것들이 아니다. 때때로 우리가 이렇게 말하고는 있지만(예: 나에게 열정이 남에게는 독약이 된다.) 우리의 일상적 경험들은 그렇지 않음을 나타내고 있다. 도로의 홈은 자동차가 감속하게 만든다. 세금 징수원은 누군가의 사랑하는 남편이다. 이혼은 암묵적 긴장 속에서 살아가는 아이를 위해서는 최상의 결정일 수 있다. 우리가 고정된 평가들에 갇혀 있지 않을 때, 우리는 우리 자신의 안녕감(well-being)에 대해 생각하는 것보다 훨씬 큰 통제력을 가질 수 있다. 우리는 현재의 경험에 대한 통제력을 가진다. 우리의 삶에서 가치 판단의 유행(prevalence)은 세상에 관한 어떤 것도 드러내지 않지만 우리의 마음에 관해서 많은 것들을 보여준다. 우리는 '좋은' 것을 행하고, '알맞은' 것을 가진다든지 '옳은' 일을 하기 위해 판단하고 평가한다. 우리는 그 결과로 느끼는 감정들을 행복과 동일시한다. 우리가 평가의 목적에 대해 즉시 의식하는 경우는 드물다. 평가는 우리를 행복하게 하기 위해 사용하는 것이다. 그러나 평가적인 사고방식은 자기패배적인데, 왜냐하면 우리를 오히려 불행하게 만들기 때문이다.

우리는 우리나 다른 사람들의 행동이나 생각에 대하여 무엇이 좋은 것이고 나쁜 것인지를 많이 생각한다. 평가는 우리가 세상을 이해하고 있는 방식의 중심이 되지만, 대부분의 경우에 평가란 부주의한 것이다. 속담에서 말하는 것처럼 동전에는 양면이 있다. 모든 것이 그 나름대로의 장점과 단점들을 가지고 있다는 것을 인식하면서도, 결국은 사물을 좋거나 나쁜 것으로 대하는 경향이 있다. 보다 마음집중적인 접근이라면 우리가 관심 있는 어떤 것이든 장단점들이 있다는 것을 이해하는 것뿐 아니라 각각의 단점들이 다른 관점에서 보면 동시에 각각의 장점일 수 있다는 것을 이해하는 것을 말한다(그 역도 마찬가지다.). 이러한 방식의 마음집중 접근으로 사실상 우리 삶의 모든 불쾌한 측면을 변화시킬 수 있다.

모든 행동은 행위자의 관점에서는 의미가 있으며, 그렇지 않다면 행위자는 그것을 하지 않았을 것이다. 이 깨달음은 사람들의 모든 부정적인 평가들을 의심하게 하고, 이러한 예상에 기초한 모든 행동을 의문의 여지가 있는 것으로 만든다. 만약 우리가 다른 이들이 미래에 어떤 일을 할지 예측하려 할 때 과거가 가장 좋은 예측요인이 된다고 믿는다면, 우리는 어떤 행위가 그 행위를 하는 사람에게 무엇을 의미하는지 아는 것이 바람직하다.

개구리 한 마리를 물이 담긴 냄비에 넣는다. 그 냄비가 천천히 가열된다. 개구리는 적응하다가 마침내는 죽는다. 또 다른 개구리를 물이 담긴 냄비에 넣는다. 이번엔 열이 아주 세게 가해진다. 이 개구리는 변화를 감지하고 냄비 밖으로 뛰쳐나온다. 일이 '극적으로' 변화할 때 우리는 어떤 차이를 알아차린다. 그때까지 우리는 우리의 경험을 우리가 사용하는 기존 틀에 맞추도록 조절하는데, 우리는 그것이 도움이 안 될 때조차 그러한 행동을 하게 되는 것 같다. 상황과 우리의 행동 또는 다른 사람들의 행동이 우리가 애초에 그것을 구성한 방식과는 다르게 이해될 수 있다는 것을 고려하지 않는다. 만약 우리가 이를 이해한다면 '열'을 피할 수 있는 덜 극단적인 신호들을 이용할 수 있을 것이다.

부정적 평가는 종종 우리를 포기하게 만든다. "내일이 더 나을 것이다." "새벽이 오기 전이 제일 어둡다." 이러한 메시지들에 함축된 의미는 나쁜 것이 일어나는 그 순간을 받아들여야 한다는 것이다.

평가는 긍정적이든 부정적이든 마음의 상태다. 그렇다고 해서 그 결과들이 현실이 아니라는 말은 아니다. 그것이 의미하는 것은 어떤 행동이 가져올 수 있는 결과들이 얼마나 되는지는 우리가 얼마나 관심을 두는가에 달려 있으며, 이러한 각각의 결과들에 대한 평가는 그 결과들에 대해 우리가 어떤 시각을 가지느냐에 달려 있다는 것이다. 사건은 평가와 함께 일어나지 않는다. 우리는 사건에 우리의 경험들을 부과해서 그 사건에 대한 우리의 경험을 창조해낸다. 즐거움을 위해서 핀란드인들은 겨울에 얼음장처럼 차가운 물에 몸을 담근다. 그리고 몇몇 미국인들은 차가운 바다에서 수영을 한다. 많은 사람들은 무서움을 느낄 목적으로 공포영화를 관람하고 롤러코스터(청룡 열차)를 탄다.

다음의 세 가지 다른 관점을 생각해보자. 첫째, 나쁜 일들은 참을 수 없다. 둘째, 나쁜 일들은 일어난다. 하지만 우리가 만약 그냥 견뎌낸다면 그것들은 지나갈 것이다. 셋째, 나쁜 일들은 맥락에 달려 있다—맥락이 바뀌면 평가도 달라진다. 세 번째 관점이야말로 우리가 현재 가장 가치 있게 여기는 것들을 가져다주는 것이다. 서구 문화는 현재 두 번째 관점만을 우리에게 가르치고 있다. "괴로움이 있으면 즐거움도 있는 법"이라는 말조차도 우리에게 세 번째 관점을 갖게 하지는 못한다. 세 번째 관점이 암시하는 것은 나쁜 일이 뭔가 좋은 결과를 가져올 것이라는 것이다. 우리는 나쁜 순간을 단념하고 그것이 지나가기를 기다리지만, 그 결과로 단지 나쁜 것이 지나갈 뿐 아니라 무엇인가 좋은 일이 일어난다는 것이다. 낙관주의자는 거름덩이에 둘러싸여 있을 때도, 거기 어딘가에 조랑말이 있을 것이라고 생각하는 사람이라고 여겨진다. 역시 이것도 세 번째 시각이 의미하는 바가 아니다. 세 번째 시각에는 부정적으로 평가되는 그것이 또한 바로 긍정적인 것이 되기도 한다는 알아차림(awareness)이 있다. 단지 부정적으로 보는 것보다는 낫지만 5개는 부정적이고 5개는 긍정적이라는 것이 아니다. 우리가 부여하는 맥락에 따라 10가지가 모두 부정적이고 또 긍정적인 것이다.

이전에 언급된 문화적 표현들은 희망(hope)에 대한 격려이다. 전형적으로 희망에 대한 격려는 암묵적으로 현재를 반드시 나쁜 것으로 보고 있다. 내일이 좋은 날이 되었으면 하고 바라고 그렇게 될 것이라 기대하는 것은 좋은 것이다. 우리가 의미하는 희망이 격려하기라면 아무 문제가 없다. 그렇지만 희망에 관한 말들은 너무도 자주, 사람들이 기분이 나쁘거나, 간접적으로 그러한 일련의 감정들을 받아들이기 위해 표현된다. 수동적으로 현재를 포기하는 것은 좋지 않다. 포기는 사건이 좋거나 나쁜 것인지에 대한 우리의 시각보다는 사건 그 자체로 좋거나 나쁜 것이라는 이전의 말들에 의해 암묵적으로 강화되기 때문에 일어나게 된다.

문화는 우리가 '만족을 지연' 할 수 있도록 격려하기는 하지만, 기다림은 현재 그 순간에 일어나는 것을 즐길 수 없다는 점에서 부주의 행동이다. 기다림에 부주의한 희망과 학습은 이러한 관심에 역으로 작용한다. 이러한 생각을 검증하기 위해 실시된 한 실험에서, 연구 참가자들에게 동일한 과제지만 일(work)과 놀이(play)로 정의해놓은 만화들을 평가하도록 하였다. 일로 간주되었을 때 참가자들은 그것을 불쾌한 것으로 받아들여, 단지 훑어 읽어나가면서 별로 주의를 기울이지 않았다. 동일한 과제라도, 참가자들이 그것을 보는 방식에 따라 반응이 매우 달랐다 (Snow & Langer, 1997).

개인 내적 과정에 대한 평가의 부정적 측면은 막대하다. 우리는 '어려운' 시기들을 헤쳐나가고자 노력한다. 우리는 '부정적' 결과들에 압도당할까봐 결정 내리기를 주저한다. 우리는 자신을 '더 안 좋은 상태에 있는' 사람들과 비교함으로써 위안을 얻으려 한다. 우리는 죄책감과 후회로 시달리는데 이는 우리가 경험하거나 타인들에게 행해진 부정적인 결과 때문이다. 우리는 우리 행동의 부정적 측면들을 보고, 그것을 다른 이들에게 숨기기 위해 거짓말을 한다. 이러한 과정들 각각—사회적 비교, 후회와 죄책감의 경험 그리고 거짓말하기—은 우리가 사건들에 대해 맨 먼저 내리는 평가에 의문을 제기하기보다는, 사건들이 좋은 것일 수도 있고 나쁜 것일 수도 있다는 것과 우리가 그것을 그대로 받아들이고 그에 대처하는 것을 배워야 한다는 것을 의미한다.

문화가 주는 암묵적 메시지는 단지 성과뿐 아니라 우리 자신과 타인을 측정하는 하나의 기준이 있다는 것이다. 우리는 모든 다른 설명으로 안 되는 것처럼 보일 때에만 새로운 설명을 찾으려고 한다. 그러면 앞서 개구리의 경우에서처럼 이미 너무 늦어버린 것이다. 평가가 의미 있으려면 하나의 공통적인 측정 기준을 사용해야 한다. 많은 다른 가능한 기준들이 사용되어 다른 결과가 될 수 있다는 사실을 무시하면 문제가 발생한다. 대처에 관한 문헌에서 우세한 견해는 사람이 인생의 목적 추구에 재관여하기 위해서는 슬픔(grieving)의 기간을 가질 수 있도록 하라는 것이다. 실제로 비극적인 일이나 심리적 상실을 방금 겪은 사람에게 우리가 할 수 있는 최악의 것은 그들이 그 상황을 다르게 보도록 만드는 것이다(Snyder, 1996). 상실 후에 사람들은 슬픔과 우울의 기간을 거쳐가는 것이 필요할 수 있다. 그런 다음에 목표 지향적인 희망적 사고가 유용할 수 있다(Feldman & Snyder, 2000). 심리적 외상을 겪은 사람들은 다른 사람들이 그들의 '고통'에 대해 귀를 기울이는 것을 원하는 것이지, 그들의 고통을 다른 방향으로 '바라보도록' 하는 것을 원하는 것이 아니다. 이런 점에서 친구들이나 조력자들이 너무 규범적으로 그들을 대하면 경청자로서 신뢰를 잃게 된다(Tennen & Affleck, 1999).

이러한 시각은 여기서 논의되는 입장과 양립할 수 없는 것은 아니다. 만약 사건이 이미 부정적으로 평가되었다면, 그것은 주의를 기울여 다뤄

져야 할 것이다. 그럼에도 불구하고 많은 '비극들'은 애초에는 최선의 경우에는 기회로, 최악의 경우에는 불편함으로 이해될 수 있었던 것들이다.

행동의 다양한 의미들

우리가 자신에게 하는 이야기가 너무나 매력적이고, 너무나 많은 정보들이 우리의 해석에 들어맞는 것처럼 느껴질 때는, 왜 다른 사람은 그렇게 보지 않는지 이해하기 어렵다. 그래서 우리는 평가적이 된다. 우리들 대다수는 우리가 옳다고 느끼기 위해서는 누군가는 반드시 틀려야만 한다. 이러한 이분법적 사고는 하나의 판정만이 옳다는 관점을 암묵적으로 수용하게 되는 원인이면서 결과가 된다. 행동은 그 행위자의 관점에서 의미를 가지며, 그렇지 않다면 그 행동은 일어나지 않았을 것이다. 나도 옳고 당신도 옳다. 그렇다면 성공적인 대인관계의 과제는 이러한 점을 명확하게 해주는 정보를 찾거나 문제의 행동이 이해가 된다는 것을 받아들이는 것이다.

심리학자들(예: Jones & Nisbett, 1972)은 오랫동안 우리가 어떤 행동에 책임이 있는 행위자인가 혹은 그 행동의 관찰자인가에 대한 관점의 차이로부터 나타나는 차이에 대해 기술해왔다. 이러한 발견들은 관찰자로서 우리는 다른 사람들의 행동은 성향(dispositions) 귀인하고, 자신의 행동은 상황 귀인하는 경향이 있다는 것을 보여주었다. 상황 귀인은 우리를 현재에 머무르도록 도와준다. 성향 귀인은 사물을 멈춰 서 있게 하고 아마도 미래를 예측하게 해준다. 가설을 확인하고 싶어 하는 우리의 경향 때문에(Langer & Abelson, 1974), 그것들은 자기충족적 예언이 되어 그렇지 않으면 더 유쾌할 세상을 덜 유쾌한 세상으로 만들어가는 것 같다. 부정적인 성향 귀인은 사람들과의 거리를 두게 함으로써 그 귀인이 잘못되었다는 것을 볼 수 있는 기회를 감소시킨다.

과거의 연구자들은 행동이 우리의 관찰 영역을 삼켜버린다는 점을 지적했다. 따라서 우리는 관찰자로서 취해진 행동은 분명하게 보는 반면에, 그러한 행동들에 영향을 미치는 상황적 제약에 대해서는 잘 보지 못한다. 행위자로서는 그러한 상황적 제약을 아주 예민하게 감지한다. 행위자로서 우리는 왜 우리가 그런 행동들을 해야만 했는지 알 수 있다. 또한 우리가 다른 상황들에서 다르게 행동했을 것이라는 것도 안다. 관찰자들은 보통 이러한 정보를 간과하기 쉽다.

귀인이론에 관한 연구가 아주 중요한 발견들을 양산했지만, 강조되어야 할 또 다른 하나의 요인이 아직 검증되지 않은 채 남아 있는데, 그 요인은 대인관계에서의 오해와 그에 따라 사람들이 경험하는 불행에 대해 훨씬 더 많은 것을 설명할 수 있을 것이다. 사람들은 자신에게 유리한 관점과 동기에 따라 다양한 정보를 볼 뿐만 아니라, 앞서도 언급했듯이 동일한 정보를 종종 다르게 보기도 한다. 모든 행동은 아주 다른 평가적 어조를 나타내는 다른 명명으로 설명된다. 예를 들어, 진지함 대 엄격함, 유연함 대 예측불가, 자발성 대 충동성, 사적인 것 대 비밀스러운 것 등을 생각해보자. 모든 행동은 이러한 다른 평가적 어조들을 함축하는 명명들에 대해 매우 민감하다. 만일 우리의 행동이 부주의하게 일어났고 어떤 행동을 했든지 간에 우리가 왜 그렇게 행동했는지를 본질적으로 잊게 된다면 행위자로서도 우리는 부정적 성향에 매우 민감하게 된다.

우리는 자주 다른 사람들에 대해 안다고 생각하는데, 이러한 가정 때문에 우리는 물어보지 않게 되고, 그렇기 때문에 '동일한' 사건이 누군가에게는 아주 다른 것으로 보일 수 있다는 것을 배우지 못하게 된다.

우리는 다른 사람들이 어떻게 느끼는지 물어보지 않고는 알 수 없다.

그러나 우리는 알고 있다고 생각하기 때문에 물어보지 않는다. 우리가 안다고 생각하는 이유는 우리가 동일한 상황에서 어떻게 느낄지를 알기 때문이다. 즉, 다른 사람들이 우리 자신과 유사하게 생각할 거라고 넘겨짚는 것이다. Lee Ross와 그 동료들은 이것을 잘못된 합의 효과(false consensus effect)라고 불렀다(Ross, Greene, & House, 1977). 우리의 행동은 이해가 되고, 적응이 잘 된 다른 사람들도 똑같이 할 거라고 생각한다. 만약 누군가가 다르게 행동한다면, 그는 '그런 종류의 사람'이 될 것임에 틀림없다. 예를 들어, 다양한 실험에서 사람들은 방위비 지출, 수프 그리고 여러 상황들에서 무엇이 적합한 행동인지와 같이 다양한 주제들에 대해 다른 이들의 의견이나 태도가 어떨지 예측하도록 요구받았다. 사람들은 자신이 느끼거나 행동하는 대로 다른 사람들도 그렇게 할 것이라는 정도를 과대평가하였다. 만약 내가 우리 모두가 동일하게 느낀다고 가정하고, 당신만이 다르게 느끼고 있다고 한다면, 당신의 이상한 행동에 대해서만 설명을 요구하게 될 것이다.

우리가 다른 사람들이 얼마나 우리 자신과 유사한지 과대평가하는 것은 그렇게 큰일이 아닐 수도 있다. 우리가 저지르게 될 실수는 우리가 자신을 관찰자로 바라볼 때, 타인을 보는 것과 동일한 방식으로 우리 자신을 보게 된다는 것이다(Storm, 1973). 그러나 우리가 행동을 취할 때 우리는 관찰자가 아니라 마음을 집중하는 행위자로서 행동한다. 우리는 자주 동일한 행동을 다양한 관점에서 보게 되지만 그것을 상당히 다른 것으로 명명하는데, 주로 그 평가적 어조의 측면에서 다르게 표기한다. 예를 들어, '우리'는 타인들과 잘 지내는 데 관심을 가지는 것이지만, 다른 사람에게는 동조하는 것으로 보일 수 있다.

잘못된 합의 경향성과 관련된 하나의 주요한 문제는 그것을 우리 자신에게 적용할 때 일어난다. 관찰자의 시각에서 우리가 자신의 행동을 돌아볼 때, 우리는 자신들이 '그들 중 하나'로 행동했다고 생각하게 될 것이다. Kierkegaard가 말했듯이, 우리는 앞을 보며 인생을 살아가지만 인생을 돌아보면서 이해하기 때문에, 우리가 다른 사람에 대한 관찰자로서 어떤 행동을 하는지를 생각해보는 것은 중요한 일이다. 우리가 뒤를 돌아볼 때, 우리는 탐구의 대상이 되고 또 다른 이들이 우리를 대하는 방식으로 우리 자신을 대하게 될 것이다. 다른 사람들에 대해 덜 평가적인 사람들은 그들 자신들에 대해서도 덜 평가적일 것이다. 이것이 하향 사회적 비교들(downward social comparisons)을 하게 될 때 드러나지 않게 지불해야 하는 대가이다. 우리는 자신을 누군가에 비해 우월하다고 볼 때 일시적으로 기분이 좋을 수 있는데, 달리 생각해보면 우리가 바로 관찰 대상인 '그'가 되는 것이다.

어떤 사람의 결정을 생각해보자. X는 나에게 불쾌한 감정이다. 만약 내가 Y를 한다면, 그 불쾌감은 떠나가버린다. 그렇다면 Y를 하는 것이 분별 있는 행동일 것이다. 이러한 관점에서 음주를 살펴보자. 시간이 지나면서 우리는 우울하거나 공허하다고 느낄 수 있다. 우리는 음주가 고통을 달래준다고 배운다. 만약 우리가 음주를 처음에는 이해가 된다는 점을 인정하지 않고 음주의 '과도한' 부정적인 결과에 대해서만 주의를 기울인다면 우리는 우리 스스로와 타인에게 불공평하게 행동하는 것이다. 이러한 결과를 알아차리는 데서 오는 부정적인 감정들은 더욱 술을 마시게 할 것이고, 그 악순환은 계속된다(Snyder, Higgins, & Stucky, 1983).

예컨대 관찰자의 입장에서 보면, '과도한' 음주는 분명히 음주자에게 원하지 않는 문제들을 야기한다. 음주자가 자신에게 "나는 마실 만큼 마셨어. 하지만 더 마실 거야."라고는 말하지 않는다. 그는 목표로 삼은 것이 무엇이든 이를 성취하기에 필요한 만큼 술을 마실 것이다. 그 행동은 비합리적인 것이 아니다. 그것은 어떤 마음 상태에 도달하기 위해서 취해진 행동이며, 대개의 경우 이는 성취될 가능성이 아주 높다. 우리가 우리 행동에 대한 관찰자가 되었을 때 그러한 행동이 야기하는 부정적 결과들을 더 잘 알아차린다. 관찰자로서 자신을 뒤돌아볼 때, 인생에 해가 되는 행동을 했거나 사랑하는 사람들에게 상처를 입혔다고 생각하게 될지도 모른다. 일반적으로 이러한 결과를 위해 술을 마시지는 않았을 것이다. 시간상 '앞을 보면서' 한 행동은 약점으로부터 나오지 않는다. 대부분의 사람들은 강하다고 느낄 때에 무엇인가 새로운 것을 배우기가 더 쉽다. 그러한 시기에 우리는 우리가 직면하게 되는 도전들을 견뎌낸다. 우리가 자신에 대해 좋게 느낄 때, 스트레스를 관리하는 법을 배우고 공허감—예를 들어, 음주를 하게 만드는—에 대처하는 대안적 방법들을 이해하는 것이 더 쉬울 것이다. 여기서의 요점은 우리가 만약 그 자체적 상황에서, 즉 앞을 향해 나가는 방식에서 우리 행동이 이해된다면, 우리 자신에 대해 더 좋게 느끼게 된다는 것이다. 그러한 이해가 바탕이 된다면 우리의 목표를 성취하는 데 비용이 좀 적게 드는 대안방법들을 추구하게 될지 모른다. Sharon Popp는 박사논문에서(개인적 의사소통, 1999년 11월 15일) 공사장의 인부들이 '과도하게' 술을 마신다는 사실을 발견했다. Popp는 질문을 통해서 그들이 술을 마시고 있을 때, 서로에 대해 더 개방적이며 그들의 남성우월성(macho concerns)을 제쳐놓는다는 것을 알아냈다. 술을 주고받으면서 그들은 믿을 만한 사람이 누구인지를 알아냈다. 그들의 직업전선에서 신뢰는 중요한 것이다. 그들이 술을 마셔야 할까, 마시지 말아야 할까? 평범한 환경에서 이런 행동이 얼마나 지각 있는 행동인가에 대해 단순히 물어봄으로써 재빨리 우리 자신 및 다른 사람들의 행동에 대한 합리적인 이해를 하게 할 것이다. 이 질문은 우리가 행동을 옳거나 그른 관점으로 볼 때는 묻지 않게 되는 것이다.

부부들은 자주 그들이 동일한 세상을 바라보고 있다고 느끼며, 따라서 행위자-관찰자 차이를 무시하게 된다. 이혼 통계자료들은 이와 다른 양상을 제시하고 있다.

남편과 아내는 두 개의 서로 다른 방에 있다. 이렇게 말하는 것이 당연하다고 생각하며 아내가 큰소리로 "이것들이 뭐예요?"라고 묻는다. 그녀는 남편이 일어나서 무엇에 대해 얘기하고 있는지 보기를 바라고, 그러면 대개 남편은 부인을 실망시키지 않는다. 그러나 언젠가는 한 친구가 그 아내에게 반격했다. … 어느 날 아내가 집에 와서 서재에 있는 남편에게 "그거 왔어요?"라고 소리쳤다. 남편은 그녀가 무엇에 대해 얘기하는지를 모르면서도 대답한다. "어, 왔어!" 아내가 다시 남편에게 "당신, 그거 어디다 두었어요?"라고 소리쳤다. 남편도 되받아 소리쳤다. "딴 것들하고 같이." (Fairle, 1978, p. 43)

대개 부부들은 그들이 동일한 사물을 다르게 보고 있다는 것을 깨닫지 못한다. 만약 우리가 동일한 참조 준거(frame of reference)를 가지고 있다면 우리는 동일한 방식으로 반응할 것이다.

위대한 문학과 영화의 영향력은 우리가 그 행동들이 우리에게 어울리지 않은 것으로 보일 때도 그 배우의 행동을 이해하게 한다는 데 있다. 그 둘 사이의 긴장감은 그 작품의 영향력을 보여주는 것이라 할 것이다. 영화 〈Lolita(Nabokov의 소설을 각색)〉를 생각해보자. 우리가 Humbert(남자 주인공)에 대한 혐오감을 가진다면, 거기에는 아무런 문제도 없을 것이다. 결국 성인 남성들이라면 사춘기 소녀들에게 성적으로 흥분하게 되지 않는 것이 정상이기 때문이다. Nabokov의 기술은 이 등장인물의 내면 안으로 우리를 끌어들여 우리가 그를 그렇게 쉽게 비판하지 못하도록 한다. 행동은 그 행위자의 관점에서 이해된다. 햄릿은 그의 아버지를 그냥 살해한 것이 아니다. 만약 그랬다면 그것은 별로 흥미로운 것이 될 수 없었을 것이다. 우리는 우리가 끔찍한 실수를 어떻게 반복할 수 있게 되는지 보게 된다. 등장인물과의 동일시가 가능할 때 우리는 문학작품과 영화를 더 즐길 수 있다. 단순히 관찰자가 되는 것은 우리가 지불하는 팝콘 값도 아깝게 할 것이다. 하지만 위대한 작품들이라면 아마도 우리가 주인공과 동일시하도록 하고 우리가 생각해보지도 못한 곳으로 우리를 데려갈 수도 있을 것이다.

만약 우리가 동일한 경험을 가지고 있다면 유사하게 반응할 것이다. 그렇지 않고 우리가 다르게 반응한다면 그것은 경험이 달랐기 때문이라고 결론짓는 것이 현명할 것이다. 이것이 우리에게 보여주는 것은 개인적 차이가 나는 것은 각각의 개인들 안에 존재하는 차이라기보다는 각각의 경험이 다름에서 오는 차이라고 보는 것이 옳다는 것이다. 당신과 나는 뜨거운 난로에 손을 대고 있다. 나는 당신보다 더 먼저 난로에서 손을 떼었어야 했다. 당신이 나보다 용감하거나 고통을 잘 견디는 것인가? 아니다. 만약 당신이 내가 느꼈던 것을 똑같이 경험했다면 내가 손을 떼었을 때 당신도 난로에서 손을 떼었을 것이다.

나는 열 마리의 말들이 우리를 향해 달려오는 것을 보고 있다. 나는 그들이 인사를 하러 와서 기쁘다. 우리는 전부 여섯 명인데, 다른 사람들은 모두 자신들을 보호하기 위해 도망친다. 그들은 내가 부인(denial)하고 있다고 말한다. 나는 내 자신을 다른 이들과 비교하며 내게 무슨 문제가 있나 생각한다. 나는 우리에게 달려오고 있는 열 마리의 말들을 보고 있다. 나는 말들이 인사를 하려고 오는 것으로 보고 즐거워하고 있다. 우리는 모두 여섯 명인데, 한 사람을 제외하고는 우리 모두 그 말들이 다가오는 것에 즐거워하고 있다. 우리 중 한 명이 자신을 보호하기 위해 도망친다. 그 사람이 겁쟁이로 간주된다. 이 두 가지 경우에서 모두, 이상한 사람이 그 행동상의 차이에 대해 변명을 한다. 나머지 사람들은 또 다른 관점이 존재한다는 사실을 배우려 하지 않는다.

흥미롭게도 우리의 문화는 우리가 오해하도록 도와주는 규범들을 제공한다. 만약 우리나 또 다른 누군가가 '실수'를 저지르면 뉘우치거나 분개하게 된다. 예를 들어, 우리의 반응은 우리 자신에게 "인내가 미덕이야."라고 말하거나 "일찍 일어나는 새가 벌레를 잡지."라고 스스로에게 말하는 것에 따라 달라진다. 우리는 우리가 어떤 결과에 만족했어야 한다고 생각할지 모르며, 만약 "위험을 무릅쓰지 않고는 얻어지는 것도 없다."고 생각한 것이 아니라 "지금 손 안에 있는 새 한 마리가 수풀 속에 있는 두 마리의 새만큼 가치가 있다."고 생각한다면 욕심을 내지 말았어야 한다고 생각할지 모른다. 우리가 "다른 쪽 뺨도 갖다 대었어야 한다."고 생각하지 않는다면, "눈에는 눈"이라는 말처럼 우리가 겁쟁이처럼 굴지 말았어야 한다. 우리의 가장 일반적인 행동조차도 식별하기가 힘들다. "옷이 사람을 만든다."라는 말은 "책표지로 책을 판단할 수 없다."라는 말과 대조된다. 우리는 항상 우리의 행동을 이해하거나 과제를 하고, 그 문화는 우리가 무엇을 선택하든 그에 대한 증거가 되는 몇 가지를 제공해준다. 여기서 문제가 되는 것은 우리들 중 대부분은 선택을 할 수 있다는 사실을 깨닫지 못한다는 것이다.

종종 우리는 우리의 동기를 인식하지 못하고, 우리가 더 잘 알았어야 한다고 주장하는 어떤 주장들이나 유사한 상투어구들을 상기할 때에 더 비난하는 감정을 느끼는 경향이 있다. 각 개인의 행동이 그 행동을 취하게 한 개인적 관점을 가지고 있는 것처럼, 그 반대적 행동도 이와 마찬가지다.

몇 가지 일상적인 행동들, '나쁘다'고 여겨지는 것들이나 '좋다'고 여겨지는 어떤 행동들 모두는 이렇게 비 평가적 시각을 통해 검증되었을 때 다른 것으로 보인다. 후회, 변명하기, 비난 그리고 용서를 이러한 새로운 관점에서 고찰해보자.

후회

후회는 다음과 같은 두 가지 상황에서 일어난다. 우리가 불행할 때와, 우리가 행동할 때의 관점과 그 행동을 평가할 때의 관점 간의 차이를 모호하게 만들 때이다. 후회는 우리 정서에 대한 예측이다. 즉, 만약 우리가 그때 다른 선택을 했다면 지금 훨씬 기분이 좋을 텐데와 같은 것이다. 만약 우리가 지금 기분이 좋으면 예측할 필요가 없을 것이다. 예측할 필요가 생겨났다면 그것은 우리가 직면했던 그 상황에서 취한 행동의 합리성에 대한 인식이 부족한 것이다.

후회를 경험하는 대부분의 사람들은 아직 취해지지 않은 행동에 관심을 갖는다. 아마도 기분이 나빠지는 최상의 방법은 자신이 무엇인가 이룰 수 있었을 때에 아무것도 해놓지 않았다고 보는 것이다. 이것이 가장 다루기 어려운 이유인데, 왜냐하면 어떤 행동도 취해지지 않은 대안적인 행동으로 정당화될 수 있기 때문이다. "내가 전화를 받지 못한 이유는 다른 방에서 편지를 훑어보고 있었기 때문이야. 그래서 나는 전화를 받을 시간을 놓쳐버렸어." 이와 반대로 우리는 이렇게 말할 수도 있다. "나는 아무것도 안 하고 있었는데, 전화 신호를 놓쳤고 전화를 받으러 갈 시간이 없었어." 그러나 우리가 정말 아무것도 안 하고 있을 때가 있을까?

미래의 후회들이 예방되고 '치료될' 수 있는지 알아보기 위하여, 우리(Langer, Marcatonis, & Golub, 2000)는 다음과 같은 조사들을 실시하였다. 연구 참가자들은 100달러를 벌 수 있고 자기 자신의 돈을 걸어야 할 위험부담이 없는 도박에 관한 연구를 위해 소집되었다. 도박장에서 그들은 대기실 문 위에 달려 있는 불빛에 따라 차례를 기다리도록 요청받았다. 참가자들은 켜진 불빛을 보고 건물 안의 다른 층으로 가서 실험을 진행하기로 되어 있었다. 그다음에 참가자들을 무선적으로 네 가지 조건들 중 한 가지에 배치하였다. 모두가 기회를 놓치도록 조작하였다. 오직 시간을 잘 보내도록 주의한 참가자들만이 후회를 느끼지 않을 것으로 기대되었다.

그룹 1: 참가자들은 단순히 "지금 여러분들은 아무것도 할 필요가 없으니, 여러분들 차례가 올 때까지 그냥 기다리세요."라는 말을 들었다.

그룹 2: 그룹 1과 동일하게 지시받았으나, 다른 점이 있다면 그 방에 있는 비디오에서 남북전쟁에 관한 다큐멘터리가 상영되고 있었다는 것이다.

그룹 3: 이 참가자들은 기다리는 동안 녹화된 'Seinfeld(미국의 유명한 시트콤 드라마)' 에피소드를 보도록 하였다.

그룹 4: 이 참가자들 역시 그들의 차례가 올 때까지 기다리라고 지시받았지만, 기다리는 시간 동안 어떻게 할지 생각하고 느끼도록 제시되었다.

그룹 1과 2가 가장 많이 후회할 것이라고 예상되었다. 이유는 그들은 마음속으로 그들이 아무것도 하지 않았으며 좋은 기회를 놓쳐버렸다고 생각하기 때문일 것이다. 생각을 주의 깊게 한 그룹 4가 가장 후회가 적을 것으로 예상하였지만, 인기 있는 TV 프로그램을 본 그룹 3이 그 시간을 즐겨서인지 처음 두 그룹만큼 놓쳐버린 기회를 크게 후회하지 않았다.

20분 동안 기다린 후에 실험자가 돌아와서 참가자들에게 그들이 차례를 놓쳤으며, 차례가 되어 나타난 두 사람이 200달러를 벌었고 그 외의 모든 사람들은 적어도 50달러를 벌었다고 알려주었다. 이 실험자는 문위의 불빛 신호를 점검해 참가자들에게 그것이 제대로 작동했음을 보여주었다.

마음을 집중하게 한 조건(Mindful condition: 기다리는 동안 '자신이 생각하고 느끼는 것들을 인식하도록' 지시를 받은 사람들)에 있던 사람들은 첫째, 주체로서 보다 더 긍정적인 경험을 하였고, 둘째, 주체가 되는 경험이 유익함을 발견하였으며, 셋째, CW(남북전쟁 다큐멘터리를 보도록 한 조건)에 속한 사람들이나 '아무것도 하지 않음'의 조건(Nothing)에 속한 사람들보다 기다리는 동안 시간을 소비한 방식에 대해 후회의 감정을 덜 표현했다. 또한 마음을 집중하게 한 조건에 놓인 사람들은 CW이나 Nothing 조건에서보다 앞으로의 연구에 참여할 의사를 더 보이는 것으로 나타났다.

우리가 현재 살고 있는 세계를 생각해볼 때, 항상 행복하거나 마음집중 상태를 유지한다는 것은 비합리적으로 여겨질 것이다. 만약에 우리가 항상 그런 상태를 유지한다면, 이 실험이 제시하듯 후회를 결코 경험하지 않아도 될지 모른다. 이 연구가 제시하는 것은 만약 후회되는 행동을 하지 않을 수 없었다고 생각한다면 몰입행동을 통해 부정적 느낌을 제거할 수 있다는 것이다. 후회되는 행동이나 무행동(inaction)이 왜 일어났는지를 다시 생각해보는 것은 그 재발을 예방하는 데 분명한 도움이 될 것이다. 그러나 가장 최선의 대안이라고 생각되는 것은, 그들의 행동이 당시에는 주어진 상황에서 그들에게 의미가 있었다는 가정에서 출발하는 것이다. 왜냐하면 그렇지 않은 경우엔 다르게 행동했을 테니까. 이 연구가 우리에게 말해주는 것은, 우리가 어떤 일들을 왜 하고 있는지를 자각하고 있을 때에는 자기비난의 여지가 별로 없다는 것이다.

사실을 역으로 생각하는 것(counterfactual)은 일어난 사실들과는 대조적으로 작동하는 대안들을 찾아내게 한다(Roese, 1997). 일반적으로 사람들은 다른 방식으로 행동했다면 더 나은 결과가 나왔을 것이라 생각한다. 사회적 비교에 관한 문헌에서 볼 수 있듯이, 상향 비교는 일어날 수 있었던 어떤 긍정적 대안을 인식함으로써 처음에는 기분이 나쁘게 되지만, 그것들은 장기간에 걸쳐 유용한 정보를 제공하고 미래에 다른 행동을 하게 할 동기를 부여한다. "내가 그녀의 조언을 듣기만 했더라면, 이렇게 모두 엉망진창으로 일이 망쳐지는 것을 피할 수 있었을 텐데." 하향 비교는 우리가 그와 반대로 행동하지 않아서 어떤 부정적 결과를 피할 수 있었다는 안도의 한숨을 짓게 하고, 일어날 수 있었던 일과의 대조를 통해서 긍정적 감정들을 가지게 한다. "다행히도 나는 전화해야 된다는 것을 기억해냈어. 그렇지 않았으면 나도 해고당했을 텐데 말이야."

만약 다른 무엇을 했더라면 하고 상상하는 것은 안도의 경험을 주고, 나중에 사용할 수 있는 새로운 정보를 주기도 한다. 그럼에도 필자는 이러한 종류의 사고에 숨겨진 부정적 측면이 있다고 주장한다. 만일 우리가 주의를 기울이지 않고 진행하고, 부정적 결과들을 경험하거나, 우리가 어떻게 다르게 행동할 수 있었는지에 대해 생각한다면 우리에게 아무런 선택이 없었다고 믿는 것보다 훨씬 나을 것이다. 하지만 사람들이 '할 수 있었을 텐데'에서 '했어야만 했는데'로 바꾸고, 또 그렇게 되면, 어떻게 해서 우리가 그렇게 어리석거나 무능력하게 처음부터 그렇게 하지 않았나 하는 문제가 제기된다.

사실을 역으로 생각하는 것은 행동이 발생한 후에 일어난다. 마음집중적 사고는 그 행동이 시작되기 전에 일어난다. 이러한 식으로 사람들은 왜 그러한 행동을 하기로 결정했는지 또 왜 그와는 반대되는 방식으로 행동하지 않았는지에 대해 알게 되는 것이다. 대안을 생각하는 것은 미래에 유용한 정보를 얻게 하지만 자기비난이 따른다.

더욱이 우리가 우리 자신에게 "했어야만 했는데(should have)."라고 말할 때마다, 확실성에 대한 환상과 결과에 대해 오로지 한 가지 평가만을 하도록 강화하게 된다. 예를 들어, "만일 내가 목요일에 떠났었더라면, 모든 일들이 잘 풀렸을 텐데."라고 생각하는 것이다. 많은 불행이 목요일에 일어날 수도 있으며, 그래서 수요일에 가는 것이 합리적이 될 수도 있다. 우리는 당시에 알 수 있었던 것보다 지금 일어날 수 있었던 모든 결과들에 대해 더 잘 알 수는 없다. 여기서의 차이점은 우리가 그 당시 그것에 대해서 생각해보았다면, 우리가 모든 것을 다 예상할 수 없었다는 사실을 알게 될 것이다. 우리가 고려했던 결과들은 그 결정이 내려지기 전, 그 당시에는 우리에게 다르게 보일 수 있었을 것이다. 이제, 결정이 내려진 후에, 우리는 이러한 결과들의 평가를 동결시킴으로써 후회를 경험하게 된다. 이전: "그 사람이 당신에 대해 화를 내고 있었기 때문에 그에게 당신의 약속에 대해 말했는데, 나는 그것이 당신을 화나게 했다고 생각한다." 이후: "미안하다. 그에게 당신과의 약속을 이야기해서 당신의 사생활을 침해하게 된 것 같다." 만일 우리가 행동의 다른 대안과 가능한 결과의 대안적 시각들에 대해 마음을 집중한다면 그 상황에 내재되어 있는 불확실성을 더 잘 보게 될 것이다. 만일 우리가 주의를 기울이지 않고 진행하면, 우리는 종종 현재의 견해를 유일한 합리적인 견해로 볼 것이다. 우리의 자존감은 고통을 당한다. 왜냐하면 우리가 알았어야만 했다고 느끼기 때문이다.

사실을 역으로 생각하는 것은 긍정적 결과보다는 부정적 결과를 경험한 후에 더 잘 일어나기 쉽다(예: Klauer & Milgulla, 1996; Sanna & Turley, 1996). 분노, 우울, 권태 또는 불행감은 과거에 다르게 행동했어야 했다는 생각들을 유발하게 한다. 만약 우리가 마음을 집중해서 행동한다면, 우리의 관점은 과거보기(backward-looking)가 아니라 미래보기(forward-looking)가 될 것이다.

또한 사실을 역으로 생각하는 것이나 후회는 그 사람이 추구하는 목표에 가까이 접근할수록 더 잘 일어나기 쉽다. 이러한 경향은 너무나 강해서 대개는 우연 결정적(chance-determined)이라고 여겨지는 상황들에서조차 이러한 행동을 하게 된다. 예를 들어, 우리가 숫자 하나 차이로 당첨을 놓치게 된 복권을 선택하면 많은 숫자들이 차이 나서 당첨을 놓칠 때보다 후회는 더욱 커지게 된다. 그 이유는 우리가 목표에 근접하면 할수록 어떻게 다르게 행동할 수 있었는지를 보기가 더 쉽기 때문이다. 대부분의 사람들은 기차를 5분 차이로 놓치는 것이 반 시간 차이로 놓치는 것보다 더 아깝다고 생각한다. 그 상황이 더 변하기 쉬운 것이었을수록 우리는 더 큰 후회를 느끼는 것이다. 하지만 그동안 계속, 우리는 우리의 행동이 의미가 있으며, 우리가 왜 관여하고 있는지를 그리고 거리상 어떤 다른 목표에 더 먼지 가까운지를 경시하고 있다.

'적절한' 행동이 규범적인 것으로 여겨질수록 우리의 행동에 대해 더 후회하게 된다(Kahneman & Miller, 1986). 하지만 여기서도 이러한 분석은 사실 후에 이루어진 것이다. 많은 규범들이 전에 어떤 상황에서도 행동하도록 만들어진 것이라는 걸 깨닫는 것은 중요한 일이다. 예를 들어, '모든 사람'이 파티에 갔다는 사실을 알고 난 다음이 파티에 가는 것이 일반적인 일이 아니라고 했을 때보다 더 후회를 느끼게 할 것이다. 결과 이전에 우리는 여러 다른 파티들에 가는 것을 생각해보고는 참석하는 데 대한 어떤 규준도 없다고 결론지을지 모른다. 사람들이 파티에 갈 확률은 가지 않을 확률과 비슷하다. 사실 이전에는, 우리의 의사결정에 있어 고려해볼 많은 합리적인 정보의 원천들이 있고 그에 따른 많은 결과의 가능성들이 있다. 사실 이후에는, 의미 있는 경로들이 더 적은데 그 이유는 결과들이 지금은 드러나 있기 때문이다. 후회는 현재 상황에 대한 우리의 과거 경험의 유용성을 부인한다.

변명

10명의 사람들에게 변명이 좋은 것인지 나쁜 것인지를 물어보라. 그리고 그들에게 왜 그렇게 생각하는지 물어보라. 사실상 모든 이들이 변명은 나쁜 것이며, 대부분의 사람들은 변명을 하는 사람이 자신의 행동에 대해 책임지지 않으려 한다는 견해를 보여줄 것이다. 우리의 행동에 책임을 지는 것은 무엇을 의미하는가? 어떤 행동에 대해 우리는 책임을 져야 할까?

다시 한 번, 행동은 항상 행위자의 관점에서는 의미를 가진다는 것을 생각해보자. 그렇지 않다면 그 행위자는 다르게 행동했을 것이다. 사람들은 아침에 일어나서 "오늘 나는 서투르고 분별없이 다른 이들에게 상처를 주는 사람이 될 것이야."라고 말하지 않는다. 우리가 그러한 사람들로 경험하게 될 때 그들은 도대체 어떤 의도를 가지고 있었을까? 우리가 만약 우리의 의도들에 대해 마음을 집중하지 않으면, 다른 사람들이 우리 행동을 돌아보며 내리는 판단에 더 상처를 받기 쉬울 것이다. 동일한 행동도 관점에 따라서는 다르게 보인다. 우리 행동에 대한 부정적 시각이 변명을 필요로 하게 만든다.

변명과 이유 사이의 차이가 무엇일까? 만약 내가 우리 모두에게 이해될 수 있게 설명을 한다면, 그 설명은 내 행동에 대한 한 이유로 받아들여진다. 그것이 수용되지 않으면 이유는 변명이 되고 만다. 이유가 수용되지 않을 때 행위자의 관점은 부인된다. 변명하기(excuse-making)의 귀인은 그 변명을 한 사람이 적어도 그 순간에는 우월감을 느끼게 한다. 이에 대한 대가는 진실한 상호작용과 이해의 손실이다.

만일 우리 행동이 시간이 지나야만 의미가 이해되고 우리가 우리의 의도에 대해 마음을 집중하지 않는다면, 우리는 비난자에게 받아들일 수 없는 이유를 내놓을 것이고 그것은 변명으로 받아들여질 것이다. 만약 우리가 자신을 존중하여 우리가 한 행동이 틀림없이 의미가 있었다는—우리가 왜 했는지조차 기억을 못한다고 할지라도—것을 안다면, 우리는 그 비난을 거부할 것이다. 이에 대한 대안은 그 행동이 그 사람의 잘못으로, 그 사람이 나쁘기 때문에 그런 행동에 개입한 것이라고 하는 것이다. 그 사람이 나쁜 것이 아니라면 왜 그가 그런 행동을 했을까? 사람들이 관점에 상관없이 절대적인 옳고 그름으로 나누어진 세계에서 살아갈 때에는, 그들 자신과는 다른 것이라 여겨지는 어떤 설명도 하나의 변명으로 받아들여지고 만다.

우리의 문화는 이유와 변명을 혼동해왔고, 그 결과로 비난자가 듣지 않겠다는 준비된 이유를 가지게 한다. 당신이 내가 변명을 하고 있다고 생각하는 것은 무슨 의미인가? 내가 한 일에 대해 나는 그럴 이유가 없다는 것을 의미하는가? 나는 그러한 상황에서 이렇게 이야기하는 자신을 발견한다. "나는 내가 당신에게 관심 갖고 있다는 것을 알아. 당신은 내게 나는 그렇지 않다고 설득하려는 거야?" "나는 내가 좋은 사람이라는 것을 알고 있어. 당신은 내가 그렇지 않다고 생각하게 만들려는 거야?"

변명이라는 단어는 설명을 하는 사람에게 비난이라는 뜻을 전달한다. 그것은 화자의 동기와 의도에 대한 불신을 암시한다. 우리의 문화가 변명에 대해 너무나도 잘 포용하기 때문에 이유와 변명 사이의 차이점은 쉽게 눈에 띄지 않는다. 그 둘의 차이를 모호하게 함으로써, 자기도 의식하지 않는 사이에 우리 행동들이 아무런 이유가 없는 것처럼 무의식적으로 행동하게 되고, 누군가가 그로 인해 나쁘게 보이도록 하게 하는 이유만이 이유라고 하게 된다. 그 결과로 다른 사람들이 우리의 의도에 대한 최종 단어를 듣게 되면서 자존심은 상처를 받게 된다. 내가 그 행동을 취하기 전에 내 행동들에 대해 주의를 기울인다면, 나는 그 행동이 완료된 후에야 내가 왜 그러한 행동을 했는지 알게 될 것이다. 주의를 기울이지 않음으로써 내가 치르는 대가는 내 행동에 대한 상대의 이해를 지금 받아들일 수밖에 없다는 것이다. 이유일 수 있는 것이 변명이 된 것이다.

만약 행위자의 관점에서 행동이 이해된다면, 우리는 행위자로서 다른 이들의 변명하기의 귀인에 대해 덜 취약하게 된다. 게다가 '변명'이라는 개념은 결과가 본질적으로 부정적이라는 시각을 강화한다.

비난과 용서

"실수하는 것은 인간적이고 용서하는 것은 신성한 것이다." 과연 그럴까? 이번에는 10명의 사람들에게 용서가 좋은 것인지 나쁜 것인지 물었다. 모든 사람들이 아마도 좋은 것이라고 이야기할 것이다. 용서는 우리가 갈망해야 할 어떤 것이다. 우리가 잘못을 계속 저지를수록 용서할 수 있는 능력은 더 신성한 것으로 생각된다. 이제 10명의 사람들에게 비난이 좋은 것인지 나쁜 것인지 물어보았다. 아마 모두가 비난은 나쁜 것이라 말할 것이다. 하지만 용서하기 위해서 우리는 비난해야 할 수밖에 없다. 만약 우리가 애초에 비난하지 않는다면 용서해줄 것도 없다.

그러나 비난과 용서 전에 우리가 심사숙고해야 할 하나의 단계가 있다. 우리는 비난하기 전에 그 결과를 부정적인 것으로 경험해야 한다. 만약 당신의 행동이 내게 어떤 긍정적인 면을 주었다면 비난하는 것은 무의미한 것이 될 것이다. 세상에서 부정성을 더 많이 보는 사람들이 비난을 더 많이 한다.

같은 행동이 많은 다른 의미를 갖는다. 만약 우리가 하나의 상황을 다르게 보거나 동일한 것을 다르게 바라볼 수 있다는 사실을 인정하지 않는다면, 우리는 평가적인 사고방식에 갇혀 지내게 될지도 모른다. 그리고 우리가 이러한 사고방식 안에 머무르면 긍정적으로 경험할 수 있었던 것도 부정적으로 경험하게 될 것이다. 만약 우리가 부정적 결과들을 경험하면, 비난할 누군가를 찾으려는 유혹을 받게 될 것이다. 우리가 비난을 한다면, 적어도 우리는 용서를 시도할 수도 있다. 용서를 하는 것이 용서할 수 없는 것보다 훨씬 '좋은' 것이다. 그러나 행위자에게는 그 행동이 의미 있는 것이었다는 것을 이해하는 것이 용서에 대한 필요를 미연에 방지하는 것이다.

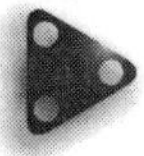

구별은 평가가 아니다

우리는 평가적이 되지 않고도 구별(혹은 식별)할 수 있다. 새로운 것을 알아차리는 것이 마음집중의 핵심이다. 물어볼 필요도 없이 단일사고적 평가로 사물을 인식하는 것은 주의 깊은 행위가 아니다. 우리 문화는 분별없는 평가의 실례들로 가득 차 있다. 슬프게도, 보다 마음을 집중하는 입장에서 본 (평가의) 예를 떠올리기가 어렵다. 우리는 평가적인 요소를 우리 신념의 핵심으로 갖고 있다. 어떤 것이 좋은지 나쁜지 알지 못하면서 궁극적으로 어떻게 (특정한) 생각, 사람, 장소, 사물 등에 접근할지 회피할지를 정할 수 있단 말인가? 마음을 집중한 구별보다 평가를 중요한 것으로 여기는 것은 부적절한 감정의 경험에 우리 자신을 노출시키는 것이다. 생각 없이 평가적 요소를 우리의 신념에 덧붙이면서, 우리는 우리 사고방식의 희생양이 되어버린다. 우리는 일들이 잘 풀려가지 않을 때에만 이런 반응을 경험한다. 이 시기야말로 우리가 변화해야 할 때이며 적어도 우리가 그렇게 할 수 있게 갖추어진 때이다.

우리가 우리의 평가에 책임을 진다는 인식을 함으로써, 우리는 평가를 보다 더 조건화된 방식으로 사용하게 될 것이다. 그렇게 함으로써 절대적 평가가 이끄는 대로 상황에 대응(reactive)하기보다 상황에 반응(responsive)할 수 있게 된다.

무소식이 희소식이다. 만약 우리가 평가하기를 포기한다면, 우리는 칭찬받는 것을 포기해야겠지만 모욕에 더 이상 취약하지 않게 된다.

만약 누군가 우리를 칭찬할 때 우리의 반응은 어떠한가? 만약 우리가 매우 기뻐하면, 그것은 우리의 숙련도에 대한 불확실성의 정도를 나타내는 것이 된다. 또한 우리가 성공하지 못했을 때 경험하는 취약성의 정도를 나타낸다. 당신이 존경하는 누군가가 당신이 세 글자의 단어들의 철자를 쓰는 데 아주 잘했다고 말했다고 가정해보자. 당신이 10살 이상이라면 이러한 칭찬에 감동받지 않을 것이다. 당신은 자신이 그것을 할 수 있다는 것을 잘 알고 있기에, 그러한 피드백이 당신에게 본질적으로 중요하지 않다. 동일하게 당신이 존경하는 사람이 당신에게 모음을 발음하는 방식이 아주 뛰어나다고 말했다고 가정해보자. 이번에도 역시 당신은 이 칭찬에 별로 감동받지 않을 것인데, 그 이유는 이 문제가 당신에게 별로 의미 있는 것이 아니기 때문이다. 이 두 가지 경우처럼 당신이 자신을 평가하고 있지 않았을 때 그 칭찬은 중요하지 않다. 그렇다면 부정적인 평가들로부터 우리 자신을 보호할 수 있는 방법이 여기에 있다. 만일 우리가 칭찬을 받아들이지 않는다면 모욕에 대해서도 취약하지 않을 것이다.

행동주의 문헌이 우리에게 말해 주는 것은 정적 강화와 부적 강화가 있다는 것이다. 그리고 긍정적이거나 부정적인 처벌도 존재한다. 정적 강화란 긍정적 자극의 제시인데—예를 들면, 칭찬과 같은 것이다. 부적 강화란 혐오적인 자극의 제거(cessation)로—예를 들어, 누가 항상 당신을 모욕하는데, 당신이 어떤 행동을 취하여 더 이상 모욕을 하지 못하게 한다면 그 행동이 부적으로 강화된 것이다. 강화는 수반된 반응을 증가시킨다. 그것이 정적이든 부적이든, 강화는 좋은 것으로 느껴진다. 역으로, 처벌은 행동을 멈추기 위한 것이다. 정적 처벌은 혐오적인 자극의 제시다—예를 들어, 모욕하는 것이다. 흥미롭지만 잘 알려지지 않은 것은 부적 처벌이다. 긍정적 자극의 제거—칭찬을 하지 않는(time out) 것이다. 칭찬이 기분을 좋게 만들기 때문에, 우리는 그 너머를 보지 않으려고 한다. 칭찬이 우리를 통제하도록 도울 수도 있기 때문에 다른 사람들을 위해 우리가 치르는 대가를 보려고 하지 않는다. 칭찬은 모욕처럼 일반적으로 우리가 누구인가보다는 무엇을 하는가에 관심이 있다. 이처럼 이들은 우리를 평가의 틀에 가둔다. 평가는 자신을 경험에서 유리시킨다. 자기(self)가 행위자가 아니라 대상이 된다. 역설적으로, 경험이 적을수록 평가할 자기도 더 없게 된다.

> 만일 우리가 평가를 포기하면, 우리는 하향적(downward) 사회 비교를 포기하는 것이다.
>
> 만일 당신이 중요하다고 생각하지 않으면, 당신은 그것을 결코 상실할 수 없다.
>
> (도자, 인생의 도)

사람들이 가장 흔히 하게 되는 평가는 자신을 다른 사람들과 비교하는 것이다. 우리가 어떻게 과제를 더 잘할 수 있는지에 대한 정보를 원한다면, 자신보다 조금이라도 더 일을 잘하는 사람들과 비교한다. 우리 자신의 이미지를 보강하고 싶을 때는 우리보다 좀 더 능력이 낮은 사람들과 자신을 비교하는데, 이는 하향적 사회 비교를 하는 것이다.

'자기(self)'를 다루는 심리학의 많은 연구들은 어떤 하나의 평가가 일어나고, 그 평가에 어떤 정보가 어떻게 사용되는지 검증하는 것이다. 평가가 발생할 때, 이 연구자들이 제안한 방식으로 일어난다. 관련 문헌들은 평가하지 않는 또 다른 방식이 있을 수 있는지에 대해서는 의문을 제기하지 않는다.

Leon Festinger(1954)는 사람들은 자신의 의견과 능력을 평가하려는 강한 동기를 가지고 있다고 했다. 이러한 비교를 위한 객관적 수단이 있지 않으면 사람들은 타인과 비교를 하게 된다. 사람들은 이러한 비교를 위해 자신과 유사한 사람들을 선택한다. 자신에 대해 좋게 느끼기 위해서 사람들은 자주 하향적 사회 비교를 하게 된다. 능력에 대해서 우리는 상향적 사회 비교를 하게 된다. 나는 나의 테니스 실력을 테니스를 잘 치지 못한다고 알고 있는 그 누군가와 비교하기보다는 좀 더 잘 치는 사람들과 비교하려는 경향이 있다. Festinger가 간파했듯이, 물론 이러한 상향적 비교에서 내 자신을 나보다 훨씬 더 나은 사람들과 비교하려고 하는 것이 아니다. Festinger에 의하면, 그 격차를 줄여서 내가 할 수 있는 한 다른 이들과 비슷하게 되려고 노력하는 것이다. 또한 의견의 불일치를 감소시키려는 경향이 있다. 능력과 의견에 대한 이러한 경향성은 모두 하나의 단일한 의견(옳거나 그른)이 있고 우리가 다른 모든 사람처럼 되고자 하는 것이 우리의 최대 관심사가 된다는 생각을 은연중에 강화한다.

우리가 완전히 비(非) 평가적이 될 수 있다는 증거가 있는가? 내가 아는 한은 없다. 하지만 우리 연구는 이것이 우리가 나아가려고 하는 방향이라고 제시하고 있다. Johnny Welch, Judith White 및 필자(Langer, White, & Welch, 2000)는 죄책감, 후회, 스트레스 그리고 비난하려는 경향, 비밀유지, 거짓말과 같은 부정적인 감정을 평가하는 효과에 관한 연구를 실시했다. 우선 우리는 사람들이 자신을 타인보다 더 낫다고 생각하는지, 더 못하다고 생각하는지를 떠나서 얼마나 자주 자신을 타인과 비교하는지에 대해 단순히 물어보는 질문지를 나눠주었다. 그 다음에 얼마나 자주 방금 언급된(죄책감 등) 것과 같은 느낌이나 행동을 경험했는지 표시해달라고 했다. 우리는 참가자들을 두 그룹으로 나누었는데, 자신을 자주 타인과 비교한다고 대답한 그룹과 이러한 비교를 덜 하는 그룹으로 나누었다. 그런 다음 우리는 이 두 그룹이 얼마나 자주 앞서 열거된 정서와 행동들을 경험하는지 관찰했다. 결과는 명확했다. 보다 덜 평가적인 사람들이 죄책감과 후회 등의 감정을 덜 경험하였다. 또한 "일반적으로 당신은 자신을 얼마나 좋아합니까?"라는 질문에 대해서 보다 덜 평가적인 그룹이 자신을 더 좋아하는 것으로 나타났다.

연구의 다음 단계는 우리가 사람들이 평가를 내리는 데 격려하거나 좌절시키는 실험이었는데, 질문지 연구에서처럼 보다 더 평가적인 사람들이 더 고통을 겪는다는 것을 알아내었다(Yariv & Langer, 2000).

우리는 평가적일 수 있는데, 왜냐하면 긍정적인 평가가 단기적으로는 기분을 좋게 해주기 때문이다. 하지만 우리가 우리 자신에 대해 좋게 느끼기 위한 이유로 긍정적인 평가를 받아들이는 데 동의하자마자, 우리는 지각된 실패라고 하는, 우리에게 손상을 주는 결과로 가는 문을 여는 셈이다. 확실히 우울증, 자살 그리고 단지 기분이 나쁜 것은 전부 또는 부분적으로 모두 평가적인 입장에서 나온다.

만일 누군가가 노력하지만 성공하지 못한다면 실패자로 느끼게 될 것이다. 바꿔 생각하면, 선택한 방법이 효과적인 것이 아니었다고 결론지을 수도 있다(Dweck & Leggett, 1988; Langer, 1989; Langer & Dweck, 1973).

James Joyce(영국 시인, 소설가)의 유명한 저서 *The Dubliners*는 22개

의 출판사들에게서 거부되었다. Gertrude Stein(미국 문학가)의 시는 편집자에게 인정받게 될 때까지 20여 년이나 걸렸다. Fred Astaire(미국 무용가)와 Beatles(영국의 전설적 팝그룹)도 역시 처음에는 거절당했다. 이러한 경우를 열거하자면 끝이 없다(Bandura, 1977).

우리는 경험의 유발성(valence)에 큰 통제력을 갖고 있다. 연구 참가자들은 그들이 싫어하는 활동(랩이나 고전 음악을 듣는 것이나 축구 경기를 관람하는 것)에 개입되어 있는 동안 0, 3 또는 6개의 새로운 특징들(distinctions)을 이끌어냈다. 우리는 더 많은 특징을 발견할수록 그 활동을 더 좋아하게 되었다는 사실을 발견했다(Langer, 1997). 평가들이 변화 가능(malleable)하다는 사실은 '단순 노출 효과'에 관한 고전적 연구에서도 찾아볼 수 있다. 당신이 어떤 것을 더 자주 볼수록 그것을 좋아하게 된다는 것이다. 우리는 만일 반복적으로 참가자들이 새로운 특징들을 이끌어냈다면, 즉 그들이 마음집중 상태였다면 근본적으로 이러한 효과를 얻을 수 있다고 가정했다. 이 연구에서, 노출은 유지되었으나 참가자들은 거의 특징들을 이끌어내지 못했다. 단순 노출 효과는 마음을 집중해서 이루어진 특징들에 의존하고 있지 전적으로 노출에만 의존하지 않는다(Fox, Langer, & Kulessa, 2000). 그렇지만 어떤 경우에서나 우리는 경험의 유발성에 대한 통제력을 가진다.

우리가 자녀들을 관찰하면서 지속적으로 새로운 특징을 발견하려고 하는 때를 생각해보라. 자녀에 대한 우리의 애정은 커진다. 우리가 배우자나 동료들을 관찰할 때는 안정성을 추구한다. 슬프게도 배우자나 동료들에 대한 우리의 애정은 너무 자주 감소된다. 그러므로 긍정적 정서는 우리가 다른 사람에게 마음을 집중하여 관여하려는 우리의 의지에 달려 있는 것 같다.

무위(無爲)의 신화

분석 마비(analysis paralysis)에 관한 질문으로 돌아가보자. 평가를 포기하는 것이 무위(inaction)를 가져올까? 결국, 당신의 행동이 성공할 것이라든가 바라던 결과를 얻게 될 것이라든가 하는 것을 믿지 못한다면, 도대체 왜 행동을 하는 것일까? 이에 대한 짧은 대답은 "왜 안 되는가(why not)?"이다.

중년의 위기 경험에 대해 생각해보자. 인생의 어떤 시점에 이르면, 많은 사람들은 그 어떤 것도 내재적인 의미를 갖고 있지 않음을 깨닫게 된다. 이에 대해 세 가지의 가능한 반응들이 있다. 이러한 생각으로부터 성공적으로 빠져나오지 못한 사람들은 무의미함에 대해 우울해하고 냉소적이 된다. 어떤 이들은 그러한 생각이 배경에 잠복하고 있음에도 이러한 생각을 한 번도 가져보지 않은 것처럼 무시한다. 그리고 다른 사람들은 모든 것이 동등하게 무의미할 수도 있으며 또 의미를 가질 수도 있다고 받아들인다. 이 마지막 그룹이 가장 자기구성적인 의미 있는 현재에 머물 수 있을 것 같다.

이와 유사하게, 자신의 행동이 유일하게 바람직한 결과를 가져올 것이라는 그릇된 믿음을 가지고 행동하는 사람도 반복적으로 놀람과 실망으로 고통당할 수 있다. 대신에, 동일한 사람의 경우에도 특정한 행동이 동일한 결과를 가져오지 않을 수도 있으며, 그 결과가 어쨌든 바람직한 것이 되지 않을 수 있다는 사실을 보게 되어 어떤 행동도 취하지 않기로 결정할 수도 있다. 그러나 제3의 옵션은 그것 자체를 제시해준다. 그 사람은 행동을 취하는 것에서 자유로울 수 있는데, 이는 그가 두려워하는 부정적 결과가 그가 원하는 긍정적 결과들만큼이나 예측이 불가능하고, 만약 그런 결과들이 나타난다고 하더라도 그것은 다른 면도 가지고 있기 때문이다. 무엇인가를 하는 것이 아무것도 하지 않는 것보다는 더 만족을 주는 것이다. 행동은 우리가 우리 자신을 경험하는 방법이다. 그렇기 때문에 우리는 어떤 성과를 내기 위해서가 아니라 우리 자신을 성취(bring about)하기 위해서 행동한다. 사실, 사람들에게 결과가 긍정적이라는 것을 확신했을 때 행동하기를 주저할지 물어본다면 압도적으로 아니라고 대답할 것이다. 무위(inaction)에 대한 두려움은 그 안에 '잘못된' 결정이 많은 대가를 지불하게 될 것이라는 평가적 믿음이 숨겨져 있다. 우리가 실시한 최근 연구(Langer, Lee, & Yariv, 2000)는 사실상 부정적인 것을 긍정적인 것으로, 아니면 그 반대로 재구성하도록 배운 사람들이 더 빨리 결정을 내리는 것을 보여주고 있다. 평가적인 경향을 포기하는 것이 무행위로 이르게 하지는 않는 것 같다.

그렇다고 해서 '무위'가 반드시 나쁘다는 것은 아니다. 일반적으로 우리는 무위를 어떤 특정 행위의 부재로 여긴다. 즉, 우리는 전화를 걸지 않거나 물건을 사지 않거나 행사에 참여하지 않는다. 우리가 자신을 비활동적으로 보기보다는 오히려 또 다른 과정을 적극적으로 추구하는 것으로 볼 수 있다. 만약 우리가 이 점을 깨닫는다면, 우리는 평가적 안정성이 주는 환상을 버리는 것이 두렵지 않을 것이다.

행동을 이해하기 위한 시도들에서, 심리학자들은 의식하지 못하는 사이에 우리가 직접적으로 변화시키려고 하는 불행에 집중해왔다. 연구자로서 우리는 관찰자의 관점을 취해왔고, 어떻게 동일한 행동이 우리 자신의 관점뿐 아니라 행위자의 관점에서 다른 의미로 이해되는지에 대해 무시하였다.

마음집중 대(對) 긍정 평가

수년 전에 우리는 사람들이 긍정적이 되도록 가르치는 실험 연구를 하였다(Langer, Janis, & Wolfer, 1975). 상황에 대한 긍정적인 시각을 갖는 것이 수술 전 스트레스에 어떤 효과가 있는지 관찰하였다. 실험집단 환자들은 비교집단보다 덜 스트레스를 받았고, 더 적은 양의 진통제와 진정제를 취했으며, 더 일찍 퇴원할 수 있었다. 확실히, 한결같은 긍정적인 시각이 분별없는 부정적인 시각보다 건강과 복지에 더 이로운 경향이 있다. 그러나 사람들이 사물을 긍정적으로 바라보도록 가르치는 것에는 그 것만의 특유한 문제가 있다. 우선, 우리가 보통 언어를 사용하는 방식에서, 만약 어떤 것이 긍정적이라면 다른 것들은 내재적으로 부정적으로 보일 수 있다. 둘째, 평가가 결과의 본질적인 부분으로 여겨지기 때문에 평가를 부정적인 것에서 긍정적인 것으로 바꾸는 것은 모든 결과들이 긍정적인 방식으로 볼 수 있다는 것보다는 그 사람이 본래 잘못 보았다는 것을 의미할 수도 있다. 그러므로 긍정성 훈련은 새로운 상황에 일반화되지 않을 가능성이 더 높다. 셋째, 긍정적으로 되는 것이 다른 사람들의 긍정적 진술들(즉, 칭찬들)을 받아들이는 것이지만, 그렇게 하는 것은 부정적 처벌을 자처하는 것이다. 넷째, 만약 긍정적이 되는 것이 우리가 남들만큼 나쁘지 않다는 것(즉, 하향적 사회 비교)에 대해 감사하는 것을 의미한다면, 그러한 감사는 아주 큰 비용을 치르고서야 가능하게 된다. 다섯째는 가장 중요한 것인데, 만약 우리가 사람들이 긍정적이 되도록 가르친다면 우리는 의도하지는 않더라도 그들이 사건들과 생각들 그리고 사람들에게 내린 평가를 유지하도록 가르치게 되고, 그럼으로써 우리는 부주의함(mindlessness)을 권장하게 되는 것이다.

우리가 마음을 집중하고 있을 때에, 우리는 우리를 무능력하다고 느끼게 하는 문제들에 대한 해결책을 찾을 수 있다. 즉, 보다 덜 비판적이 됨으로써, 다른 사람들과 우리 자신을 소중히 여기게 될 것이다. 마음을 집중한 상태가 우리를 낙관적으로 되게 하고, 긍정적이 되는 것을 배울 필요가 없게 한다.

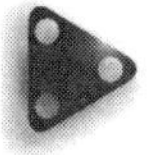 결 론

긍정적 평가가 부정적 평가들보다 심리적 안녕감(well-being)에 더 관련되는 것으로 보이는 반면, 긍정적 평가는 부정적 평가를 우리와 독립된 것으로 보이게 한다. 희망과 용서, 과거의 행동에 대한 후회, 미래의 목표를 위한 만족의 지연과 같은 '긍정적' 경험들은 누구든 대면해야 할 잠재적 부정성이 여전히 존재한다는 것을 보여준다. 그렇다면 긍정적 평가들은 암시적으로 우리의 통제력을 빼앗아 갈 수도 있다. 유사하게, 하향적 사회 비교는 단기적으로 부정적 영향을 경감시키는 데 기여할 수 있으나, 미래의 상향적 비교를 하게 만들 것이다. 대조적으로, 마음집중(mindfulness)은 우리를 현재에 있게 하고 몰입하게 만든다. 마음을 집중하는 사람은 각 결과가 잠재적으로 긍정적인 동시에 부정적인 것이라는(각 결과의 각 양상이 그러하듯이) 사실과 그 선택들이 우리의 정서적 경험에 관련된다는 것을 인식하고 있다. 그러므로 마음을 집중하는 사람은 긍정적인 선택을 더 하기 쉽고, 또 긍정성과 심리적 안녕감에 대한 지각된 통제가 가져오는 이익을 모두 경험하게 될 것이다.

Bandura, A. (1997). *Self-efficacy: The exercise of control.* New York: Freeman.

Bargh, J., & Chartrand, T. (1999). The unbearable automaticity of being. *American Psychologist, 54*, 462-479.

Bodner, T., Waterfield, R., & Langer, E. (2000). *Mindfulness in finance.* Manuscript in preparation, Harvard University, Cambridge, MA.

Chanowitz, B., & Langer, E. (1981). Premature cognitive commitment. *Journal of personality and Social Psychology, 41,* 1051-1063.

Csikszentmihalyi, M. (1990). *Flow: The psychology of optimal experience.* New York: Harper and Row.

Dweck, C., & Leggett, E. (1988). A social cognitive approach to motivation and personality. *Psychology Review, 95*, 256-273.

Fairle, H. (October, 1978). My favorite sociologist. *The New Republic, 7,* 43.

Feldman, D. B., & Snyder, C. R. (2000). *Hope, goals, and meaning in life: Shedding new light on an old problem.* Unpublished manuscript, University of Kansas, Lawrence.

Festinger, L. (1954). A theory of social comparison processes. *Human Relations, 7,* 117-140.

Fox, B., Langer, E., & Kulessa, G. (2000). *Mere exposure versus mindful exposure.* Unpublished manuscript, Harvard University.

Jones, E., & Nisbett, R. (1972). The actor and the observer: Divergent perceptions of the causes of behavior. In E. E. Jones, D. E. Kanouse, H. H. Kelley, R. E. Nisbett, S. Valins, & B. Weiner (Eds.), *Attribution: Perceiving the causes of behavior* (pp. 79-94). Morristown, NJ: General Learning Press.

Kahneman, D., & Miller, D. T. (1986). Norm theory: Comparing reality to its alternatives. *Psychological Review, 93,* 136-153.

Klauer, K. C., & Migulla, K. J. (1996). Spontaneous counterfactual processing. *Zeitschrift fur sozialpsychologie, 26,* 34-42.

Kuhn, T. (1981). A function for thought experiments. In I. Hacking (Ed.), *Scientific revolutions* (pp. 6-27). New York: Oxford University Press.

Lakatos, I. (1970). Falsification and the methodology of scientific research programmes. In I. Lakatos & A. Musgrave (Eds.), *Criticism and the growth of knowledge* (pp. 91-196). New York: Cambridge University Press.

Langer, E. (1989). *Mindfulness.* Reading, MA: Addison-Wesley.

Langer, E. (1992). Interpersonal mindlessness and language. *Communication Monographs, 59,* 324-327.

Langer, E. (1997). *The power of mindful learning.* Reading, MA: Addison-Wesley.

Langer, E., & Abelson, R. (1974). A patient by any other name....: Clinician group differences in labeling bias. *Journal of Consulting and Clinical Psychology, 42,* 4-9.

Langer, E., & Dweck, C. (1973). *Personal politics.* Englewood Cliffs, NJ: Prentice-Hall.

Langer, E., Hatem, M., Joss, J., & Howell, M. (1989). Conditional teaching and mindful learning: The role of uncertainty in education. *Creativity Research Journal, 2,* 139-150.

Langer, E., & Imber, L. (1979). When practice makes imperfect, *Journal of Personality and Social Psychology, 37,* 2014-2025.

Langer, E., Janis, I., & Wolfer, J. (1975). Reduction of psychological stress in surgical patients. *Journal of Experimental Social Psychology, 11,* 155-165.

Langer, E., & Lee, Y. (2000). *The myth of analysis paralysis.* Manuscript in preparation, Harvard University, Cambridge, MA.

Langer, E., Marcatonis, E., & Golub, S. (2000). *No regrets: The ameliorative effect of mindfulness*. Manuscript in preparation, Harvard University, Cambridge, MA.

Langer, E., & Piper, A. (1987). The prevention of mindlessness. *Journal of Personality and Social Psychology, 53*, 280-287.

Langer, E., White, J., & Welch, J. (2000). *Negative effects of social comparison*. Unpublished manuscript, Harvard University, Cambridge, MA.

Lao Tse (1962). *The way of life* (Witter Bynner, Trans.). New York: Capricorn Books.

Miller, D. (1994). *Critical rationalism*. Chicago: Open Court.

Popper, K. R. (1959). *The logic of scientific discovery*. London: Hutchinson.

Popper, K, R. (1973). *Objective knowledge*. London: Routledge.

Roese, N. J. (1997). Counterfactual thinking. *Psychological Bulletin, 121*, 133-148.

Ross, L., Greene, D., & House, P. (1977). The false consensus effort: An egocentric bias in social perception and attribution process. *Journal of Personality and Social Psychology, 13*, 279-301.

Sanna, L. J., & Turley, K. J. (1996). Antecedents to spontaneous counterfactual thinking: Effects of expectancy violation and outcome valence. *Personality and Social Psychology Bulletin, 22*, 906-919.

Snow, S., & Langer, E. (1997). Unpublished data. Reported in E. Langer, *The power of mindful learning*, Reading, MA: Addison-Wesley.

Snyder, C. R. (1996). To hope, to lose, and hope again. *Journal of Personal and Inerpersonal Loss, 1*, 3-16.

Snyder, C. R., Higgins, R. L., & Stucky, R. (1983). *Excuses: Masquerades in search of grace*. New York: Wiley-Interscience.

Storms, M. (1973). Videotape and the attribution process: Reversing actors' and observers' points of view. *Journal of Personality and*

Social Psychology, 27, 165-175.

Tennen, H., & Affleck, G. (1999). Finding benefits in adversity. In C. R. Snyder (Ed.), *Coping: The psychology of what works* (pp. 278-304). New York: Oxford University Press.

Yariv, L., & Langer, E. (2000). Negative effects of social comparison. Unpublished manuscript, Harvard University, Cambridge, MA.

낙관주의

동기의 기대–가치 모형
낙관주의와 주관적 안녕감
낙관주의, 비관주의 그리고 대처
낙관주의가 비관주의보다 항상 나은가
비관주의자가 낙관주의자가 될 수 있는가

낙관주의자들은 자신에게 좋은 일들이 일어날 것이라고 기대하는 사람들을 말한다. 비관주의자들이란 자신에게 나쁜 일들이 일어날 것이라고 예상하는 사람들을 가리킨다. 민속적 지혜(folk wisdorn)는 사람들 사이의 이러한 차이가 전부는 아니라 할지라도, 삶의 많은 측면에서 중요하다는 주장을 오랫동안 해왔다. 민속적 지혜가 항상 정확하기만 한 것은 아니다. 하지만 이 특정 신념은 현대 연구에서도 많은 지지를 받아왔다. 이 장에서 기술하듯이, 낙관주의자들과 비관주의자들은 그들의 삶에 큰 영향을 미치는 몇 가지 방식에서 차이를 보인다. 어떻게 문제에 접근하고 도전하는지에서 차이를 보일 뿐만 아니라 역경에 대처하는 방식—그리고 성공—에 있어서도 차이를 보인다.

낙관주의와 비관주의의 사전적 정의는 사람들이 미래에 대해 갖는 기대에 달려 있다. 이러한 구성개념에 대한 과학적 접근들 또한 미래에 대한 기대에 있다. 기대에 대한 이런 근거를 바탕으로 낙관주의와 비관주의의 개념은 오랜 전통을 지닌 동기의 기대-가치(expectancy-value) 모형과 관련된다. 이것의 결과로 낙관주의라는 구성개념이 나왔으며, 이 개념은 민속적 지혜에 근거를 갖고 있지만, 또한 인간의 동기와 그것이 어떻게 행동으로 나타나는지에 대한 수십 년의 이론과 연구에 그 근거를 두고 있다.

동기의 기대-가치 모형

낙관주의와 비관주의의 영향의 기저에 놓인 기제들을 보여주기 위해

---

* Charles S. Carver & Michael F. Scheier

서 동기의 기대-가치 접근법을 간략히 탐색하는 것으로서 이 장을 시작하겠다. 기대-가치 이론은 행동은 목표 추구를 중심으로 구성된다는 가정으로 시작한다. 목표는 여러 이론가들에 의해 다양한 이름으로 불려왔다. 목표는 여러 중요한 측면에서 다양하지만, 여기서 강조하고자 하는 것은 이 목표들이 공유하는 것은 무엇인가에 관한 것이다(더 광범위한 토론을 위해서는 Austin & Vancover, 1996; Carver & Scheier, 1998 참조).

목표는 사람들이 바람직하거나 바람직하지 않은 것으로 보는 상태나 행동이다. 사람들은 자신의 행동이—실제로는, 자신들 자체가—바람직하다고 보는 것에 적합하도록 노력하고, 바람직하지 않다고 여기는 것에는 거리를 두려고 노력한다(바람직하지 않은 것을 '반-목표들(anti-goals)'이라고 생각할 수도 있을 것이다.). 하나의 목표가 어떤 사람에게 중요하면 중요할수록, 그 사람의 동기 안에 갖는 가치도 중요한 것이 될 것이다. 중요한 목표가 없이는 사람들이 어떤 행동을 할 이유가 없다.

기대-가치 이론에서 두 번째 개념적 요소는 기대(expectancy)인데, 이는 목표 가치의 성취력에 관한 자신감 혹은 의구심을 말한다. 만약 자신감이 부족하다면 어떤 행위도 없을 것이다. 이것이 바로 자신감 결여가 때로는 '장애를 일으키는 의심'이라고 언급되는 이유다. 의심은 행동이 시작되기 전이나 진행되는 중에 노력을 손상시킬 수 있다. 사람들은 충분한 자신감이 있을 때에만 행동을 취하고 노력을 계속 할 것이다. 최종의 결과에 대해 자신감이 있을 때, 사람들은 커다란 역경이 있어도 노력을 계속 할 것이다.

목표는 그 범위와 추상성의 정도에 따라 다양하다

목표는 구체성에 따라 다양하다. 아주 일반적인 것에서부터 삶의 한 특정 영역에 속하는 것까지, 아주 구체적이고 특정한 것에 이르기까지 다양하다. 이는 기대가 비교 가능한 다양한 범위를 가지고 있음을 시사한다(Armor & Taylor, 1998; Carver & Scheier, 1998). 즉, 당신은 충족감을 주는 직업을 가지는 것이나, 사회적 상황에서 좋은 인상을 주는 것, 특정 골프 게임에 이기는 것이나 저녁식사 하기에 좋은 장소를 찾아내는 것, 또는 신발이 맞는지 신어보는 것에 관해 자신이 있거나 혹은 자신이 없을 수도 있다.

이러한 종류의 기대들 중 어느 것이 문제가 되는 것일까? 아마도 모두일 것이다. 일반적으로 기대에 근거를 둔 이론들은 명시적으로나 함축적으로 행동은 기대의 수준과 예측되는 행동의 기대 수준이 잘 들어맞을 때 가장 잘 예측된다고 제안한다. 때때로 사람들은 예측이 가장 잘 될 때는 그 행동에 관련된 구체성의 여러 수준들을 고려할 때라고 주장하기도 한다. 그러나 인생에서 많은 결과들에는 여러 가지 원인이 있다. 사람들은 전에는 결코 경험해본 적 없는 상황들과 시간이 가면서 변화하는 상황들에 부딪치게 된다. 그러한 상황에서 일반화된 기대들은 사람들의 행동을 예측하는 데 특히 유용하다(Scheier & Carver, 1985).

어떤 구체적 영역에 대한 자신감에 적용되는 동일한 원칙들 또한 우리가 낙관주의라고 생각하는 일반화된 자신감에 적용된다. 우리가 낙관주의와 비관주의에 대해서 이야기할 때, 자신감은 단순히 범위상 더 확산되고 넓은 것을 말한다. 그러므로 어떤 도전에 부딪혔을 때(그 도전이 어떤 것인지는 별로 중요한 것이 아니다), 낙관주의자들은 (진보가 어렵거나 느리더라도) 자신감과 끈기를 보이는 경향이 있다. 비관주의자들은 의심이 많고 주저한다. 이러한 분산됨(divergence)은 심각한 역경 상황에서 더 증폭될 수 있다. 낙관주의자들은 역경은 어떤 방식으로든 성공적으로 다룰 수 있다고 가정하는 경향이 있다. 비관주의자들은 재난을 예상하는 경향이 있다. 사람들이 역경에 접근하는 방식에서의 차이는 스트레스에 대처하는 방식에 대해서도 중요한 의미를 갖는다(Scheier & Carver, 1992).

개념과 평가의 다양성

기대는 낙관주의 이론에서 매우 중요한데, 기대를 어떻게 측정할지에 대해서는 적어도 두 가지의 방법이 있다. 한 접근법은 기대를 직접적으로 측정하는데, 사람들에게 미래의 결과가 좋을지 나쁠지 믿는 정도를 물었다. 이것이 우리가 취한 접근법이다(Scheier & Carver, 1992). 이 접근법은 지금껏 말해온 것에 대해 어떤 개념적 복잡성도 더하지 않았다. 일반화된 기대들—그 사람의 전 인생의 공간에 속하는 기대들—은 낙관주의나 비관주의라는 용어들을 사용하여 그 뜻을 나타내게 된다.

예전에 우리는 삶의 지향 검사(the Life Orientation Test 또는 LOT; Scheier & Carver, 1985)라고 하는 하나의 측정도구를 개발했는데, 이는 낙관주의와 비관주의 간의 차이들을 평가하기 위한 것이었다. 우리는 이제 간략하게 개정된 형태의 삶의 지향 검사 혹은 LOT-R(LOT-Revised)을 사용한다(Scheier, Carver, & Bridges, 1994). LOT-R은 문항 간 내적 합치도가 있고(Cronbach α =.70~.80), 시간적인 측면에서 비교적 안정적이다. 본래의 척도와 개정된 척도 간의 중복된 항목 때문에 두 척도 간의 상관이 매우 높게 나타났다(Scheier et al., 1994). LOT와 LOT-R 모두 연속적인 점수들의 분포를 보이고 있다. 우리가 자주 낙관주의자들과 비관주의자들이 뚜렷이 구분되는 집단들인 것처럼 언급하기는 하지만, 이러한 언급은 언어적인 편의에 의한 것일 뿐이다. 사실상 사람들은 매우 낙관적인 사람에서부터 매우 비관적인 사람들까지 다양한 범위를 보이며,

대부분은 그 중간 어딘가에 속하고 있다.

낙관주의에 대한 또 다른 접근은 미래에 대한 사람들의 기대는 과거의 사건들을 일으킨 원인에 관한 시각에서 나온다는 가정에 의존하고 있다 (Peterson & Seligman, 1984; Seligman, 1991). 만약 과거의 실패에 대한 원인이 안정적인 요인들이라면, 동일한 영역에서 그 사람은 미래에 대해 나쁜 결과들을 예측하게 되는데, 이는 원인이 비교적 영구적인 것으로 간주되어서 그 효력이 남아 있기 때문이다. 만약 과거의 실패에 대한 귀인이 불안정한 것이라면, 미래에 대한 전망은 더 밝아질 수 있다. 왜냐하면 그 원인이 더 이상 유효한 것이 아니기 때문이다. 만약 과거의 실패에 대한 설명이 전반적인(인생의 모든 측면에 적용되는) 것이라면, 많은 영역에 걸쳐 미래에 대한 기대는 나쁜 결과들을 상상하는데, 이는 원인에 대한 설명이 모든 영역에서 작용하기 때문이다. 만약 설명이 구체적인 것이라면, 인생의 다른 영역들에 대한 전망은 더 밝아지는데, 그 이유는 그 원인들이 그 외에는 적용되지 않기 때문이다.

기대의 정도(breadth)가 다양한 것처럼 귀인도 그러하다. 귀인은 어떤 특정 영역의 행동(예: 스키 타기)이나 보다 넓은 영역(예: 스포츠 활동)에서도 이루어지지만, 보통 더 광범위하게 평가되고 있다. 흔히 사람들은 그 사람의 인생 전체에 관련되는 '설명적 양식(explanatory style)'을 지니는 것으로 가정한다. 설명적 양식 이면의 이론이 주장하는 것은 낙관주의와 비관주의는 융통성 있는 설명 대 경직된 설명의 유형들로 정의된다는 것이다(Peterson & Seligman, 1984; Seligman, 1991).

비록 낙관주의를 개념화하고 측정하는 이 두 접근법들이 중요한 차이들을 보이기는 하지만, 여기서는 그들이 공유하는 것에 초점을 맞출 것이다. 기대는 사람들의 행동과 경험을 결정하도록 돕는다. 이 두 접근법에서 낙관주의는 모두 좋은 결과에 대한 기대인데 반해 비관주의는 나쁜 결과에 대한 기대를 말한다. 이 접근법들은 변인들을 측정하는 데에서 차이를 보이는데, 기대 이전의 변인(귀인)과 기대 그 자체로 나뉘어진다.

낙관주의와 비관주의에 대한 두 접근들은 연구 문헌들로 제시되었는데, 각각의 문헌들은 낙관주의와 비관주의의 본질과 기능에 대한 이해를 돕고 있다. 그러나 다음에서 우리는 낙관주의를 우리가 조작적으로 정의한 것(Scheier & Carver, 1985, 1992; Scheier et al., 1994), 즉 일반화된 기대라는 면에 주로 초점을 맞출 것이다.

우리가 처음부터 말했듯이, 낙관주의와 비관주의는 성격의 기본 특성들이다. 그것은 사람들이 삶의 사건들에 어떻게 적응할지에 영향을 끼친다. 이는 문제에 직면했을 때 사람들의 주관적 경험에 영향을 주고, 이러한 문제들을 다루기 위해 개입하는 사람들의 행동에도 영향을 미친다. 낙관주의자들과 비관주의자들이 역경에 반응하는 방법이 다른가?라는 질문은 적어도 두 부분으로 나뉘어진다. 하나는 그들이 심리적 안녕감과 고통에 대해서 느끼는 것이 다른지에 관한 것이다. 다른 하나는 그들이 역경에 대처하는 방식에서 차이를 보이는가이다. 이 두 가지 주제들이 다음 두 절에서 탐색된다.

낙관주의와 주관적 안녕감

사람들은 역경이나 어려움에 직면할 때, 흥분과 열망에서부터 분노, 불안 그리고 우울까지 다양한 감정들을 경험한다. 이러한 느낌들 간의 균형은 사람들의 낙관주의적인 혹은 비관주의적인 정도에 관련되는 것 같다. 낙관주의자들은 일이 잘 풀리지 않을 때조차도 긍정적 결과를 기대하는 사람들이다. 이러한 자신감은 비교적 긍정적인 일련의 감정들을 낳게 될 것이다. 비관주의자들은 부정적 결과를 예상한다. 이러한 의심은 부정적 느낌들—불안, 죄책감, 분노, 슬픔 또는 절망—로 이어진다 (Carver & Scheier, 1998; Scheier & Carver, 1992; Snyder et al., 1996 참조).

낙관주의와 심리적 스트레스 간의 관계가 어려움이나 역경에 직면한 다양한 사람들의 집단에서 검증되어왔다. 여기에는 대학에 입학하는 학생들의 경험(Aspinwall & Taylor, 1992), 기업체의 피고용자들(Long, 1993), 미사일 공격의 생존자들(Zeidner & Hammer, 1992) 그리고 암환자를 돌보는 사람들(Given et al., 1993), 알츠하이머 환자들(Hooker, Monahan, Shifren, & Hutchinson, 1992; Shfren & Hooker, 1995)이 포함되었다. 또한 연구들은 출산(Carver & Gaines, 1987), 낙태(Cozzarelli, 1993), 심장병 수술(Fitzerald, Tennen, Affleck, & Pransky, 1993; Scheier et al., 1989), 시험관 수정 시도(Litt, Tennen, Affleck, & Legro, 1993), 골수이식(Curbow, Somerfield, Baker, Wingard, & Legro, 1993), 암의 진단 (Carver et al., 1993; Friedman et al., 1992) 그리고 AIDS의 진행(Taylor et al., 1992)과 같은 것을 다루는 사람들의 경험을 조사하였다. 이러한 다양한 연구들은 일상의 평범한 문제들을 다루는 것이 아니라, 정말로 심각한 위기를 겪고 있는 사람들에 초점을 맞추고 있다.

이러한 일군의 연구들은 그 복잡성에서 다양하고, 따라서 그로부터 나오는 추론들도 다양하다. 많은 경우 연구자들은 어려운 사건에 대한 반응들을 검토하지만 단지 하나의 시점에서만 조사한다. 이 연구들은 비관주의자들이 낙관주의자들보다 사건이 일어난 후에 더 많이 걱정한다는 것을 보여준다. 그들이 보여줄 수 없는 것은 비관주의자들이 그전에도 낙관주의자들보다 더 걱정 상태에 있었는지 하는 것이다. 더 나은 검증 방법은 그들의 심리적 스트레스가 상황에 따라 반복적으로 어떻게 달라지는지 살펴보는 것이다. 만약 당신이 그 사건이 일어나기 전에 사람들을 관찰할 수 없었다고 하더라도 몇몇 시점들에서 평가한다면 사람들이 적응해나가는 과정에 대해 더 많이 배울 수 있을 것이다. 여기서 우리는 여러 시점에서 사람들을 평가한 문헌들의 연구를 살펴볼 것이다.

정서적 안녕감(Carver & Gaines, 1987)에서 낙관주의의 효과에 관한 연구는 출산 후 진행되는 우울을 조사하였다. 여성들은 임신 마지막 3기에(마지막 세 달) LOT와 우울증 척도에 응답했다. 그런 다음 출산 후 3주째에 다시 우울정도를 측정했다. 초기 평가에서 낙관주의는 낮은 우울증상과 관련되었다. 보다 중요한 사실은, 초기 단계를 통제했을 때 낙관주의는 더 낮은 수준의 산후 우울증상들을 예측했다는 것이다. 따라서 낙관주의는 아이를 출산한 후의 우울증상 발달을 막는 데 기여하는 것으로 보인다.

또 다른 한 초기 연구에서 Scheier와 그의 동료들은(1989) 관상동맥 바이패스 수술을 경험하고 회복 중인 남성들을 조사했다. 환자들은 수술 바로 전날과 수술 후 일주일 그리고 수술 후 6개월이 지났을 때 각각 질문지에 응답했다. 수술 전에 낙관주의자들은 비관주의자들보다 더 낮은 수준의 적대감과 우울증을 보고했다. 수술 일주일 후에, 낙관주의자들은 보다 행복감과 안도감을 느끼고, 그들에 대한 의료 행위와 친구들로부터의 정서적 지지에 보다 만족감을 나타냈다. 수술이 끝나고 6개월이 지난 후에 낙관주의자들은 비관주의자들보다 더 높은 삶의 질을 경험하는 것으로 보고되었다. 수술을 마친 후 5년이 지났을 때, 낙관주의자들은 비관주의자들과 비교해서 더 큰 주관적 안녕감과 더 나은 삶의 질을 경험해온 것으로 나타났다. 이런 모든 차이는 수술의 정도와 다른 의료적 요인들을 통제했을 때에도 의미 있게 나타났다.

관상동맥 바이패스 수술(Fitzerald et al., 1993) 후의 낙관주의와 삶의 질에 관한 연구에서 연구 참여자들의 수술 1개월 전과 8개월 후를 평가했다. 낙관주의는 수술 전 긴장과 부적인 상관이 있었다. 또한 수술 전 삶의 만족 수준을 통제했을 때, 낙관주의는 수술 후 삶의 만족도와 정적 상관을 보였다. 이후 분석에서 일반적인 낙관주의가 수술이라고 하는 특정 영역에 대해 보다 자신감을 가지게 함으로써 삶의 만족도에 영향을 미치는 것으로 나타났다. 즉, 삶에 대한 일반적인 낙관적 의식이 수술에 관한 구체적 낙관주의로 명백하게 집중되며, 이것이 삶에 대한 만족을 가져오는 것이다.

낙관주의는 또한 다른 종류의 건강상의 위기들에 대해서도 연구되었다. 그 중 한 연구는 초기 유방암 치료에 대한 적응을 조사하였다(Carver et al., 1993). 유방암의 진단과 치료는 충격적인 경험인데, 그 이유 중 하나는 이것이 목숨을 위협하는 것이기 때문이다. 초기 암에 대한 예후가 상대적으로 좋기는 하지만, 개인차가 많을 수밖에 없는 미래에 관해서는 너무 모호한 점이 많다. 이 연구에서 환자들은 암 진단 당시와 수술 바로 전날 그리고 수술 후 7일에서 10일까지 그리고 3, 6, 12개월 후에 인터뷰를 하였다. 낙관주의는 시간이 지남에 따라 고통과 반대로 나타났는데, 의료적 변인들의 효과와 초기의 심리적 스트레스가 주는 효과를 훨씬 넘어선 것이었다. 즉, 바로 직전의 고통 수준을 통제했을 때조차도 수술 후 3, 6, 12개월째에서 고통에 대한 예측이 유의미했다. 그러므로 낙관주의는 단지 낮은 수준의 초기 고통에서만 아니라 수술 후에 뒤따르는 고통에 대한 회복력까지도 예측하였다.

낙관주의에 관련해 연구된 또 하나의 의료적 상황은 불임이었다. 시험관 수정은 불임의 문제를 극복하는 하나의 방법인데, 항상 효과가 있는 것은 아니다. Litt와 그의 동료들(1992)은 시험관 수정 시도가 성공적이지 못했던 사람들을 연구하였다. 그러한 시도가 있기 약 8주 전에, 연구자들은 낙관주의와 가임 성공에 대한 기대, 대처 전략들, 긴장의 정도 그리고 불임이 참가자들의 삶에 미치는 영향을 측정하였다. 임신 결과가 음성으로 통보된 지 2주 후에 다시 측정하였다. 인구학적 통계나 부인과 진료 경험, 결혼생활 적응 또는 참가자들의 삶에 불임이 미치는 영향들 중 어느 것도 두 번째 측정시기에서 보고된 심리적 스트레스를 예측하지 않았지만, 낮은 수준의 낙관주의는 첫 번째 측정시기에 보고된 심리적 스트레스를 통제하고 나서도 고통을 예언하였다.

또 다른 최근의 연구는 낙태에 대한 적응에 있어 낙관주의가 미치는 영향을 조사하였다(Cozzarelli, 1993). 낙태시술 한 시간 전에 낙관주의, 자기효능감, 정서적 적응 그리고 우울증을 측정하였다. 우울증과 적응이 시술 후 30분 후와 3주 후에 측정되었다. 낙관주의자들은 비관주의자들보다 낙태-전 우울증을 덜 경험하는 것으로 나타났고, 낙태-후 적응과 3주간의 적응이 더 나은 것으로 나타났다. Cozzarelli는 낙관주의가 직접적으로나 간접적으로 모두 개인적 효능감을 통해 심리적 적응에 관련된다고 결론을 내렸다.

낙관주의는 의료 문제를 가진 사람들의 심리적 안녕감에만 긍정적 효과를 가지는 것이 아니라 간병인들의 심리적 안녕감에도 영향을 미친다. 이러한 결론은 한 암환자 집단과 그들의 간병인들을 연구한 한 프로젝트에서 지지되었다(Given et al., 1993). 간병인들의 낙관주의 정도는 낮은 우울 증상과 관련되고, 신체 건강에 간병 활동이 미치는 영향이 적은 것과 관련되며, 또한 간병인들의 일정에 미치는 영향이 적은 것과 관련되는 것으로 나타났다. 유사한 결과들이 알츠하이머병 환자들을 간병하는 배우자들에 관한 연구에서도 나타났다(Hooker et al., 1992; Shifren & Hooker, 1995). 낙관주의는 낮은 수준의 우울증 및 높은 수준의 심리적 안녕감과 관련되었다.

낙관주의와 심리적 안녕감의 관계에 대한 여러 증거들이 심각한 역경에 처한 경우에서 나온 것이기는 하지만, 덜 극단적인 경우에서도 검증되어 왔다. 예컨대, 대학생활의 시작은 힘들고 스트레스를 받기 쉬운 시기로, 연구자들은 학생들이 대학의 첫 학기에 적응하는 것에 대해 조사하였다(Aspinwall & Taylor, 1992). 학생들이 처음 캠퍼스에 도착했을 때, 낙관주의와 자기존중감 등을 측정하였고 심리적 및 신체적 안녕감을 학기말에 측정하였다. 신입생의 높은 수준의 낙관주의가 학기 말의 낮은 수준의 심리적 긴장을 예언하였다. 그 관계는 자기존중감, 통제의 소재, 통제에 대한 욕구, 기본 감정과 독립적인 것이었다.

낙관주의, 비관주의 그리고 대처

이전 부분에서 소개된 증거는 낙관주의자들이 비관주의자들보다 삶에서 어려움에 부딪쳤을 때 긴장을 덜 경험한다는 것을 분명히 보여주었다. 그 이유가 단순히 낙관주의자들이 특별히 즐거운 사람들이기 때문일까? 명백하게 그렇지 않음을 알 수 있는데, 그 이유는 낙관주의자들과 비관주의자들의 차이가 이전 수준의 긴장이 통계적으로 잘 통제가 되었을 때조차 나타나기 때문이다. 여기에는 또 다른 설명이 있다. 낙관주의자들이 비관주의자들보다 더 잘 적응하도록 대처하기 위해서 어떤 특정한 행동을 하는가? 이 부분에서 우리는 낙관주의자들과 비관주의자들이 잘 사용하는 전략들과 이러한 전략들의 광범위한 의미를 살펴볼 것이다.

이러한 논의는 이 장의 초기 부분에서 동기에 관한 기대-가치 모형을 기술할 때 논의한 광범위한 행동 경향성을 더 세부적으로 묘사하는 것이다. 즉, 미래에 대해 자신하는 사람들은 지속적인 노력을 거듭하는데, 심각한 역경에 당면했을 때조차도 그러하다. 의심이 많은 사람들은 어떻게

든 소망적 사고(wishful thinking)로 역경을 피하고 거부하려는 경향이 있다. 그들은 일시적인 기분전환을 위한 행동들은 더 하려고 하지만 정작 문제를 해결하려고 하지는 않는다. 그들은 때때로 시도하는 것조차 그만둬버린다. 노력과 노력의 제거 이 둘 다 방식들로 표현될 수 있다. 그러한 표현들—대처반응들과 대처전략들—이 점의 초점이 된다.

낙관주의자들과 비관주의자들이 사용하는 대처방법상의 차이들은 수많은 연구들에서 발견되었다. Scheier, Weintraub 및 Carver(1986)의 연구에서 학생들에게 지난달에 일어났던 것 중 가장 스트레스를 준 사건과 그 사건에 대한 대처반응의 목록에 체크하도록 하였다.

낙관주의는 문제중심 대처(problem-focused coping)와 관련되며, 특히 스트레스 상황에서 통제 가능하였다. 또한 낙관주의는 긍정적 재구성(positive reframing)과 (상황이 통제 불가능한 것으로 보이는 때) 그 상황의 현실을 수용하는 경향성과 관련되었다. 낙관주의는 부인(denial)과 문제로부터 거리를 두는 경향과 부적 상관을 갖는 것으로 나타났다.

이러한 발견들은 낙관주의자들이 비관주의자들보다 문제중심적인 대처방법을 사용한다는 것을 보여준다. 그들은 또한 어려운 상황의 현실을 수용하고 가능한 한 최선의 선택을 하려는 것을 포함하는 다양한 정서중심(emotion-focused) 대처기법을 사용하였다. 이러한 결과들은 낙관주의자들이 비관주의자들에 비해 변할 수 없는 상황에서조차 이로운 대처방법을 사용한다는 것을 시사한다.

또 다른 연구자들은 낙관주의자들과 비관주의자들 간의 기질적인 대처양식에서의 차이를 조사하였다(Carver, Scheier, & Weintraub, 1989; Fontaine, Manstead, & Wagner, 1993). 낙관주의자들은 적극적인 문제중심 대처를 사용하고 계획적인 기질적 경향성을 보고하였다. 비관주의자들은 그들이 추구하려는 목표를 스트레스가 방해하는 경우 관여하지 않으려는 경향성을 보였다. 낙관주의자들은 스트레스 사건의 현실을 받아들이려는 경향성을 보고하였으며, 또한 그 나쁜 상황에서도 최선을 다하고, 역경으로부터 뭔가 배우려는 경향을 보고하였다. 이에 비해서 비관주의자들은 눈에 띄는 부인(denial)과 물질남용, 문제에 대한 각성을 줄이려는 경향성을 보고하였다. 따라서 일반적으로 낙관주의자들은 접근식 대처를 하는 반면, 비관주의자들은 회피식 대처를 하는 것으로 보인다.

낙관주의와 대처전략 간의 관계는 보다 구체적인 맥락에서도 탐색되어 왔다. 예컨대, 일터에서 낙관주의자들은 비관주의자들보다 자기통제와 직접적인 문제해결의 문제중심 대처를 사용하였다(Strutton & Lumpkin, 1992). 비관주의자들은 (잠자기, 먹기, 마시기 등과 같은) 회피행동을 포함하여 사람들의 지지를 추구하거나 사람들을 회피하는 정서중심 대처를 더 많이 하였다. 회사의 이사급 실무책임자 여성들에 대한 연구에서 Fry (1995)는 일상적인 말다툼에 대해 낙관주의자들이 비관주의자와는 다르게 평가하는 것을 알아냈다. 낙관주의적인 여성들은 그 사건들로부터 얻는 게 있거나 성장을 기대했다. 즉, 움츠려들거나 거리를 두거나 자신을 비난하기보다는 수용, 표현, 긴장 완화, 사회적 지지를 사용한다고 밝혀졌다.

이 장에서 앞서 기술된 몇몇 연구들도 또한 낙관주의와 대처 그리고 대처와 정서적 안녕감 간의 연관성을 시사한다. 심장동맥 이식수술 초기 연구에서 Scheier와 동료들(1989)은 그 수술 경험에 대처하는 방식으로 주의적-인지적 전략의 사용을 평가하였다. 수술 전에 낙관주의자들은 미래를 계획하고 회복을 위한 목표를 세운다고 보고되었다. 낙관주의자들은 경험의 부정적인 측면—고통스러운 감정들과 신체적 징후들—에 초점을 덜 맞추는 경향이 있었다. Stanton과 동료들은 이 책의 다른 장에서 논의한 것 같이 감정에 초점을 맞추는 것은 그 사람이 어떻게 초점을 맞추느냐에 따라 다양한 결과를 가져올 수 있다고 하였다. 이 경우, 부정적인 경험에 대한 초점은 고통에 대한 자각을 증가시키지만, 그것이 적응적인지 의심스러웠다. 실제로 비관주의자가 경험의 부정적인 측면에 초점을 맞추었다는 사실은 파국(破局)적인 경험에 취약해질 가능성을 증가시킨다(Peterson & Steen, 2002).

일단 수술이 끝나면, 낙관주의자들은 비관주의자들보다 앞으로 몇 달 동안 의사들이 환자들에게 요구할 수 있는 것에 관한 정보를 더 추구하는 것으로 보고되었다. 또한 낙관주의자들은 그들의 신체적 증상들에 관한 생각을 덜 말하는 경향이 있었다. 또한 6개월 후, 삶의 질에 미친 낙관주의의 긍정적인 영향은 이러한 대처방법의 차이라고 하는 간접효과를 통해 나타났다.

대처행동은 앞서 기술된 실패한 시험관 아기의 체외수정 연구에서도 고찰된 바 있다(Litt et al., 1992). 비관주의는 대처전략으로, 회피와 관련이 있었다. 회피는 착상 실패 후에 오는 더 큰 고통과 관련되었다. 낙관주의자들은 비관주의자들보다 배우자와 친해지는 것과 같은 경험으로부터 어느 정도 도움을 받은 것으로 보고되었다.

또한 대처와 관련된 정보는 앞서 기술된 AIDS 환자의 연구(Taylor et al., 1992)에서도 기술되었다. 일반적으로 낙관주의는 능동적인 대처전략과 관련된다. 낙관주의는 긍정적인 측면에서 회복을 계획하고, 정보를 찾고, 나쁜 상황을 재구성하려는 긍정적인 태도와 경향성을 예측하였다. 낙관주의자들은 운명론, 자기비난, 현실도피와 같은 말을 덜 썼고, 상황의 부정적인 측면에 초점을 맞추지 않았으며, 자신의 증상에 관한 생각을 억제하려 하였다. 낙관주의자들은 또한 바꿀 수 없는 상황에서 도망가려하기보다는 그 상황을 받아들였다.

낙관주의와 대처방법 간의 관계는 몇몇 암환자의 연구의 초점이 되어왔다. Stanton과 Snider(1993)는 유방 조직검사를 받도록 예정된 여성을 연구 대상으로 모집했다. 암 진단을 받은 여성들을 대상으로 수술 24시간 전과 수술 3주 후 두 번에 걸쳐 낙관주의, 대처, 기분을 조직검사 전날 측정하였다. 암이 없는 것(양성)으로 진단받은 여성들은 암환자 집단의 두 번째 또는 세 번째 평가에 상응하는 두 번째 평가를 받았다. 이 연구에서 비관주의적인 여성들은 낙관주의자들에 비해 다가올 진단 절차 전에 인지적 회피를 더 많이 하는 것으로 나타났다. 이 회피는 조직검사 전 심리적 스트레스에 유의하게 영향을 주었다. 실제로 인지적 회피는 비관주의와 조직검사 전 심리적 스트레스 사이를 매개하는 변인임이 밝혀졌다. 또한 조직검사 전 인지적 회피는 양성진단을 받은 여성 사이에서 조직검사 후의 심리적 스트레스와 관련되었다.

이 장의 앞에서 언급되었던 유방암 초기 환자의 또 다른 연구는 치료를 받은 후 첫해에 어떻게 대처했는지 조사하였다(Carver et al, 1993). 낙관주의, 대처, 기분이 수술 전날 측정되었다. 대처와 기분은 수술 10일 후에 그리고 그 다음 해에 세 번으로 나누어 추후 측정(follow-up)되었다. 수술 전과 후 모두 낙관주의는 상황의 현실을 수용하고, 가능한 한 상황을 긍정적인 면에서 생각하고, 유머로 상황을 안심시키려 노력하고, (수술 전에만) 적극적인 대처를 하는 일군의 대처반응들과 관련되었다. 비관주의는 측정하는 모든 시기에 부인(denial)과 행동적 비관여(포기)와 관련되었다.

낙관주의와 비관주의와 관련된 대처반응은 또한 심리적 스트레스와 밀접한 관련이 있었다. 긍정적인 재구성, 수용, 유머의 사용은 모두 수술 전후 스트레스를 줄이는 것으로 나타났다. 부인과 행동의 비관여는 모든 측정시기에 걸쳐 스트레스와 정적으로 상관되었다. 6개월 시점에서 새로운 관련성, 즉 스트레스가 또 다른 회피 대처인 자기분산 혹은 (문제해

결과 관련 없는) 기분전환(self-distraction)과 정적 상관이 있었다. 추가분석에 의하면 낙관주의와 스트레스의 관련은 특히 수술 후에 대체적으로 대처를 통해서 간접적으로 이루어진다.

낙관주의와 심리적 안녕감의 관계에서 대처방법의 매개 역할은 앞서 기술된 대학적응 연구(Aspinwall & Taylor, 1992)에서 조사되었다. 낙관주의적인 학생들은 비관주의적인 학생들보다 능동적인 대처를 더 많이 하고, 회피대처는 덜 하는 것으로 나타났다. 회피대처는 적응을 잘 못하는 것과 관련되고, 능동적 대처는 보다 나은 적응과 관련된다. 건강 연구에서와 같이, 낙관주의의 긍정적인 효과는 적어도 부분적으로 대처방법의 차이를 통해서 작용하는 것 같았다.

이와 유사하게, 임신에 적응하는 것에 관한 앞서 기술된 연구(Park, Moore, Turner, & Adler, 1997)에서 낙관주의적인 여성들은 비관주의적인 여성들보다 건설적인 생각(즉, 효과적인 방법으로 매일매일의 문제들을 생각해 보고 해결하려는 경향)을 하는 경향이 있었다. 게다가 낙관주의가 그랬듯이 건설적인 생각은 불안과 부적인 상관이 있었으며, 긍정적인 상태와는 정적인 상관이 있었다. 낙관주의와 심리적 적응의 이러한 지표들 간의 관계는 낙관주의자들의 건설적인 사고를 하려는 경향을 통해서 매개되었다.

요약하면, 낙관주의자들은 스트레스 상황에 직면했을 때 자발적으로 보이는 대처반응의 종류에서 그리고 안정적인 대처경향에서 모두 비관주의자들과 다르게 나타났다. 낙관주의자는 또한 중병과 특정한 건강위협에 관한 걱정에 대처하는 방식에서 모두 비관주의자와 달랐다. 일반적으로 낙관주의자는 비관주의자보다 문제중심적인 대처전략을 더 많이 사용하는 경향이 있었다. 문제중심적인 대처가 가능하지 않을 때, 낙관주의자들은 수용, 유머의 사용, 긍정적 재구성과 같은 전략으로 전환한다. 비관주의자들은 스트레스 요소들과 서로 상충되는 목표를 부인하고, 정신적으로나 행동적으로 관여하지 않음으로써 대처하는 경향이 있었다.

낙관주의자들은 통제불가능한 상황에서 이를 수용하려는 자세를 보이는 반면 비관주의자들은 적극적으로 현실을 부정하려는 시도를 한다는 점이 특히 주목할 만하다. 비록 두 책략 모두 정서에 초점을 둔 대처로 보이나, 둘 사이에는 서로 다른 결과를 가져올지 모르는 중요한 차이점이 있다. 보다 구체적으로 말하면, 부정(현실 상황의 수용을 거부하는)은 더 이상 타당하지 않는 관점을 고집하려는 경향을 뜻한다. 이와 대조적으로 현실 수용은 자신이 경험하는 상황의 현실을 파악하기 위해서 자신의 경험을 재구성하는 것을 의미한다. 따라서 현실 수용은 더 심층적인 일련의 과정과 연관되며, 그 과정 속에서 경험을 발전하는 세계관 속으로 통합하려고 시도하면서 그 경험을 통하여 능동적으로 배우고 익힌다(work through).

문제의 존재를 인정하며 잘 지내려는 능동적인 시도는 대처반응으로써 현실 수용에 특별한 도움이 될 수 있다. 그러나 이 과정의 본질을 명확히 할 필요가 있다. 우리가 마음속에 생각하는 현실 수용은 문제가 존재한다는 것을 인정하거나 어떤 사건이 발생했다는 것을—심지어 그 사람의 인생의 틀을 돌이킬 수 없이 바꾸어놓을지라도—기꺼이 받아들이려는 것이다. 하지만 이것은 금욕적인 포기(resignation), 문제나 사건이 어떠한 결과를 가져올지 모르는 부정적인 결과에 대한 숙명적인 수용을 말하는 것은 아니다. 이러한 반응들은 아무 도움이 되지 않는다.

예를 들어, 말기 암으로 진단받은 한 사람의 경험을 생각해보자. 궁극적인 결과는 죽음일 것이다. 그러나 "난 죽은 거나 마찬가지야."라고 결론지을 필요는 없다. 그렇게 포기하는 것은 남은 인생의 기회에서 일찌감치 발을 빼게 하여 일종의 기능적인 측면에서 죽음에 이르게 할지도 모른다. 이 생각과 일관되게, 금욕적인 포기나 자신의 죽음을 수동적으로 받아들이는 사람은 그러한 특성을 덜 보이는 사람보다 실제로 더 빨리 죽는다(Greer, Morris, & Pettingale, 1979; Greer, Morris, Pettingale, & Haybittle, 1990; Pettingale, Morris, & Greer, 1985; Reed, Kemeny, Taylor, Wang, & Visscher, 1994).

이렇게 포기하는 것과는 대조적으로, 병에 대한 진단을 수용하는 것은 그 자체로 매우 다른 결과를 가져올 수 있다. 수용은 사람들로 하여금 그들의 인생에서 중요한 우선순위를 다시 매기게 할 수도, 장기목표를 수정하거나 줄일 수도, 또 남은 시간을 건설적이고 최적의 방식으로 사용하도록 할 수도 있다. 다른 말로 하면, 인생은 (끝난 게 아니라) 타협할 수 있다는 사실을 받아들임으로써, 사람들은 더 적응적인 일련의 요소들을 개발할 수 있으며 그 요소 내에서 남은 시간을 살 것이다. 바로 이러한 정신이 우리가 수용이 사람에게 목표에 관여하고, 또 정말로 '인생에 관여하게' 한다고 생각해온 것이다(Carver & Scheier, 1998; Scheier & Carver, 2001).

안녕감의 증진

낙관주의자와 비관주의자가 어떻게 대처하는지를 기술할 때, 역경에 반응한 것만이 아니라 건강과 안녕감을 증진시키는 순향적(Proactive)인 과정에 관한 몇 가지 연구를 언급할 필요가 있다. 이 연구들의 이면에 깔린 생각은 낙관적인 사람들은 그들 미래의 긍정적인 삶의 질을 보장하는 적극적인 단계를 밟아갈 거라는 점이다. 개인을 위협하는 특정한 스트레스 유발자가 없다는 점을 제외하면 이것은 문제에 초점을 둔 대처와 똑같을 것이다.

심장 재활 프로그램에 참여하고 있었던 심장병 환자들 가운데 건강 증진상에 개인차가 존재할 가능성을 생각해보자. Stepperd, Maroto와 Pbert(1996)는 낙관주의가 포화지방, 체지방, 전체적인 심장 위험수치를 낮추는 데 있어서 상당히 성공적이라는 것을 알아냈다. 또한 낙관주의는 재활 기간 내내 운동량의 증가와 관련된다. 수술 후 5년 뒤에 심장동맥 이식수술 환자들의 삶의 형태에 관한 또 다른 연구는 낙관주의자들이 비관주의자들보다 비타민을 더 복용하며 저지방 음식을 더 많이 먹고 심장 재활 프로그램에 더 등록을 많이 한다는 걸 알아냈다(Carver & Scheier, 1998).

심장병은 낙관주의와 관련된 건강 관련 행동의 유일한 측면이 아니다. 또 하나는 HIV감염이다. 특정한 성행위(즉, 잘 모르는 사람과의 성교)를 피함으로써 사람들은 감염의 위험을 줄인다. HIV 음성반응 남자 동성연애자에 관한 연구에 의하면, 낙관주의자들은 비관주의자보다 이름도 모르는 사람과 성행위를 덜 하는 걸로 나타났다(Taylor et al., 1992). 이것은 낙관주의자들이 위험을 줄이려는 노력을 함으로써 그들의 건강을 안전하게 지키고 있음을 시사한다.

낙관주의는 또한 특별한 건강 걱정이 없는 사람들의 건강 관련 습관의 측면에서 연구되어왔다. 적어도 이러한 두 가지 연구과제는 낙관주의자들이 비관주의자들보다 건강 증진 행동을 더 많이 한다는 것을 밝혔다(Robbins, Spence, & Clark, 1991; Steptoeies et al., 1994). 종합하면, 이러한 다양한 연구들은 낙관주의가 건강을 증진시키고, 건강 위험을 줄이는 행동과 관련된다고 제안한다.

낙관주의자들은 단순히 머리를 모래 속에 묻고 안녕감의 위협을 무시하는 사람들이 아니다. 그들은 정말로 위험에 주의를 기울이지만 선택적으로 주의를 기울인다. 낙관주의자들은 자신에 해당되면서 잠재적으로 심각한 건강문제와 관련된 위험에 초점을 맞춘다(Aspinwall & Brunhart,

1996). 만일 잠재적인 건강문제가 작은 것이거나 그 병이 바로 없어질 것 같으면, 경계의 강도를 높이지 않는다. 오직 위협이 문제가 될 때에만 경계한다. 낙관주의자들은 안녕감을 위협하는 환경을 세밀히 조사하지만 진실로 의미 있는 위협에 대한 행동반응은 남겨둔다.

비관주의와 건강-포기(health-defeating) 행동들

낙관주의자들은 바라는 목표에 도달하려고 끊임없이 노력하는 사람들로 특징지어진다. 이것은 역경에 대처하는 노력과 역경과는 관계없는 심리적 안녕감을 향상시키려는 노력 모두를 포함한다. 이론은 비관주의자들이 그들의 안녕감을 위해 노력할 가능성이 적다고 제시한다. 사실 비관주의자들은 포기하려는 경향의 행동을 한다는 것을 보여 주는 증거가 있다. 이런 행동 중 어떤 행동들은 안녕감에 반(反)하는 결과들을 가져온다. 또 어떤 행동들은 치명적인 결과를 초래할 수 있다.

물질남용(substance abuse)의 다양한 형태들은 포기 경향을 반영하는 것으로 볼 수 있다. 일반적으로 물질남용, 특히 과도한 알코올 섭취는 자주 문제로부터의 회피행동으로 보인다. 만약 그렇다면 비관주의자들은 낙관주의자들보다 이러한 패턴의 부적응적 행동에 더 취약하다. 적어도 세 건의 연구들이 이러한 견해에 일치하는 결과를 보여주었다.

그중 하나는 알코올 중독 가족력을 지닌 여성에 관한 연구였다. 이 집단에 속한 비관주의자들은 낙관주의자들보다 더 많이 음주 문제를 보고하였다(Ohannessian, Hesselbrock, Tennen, & Affleck, 1993). 알코올 남용으로 치료를 받은 적이 있고 지금은 치료 후 재활 프로그램에 참여하고 있는 사람들에 관한 다른 연구에서, 비관주의자들은 낙관주의자들보다 프로그램에서 중도탈락하고 음주 습관으로 돌아갈 경향이 더 많은 것으로 나타났다(Strack, Carver, & Blaney, 1987). 마지막으로, Park과 그의 동료들(1997)의 연구에서는 임신한 여성 집단의 물질남용을 조사하였다. 낙관주의자들은 비관주의자들보다 임신 기간 동안 물질남용의 가능성이 더 적었다.

포기는 여러 방법들로 나타날 수 있다. 알코올 섭취는 실패와 문제들에 대한 자각을 둔하게 만든다. 사람들은 그들의 주의를 분산함으로써 문제들을 무시할 수 있다. 수면도 우리가 원치 않는 상황들로부터 회피하도록 도와줄 수 있다. 그렇지만 때때로 포기하는 것이 더 완전한 것일 수 있다. 때때로 사람들은 특정한 목표를 포기하는 것이 아니라 인생의 모든 목표들을 포기하게 된다. 이러한 극단적 경우는 자살을 조장할 수 있다. 어떤 사람들은 다른 이들에 비해 자살에 더 취약하다. 일반적으로 우울증이 자살 위험에 대한 최상의 지표인 것으로 가정된다. 그러나 비관주의(Hopelessness 척도로 측정된)는 사실상 이러한 행동, 즉 인생을 궁극적으로 포기하는 행동의 강력한 예측 변인이다(Beck, Stter, Kovacs, & Garrison, 1985).

요약하면, 비관주의가 사람들을 자기패배적 패턴들로 이끌어갈 수 있다는 것을 상당한 증거들이 보여주고 있다. 이러한 결과는 인내력이 줄어들고, 회피 대처와 건강-손상적 행동이 증가하고, 잠재적으로는 삶의 모든 것에서 회피하려는 충동을 가져올 수 있다. 미래에 대한 확신이 없다면 삶을 유지하기에 남겨진 것이 아무것도 없게 될 것이다(Carver & Scheier, 1998).

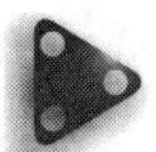

낙관주의가 비관주의보다 항상 나은가

이 장을 통해서 우리는 낙관주의자들을 비관주의자보다 더 나은 사람들로 묘사해왔다. 우리가 소개해온 증거들은 낙관주의자들이 어려운 시기에서 고통을 보다 적게 느끼고, 더 나은 결과들을 가져오는 방식으로 대처하며, 그들의 미래를 계속 밝게 만들기 위해 필요한 조취를 더 잘 취하고 있음을 보여주었다. 비록 낙관주의자들이 어떤 시기와 상황에서 비관주의자들보다 별로 더 나은 차이를 보이지 않는다든가, 아마도 더 유리한 점을 지니지 않는 경우들이 있다고는 하지만, 낙관주의자들이 비관주의자들보다 훨씬 더 안 좋은 상태로 치닫게 된다는 증거들은 거의 찾아볼 수가 없다.

몇몇 이론들이 그러한 상황들이 존재한다는 가능성을 제시해왔는데, 그것은 낙관주의가 잠재적으로 손해를 볼 수 있다는 것이다(예: Tennen & Affleck 1987; Schwarzer, 1994). 그리고 실제 이러한 전제들을 뒷받침하는 논리가 있다. 예를 들어, 너무 지나친 낙관주의는 어떤 어려운 상황에 대처하는 자신의 능력을 과대평가하여 더 취약한 대처를 하게 만들 수 있다.

앞부분에서 소개된 대부분의 자료들은 일반적인 그런 경우가 아니었다. 반면에, 두 개의 연구는 낙관주의자들이 항상 그들의 미래의 안녕감을 증진시키기 위한 행동을 취하는 것은 아니라는 가능성을 제시한다. Goodman, Chesney 및 Tipton(1995)은 HIV 감염 위기에 처한 사춘기 소녀들이 HIV 검사에 관한 정보를 구하고 검사를 받기로 동의하는 정도를 연구했다. 낙관주의 성향이 높은 소녀들이 낙관주의 성향이 낮은 소녀들에 비해 자신을 노출시키거나 실제 검사 절차를 따를 가능성이 더 적은 것으로 나타났다(Perkins, Lesserman, Murphy, & Evans, 1993 참조).

이러한 발견들은 앞서 소개된 증거들과는 상반되는 것으로 보이는데, 그 불일치의 근거는 분명하지 않다. Goodman 등(1995)은 그들의 표집에서 나타난 낙관주의 평균이 일반적인 경우보다 훨씬 더 낮은 것이었다는 사실에 주목했다. 이는 그 결과에 다소 영향을 미쳤을 수 있다. 그렇지 않으면 그 결과들이 이전의 발견들과 상반되는 것이 아닐 수도 있다. 아마도 그렇게 보이는 이유는 그 발견들이 타당하게 되는 다른 자료들이 부재하기 때문일 것이다. 예를 들어, 성적 파트너의 혈청상태(serostatus)에 관해 그 소녀들이 가진 지식이 무엇인지에 관한 어떤 정보도 수집되지 않았다. 아마 낙관주의자들은 비관주의자들보다 그들의 파트너들이 HIV 음성판정을 받았다는 것을 증명하기 위해 더 많은 노력을 기울였을 것이다. 그렇다면 그들은 HIV 관련 정보를 구할 필요를 보다 덜 느꼈거나 자신들의 HIV 감염상태를 검사하려는 필요도 역시 덜 느꼈을 수 있다. 분명한 것은, 이러한 질문들에 대답하기 위해서는 더 많은 정보들이 필요하다는 것이다.

낙관주의자들이 여러 위협들로부터 자신을 보호하는 데 실패할 수 있다는 생각은 낙관주의자 한 개인에 대해 도움이 되지 않는 방향으로 작용할 수 있다는 데 대한 한 가지 설명이다. 또 다른 가능성은 낙관주의자의 세계관이 충격적인 사건이 가져오는 엄청난 영향력을 알고 있는 비관주의자의 세계관보다 더 상처받기 쉽다는 것이다. 결국, 모든 역경들은 비관주의자의 세계관을 확증시킨다. 암이 전이되었다는 진단을 받았을 때나 폭력적인 강간의 경험 또는 화재나 홍수로 집을 잃은 것에 대해, 낙관주의자가 비관주의자와는 반대로 반응할까? 낙관주의자들이 그들의 삶을 뒤흔들어 놓는 가정들을 재수립하기 어려운 걸까? 이러한 모든 가능성들은 충분히 제기될 만하다. 그러나 우리는 그것을 지지하는 어떤 증거도 알지 못한다.

아마도 낙관주의자들이 충격적인 사건에 대해 더 좋지 않게 반응한다는 생각에 대한 지지의 부족은 어떻게 성격 변인이 심리적 외상이나 치료 가망이 없는 질병과 같은 경험을 예측하는지에 관한 정보가 부족함을 반영한다. 이러한 질문에 대한 정보는 그리 많지 않다. 하지만 우리는 낙관주의자들이 비관주의자들과 반대로 반응할 것이라고 기대하지 않는다. 오히려 우리는 그들이 변화한 현실에 대한 관점을 교정하고 그들이 직면하는 상황에 최선을 다하려고 노력할 것이라고 기대한다. 비관주의자들은 그들의 세계관이 심리적 외상이나 재난에 의해 확인된 것이라고 생각할지 모르지만, 그들이 그 안에서 큰 만족을 얻게 될지는 의문이다. 그보다는 그들의 경험은 아직 찾아오지 않은 앞으로의 역경에 대한 예상에 영향을 미칠 것이다.

비관주의자가 낙관주의자가 될 수 있는가

낙관주의자의 삶에 비관주의자의 삶보다 여러 면에서 더 나은 것들이 있기 때문에, 후자의 범주보다는 전자의 범주에 들기를 원하는 것이 당연하다. 그렇지만 우리 중 이미 낙관적이지 않은 사람들에게는 적어도 하나의 작은 문제가 있다. 구체적으로, 쌍둥이 연구에서 낙관주의는 유전적 영향을 받는 것임을 시사한다(Plomin et al., 1992). 여기서 낙관주의 그 자체가 유전적인 것인지 아니면 기질의 다른 측면과 관련된 것 때문에 유전가능성을 나타내는 것인지에 대한 의문이 남는다. 낙관주의는 신경증(neuroticism)과 외향성(extraversion)에 관련되며, 이 둘은 모두 유전적인 영향을 받는 것으로 알려져 있다. 비록 낙관주의가 이러한 기질들과 구별되기는 하지만(Scheier et al., 1994), 낙관주의에서 관찰된 유전

가능성이 이러한 관련성들을 반영한다고 할 수 있다.

삶에 대한 사람들의 조망에 대한 또 다른 잠재적 영향력은 초기 아동기의 경험이다. 예를 들어, 성격발달에 대해 논의하면서 Erikson(1968)은 사회적 세상을 예측 가능한 것으로 경험하는 유아는 '기본적 신뢰감'을 발달시키는 반면, 세상을 예측할 수 없는 것으로 경험하는 유아는 '기본적 불신감'을 발달시킨다고 하였다. 이러한 특성들은 일반적 의미의 낙관주의와 비관주의와 그리 다르지 않다. 이와 유사하게, 애착 이론가들은 어떤 유아는 그들의 관계에 안정적으로 애착되며, 어떤 아동들은 그렇지 않다고 주장한다(Ainsworth, Blehar, & Wall, 1978; Bowlby, 1988). 이것은 또한 성인 애착에 관한 논의로 확대되어왔다(Hazan & Shaver, 1994). 종종 성인 애착의 불안정성은 비관주의와 관련되었다. 이것은 낙관주의가 부분적으로 초기 아동기의 안정적인 애착 경험에서 기인하는 것임을 시사하고 있다(Snyder, 1994 참조). 이것은 물론 환경이 낙관주의의 발달에 영향을 끼치는 여러 가능성 중 단지 하나의 예일 뿐이다.

우리가 유전이나 혹은 초기 아동기 경험에서 낙관주의와 비관주의의 가능한 한 기원들을 생각하든 하지 않든 간에, 삶에 대한 낙관주의적이거나 비관주의적인 관점에 대한 이러한 통로들이 제시해주는 것은 그 특성이 비교적 널리 퍼져 있으며(pervasive) 영구적이라는 것이다. 유전적으로 결정된 특성들은 그 정의상 당신의 기본적인 구성(makeup)이며 당신의 행동에 사실상 영원한 영향을 발휘하게 될 것으로 기대된다. 유사하게, 인생의 초기에 획득된 세계관은 당신이 인생에서 나머지 일들을 경험하는 토대가 된다. 그 기초가 더욱더 확고히 자리 잡아갈수록 그것의 영향도 지속적인 것이 된다.

만약 비관주의가 개인의 삶에 깊숙이 새겨진다면, 그것이 바뀔 수 있을까? 이에 대한 대답은 조심스러운 긍정이 될 것 같은데, 낙관주의적 방향에서의 변화는 가능하다. 그러나 얼마나 큰 변화가 합리적으로 기대되고 그 변화가 얼마나 지속될 것인지에 대한 의문은 여전히 남아 있다. 삶에 대한 유도된 낙관주의적 관점이 자연스럽게 생겨난 낙관주의적 시각과 똑같은 방식으로 작용할 것인지, 동일한 이로운 효과들을 가지는지에 관한 질문들 또한 남아 있다.

비관주의자를 낙관주의자로 바꾸려고 시도하는 여러 방법들 중에 가장 직접적인 것은 인지-행동 치료들이라고 알려진 일련의 기술들이다. 사실상, 비관주의자를 (선택적이든 일반적이든 간에) 낙관주의자로 바꾸려고 하는 것은 이러한 치료들의 주요한 동력이 되는 특징으로 보인다. 가장 초기의 적용은 우울증이나 불안과 같은 문제에 대한 것이었다(Beck, 1967). 이에 내재된 논리적 근거는 이러한 문제들을 가지고 있는 사람들이 그들의 생각 속에 다양한 종류의 불필요한 부정적 왜곡들을 만들어낸다는 것이다(예: "나는 아무것도 잘하는 것이 없어."). 비현실적으로 부정적인 이 생각들은 부정적 정서(불행감, 불안)를 가져오며 사람들이 그들의 목표에 도달하려는 노력을 중단하도록 만든다. 이러한 경우에, 왜곡들은 우리가 비관주의자의 내적 독백이라고 생각하는 것과 아주 유사하다.

만약 불필요한 부정적 인지와 자기진술들이 그 문제의 본질을 정의하는 것이라면, 인지치료의 목표는 그 인지들을 변화시켜 보다 더 긍정적으로 만들며, 그럼으로써 심리적 스트레스를 줄이고 새로운 노력을 하게 하는 것이다. 이러한 변화를 가져오기 위한 많은 기법들이 존재한다. 일반적으로 이러한 치료 접근법은 사람들이 자신의 경험에 좀 더 주의를 기울이도록 함으로써 시작하는데, 고통이 시작되는 시점이 언제인지를 확인하고, 이러한 고통 시점들과(또는 바로 선행하는) 연관된 생각들을 확인하려는 것이다. 이것은 자동적 사고에 대해 좀 더 자각하도록 만드는 것이다. 많은 경우에, 논의가 되는 생각들은 비관주의적 신념인 것으로 나타났다. 그 신념들이 고립되기만 하면, 도전받고 변화될 수 있다(신념을 변화시킴으로써 비관주의적 신념을 다루려는 이러한 시도는 이전 장에서 유용한 대처전략으로 기술되었던 긍정적 재구성과 유사성을 가지고 있다.).

자주 사용되는 또 다른 방법은 개인적인 효율성 훈련이다. 그러한 절차들의 초점은(예: 주장 훈련이나 사회적 기술 훈련에 의한) 특정한 종류의 능력을 증진시키는 것이다. 그러나 그 기술들은 종종 일반적인 의미의 비관주의와 연관되어 있는 생각과 행동에 역점을 둔다. 문제 해결, 성취 가능한 하위 목표들을 선택하고 정의하는 것 그리고 의사결정 훈련은 한 개인이 광범위한 일상 상황들을 다뤄나가는 방법들을 향상시킨다.

긍정적 기대의 발달이 이러한 치료의 중요한 목표이기는 하지만, 실재하는 의문에 대해 의문을 제기하지 않는 낙관주의로 대체하려는 시도는 비생산적인 것이 될 수 있다는 것을 인식하는 것도 중요하다. 때때로 사람들이 비관적인 이유는 자신에게 비현실적으로 높은 포부를 가지고 있기 때문이다. 그들은 완벽을 요구하면서도 완벽을 요구한다는 것을 모르고, 그들의 적합성을 의심하는 결과를 발달시킨다. 이러한 경향은 현실적인 목표를 세우고, 상황을 변화시키기보다 상황을 수용해야만 한다는 것을 확인함으로써 반격되어야 한다. 달성하기 어려운 목표들을 단념하는 것을 배우고, 달성할 수 없는 목표들을 대체할 수 있는 대안적인 목표들을 세우는 것을 배워야만 한다(Carver & Scheier, 1998, 2000; Wrosch, Scheier, Carver, & Schulz, 2000).

 결 론

긍정적 사고는 좋은 것이며 부정적 사고는 나쁜 것이라는 것은 자주 언급된다. 시험을 준비하는 학생이나 결승에 진출하려는 운동선수 그리고 인생을 바꿔 놓을 진단에 직면한 환자는 "긍정적으로 생각하라."는 말을 듣게 된다. 정말 긍정적으로 생각하는 것이 이로운 것일까? 이에 대한 대답은 확실히 그렇다이다. 늘어나는 관련 문헌은 미래에 관한 기대들이 사람들이 역경이나 도전의 시기에 어떻게 반응하는가에 중요한 영향력을 갖는다는 것을 보여준다. 기대는 사람들이 상황에 직면하는 방법에 영향을 미치고, 그것을 다루고 성공하는 데도 영향을 준다. 우리는 개인의 미래에 대해 긍정적인 기대를 갖는 것이 이롭지 못하다는 것을 보여주는 확실한 증거를 아직 찾지 못했다. 많은 질문들이 대답되지 않은 채 남아 있다. 예를 들어, 낙관주의가 주관적 안녕감에 미치는 정확한 기제에 대한 것이나, 낙관주의가 신체적 안녕감에 영향을 미치게 한다는 잠재적 통로에 관한 것들이 아직 답을 얻지 못했다. 그러나 이 분야에서의 미래 연구에 대해서는 낙관적인데, 긍정적 사고가 사람들을 이롭게 하는 경로를 밝히려는 연구가 계속될 것이라는 점에서 그러하다.

부록

삶의 지향 검사-개정판(Lot-R)의 문항들, 낙관주의 대 비관주의 측정

1. 불안한 상황에서도, 나는 보통 최선의 결과가 나타나리라고 기대한다.
2. 나는 쉽게 긴장을 풀 수 있다(Filler).
3. 만약 내게 무엇이 잘못될 수 있다면, 그렇게 될 것이다.
4. 나는 항상 내 미래에 대해 낙관적이다.
5. 나는 친구들을 아주 좋아한다(Filler).
6. 나에게는 바쁘게 지내는 것이 중요하다(Filler).
7. 나는 내 방식대로 일이 풀리리라고 별로 기대하지 않는다.[a]
8. 나는 쉽게 당황하지 않는다(Filler).
9. 나는 좋은 일들이 내게 일어날 것이라고 거의 기대하지 않는다.[a]
10. 전반적으로 볼 때 나에게 나쁜 일보다는 좋은 일이 더 일어날 것이라고 예측한다.

주석: 응답자들은 5점 Likert 척도("전혀 그렇지 않다"에서 "매우 그렇다"까지에 이르는)를 사용하여 각 항목에 일치하는 정도를 나타낸다. 부정적으로 언급된 문항들(a로 표시된)을 역으로 입력한 후에 6개의(nonfiller) 항목들이 전체 점수를 산출하기 위해 합산되었다.

Ainsworth, M. D. S., Blehar, M. C., Waters, E., & Wall, T. (1978). *Patterns of attachment*. Hillsdale, NJ: Erlbaum.

Armor, D. A., & Taylor, S. E. (1998). Situated optimism: Specific outcome expectancies and self-regulation. In M. Zanna (Ed.), *Advances in experimental social psychology* (Vol. 30, pp. 309-379). San Diego, CA: Academic Press.

Aspinwall, L. G., & Brunhart, S. N. (1996). Distinguishing optimism from denial: Optimistic beliefs predict attention to health threats. *Personality and Social Psychology Bulletin, 22,* 993-1003.

Aspinwall, L. G., & Taylor, S. E. (1992). Modeling cognitive adaption: A longitudinal investigation of the impact of individual differences and coping on college adjustment and performance. *Journal of Personality and Social Psychology, 61,* 755-765.

Austin, J. T., & Vancouver, J. B. (1996). Goal constructs in psychology: Structure, process, and content. *Psychological Bulletin, 120,* 338-375.

Beck, A. T. (1967). *Depression: Clinical, experimental, and theoretical aspects*. New York: Harper and Row.

Beck, A. T., Steer, R. A., Kovacs, M., & Garrison, B. (1985). Hopelessness and eventual suicide: A 10-year prospective study of patients hospitalized with suicidal ideation. *American Journal of Psychiatry, 142,* 559-563.

Bowlby, J. (1988). *A secure base: Parent-child attachment and healthy human development*. New York: Basic Books.

Carver, C. S., & Gaines, J. G. (1987). Optimism, pessimism, and postpartum depression. *Cognitive Therapy and Research, 11,* 449-462.

*Carver, C. S., Pozo, C., Harris, S. D., Noriega, V., Scheier, M. F., Robinson, D. S., Ketcham, A. S., Moffat, F. L., & Clark, K. C. (1993). How coping mediates the effect of optimism on distress: A study of women with early stage breast cancer. *Journal of Personality and Social Psychology, 65,* 375-390.

*Carver, C. S., & Scheier, M. F. (1998). *On the self-regulation of behavior.* New York: Cambridge University Press.

Carver, C. S., & Scheier, M. F. (2000). Scaling back goals and recalibration of the affect system are processes in normal adaptive self-regulation: Understanding "response shift" phenomena. *Social Science and Medicine, 50,* 1715-1722.

Carver, C. S., & Scheier, M. F., & Weintraub, J. K. (1989). Assessing coping strategies: A theoretically based approach. *Journal of Personality and Social Psychology, 56,* 267-283.

Cozzarelli, C. (1993). Personality and self-efficacy as predictors of coping with abortion. *Journal of Personality and Social Psychology, 65,* 1224-1236.

Curbow, B., Somerfields, M. R., Baker, F., Wingards, J. R., & Legro, M. W. (1993). Personal changes, dispositional optimism, and psychological adjustment to bone marrow transplantation. *Journal of Behavioral Medicine, 16,* 423-443.

Erikson, E. H. (1968). *Identity: Youth and Crisis.* New York: Norton.

Fitzgerald, T. E., Tennen, H., Affleck, G., & Pransky, G. S. (1993). The relative importance of dispositional optimism and control appraisals in quality of life after coronary artery bypass surgery. *Journal of Behavioral Medicine, 16,* 25-43.

Fontaine, K. R., Manstead, A. S. R., & Wagner, H. (1993). Optimism, perceived control over stress, and coping. *European Journal of Personality, 7,* 267-281.

Friedman, L. C., Nelson, D. V., Baer, P. E., Lane, M., Smith, F. E., & Dworkin, R. J. (1992). The relationship of dispositional optimism, daily life stress, and domestic environment to coping methods used by cancer patients. *Journal of Behavioral Medicine, 15,* 127-141.

Fry, P. S. (1995). Perfectionism, humor, and optimism as moderators of health outcomes and determinants of coping styles of women executives. *Genetics, Social, and General Psychology Monographs, 121*, 211-245.

Given, C. W., Stommel, M., Given, B., Osuch, J., Kurtz, M. E., & Kurtz, J. C. (1993). The influence of cancer patients' symptoms and functional states on patients' depression and family caregivers' reaction and depression. *Health Psychology, 12,* 277-285.

Goodman, E., Chesney, M. A., & Tipton, A. C. (1995). Relationship of optimism, knowledge, attitudes, and beliefs to use of HIV antibody test by at-risk female adolescents. *Psychosomatic Medicine, 57,* 541-546.

Greer, S., Morris, T., & Pettingale, K. W. (1979). Psychological response to breast cancer: Effect on outcome. *Lancet, ii,* 785-787.

Greer, S., Morris, T., Pettingale, K. W., & Haybittle, J. L. (1990). Psychological response to breast cancer and 15year outcome. *Lancet, i,* 49-50.

Hazan, C., & Shaver, P. R. (1994). Attachment as an organizational framework for research on close relationships. *Psychological inquiry, 5,* 1-22.

Hooker, K., Monahan, D., Shifren, K., & Hutchinson, C. (1992). Mental and physical health of spouse caregivers: The role of personality. *psychology and Aging, 7,* 367-375.

*Litt, M. D., Tennen, H., Affleck, G., & Klock, S. (1992). Coping and cognitive factors in adaptation to in vitro fertilization failure. *Journal of Behavioral Medicine, 15,* 171-187.

Long, B. C. (1993). Coping strategies of male managers: A prospective analysis of predictors of psychosomatic symptoms and job satisfaction. *Journal of Vocational Behavior, 42,* 184-199.

*Ohannessian, C. M., Hesselbrock, V. M., Tennen, H., & Affleck, G. (1993). Hassles and uplifts and generalized outcome expectancies as moderators on the relation between a family history of alcoholism and drinking behaviors. *Journal of Studies on Alcohol, 55,* 754-763.

Park, C. L., Moore, P. J., Turner, R. A., & Adler, N. E. (1997). The roles of constructive thinking and optimism in psychological and behavioral adjustment during pregnancy, *Journal of Personality and Social Psychology, 73,* 584-592.

Perkins, D. O., Leserman, J., Murphy, C., & Evans, D. L. (1993). Psychosocial predictors of high-risk sexual behavior among HIV-negative homosexual men. *AIDS Education and Prevention, 5,* 141-152.

Peterson, C., & Seligman, M. E. P. (1984). Causal explanations as a risk factor for depression: Theory and evidence. *Psychological Review, 91,* 347-374.

Pettingale, K. W., Morris, T., & Greer, S. (1985). Mental attitudes to cancer: An additional prognostic factor. *Lancet, i,* 750.

Plomin, R., Scheier, M. F., Bergeman, C. S., Pedersen, N. L., Nesselroade, J. R., & McClearn, G. E. (1992). Optimism, pessimism, and mental health: A twin/adoption analysis. *Personality and Individual Differences, 13,* 921-930.

Reed, G. M., Kemeny, M. E., Taylor, S. E., Wang, H-Y. J., & Visscher, B. R. (1994). Realistic acceptance as a predictor of decreased survival time in gay men with AIDS. *Health Psychology, 13,* 299-307.

Robbins, A. S., Spence, J. T., & Clark, H. (1991). Psychological determinants of health and performance: The tangled web of desirable and undesirable characteristics. *Journal of personality and Social Psychology, 61,* 755-765.

Scheier, M. F., & Carver, C. S. (1985). Optimism, coping and health:

Assessment and implications of generalized outcome expectancies. *Health Psychology, 4,* 219-247.

*Scheier, M. F., & Carver, C. S. (1992). Effects of optimism on psychological and physical well-being: Theoretical overview and empirical update. *Cognitive Therapy and Research, 16,* 201-228.

*Scheier. M. F., & Carver, C. S. (2001). Adapting to cancer: The importance of hope and purpose. In A. Baum & B. L. Andersen (Eds.), *Psychological interventions for cancer* (pp. 15-36). Washington, DC: American Psychological Association.

*Scheier, M. F., Carver, C. S., & Bridges, M. W. (1994). Distinguishing optimism from neuroticism (and trait anxiety, self-mastery, and self-esteem): A reevaluation of the Life Orientation Test. *Journal of Personality and Social Psychology, 67,* 1063-1078.

Scheier, M. F., Matthews, K. A., Owens, J. F., Magovern, G. J., Lefebvre, R. C., Abbott, R. A., & Carver. C. S. (1989). Dispositional optimism and recovery from coronary artery bypass surgery: The beneficial effects on physical and psychological well-being. *Journal of Personality and Social Psychology, 57,* 1024-1040.

Scheier, M. F., Weintraub, J. K., & Carver, C. S. (1986). Coping with stress: Divergent strategies of optimists and pessimists. *Journal of Personality and Social Psychology, 51,* 1257-1264.

Schwarzer, R. (1994). Optimism, vulnerability, and self-beliefs as health-related cognitions: A systematic overview. *Psychology and Health, 9,* 161-180.

Seligman, M. E. P. (1991). *Learned optimism.* New York: Knopf.

Shepperd, J. A., Maroto, J. J., & Pbert, L. A. (1996). Dispositional optimism as a predictor of health changes among cardiac patients. *Journal of Research in Personality, 30,* 517-534.

Shifren, K., & Hooker, K. (1995). Stability and change in optimism: A study among spouse caregivers. *Experimental Aging Research, 21,* 59-76.

Snyder, C. R. (1994). *The psychology of hope: You can get there from here.* New York: Free Press.

Snyder, C. R., Sympson, S. C., Ybasco, F. C., Borders, T. F., Babyak, M. A., & Higgins, R. L. (1996). Development and validation of the state hope scale. *Journal of Personality and Social Psychology, 70,* 321-335.

*Stanton, A. L., & Snider, P. R. (1993). Coping with breast cancer diagnosis: A prospective study. *Health Psychology, 12,* 16-23.

Steptoe, A., Wardle, J., Vinck, J., Tuomisto, M., Holte, A., & Wichstrem, L. (1994). Personality and attitudinal correlates of healthy lifestyles in young adults. *Psychology and health, 9,* 331-343.

Strack, S., Carver, C. S., & Blaney, P. H. (1987). Predicting successful completion of an aftercare program following treatment for alcoholism: The role of dispositional optimism. *Journal of Personality and Social Psychology, 53,* 579-584.

Strutton, D., & Lumpkin, J. (1992). Relationship between optimism and coping strategies in the work environment. *Psychology Reports, 71,* 1179-1186.

*Taylor, S. E., Kemeny, M. E., Aspinwall, L. G., Schneider, S. G., Rodriguez, R., & Herbert, M. (1992). Optimism, coping, psychological distress, and high-risk sexual behavior among men at risk for acquired immunodeficiency syndrome (AIDS). *Journal of Personality and Social Psychology, 63,* 460-473.

Tennen, H., & Affleck, G. (1987). The costs and benefits of optimistic explanations and dispositional optimism. *Journal of Personality, 55,* 377-393.

Wrosch, C., Scheier, M. F., Carver, C. S., & Schulz, R. (2000). The importance of goal disengagement in a positive psychology. Unpublished manuscript.

Zeidner, M., & Hammer, A. L. (1992). Coping with missile attack: Resources, strategies, and outcomes. *Journal of personality, 60,* 709-746.

희 망

희 망
희망의 개인차 척도들
희망과 다른 긍정심리학 이론들 간의 유사점
희망 그리고 긍정심리학 렌즈를 통해 보기
소수보다는 다수를 위한 희망

희 망

이론의 탄생

새로운 이론은 기존에 통용되는 낡은 관점보다 더 발견적인 모델을 제안하는 선구자들로부터 시작된다. 희망이론의 발전도 이러한 방식으로 시작되었다. 그렇다면 우리가 바꾸고 싶었던 희망에 대해 그간 통용되어 오던 학문적 관점은 무엇이었을까? 목표가 달성될 수 있다는 인식은 1950년대와 1960년대에 희망에 대해 정의하였던 학문적 성과에서 찾아볼 수 있다(Cantril, 1964; Farber, 1968; Frank, 1975; Frankl, 1992; Melges & Bowlby, 1969; Menninger, 1959; Schachtel, 1959). 이러한 관점이 이전의 많은 학자들에 의해서 공유되기는 했지만, 희망적 목표지향적 사고에 포함되어 있는 것을 완전히 포착하지 못했다. 시작 단계에서 우리는 희망의 정의를 보다 내재적인 것으로 이해하였다. 비록 희망에 관한 새로운 관점이 가능하고 필요하다는 것을 인식하기는 했지만, 그 모델이 어떤 것이 될 것인지에 대해서는 확신할 수 없었다. 희망 연구의 전환점은 Fritz Heider의 제안을 따랐을 때 찾아왔는데, 우리는 사람들에게 그들의 목표지향적 생각들에 대해 말해달라고 부탁했다. 목표지향적 사고 과정에 관한 비공식적인 인터뷰에 응한 다음, 사람들은 그들의 목표에 이르기 위한 경로들과 그러한 경로들을 사용하려는 동기를 반복적으로 언급했다. 희망을 "우리가 바라는 목표에 도달할 수 있다는 인식"으로 보는 이전의 견해를 상기해보자. 그것은 사람들이 이러한 전 과정에 목표

---

* C. R. Snyder, Kevin, L. Rand, & David Sigmon

지향적인 사고—경로(pathways)와 주도성(agency)—라는 두 가지 요소가 포함되어 있다는 것을 제시하고 있는 것과 같다. 우리의 관점에서 본다면, 한 새로운 이론이 태어난 것이다. 간단하게 말하면, 희망적 사고는 바라는 목표에 이르는 경로들을 찾을 수 있고, 그러한 경로들을 사용하도록 동기화된다는 신념을 반영하는 것이다. 우리는 또한 희망이 사람들의 정서와 안녕감을 가져오는 데 기여한다고 제안하였다. 희망이론이라고 불리게 된 아주 간략한 이 역사를 토대로, 우리는 이 이론의 다양한 측면들을 자세히 설명할 것이다.

목표

우리는 인간의 행동이 목표지향적이라는 가정으로 시작할 것이다. 목표는 정신적 행동 순서의 대상이 되며, 희망이론을 정립하는 인지적 구성요소를 제공한다(Snyder, 1994a, 1994c, 1998b; Snyder, Cheavens, & Sympson, 1997; Snyder, Sympson, Michael, & Cheavens, 2000; Stotland, 1969). 목표는 단기적이거나 장기적일 수 있는데, 의식적인 사고를 점유할 만큼 충분한 가치를 지녀야 할 필요가 있다. 목표는 달성 가능한 것이어야 하지만, 일반적으로 어느 정도의 불확실성을 포함한다. 인터뷰를 받았을 때 사람들은 희망이 중간 정도의 난이도로 목표가 달성될 가능성이 있을 때 번성한다고 보고했다(Averill, Catlin, & Chon, 1990).

경로 사고

목표를 달성하기 위해서 사람들은 자신이 목표에 작용 가능한 경로들을 생성할 능력이 있다고 생각해야만 한다. 이러한 과정을 경로 사고

(pathways thinking)라고 하는데, 바라는 목표에 작용 가능한 경로들을 생성할 수 있는 지각된 능력을 의미한다. 우리는 이 경로 사고가 "나는 이것을 이루어낼 방법을 찾아낼 것이다!"라는 진술과 유사한 내적 메시지들에 확신을 가지는 특징이 있음을 알아냈다(Snyder, Lapointe, Crowson, & Early, 1998).

어떤 주어진 사례에서 경로 사고는 적어도 하나의 경로, 종종 더 많은 수의 바라는 목표에 사용 가능한 경로를 생성해낼 수 있는 사고들과 관련된다. 몇 가지 경로들의 생산은 곤경에 직면할 때 중요하며, 희망수준이 높은 사람들은 사실상 대안적인 경로들을 생성하는 데 매우 효과적이다(Irving, Snyder, & Crowson, 1998; Snyder, Harris et al., 1991).

주도 사고

희망이론에서 동기적 요소는 주도성이다. 이것은 바라는 목표에 도달하기 위해 경로들을 사용하는 능력이다. 주도 사고는 한 경로를 따라 움직이기 시작하는 것과 그 경로를 따라 발전을 계속하는 것에 관한 자기참조적(self-referential) 사고들을 반영한다. 우리는 희망수준이 높은 사람들이 "나는 이 일을 해낼 수 있어."와 "나는 중단하지 않을 거야."와 같은 자기-대화 주도적 어구들을 갖고 있다는 것을 발견했다(Snyder et al., 1998). 주도적 사고는 모든 목표지향적 사고에 중요하지만, 사람들이 곤경에 처하게 될 때 특별히 중요하게 된다. 장애물이 있는 경우에, 주도 사고는 그 사람이 최선의 대안 경로 사용에 동기화되도록 돕는다(Snyder, 1994c).

경로의 증가와 주도 사고

희망적 사고는 가능한 경로들을 계획할 능력과 목표지향적 에너지 모두를 필요로 한다. 그러므로 희망은 "긍정적인 동기 상태로서 (1) 주도성(목표지향적 에너지) 그리고 (2) 경로(목표들에 다다르기 위한 계획)의 성공적인 상호작용에 기반을 두고 있다"(Snyder, Irving, & Anderson, 1991, p. 287). 목표 추구 순서에서 희망적 사고의 진행에 대하여 우리는 경로 사고가 주도 사고를 증가시킨다고 가정했는데, 그 결과로 더 많은 경로 사고를 불러온다. 그러므로 전체적으로 경로와 주도 사고가 어떤 주어진 목표지향적 인지 과정에 추가적일 뿐 아니라 반복적이기도 하다(Snyder, Harris et al., 1991 참조).

희망, 곤경들 그리고 감정

대부분의 견해들이 희망을 하나의 감정으로 간주하였으나(Farina, Hearth, & Popovich, 1995), 우리는 희망에서 사고 과정을 강조해왔다. 긍정적인 감정은 목표 추구의 성공적인 지각에서 나온다. 목표 추구의 성공적인 지각은 바라는 목표를 방해받지 않는 데서 나올 수도 있고, 어떤 문제나 장애를 성공적으로 극복하는 경우를 반영하는 것일 수도 있다. 반면, 부정적인 감정은 성공적이지 못한 목표 추구의 산물이다. 목표 추구가 성공적이지 못하다는 지각은 불충분한 주도 사고 혹은 경로 사고에 기인하거나, 훼방하는 상황을 극복하지 못하는 데서 나오는 것이다. 따라서 우리는 목표 추구 인지가 감정을 야기한다고 제안한다.

이러한 점들과 관련하여, 극복할 수 없는 목표 장애들에 직면한 사람들은 부정적인 감정을 경험하는 반면, 방해받지 않은 목표 추구나 곤경을 극복한 후의 성공적인 목표 추구가 긍정적 감정을 갖게 한다는 것을 상관관계나 인과론적 방법론들을 통해서 발견하였다(Snyder et al., 1996). 이러한 발견들은 다른 실험실에서 밝혀낸 사실과 일치하는데, 중요한 목표를 추구하는 데 심각한 어려움에 당면한 사람들은 심리적 안녕감이 줄어든다는 것이다(Diener, 1984; Emmons, 1986; Little, 1983; Omodei & Wearing, 1990; Palys & Little, 1983; Ruehlman & Wolchik, 1988). 더욱이 중요한 목표의 진보에 대한 지각된 결여가 심리적 안녕감 감소의 원인이라는 것이 그 반대의 경우보다 타당하다는 데 의견의 일치가 증가하고 있다(Brunstein, 1993; Little, 1989).

완전한 희망 모델

[그림 6-1]의 왼쪽에서부터 오른쪽으로 보면 희망이론에서 말하는 목표지향적 사고 과정의 순서를 볼 수 있다. 경로 사고와 주도 사고의 원인론은 맨 왼쪽에 제시되어 있다. 신생아는 "무엇이 무엇과 함께 진행되는지"에 대한 감각을 획득하기 위해 태어난 직후 경로 사고를 하게 된다(즉, 어떤 사건들이 시간상 서로 연관된 것으로 보이는지; Schulman, 1991). 아동기를 통해, 이러한 배움들이 정교해짐으로써 결과적으로 아동이 인과관계의 과정을 이해하게 된다(즉, 사건들이 시간상 단순히 연관되는 것이 아니라, 하나의 사건이 또 다른 사건을 이끌어내고 있는 것이다.). 추가적으로, 대략 1세에 유아는 다른 개체들(보호자를 포함하여)로부터 분리되어 있다는 것을 깨닫게 된다. 이러한 과정을 심리적 탄생이라고 하는데, 아주 어린 아동이 또 하나의 중요한 통찰, 즉 자신이 일련의 사건들을 일어나게 할 수 있다는 것을 예견하게 한다. 즉, 자기가 인과적 선동자(causal instigator)로 지각된다는 것이다. 이러한 심리적 탄생과 선동자 '배움'은

개인이 주도성을 갖게 한다.

요약하면, 목표지향적인 희망적 사고의 습득은 절대적으로 그 아동의 생존과 번성에 중요하다. 그렇기 때문에 부모, 보육자, 교사 그리고 일반 사회구성원들은 이 희망적 사고를 가르치는 데 헌신하고 있다. 희망 과정의 발달적 선행요인에 대해 관심이 있는 독자들을 위해서, 우리는 이 주제에 관한 기술들을 제시할 것이다(예: McDermott & Snyder, 2000, pp. 5-18; Snyder, 1994c, pp. 75-114; Snyder, 2000a, pp. 21-37; Snyder, McDermott, Cook, & Rapoff, 1997, pp. 1-37).

[그림 6-1]에서 보여주듯이, '결과 가치'는 사건-전 분석 단계에서 중

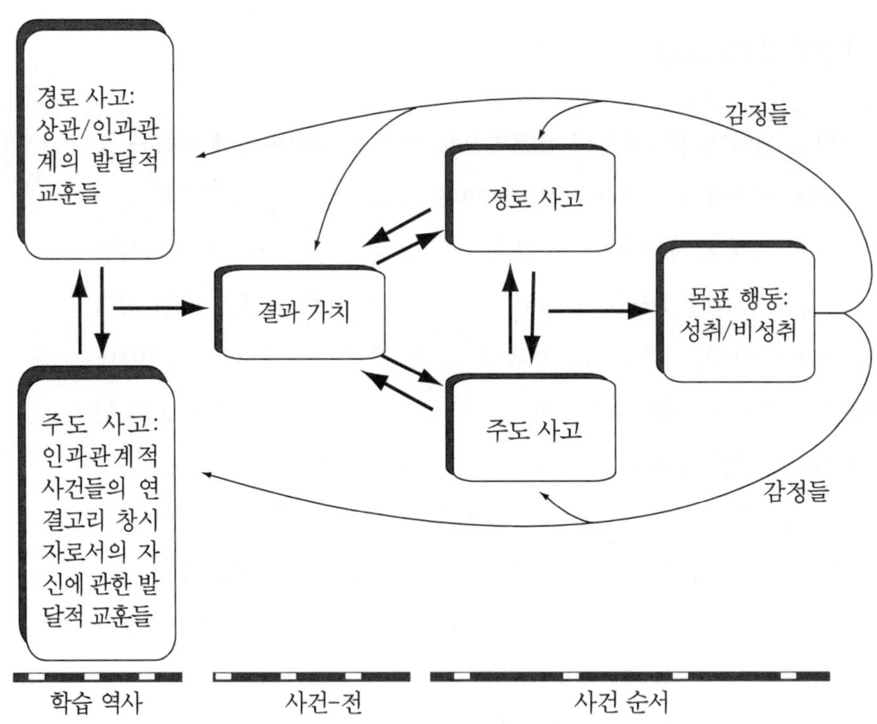

[그림 6-1] 희망에서 주도와 경로 목표지향적 사고들을 포함하는 feed-forward와 피드백 기능의 체계

요하다. 만약 상상한 결과들이 충분히 높은 중요성을 가져서 계속적으로 정신적인 주의를 요하게 되면, 사건 순서 분석 단계로 이동하여 그 경로들과 주도 사고들이 반복되는 단계로 이동하게 된다. 하지만 때때로 경로와 주도 사고의 반복 과정은 그 결과가 계속되는 목표지향적 처리 과정을 보증하기 위한 충분한 중요성을 지니게 한다는 것을 확인하기 위해 그 주기로 다시 돌아갈 수도 있다. 바꾸어서, 경로와 주도 사고(양방향 화살표들이 보여주듯이)는 사건 순서 목표 성취(아니면 비성취) 사고들과 결과적 성공에 합산되어 어떤 주어진 목표 추구에 뒤따르는 성공의 단계에 영향을 주기 위한 것이다. [그림 6-1]에서 왼쪽에서 오른쪽으로 향하는 굵은 화살표들은 희망적인 목표지향적 사고의 전반적인 feed-forward (실행에 옮기기 전에 결함을 예측해 행하는 피드백 과정) 흐름을 보여주고 있다.

만약 한 특정한 목표 추구가 완료되었다면, 그 사람의 목표 성취(혹은 비성취) 사고들과 그 결과로서 성공에서 야기되는 긍정적인(혹은 실패에서 야기되는 부정적인) 감정들이, 그 결과 가치에 영향을 줄 뿐만 아니라 그 상황이나 일반적인 상황에서 뒤따르는 지각된 경로들과 주도적 능력에 영향을 주려면 그 주기를 다시 돌아가야 한다. [그림 6-1]에서 오른쪽에서 왼쪽으로 가는 얇은 선의 화살표들이 나타내는 것 같이, 피드백 과정은 성공적이거나 성공적이지 못한 목표 성취로부터 기인하는 특정 감정들로 구성된다. 그러므로 여기서 희망이 일련 순서의 다양한 시점에서 피드백에 반응하는 목표지향적 사고의 상호 연관된 체계를 포함한다는 것은 중요한 일이다.

희망의 개인차 척도들

새로운 심리학 이론의 진화 과정에서 중요한 단계는 그 구성요인의 구조를 정확하게 반영하는, 신뢰할 만하며 타당한 개인차 측정도구의 발전이다. 개인차 측정도구들은 한 이론을 검증하게 하며, 연구와 적용 상황에 구성요인의 적용을 촉진시킨다. 우리는 이제 희망을 측정하는 세 가지 측정도구의 발달에 대해 살펴볼 것이다.

특성 희망 척도

성인 특성 희망 척도(Snyder, Harris et al., 1991)는 네 가지 주도, 네 가지 경로 그리고 네 가지 관련 없는 항목(distracter items)들로 구성된다. 그 항목들에 응답할 때, 응답자들은 시간과 상황적 맥락을 뛰어넘을 것을 상상하도록 요구받는다. 이러한 측정도구는 (a) 두 가지로 분리되었지만 관련성을 갖는 주도와 경로 요인들에 대해 내적 신뢰도와 일시적인 신뢰도(Babyak, Snyder, & Yoshinobu, 1993), (b) 광범위한 수렴 및 변별 타당성이 지지되었음(Cheavens, Gums, & Snyder, 2000; Snyder, Harris et al., 1991)을 보여주었다. 특성 희망 척도는 부록 A에 제시되었다.

상태 희망 척도

상태 희망 척도(Snyder et al., 1996)는 세 가지 주도와 세 가지 경로 항목을 가지는데, 응답자들에게 그들이 '지금' 어떠한지에 대해 응답하게 하였다. 수많은 연구들이 이 척도의 수렴 및 변별 타당도뿐만 아니라 내적 신뢰도와 요인 구조를 지지하였다(Feldman & Snyder, 2000; Snyder et al., 1996). 상태 희망 척도는 부록 B에 제시되었다.

아동의 희망 척도

아동(8~16세까지)의 희망 척도(Snyder, Hoza et al., 1997)는 세 가지 주도와 세 가지 경로 항목들로 구성된다. 이 척도의 내적 신뢰도와 검사-재검사 신뢰도는 입증되었다. 관련 연구들은 이 척도의 수렴 및 변별 타당도를 지지해주었다(Moon & Snyder, 2000; Snyder, Hoza et al., 1997). 아동의 희망 척도는 부록 C에 제시되었다.

희망과 다른 긍정심리학 이론들 간의 유사점

이제 희망이 다섯 개의 다른 긍정심리학과 관련된 이론들과 갖는 관계에 주목하려고 한다. 희망과 비교하는 과정에서 철저한 이론적 설명 외에, 이 다섯 개의 이론들은 각각의 개인차 척도를 갖고 있다. 우리의 기본 전제는 희망이 긍정심리학 집단의 일부라는 점을 지지하기 위해(수렴 타당도) 희망은 다른 구성요인들과 유사한 관계를 갖고 있어야 하며, 또한 이미 존재하는 한 이론(예: 변별 타당도)에 대한 대용물이 되지 않기 위해서 충분한 차이도 가져야 할 것이다. 각 이론들의 상대적 강조점뿐만 아니라, 공유되거나 공유되지 않는 이론들의 구성요소들을 살펴보기 위해 〈표 6-1〉을 제시하였다.

〈표 6-1〉 선별된 긍정심리학 이론들과 비교한 희망의 암시적 및 명시적 작용 과정과 강조점들

이론 작용 과정	희망	낙관주의: Seligman	낙관주의: Scheier와 Carver	자기 효능감	자기 존중감	문제 해결
귀인		+++				
결과 가치	++	+	++	++	+	+
목표지향적 사고	+++	+	++	+++	+	+++
주도-관련 사고를 위한 지각된 역량들	+++		+++	+++		
경로-관련 사고를 위한 지각된 역량들	+++		+	++		+++

+ 작용 과정은 모델의 암시적 부분이다.
++ 작용 과정은 모델의 명시적 부분이다.
+++ 작용 과정은 명시적이고 모델에서 강조된 부분이다.
그러므로 더하기 기호들(아무것도 없는 상태에서 +, ++, +++까지)이 많을수록 특정 이론 내에 주어진 작용 과정에 더 큰 강조를 나타내는 것이다.

낙관주의: Seligman

Abramson, Seligman 및 Teasdale(1978)은 재구성된 무기력(helplessness) 모델에서 인생의 중요한 부정적 사건들에 대한 귀인(attributions)을 강조했다. Seligman(1991)은 그 귀인 과정을 그의 낙관주의 이론의 기초로 사용하였다(〈표 6-1〉). 이러한 관점에서, 낙관주의적 귀인 양식(optimistic attributional style)은 이전의 무기력 모델에서 초점이 맞추어졌던 내적이고 안정적이며 전반적인 귀인 대신에 실패에 대해 외적이고, 상황적이고, 구체적인 귀인 패턴이다. 이 이론이 내포하는 것은 낙관주의적인 사람들은 자신을 부정적 결과들과 거리를 두려는 목표지향적 특성이 있다는 것이다. 그러나 희망이론에서의 초점은 미래에 이루어지기를 바라는 긍정적 목표지향적 결과에 있으며, 이 바라는 목표에 대한 주도 사고와 경로 사고를 강조한다. 비록 희망이 보다 더 강조하기는 하지만, 이 두 가지 이론 모두 결과(outcome)를 매우 중요시한다. Seligman의 낙관주의 이론과는 달리, 희망은 긍정적이거나 부정적인 감정의 원인론을 강조한다.

낙관주의: Scheier와 Carver

Scheier와 Carver(1985)는 일반화된 결과 예측을 강조하고 있으며, 낙관주의는 한 결과가 실질적 가치를 가지게 될 때에 목표에 기반을 둔 접근이라고 가정한다. 이러한 낙관주의 모델에서, 사람들은 자신을 바라는 목표를 향해 움직이거나 바람직하지 않은 목표로부터 멀어지려는 존재로 지각한다(반대 목표들; Carver & Scheier, 2000a). 비록 경로 사고들과 주도 사고들이 그들의 모델에 암시되어 있기는 하지만, 결과 기대(주도성과 유사한)는 목표지향적 행동의 주요한 유도자인 것으로 보인다. 따라서 Scheier와 Carver는 주도성과 같은 사고(agency-like thought)를 강조하는 반면 희망에서는 경로와 주도 사고에 동등하고도 지속적인 강조가 이루어진다(〈표 6-1〉 참조). 희망이론과 낙관주의 이론 모두 인지적이며, 상황 간 행동을 설명한다(Snyder, 1995). 더군다나 그 두 구성요인은 .50의 범위에서 상관이 있었다(Snyder, Harris et al., 1991). 그러나 우리가 주목해야 할 것은 희망은 몇 가지의 변인들에 대한 예측에서 낙관주의를 뛰어넘는 독특한 변인을 생성해냈고, 이러한 두 가지 구성요인들의 요인 구조가 다르다는 것을 보여주었다(Magaletta & Oliver, 1999)는 점이다. 마지막으로 Scheier와 Carver가 이 문제에 전반적으로 침묵하고 있는 반면, 희망이론이 감정(긍정적이거나 부정적인)의 원인론을 기술하고 있다는 점에서 차이를 보인다.

자기효능감: Bandura

Bandura에 의하면(1982, 1997), 자기효능감이 작동하기 위해서는 목표와 관련된 결과가 주의를 끌 만큼 중요한 것이어야 한다. 이러한 명제는 희망이론에서 주장하고 있는 것과 유사하다. Bandura는 자기효능감에서의 인지 처리 과정이 상황-구체적인 목표에 초점을 맞추어야 한다고 확고히 주장했다. 이 목표 강조는 희망이론과 병행되지만, 희망에서는 지속적이고, 상황-교차적이며, 상황적 목표지향적 사고들이 존재할 것이라는 점에서 차이를 보인다. 자기효능감 이론 안에서, 개인은 주어진 목표 달성 상황(결과 기대라고 불리며, 경로 사고와 다소 유사하다.)에서 관련된 우연사건들을 분석하도록 가정된다. 그 초점이 주어진 우연사건들에서의 결과 기대에 맞추어진 데 비해, 경로 사고는 목표에 도달하는 초기 경로들을 생성하려는 자기분석을 반영하며, 추가적 경로들은 처음에 방해받았던 경로를 반영하고 있다. 그 후에, 결과 기대에 내재하고 있는 행동을 수행할 능력을 평가하게 된다고 가정하였다(이는 효능감 기대라고 불리며, 주도 사고와 유사하다.). 효능감 기대는 개인이 주어진 상황적 맥락에서 어떻게 요구되는 행동을 수행할 수 있는가에 대한 개인적 지각을 강조하는 반면, 희망은 요구되는 행동을 시도할(그리고 계속할) 것인가라는 개인의 자기참조의 신념을 강조한다. 할 수 있음(can)과 할 것임(will)의 중요한 차이는, 전자는 행동을 할 능력을 말한다는 점에서 후자는 행동하려는 의지를 나타낸다는 점에서 다르다. Bandura는 상황적 자기효능감(주도성) 사고가 목표지향적 행동을 개시하기 전의 가장 중요한 인지 단계라고 주장하는데(〈표 6-1〉 참조), 이와는 달리 주도와 경로 사고는 희망에서 목표-추구 순서 전과 목표 추구 동안에 강조되고 있다. Magaletta와 Oliver(1999)는 희망이 심리적 안녕감을 예측하는 데 자기효능감과는 독립적으로 독특한 변인을 제공하며, 이 두 구성요인의 요인 구조는 다르다고 보고하였다. 마지막으로 한 가지 차이가 주목할 만하다. 즉, Bandura의 자기효능감 이론은 감정 그 자체로서의 문제를 거론하지 않는 반면, 희망은 목표지향적 사고들의 결과로써 감정에 관한 명시적인 가정들을 제안하고 있다.

자존감

Hewitt(1998)은, 자존감은 사람들이 자신의 삶의 행동에 대한 전반적인 효율성에 대한 평가로부터 나오는 감정이라고 결론짓고 있다. Coopersmith(1967)의 말에 의하면, "자존감은 자신이 가치 있는가에 대한 개인의 판단이다."라고 하였다(p. 7). 또한, 자존감 모델은 함축적으로 목표지향적 사고에 기초하며(Hewitt, 1998; 〈표 6-1〉 참조), 행동은 자존감과 관련되기 때문에 가치 있다고 가정한다. 이 두 가지 특성들은 희망에도 적용되며, 희망에서는 감정이나 존중을 유발시키는 목표 추구 과정에 대한 분석을 강조한다. 자존감과 희망은 .45 범위에서 상관이 있으나(Snyder, Harris et al., 1991), 목표 추구 사고(예: 희망)가 존중에 영향을 주고 그 역도 마찬가지라는 이론적 가정을 지지하는 연구들이 있다. 희망은 자존감을 넘어서는 몇 가지 긍정적 결과들에 대한 기대를 고양시킨다고 보고되었다(Curry, Snyder, Cook, Ruby, & Rehm, 1997; Snyder, Cheavens, & Michael, 1999).

문제해결

문제해결 이론에서는 바라는 목표의 확인(문제해결)이 명시적으로 주목되고, 중요한 목표가 포함된다고 내재적으로 가정된다(〈표 6-1〉; Heppner & Hillerbrand, 1991). 또 다른 주요한 명시적 강조는 희망에서와 비슷한데, 문제해결책을 위한 경로를 찾아내는 데 있다(D' Zurilla, 1986). 문제해결과 관련하여, 희망에서 주도 사고는 경로 사고(문제해결)를 활성화시키는 동기를 제공한다고 가정된다. 따라서 주도성이 명백하게 강조된다. 희망과 문제해결 간의 유의미한 정적 상관(.40－.50)이 보고되어왔다(Snyder, Harris et al., 1991). 문제해결은 감정의 문제를 다루지 않는 데 반해 희망에서 감정은 목표-추구에 대한 성공 지각에서 나타나는 것으로 보았다.

이론들에서 공유된 과정의 요약

비록 이 다섯 가지의 이론들에 관한 우리의 논의에서 희망에 관한 차이점들이 존재하기는 하지만, 희망과 다른 긍정심리학 구성요인들의 상당한 중복을 볼 수 있었다(〈표 6-1〉). 또한, 이러한 유사성들은 각각의 다른 이론들에서 도출된 측정도구와 희망 척도 사이의 일정한 정도의 상관에 의해 지지된다. 마지막으로, 우리가 상당히 중요하다고 믿는 것은 희망과 다른 이론들은 사람들에게 심리적이고 신체적인 혜택들을 제공하고 있으며, 모두 긍정심리학 집단의 구성원이라는 것이다.

희망 그리고 긍정심리학 렌즈를 통해 보기

긍정심리학적 시각에서는 "가장 바람직한 인간기능의 역량들이 과학적으로 연구될 수 있으며, … 우리의 초점을 축소하는 것이 아니라, 많은 초점들—어떤 큰 주제에 알맞은 광대역 렌즈—을 포용해야 한다는 관점을 반영한다."는 것에 대해 기술해왔다(Snyder & McCullough, 2000, pp. 151-152). 희망이론의 추가로 인해 우리는 긍정심리학의 초점들이 되는 적절한 기능 방식을 이해하고 증진시키기 위한 또 다른 연구 틀을 갖게 되었다. 이 부분에서 우리는 희망의 관점을 통하여 관찰되어온 다양한 주제들에 대해 보고할 것이다.

학교 장면

교육 상황에서 학습과 수행을 잘 하는 것은 미국 사회에서 번영을 누리는 중요한 방법이 된다. 희망적 사고를 적용함으로써 학생들은 바라는 교육 목표를 추구할 동기와 함께, 그러한 목표에 도달할 다양한 경로들을 발견할 역량을 향상시켜야 한다. 또한, 희망을 통해 학생들은 '과제에 초점을 둔' 상태를 유지할 능력을 가져야 하며, 자기비하적(self-deprecatory) 사고와 부정적 감정의 간섭에 방해받지 말아야 한다(Snyder, 1999a).

초등학교, 고등학교 및 대학교 학생들에 대한 현재 유용한 연구 결과들을 보면, 희망은 학업 성취와 실질적 관계가 있는 것으로 보인다(Snyder, Cheavens, & Michael, 1999). 희망은 높은 성취평가 점수와 관련되어 있고(초등학교 아동들; Snyder, Hoza et al., 1997), 더 높은 학기 평점(대학생들; Curry et al., 1997)과도 연관이 있었다. 6년에 걸친 장기 연구에서, 대학생들의 첫 학기 초에 얻어진 희망 척도 점수는 더 낮은 탈락과 더 높은 학년 평점을 예언하였다(Snyder, Wiklund, & Cheavens, 1999). 부정적 파장—사라진 기회, 발휘되지 못한 재능, 실패감—들을 생각해보자. 이러한 것들은 고등학교나 대학교에서 탈락한 학생들에게는 일생에 걸쳐 계속 느껴질 수도 있다. 희망이 하나의 잠재적 대책을 제공할 수 있을 것이다.

대학생을 위한 희망 척도의 예측력이 있다고 가정했을 때, 아마도 그것은 희망적 사고를 일으키기 위한 개입으로 이득을 얻게 될 학생들, 즉 학문적으로 위기에 처한 저희망 학생들을 확인하기 위하여 사용될 수도 있다. 또는 이와 같은 희망 개입은 애초의 희망 수준에 관계없이 모든 학생들을 목표로 할 수도 있다. 학생들에게 희망을 적용할 많은 기회들이 존재한다. 실제로, 학교에 대한 개입은 이미 발달되어왔다. 예를 들어, 희망적 사고를 가르치는 것을 목표로 하는 한 대학 수업은 학생들의 희망 수준과 학업 수행을 향상시키도록 도울 수 있으며, 그 결과로 자기 존중감이 향상되었다. 이것은 와이오밍 대학교에서 진행되고 있는 6개년 연구과제에서 발견되어온 것이다(Curry, Maniar, Sondag, & Sandstedt, 1999). 우리가 시험 중인 또 다른 접근법은 첫 주의 적응기간 동안 대학 신입생들을 위한 희망의 유익한 효과에 관한 것이다. 또한, Lopez와 그의 동료들은(Lopez, Bouwkamp, Edwards, & Teramoto Pedrotti, 2000) 중학생들에게 희망을 증진시키기 위한 프로그램에서 유망한 초기 결과들을 제시하였다. 어린 학생들과 프로그램을 시작할 때에는 아마도 어떻게 초등학교에서 아동들의 희망적 학습 환경들을 극대화할지를 탐색해야 할 것이다.

운동선수들

두 명의 운동선수가 비슷한 천부적 재능을 가지고 있을 수 있지만, 더 희망적인 선수가 더 성공적이 될 수가 있는데, 특히 그들 간의 경쟁에서 스트레스가 찾아오는 시점에서 그러하다(Curry & Snyder, 2000). 이것은 고희망 사고가 운동선수로 하여금 주어진 종목에서 목표에 이르는 최상의 경로들을 찾아내도록 하기 때문에 일어날 수 있는 현상으로, 그러한 경로들을 사용하기 위한 동기도 마찬가지로 고희망 사고에 의하여 찾을 수 있다. 이러한 예측들을 지지하면서, 우리(Curry, Snyder et al., 1997)는 저희망과 비교하여 고희망을 가지고 있는 제1대학의 트랙 운동선수들이 훨씬 나은 수행능력을 보인다는 것을 알아내었다(코치들에 의해 평가된 천부적인 운동능력에 관련된 변인을 제거하고 나서도 이 결과가 유지되었다.). Curry 등(1997)에 의한 또 다른 연구에서, 운동선수들의 특성 및 상태 희망은 모두 그들의 실제 트랙 수행능력들에 관련한 변인의 56%를 설명하였다.

스포츠 심리학자들과 코치들은 개개인의 운동선수들이나 팀들과 함께 작업할 때 희망이론을 활용할 수 있다. 희망에 영향을 주는 과정들은 유익한 것으로 증명될 것이다. 이러한 관점에서, '최적 수행의 원칙들'이라는 제목의 한 대학 수업이 몇 년간 진행되어왔고, 운동선수들이 그들의 수행에서 자신감을 상당히 증진시키는 결과를 가져왔다(이러한 긍정적 효과들은 1년간의 추후 연구에서 유지되었다; Curry & Snyder, 2000 참조).

신체적 건강

건강심리학의 초점은 건강을 증진하고 좋은 건강상태를 유지하며, 질병을 예방하고 발견하여 치료하는 것이다(Matarazzo, 1982). 우리의 연구에 의하면, 희망은 이러한 각 영역들에 긍정적으로 관련되어 있다(Irving et al., 1998; Snyder, 1996, 1998a; Snyder, Irving, & Anderson, 1991). Snyder, Feldman, Taylor, Schroeder 및 Adams(2000)는 일차적 및 이

차적인 예방의 관점에서 희망의 영향력을 기술한 바 있다. 일차적 예방은 건강문제(신체적인(Kaplan, 2000) 것이든 정신적인(Heller, Wyman, & Allen, 2000) 것이든)가 미래에 일어날 가능성을 감소시키거나 제거하도록 고안된 사고나 행동을 포함한다. 이차적 예방은 한 번 일어났던 문제를 제거하거나 줄이거나 억제하게 하는 사고나 행동과 관련된다(Snyder, Feldman et al., 2000).

개인적 수준에서, 희망과 신체적 질병의 일차적 예방은 어느 정도 관심을 받기 시작했다. 높은 수준의 희망을 가진 사람들은 신체적 질병에 대한 정보를 자신에게 도움이 되는 방향으로 사용하는 것으로 보인다(Snyder, Feldman et al., 2000). 고희망 사람들은 질병 원인에 관한 정보를 어떻게 하는 것이 더 도움이 되고 어떻게 하는 것이 덜 다치게 하는 것인가의 측면에서 활용한다. 희망이론의 체제 안에서 지식은 예방의 한 경로로 사용된다. 이러한 점과 관련하여, 높은 희망을 가진 여성은 낮은 희망을 가진 여성에 비해 암이 미치는 영향에 관한 검사에서 더 나은 결과를 나타내는데, 학업 수행이나 암에 걸렸던 적이 있는 다른 사람들과의 접촉이 주는 영향을 통제했을 때조차도 그러했다(Irving et al., 1998). 더욱이 높은 희망을 가진 여성들은 낮은 희망을 가진 비교집단보다 암 예방 활동에 개입할 높은 의도를 보고했다. 또한, 높은 희망을 가진 사람들은 낮은 희망을 가진 사람들보다 예방적인 행동(예: 신체적 운동)에 참여하는 것으로 보고되었다. 따라서 몇 편의 유용한 연구들은 희망적 사고는 신체 질환 예방에 도움이 되는 활동과 관련된다는 것을 보여 주었다.

일차적 예방의 개인적 수준을 넘어서서, 희망이론은 신체적 질병을 예방하기 위한 사회적 수준에 적용될 수 있다. 사회적 일차적 예방은 위험을 줄이고 질병에 대항하는 것을 사회 구석구석에 주입하는 사고를 포함한다(Snyder, Feldman et al., 2000). 사회적 수준의 일차적 예방은 광고나 법 그리고 공유된 사회적 가치를 통해 바람직한 행동을 증가시키고 나쁜 행동을 감소시키는 것을 포함한다. 이처럼, 사회가 그러한 보상을 얻기 위해 개방적이고 공정한 체제들을 시행하는 한, 대중 좌절의 부정적 반응들은 소멸될 것이다. 예를 들어, 만약 제정된 법령이 모든 사람들이 목표지향적 행동들을 추구하도록 공정하게 지각된다면, 사람들은 보다 덜 좌절하거나 보다 덜 공격적으로 행동할 가능성이 높다(Snyder, 1993, 1994b; Snyder & Feldman, 2000). 이것은 사회에 더 적은 신체적 상해들을 가져오게 한다. 이 점과 관련하여, Krauss와 Krauss(1968)는 세계의 여러 나라들에서 심각한 목표 장애가 적은 것은 자살로 인한 사망 수가 적은 것과 관련된다는 것을 발견했다.

일단 신체적 질병이 발달하게 되면 희망은 중요한 역할을 발휘하지만, 이차적 예방이라는 차원에서도 역시 그러하다. 예를 들어, 희망은 신체적 질병의 고통, 무능력 그리고 그에 수반되는 다른 스트레스 요인들에 대처하도록 돕는다. 이러한 가설과 일치되게, 희망은 만성적 질병이나 심각한 부상 그리고 장애를 포함하는 상태에서의 더 나은 적응과 관련된다. 더 구체적으로 말하면, 보다 높은 희망은 화상이나(Barnum, Snyder, Rapoff, Mani, & Thompson, 1998) 척추 부상(Elliot, Witty, Herrick, & Hoffman, 1991), 심한 관절염(Laird, 1992), 섬유근육통(fibromylagia; Affleck & Tennen, 1996; Tennen & Affleck; 1999) 그리고 시력 상실(Jackson, Taylor, Palmatier, Elliott, & Elliott, 1998)에 대처할 때 도움이 되는 것으로 나타났다.

또한, 고희망을 가진 사람들은 아프기 시작하면 회복하기 위해 그들이 해야 할 것에 집중하도록 적절하게 힘을 쏟고 있는 것으로 나타났다. 이것은 저희망을 가진 사람들의 마음을 현혹시킬 수 있는 비생산적인 자기

집중과 자기연민(Hamilton & Ingram, 2000)에 반해 뚜렷한 대조를 보인다. 저희망 사람들에게 있는 이러한 자기집중은 불안을 증가시키고 치료 과정을 위태롭게 한다. 더욱이, 저희망 사람들 안의 높은 불안은 회피적 대처를 하게 만드는데, 이것은 종종 건강하지 못한 것이 된다(Snyder & Pulvers, 2001).

흔히 발견되는 문제는 심각한(아마도 만성적인) 고통을 겪고 있는 사람들에게서 일어난다. 고통은 연구자나 임상가 모두에게 하나의 힘든 도전을 제시한다. 우리는 보다 높은 희망을 갖는 사람들은 더 많은 전략들(경로)을 만들고 그러한 전략들(주도)을 사용할 가능성이 높기 때문에 고통을 줄일 수 있을 것이라고 믿는다. 이 점과 관련하여 고통 인내 측정과제(a cold pressor task)를 사용한 두 연구들에서, 고희망 사람들은 고통을 덜 겪었으며, 저희망 사람들보다 거의 두 배나 고통을 견딘 것으로 나타났다(Snyder, Odle, & Hackman, 1999).

사회적 수준에서 이차적 예방은 희망에 의해 영향을 받을 수도 있다. 예를 들어, 건강을 증진하기 위해서 고안된 텔레비전 광고들은 사람들에게 확실한 목표들(예: "나는 확실히 도움이 필요해!")과 경로들(예: 지역 자원들에 관한 추천들)을 줌으로써 성공할 수 있다. 이러한 TV 방송들은 사람들이 필요로 하는 도움을 구하도록 동기화함으로써 주도성에 영향을 미칠 수 있다. 사람들이 자신의 문제가 고립된 사건이 아니라는 것을 알아차릴 때(예: 그것이 많은 의견 일치를 얻어내는 것일 때), 도움을 구하려는 경향이 있다. 이 점을 지지하면서, Snyder와 Ingram(1998)은 문제를 가진 사람들이 도움을 구하기 위해서 고합의(high-consensus) 정보에 반응한다는 것을 알아내었다. 결국, 사회적인 수준이든 개인적인 수준이든 질병에 대한 예방, 감지 그리고 효과적 대처에 관한 희망의 유용한 적용을 예상할 수 있다.

심리적 적응

희망을 촉진하기 위한 접근뿐만 아니라 희망을 사용해 적응을 보다 잘 하도록 촉진시킬 수 있는 여러 방법들이 있다. 희망에 영향받는 심리적 적응 중의 하나는 자기의 신념을 통해서라고 하겠는데, 이러한 가정은 우리의 연구에서도 일관되게 지지되고 있다(예: Snyder, Hoza et al., 1997). 이전에 가정된 것처럼 희망은 정서와 밀접한 관계를 갖는데, 희망은 긍정적 정서와 정적 상관이 있고, 부정적 정서와 부적인 상관(.55 범위의 상관관계)을 갖는다. 또한, 희망 수준을 향상시키기 위한 노력은 긍정적 정서의 증가와 부정적 정서의 감소를 가져왔다. 28일에 걸친 참여자들의 추적연구에서, 높은 희망을 가진 사람은 매일매일 보다 긍정적이고 덜 부정적인 사고를 보고하는 것으로 나타났다(Snyder et al., 1996). 더 나아가서, 저희망 학생들에 비해 고희망 대학생들은 더욱 고양되고, 활력이 넘치며, 자신감이 있고, 항상 목표에 도전한다고 보고했으며(Snyder, Harris et al., 1991), 고양된 자기가치감과 낮은 우울을 보고하였다(Snyder, Hoza et al., 1997; Snyder et al., 1996).

대처 상황에서 스트레스 요인(stressors)의 개념을 이해하기 위해서 대처에 대한 정의로 시작할 것이다. 대처는 심리적(신체적) 고통을 줄이기 위해서 스트레스 요인에 효과적으로 반응하는 능력이다(Houston, 1988). 희망에서, 스트레스 요인은 개인이 행복하기 위한 정상적인 목표 진행을 방해하는 것을 나타낸다. 따라서, 스트레스 요인에 직면할 때, 사람들은 정상적인 목표를 획득할 수 있는 대안적인 경로를 찾아야만 한다. 스트레스 요인에 직면할 때, 고희망 사람들은 저희망 사람들에 비해 스트레스 요인에 대처할 더 많은 전략들을 생성해내고(경로들), 그러한 전략을 사용할 더 많은 가능성을 표현한다(주도; Snyder, 1994c, 2000d; Snyder, Harris et al., 1991). 더욱이 고희망 사람들은 스트레스 요인에 대처하는 것의 이점을 더 많이 찾아내는 경향이 있었다(Affleck & Tennen, 1996; Tennen & Affleck, 1999). 저희망 사람들에 비해 고희망 사람들은 회피를 덜 사용하는 경향이 있는데, 회피는 긴장과 관련되고, 장기간에 걸쳐 사용될 때 심리적 적응을 떨어뜨리는 대처 양식을 말한다(Suls & Fletcher, 1985).

신체건강에서와 마찬가지로, 희망은 정신건강에도 중요하다. 희망적 사고는 분명한 목표를 수립할 능력이나, 작용 가능한 경로들을 생각해 내고 목표를 향해 정진하게 할 동기를 만들어내는 능력과 같은 자산을 수반한다(Snyder, 2000a, 2000b, 2000c). 예를 들어, 저희망과 대조적으로 고희망은 다양한 수행 영역에서 성공적인 목표 추구를 가능하게 하였다(예: 운동선수들, 대학생들, 대처; Snyder, Cheavens, & Michael, 1999 참조). 게다가, 이러한 성공적인 목표 추구는 자기존중감과 심리적 안녕감의 향상과 관련되어 있다(Snyder, Feldman et al., 2000).

정신건강은 미래의 심리적 안녕감에 대한 사람들의 일상적 예상과 관련된다. 이러한 관점에서, 고희망을 가진 사람들은 저희망을 가진 사람들보다 훨씬 긍정적인 수준의 정신건강을 예상하게 될 것이다. 이러한 긍정적 기대들은 높은 자신감을 가져다주고(Snyder, Feldman et al., 2000), 고희망 사람들은 그들의 희망적 사고가 미래의 스트레스 요인들로부터 그들을 보호해줄 것이라고 인식하게 된다(Snyder, 2000d). 게다가, 고희망은 예측불가의 스트레스 요인들과 성공적 대처 사이의 관계를 조절하는 것으로 보인다(Snyder & Pulvers, 2001). 그러므로 미래에 대해 파국적으로 느끼는 경향이 있는 낮은 수준의 희망을 가진 사람들에 비해서 높은 수준의 희망을 가진 사람들은 때때로 인생의 중요한 스트레스 요인에 직면해야 할 것이라는 지식을 가지고 있기에, 미래에 대해 효과적으로 대처할 수 있다.

신체적 건강에 대해 일어나는 것과 유사한 방식으로, 정신건강에 있어서 이차적 예방은 문제가 일어날 때 문제를 제거하거나 감소 또는 억제하는 생각이나 행동들을 포함한다(Snyder, Feldman et al., 2000). 희망은 또한 이러한 과정에서 하나의 역할을 수행한다. 예를 들어, 고희망을 가진 사람들은 변경할 수 없는 목표 장애에 직면하더라도 유연하게 대안적 목표들을 찾아낼 수 있다. 대조적으로, 저희망을 가진 사람들은 고착되어 비생산적으로 곰곰이 생각하는 경향이 있다(Michael, 2000; Snyder, 1999a, 1999b). 더군다나, 이러한 저희망 상태에서 생각을 반복하는 것은 자주 '마술적으로' 그들의 함정에서 빠져나가는 환상들을 포함한다. 이는 회피와 비개입(disengaged) 대처 행동들과 유사한데, 일반적으로 건강하지 못한 결과들을 가져온다(Bolger, 1990; Carver et al., 1993; Litt, Tennen, Affleck, & Klock, 1992; Stanton & Snider, 1993). 더 나아가서, 회피를 통해 대처함으로써 저희망 개인들은 과거의 경험들로부터 배우지 못하게 된다(Snyder, Feldman et al., 2000). 그리고 그들은 인생 게임에서 '수동적인 졸병들(passive pawns: 체스 게임에서 가장 무력한 하위 병사)'이 되고 만다.

또한 고희망을 가진 사람들은 강한 상호 유대감을 공유하는 친구들을 가지고 있는 경우가 많다. 스트레스 상황에서, 고희망 사람들은 지지를 얻기 위해 이러한 친구들을 찾을 수 있다(Crothers & Schraw, 1999; Sarason, Sarason, & Pierce, 1990). 반면에, 저희망을 가진 사람들은 외로움을 느끼고 그들이 말할 수 있는 친구들이 별로 없는 경우가 많다. 이것은 대인간 친밀감에 대한 두려움에서 기인하는 것으로 보인다(Crothers & Schraw, 1999). 저희망 사람들이 친구들을 가지고 있다고 하더라도 그 친구들 또한 저희망을 가지고 있을 가능성이 더 많다(Cheavens, Taylor, Kahle, & Snyder, 2000). 불행하게도, 저희망 사람들의 대화는 얼마나 주위 사정이 좋지 않은가 하는 끝없는 대화거리를 얘기하게 되는 '연민 파티(pity parties)'가 되기 쉬울 것이다.

인간관계

우리는 희망이 아동들에게서 그들의 양육자, 또래집단 그리고 교사들과의 상호작용을 통해 깨우쳐진다는 사실을 이론화하였다(Snyder, Cheavens, & Sympson, 1997). 이처럼, 다른 사람들과 '관계 맺기(connecting)'의 목표는 아주 기본적인 것인데, 개인의 목표 추구는 거의 항상 사회적 교섭의 맥락에서 일어나기 때문이다. 이러한 점과 관련하여, 저희망 사람과 비교했을 때 고희망 사람들은 특히 다른 사람들과 접촉하는 데 투자를 한다(Snyder, Hoza et al., 1997). 다른 사람들과 관계를 맺고자 하는 동기의 측정은 타인이 내게 관심 갖는 정도에 대한 지각에 따라 이루어진다. 이러한 부분에 관한 공통된 견해는 자신을 다소 긍정적으로 제시하려는 경향은 적응적인 대처 양식이라는 것이다(Taylor, 1989). 희망 척도 점수는 사회적 바람직성과 긍정적인 자기제시와 정적으로 상관이 있었는데(Snyder, Harris et al., 1991; Snyder, Hoza et al., 1997), 이는 고희망 사람들의 적응적 관심을 나타내는 것이다.

연구자들은 또한 높은 희망수준은 지각된 사회적 지지(Barnum et al., 1998)와 사회적 능력(Snyder, Hoza et al., 1997), 낮은 고독(Sympson, 1999)과 관련된다는 것을 발견하였다. 더욱이 고희망 사람들은 타인의 조망을 받아들일 수 있는 능력이 높은 것으로 나타났다(Rieger, 1993). 그들은 진정으로 타인과의 상호작용을 즐기는 것으로 보이며(Snyder, Hoza et al., 1997), 자신의 목표와 주위 타인들의 목표에 관심을 갖는 것으로 보인다(Snyder, 1994b, 1994c; Snyder, Cheavens, & Sympson, 1997).

심리치료

1960년대부터 1980년대에 거쳐서, Jerome Frank(1968, 1973, 1975)는 희망이 여러 심리치료 접근들 사이의 공통적인 과정이라는 견해를 소개하였다. 우리는 사람들이 심리치료에서 도움을 받을 때 공유하는 과정들을 이해하기 위한 체제로서 희망을 사용하는 그의 사상적 계보를 이어왔다(Snyder, Ilardi, Cheavens et al., 2000; Snyder, Ilardi, Michael, & Cheavens, 2000; Snyder, Michael, & Cheavens, 1999; Snyder & Taylor, 2000). 심리치료의 특정 체제가 무엇이든지, 우리는 그 이로운 변화가 일어나는 이유가 내담자들이 더욱 효과적인 주도적, 목표지향적 사고를 배우고 있기 때문이라고 믿는다. 특히, 그 주도성 요소는 위약(placebo)효과에서 반영되고 있다(예: 내담자들이 심리치료에 가져오는 변화를 위한 자연적인 정신적 에너지들). 내담자들에게 긍정적인 치료 목표를 성취하게 만드는 경로나 과정을 제공하기 위하여 사용되는 특정 심리치료 접근은 경로 사고 요소를 반영한다. 희망을 몇 가지 심리치료에 적용시킴으로써 얻어지는 잠재적 이익은 다양한 치료 접근의 옹호자들 사이에 협력관계가 증가할 것이라는 점이다(Snyder & Ingram, 2000).

희망 원리를 일반적으로 심리치료에 적용하는 것 외에, 희망은 성공적인 개인과(Lopez, Floyd, Ulven, & Snyder, 2000; 관련 예를 보려면 Worthington et al., 1997 참조) 집단 개입을 발달시키기 위하여 사용되어왔다(Klausner et al., 1998; Klausner, Snyder, & Cheavens, 2000). 희망을 기초로 성인을 돕기 위한 책(McDermott & Snyder, 1999)은 물론, 희망이 아동들을 조력하는 데에서 부모나 교사를 돕기 위해 적용되어왔다는 것을 소개하는 두 권의 책(McDermott & Snyder, 2000; Snyder, McDermott et al., 1997)과 하나의 장(McDermott & Hastings, 2000)이 있다. 더 나아

가서, 희망에 기초한 치료 전 치료 준비 프로그램은 내담자들에게 이득을 안겨주었다(Irving et al., 1997). 그러나 우리가 평가하건대, 심리치료에 희망을 적용하는 것은 단지 탐색을 시작했을 뿐이다.

인생에서의 의미

Viktor Frankl(1965, 1992)은 "의미의 본질은 무엇인가?"에 대한 질문에 설득력 있는 의견을 제공하였다. 이 질문에 대답하기 위해서, 그는 "실존적 진공(existential vacuum)"이라는 개념—세상에 어떤 의미나 목적도 존재하지 않는다는 인식—을 발전시켰다. 이 실존적 진공상태의 경험은 아마 개인이 '가치'를 실현하는 정도에 따라 개선될 수 있을 것이다. Frankl(1967, 1966)은 의미는 세 가지의 주요한 가치체계가 인생에 가져다줄 선택으로부터 나온다고 생각했는데, 이 세 가지 체계는 (a) 창조적 가치(논문을 쓰거나 아이를 출산하는 등의 일을 포함), (b) 경험적 가치(보고, 만지고 또는 어떤 방식으로든 경험하는 것) 그리고 (c) 태도적 가치(사람들이 곤경이나 고통에 대해 취하는 입장들)를 말한다. 삶의 목적 검사(The Purpose in Life test; Crumbaugh & Maholick, 1964, 1981)는 Frankl의 생각을 반영하기 위해 발달되었다. 또한 널리 쓰이고 있는 다른 두 가지의 일반적 삶의 의미 척도들이 있는데, 인생 관심 지표(Life Regard Index; Battista & Almond, 1973)와 일관성 지각 척도(Sense of Coherence scale; Antonovsky & Sagy, 1986)가 그것이다.

우리는 희망이 의미와 밀접하게 관련된다고 가정했는데, 그 이유는 개인이 선택한 목표에 관한 자기반성과 그러한 목표들을 향해가는 과정에서의 지각된 진보를 통해서만이 한 개인이 자신의 인생에서 의미를 만들어가기 때문이다(Snyder, 1994c). 이 가설을 지지하면서, 우리(Feldman &

Snyder, 1999)는 희망 척도 점수들이 앞서 언급된 세 가지 의미 측정치들과 .70에서 .76까지의 상관관계가 있다는 것을 알아내었다. 따라서 우리는 희망이 의미의 본질을 바라보는 새로운 관점을 제공한다고 믿고 있다.

또 다른 시간과 장소에 관하여

여기서 우리는 희망이 중요한 역할을 수행할지 모르는 추가적인 영역들을 간략히 훑고 지나가려고 한다(희망이론의 다양한 미래 적용을 보려면 Snyder, 2000e 참조). 우리는 희망이 어떻게 우울증을 이해하는 데 사용될 수 있는지에 관한 사례를 보았고(Cheavens, 2000; Snyder, 1994c), 우울한 사람들의 내적인 희망 관련 자기대화를 연구해왔다(Snyder, Lapointe et al., 1998). 또 다른 주제는 주의집중(attentional focus)인데, 그것은 off-task보다는 on-task일 때 희망적 사고에 의해 촉진된다는 전제를 가진다(Snyder, 1999a, 1999b). 또한 우리는 희망을 사용하여 자기실현으로의 통찰을 제공하였다. Maslow(1970)의 욕구 위계이론은 최근 관심을 거의 받지 못했다. 아마도 목표를 강조하는 희망을 사용하여, 이 위계에 대한 이해를 향상시킬 수 있을 것이다. Maslow가 말하는 위계이론의 극치는 자기실현인데, 그러한 아이디어는 아주 시기적절하게 긍정심리학의 관점에 속하는 것이다. 이 시점에서, 희망 척도와 자기실현 척도 간에 강한 상관관계가 나타났다($r = .79$; Sumerlin, 1997).

희망이론으로 주요 집단에서의 차이를 이해할 수 있다. 40여 건의 희망 연구(성인들과 아동들에 관한)에서 의미 있는 성차는 나타나지 않았다. 왜일까? 또한 우리는 다양한 민족 집단들이 희망을 나타내는 데 있어서 어떻게 다른지에 대한 지식을 넓혀나가야 할 필요가 있다(Lopez, Gariglietti et al., 2000). 마찬가지로, 나이 든 사람들이 젊은 사람들과 희망에서 차이를 보인다면, 왜 그럴까?(Cheavens & Gum, 2000) 친밀한 동반자적 관계든, 학생과 교사의 관계든, 관리자와 피고용자의 관계 또는 의사와 환자의 관계든 간에, 그 상호작용에서 나타나는 효율성과 만족도는 희망을 통하여 이해되고 향상될 수 있을 것이다(Snyder, 1994c). 우리는 이전에 기술된 주제들과 마찬가지로 이 부분에서 소개된 주제들이 희망의 렌즈를 통해서 검증할 수 있는 긍정심리학의 이슈들 중 지극히 작은 부분만을 나타내고 있다는 것을 강조하고 싶다.

소수보다는 다수를 위한 희망

긍정심리학에 대한 우리의 마지막이자 핵심적인 요점은 희망의 사용과 이점들이 가능하면 많은 사람들에게 유용해야 한다는 것이다(Snyder & Feldman, 2000). 우리가 비록 다양한 관점을 제시하는 데 있어 개인적 수준에 머물러왔지만, 희망이론이 더 큰 단위의 맥락에서 사람들에게 적용가능하다는 것을 강조하고자 한다. 이러한 점에서, 희망은 공동의 목표를 함께 이루기 위해 활동하는 환경을 만드는 데 적용될 수 있다. 기업체든, 시 의회가 되든, 주 의회 또는 정부기관이나 국제기관이든 간에, 희망의 정신을 바탕으로 같이 작업할 때 상당한 가능성이 존재한다. 이 장의 초반부에서 우리는 희망을 사람들의 강점을 보기 위한 하나의 렌즈로 설명했다. 하지만 우리가 강조하고자 하는 것은, 긍정심리학의 큰 창에서 희망은 단지 하나의 유리창이라는 것이다. 이 창을 통해서 다양한 나라들과 사람들을 바라보는 가운데 우리는 다수를 위한 긍정심리학을 구상하게 된다. 이것이 희망의 비전이다.

부록 A 특성 희망 척도

지시사항: 각 항목을 주의하여 읽으시오. 아래의 수치를 사용하여 '당신'을 가장 잘 설명하는 번호를 고르고 제시된 빈칸에 그 번호를 채워넣으십시오.

1. 전혀 아니다
2. 대체로 아니다
3. 다소 아니다
4. 약간 아니다
5. 약간 그렇다
6. 다소 그렇다
7. 대부분 그렇다
8. 전적으로 그렇다

_____ 1. 나는 곤경에서 벗어날 많은 방법들을 생각할 수 있다.
_____ 2. 나는 원기 왕성하게 목표를 추구한다.
_____ 3. 나는 대부분 피로를 느낀다.
_____ 4. 어떤 문제라도 길은 많이 있다.
_____ 5. 나는 논쟁에서 쉽게 수그러든다.
_____ 6. 나는 삶에서 나에게 중요한 것들을 얻을 많은 방법들을 생각할 수 있다.
_____ 7. 나는 내 건강을 걱정한다.
_____ 8. 다른 사람들이 절망할 때라도 나는 내가 문제를 해결할 방법을 찾을 수 있다는 것을 안다.
_____ 9. 나는 과거 경험들로 인해 미래를 잘 준비하게 되었다.
_____ 10. 나는 인생에서 꽤 성공적이다.
_____ 11. 나는 늘 무엇인가를 걱정하고 있다.
_____ 12. 나는 스스로 정한 목표를 따른다.

Note: 척도를 평정할 때, 그것은 미래 척도라고 불린다. 주도성 하위척도 점수는 문항 2, 9, 10, 12를 합산하여 산출된다; 경로 하위척도 점수는 문항 1, 4, 6, 8을 더하여 얻어진다. 희망 척도 점수의 총점은 네 가지의 주도와 네 가지의 경로 문항들을 합산하여 얻어진다. C. R. Snyder, C Harris 외 학자들로부터의 의지와 방법들; 희망의 발달과 개인차 측정의 타당성(From C. R. Snyder, C Harris et al. (1991). The will and the ways: Development and validation of an individual differences measure of hope, *Journal of Personality and Social Psychology*, *Vol. 60*, p. 585). APA와 저자의 동의하에 재출판.

◩부록 B 상태 희망 척도

지시사항: 각 문항들을 잘 읽고, 지금 현재 당신 자신에 대해 어떻게 생각하고 있는지를 가장 잘 설명하는 정도를 아래 척도를 사용하여 각 문장 앞에 위치한 빈칸에 써넣으시오. 당신 자신에게 지금 이 순간에 어떤 일이 진행되고 있는지에 대해 몇 초간 집중하여 생각하고, '지금 여기서' 집중된 다음에는 계속하여 다음 척도를 사용하여 자신과 가장 일치하는 정도를 각 문항에 대답하십시오.

1. 전혀 아니다
2. 대체로 아니다
3. 다소 아니다
4. 약간 아니다
5. 약간 그렇다
6. 다소 그렇다
7. 대부분 그렇다
8. 전적으로 그렇다

_____ 1. 내가 곤경에 처한다면, 나는 거기서 벗어날 많은 방법들을 생각할 수 있다.

_____ 2. 나는 현재 원기 왕성하게 내 목표를 추구하고 있다.

_____ 3. 지금 내가 직면하고 있는 문제들에는 해결할 길이 많이 있다.

_____ 4. 지금 이 순간 나는 내 자신이 꽤 성공적이라고 생각한다.

_____ 5. 나는 현재 나의 목표에 도달할 많은 방법들을 생각할 수 있다.

_____ 6. 지금 현재 나는 스스로 정한 목표를 따르고 있다.

Note : 주도 하위척도 점수는 세 개의 짝수 번호 문항을 합산하여 얻어진다; 경로 하위척도 점수는 세 개의 홀수 번호 문항을 더하여 산출된다. 희망 척도 총점은 세 주도 문항과 세 경로 문항들을 합산함으로써 얻어진다. 점수는 적게는 6점에서 높게는 48점까지 나타날 수 있다. 상태 희망 척도를 실시할 때 '현재 목표 척도'라고 한다(From C. R. Snyder, S. C. Sympson et al. (1996). Development and validation of the State Hope Scale, *Journal of Personality and Social Psychology*, *Vol. 70*, p. 335). APA와 저자의 동의하에 재출판.

부록 C　아동 희망 척도

지시사항: 아래의 여섯 문장들은 아동이 자신에 대해 어떻게 생각하고 있으며 그들이 일반적으로 어떻게 일을 해나가는지에 대해서 기술하는 문장들입니다. 각 문장을 주의 깊게 읽고, 여러분이라면 그 상황에서 어떨 것 같은지 생각해보십시오. '자신'을 가장 잘 설명하는 정도를 ○ 안에 표시하십시오. 예를 들어, '전혀 그렇지 않다'가 자신에 해당된다면 그 옆의 ○ 안에 체크하십시오. 그렇지 않고 자신이 '항상 그렇다'라고 생각되면 그 옆의 ○ 안에 표시하십시오. 모든 질문들에 대해서 이렇게 그 원들 안에 표시하면서 대답하십시오. 여기에는 어떤 정답이나 오답도 없습니다.

1. 나는 내 자신이 꽤 잘 해나가고 있다고 생각한다.
   ○ 전혀 그렇지 않다
   ○ 가끔 그렇다
   ○ 때로 그렇다
   ○ 자주 그렇다
   ○ 대부분 그렇다
   ○ 항상 그렇다

2. 나는 인생에서 중요한 것들을 얻기 위한 많은 방법을 생각해낼 수 있다.
   ○ 전혀 그렇지 않다
   ○ 가끔 그렇다
   ○ 때로 그렇다
   ○ 자주 그렇다
   ○ 대부분 그렇다
   ○ 항상 그렇다

3. 나는 내 나이의 다른 아이들과 마찬가지로 일을 해내고 있다.
   ○ 전혀 그렇지 않다
   ○ 가끔 그렇다

○ 때로 그렇다
○ 자주 그렇다
○ 대부분 그렇다
○ 항상 그렇다

4. 나는 문제가 있으면 그것을 해결할 많은 방법을 생각해낼 수 있다.
○ 전혀 그렇지 않다
○ 가끔 그렇다
○ 때로 그렇다
○ 자주 그렇다
○ 대부분 그렇다
○ 항상 그렇다

5. 나는 과거에 있었던 일에서 나의 미래에 도움이 될 일들을 생각한다.
○ 전혀 그렇지 않다
○ 가끔 그렇다
○ 때로 그렇다
○ 자주 그렇다
○ 대부분 그렇다
○ 항상 그렇다

6. 다른 사람들이 포기할 때에도 나는 그 문제를 해결하는 방법을 찾을 수 있다는 것을 알고 있다.
○ 전혀 그렇지 않다
○ 가끔 그렇다
○ 때로 그렇다
○ 자주 그렇다
○ 대부분 그렇다
○ 항상 그렇다

Note: 아동들에게 실시할 때, 이 척도는 "아동 희망 척도"라고 표기되지 않고 "여러분의 목표에 관한 질문"이라고 불린다. 아동의 희망 척도 총점을 계산하기 위해서는 여섯 문항 모두에 대한 응답을 더하는데, '전혀 그렇지 않다' =1점, '가끔 그렇다' =2점, '때로 그렇다' =3점, '자주 그렇다' =4점, '대부분 그렇다' =5점, '항상 그렇다' =6점으로 계산한다. 세 개의 홀수 번호 문항은 주도성을, 세 개의 짝수 번호 문항은 경로를 측정한다 (From C. R. Snyder, B. Hoza, et al. (1997). The development and validation of the Children's Hope Scale. *Journal of Pediatric Psychology, Vol. 22*(3), p. 421). 저자의 동의하에 재출판.

참고문헌

Abramson, L. Y., Seligman, M. E. P., & Teasdale, J. D. (1978). Learned helplessness in humans: Critique and reformulation. *Journal of Abnormal Psychology, 87,* 49-74.

Affleck, G., & Tennen, H. (1996). Construing benefits from adversity: Adaptational significance and dispositional underpinnings. *Journal of personality, 64,* 899-922.

Anderson, J. R. (1983). *The architecture of cognition.* Cambridge, MA: Harvard University Press.

Antonovsky, H., & Sagy, S. (1986). The development of a sense of coherence and its impact on responses to stress situations. *Journal of Social Psychology, 126,* 213-225.

Averill, J. R., Catlin, G., & Chon, K. K. (1990). *Rules of hope.* New York: Springer-Verlag.

Babyak, M. A., Snyder, C. R., & Yashinobu, L. (1993). Psychometric properties of the Hope Scale: A confirmatory factor analysis. *Journal of Research in Personality, 27,* 154-169.

Bandura, A. (1982). Self-efficacy mechanism in human agency. *American Psychologist, 37,* 122-147.

Bandura, A. (1997). *Self-efficacy: The exercise of control.* New York: Freeman.

Barnum, D. D., Snyder, C. R., Rapoff, M. A., Mani, M. M., & Thompson, R. (1998). Hope and social support in the psychological adjustment of pediatric burn survivors and matched controls. *Children's Health Care, 27,* 15-30.

Battista, J., & Almond, R. (1973). The development of meaning in life. *Psychiatry, 36,* 409-427.

Bolger, N. (1990). Coping as a personality process: A prospective study.

Journal of Personality and Social Psychology, 59, 525-537.

Brunstein, J. C. (1993). Personal goals and subjective well-being: A longitudinal study. *Journal of Personality and Social Psychology, 65,* 1061-1070.

Cantril, H. (1964). The human degisn. *Journal of Individual Psychology, 20,* 129-136.

Carver, C. S., Pozo, C., Harris, S. D., Noriega, V., Scheier, M. F., Robinson, D. S., Ketcham, A. S., Mofat, F. L., Jr., & Clark, K. C. (1993). How coping mediates the effect of optimism on distress: A study of women with early stage breast cancer. *Journal of Personality and Social Psychology, 65,* 375-390.

Carver, C. S., & Scheier, M. F. (2000a). Optimism, pessimism, and self-regulation. In E. C. Chang (Ed.), *Optimism and pessimism* (pp. 31-52). Washington, DC: American Psychological Association.

Carver, C. S., & Scheier, M. F. (2000b). Optimism. In C. R. Snyder (Ed.), *Coping: The psychology of what works* (pp. 182-204.) New York: Oxford University Press.

Cheavens, J. (2000). Light through the shadows: Depression and hope. In C. R. Snyder (Ed.), *Handbook of hope: Theory, measures, and applications* (pp. 326-354). San Diego, CA: Academic Press.

Cheavens, J., & Gum, A. (2000). Gray Power: Hope for the ages. In C. R. Snyder (Ed.), *Handbook of hope: Theory, measures, and applications* (pp. 201-222). San Diego, CA: Academic Press.

Cheaven, J., Gum, A., & Snyder, C. R. (2000). The Hope Scale. In J. Maltby, C. A. Lewis, & A. Hill (Eds.), *A handbook of psychological tests* (pp. 248-258). Lampeter, Wales, UK: Edwin Mellen Press.

Cheavens, J., Taylor, J. D., Kahle, K., & Snyder, C. R. (2000). *Interactions of high-and low-hope individuals.* Unpublished manuscript, psychology Department, University of Kansas, Lawrence.

Coopersmith, S. (1967). *The antecedents of self-esteem.* San Francisco: Freeman,

Craig, K. J. W. (1943). *The nature of explanation*. Cambridge, England: Cambridge University Press.

Crothers, M., & Schraw, G. (1999, August). *Validation of the Mutuality Assessment Questionnaire*. Presented at the annual meeting of the American Psychological Association, Boston.

Crumbaugh, J. C., & Maholick, L. T. (1964). An experimental study in existentialism: The Psychometric approach to Frankl's concept of noogenic neurosis. *Journal of Clinical Psychology, 20,* 200-207.

Crumbaugh, J. C., & Maholick, L. T. (1981). *Manual of instructions for the Purpose in Life Test.* Murfeesboro, TN: Psychometric Affiliates.

Curry, L. A., Maniar, S. D., Sondag, K. A., & Sandstedt, S. (1999). An optimal performance academic course for university students and student-athletes, Unpublished manuscript, University of Montana, Missoula.

Curry, L. A., & Snyder, C. R. (2000). Hope takes the field: Mind matters in athletic performances. In C. R. Snyder (Ed.), *Handbook of hope: Theory, measures, and applications* (pp. 243-260). San Diego, CA: Academic Press.

Curry, L. A., Snyder, C. R., Cook, D. L., Rubby, B. C., & Rehm, M. (1997). The role of hope in student-athlete academic and sport achievement. *Journal of Personality and Social Psychology, 73,* 1257-1267.

Diener, E. (1984). Subjective well-being. *Psychological Bulletin, 95,* 542-575.

D' Zurilla, T. J. (1986). *Problem-solving therapy: A social competence approach to clinical intervention*. New York: Springer.

Elliott, T. R., Witty, T. E., Herrick, S., & Hoffman, J. T. (1991). Negotiating reality after physical loss: Hope, depression, and disability. *Journal of Personality and Social Psychology, 61,* 608-613.

Emmons, R. A. (1986). Personal strivings: An approach to personality and subjective well-being. *Journal of Personality and Social Psychology, 51*, 1058-1068.

Everson, S. A., Goldberg, D. E., Kaplan, G. A., Cohen, R. D., Pukkala, E., Tuomilehto, J., & Salonen, J. T. (1996). Hopelessness and risk of mortality and incidence of myocardial infarction and cancer. *Psychosomatic Medicine, 58,* 113-121.

Everson, S. A., Kaplan, G. A., Goldberg, D. E., Salonen, R., & Salonen, J. T. (1997). Hopelessness and 4-year progression of carotid artherosclerosis: The Kuopio ischemic heart disease risk factor study. *Arteriosclerosis Thrombosis Vascular Biology, 17,* 1490-1495.

Farber, M. L. (1968). *Theory of suicide*. New York: Funk and Wagnall' s.

Farina, C. J., Hearth, A. K., & Popovich, J. M. (1995). *Hope and hopelessness: Critical clinical constructs.* Thousand Oaks, CA: Sage.

Feldman, D. B., & Snyder, C. R. (1999). Natural companions: Hope and meaning. Unpublished manuscript, University of Kansas, Lawrence.

Feldman, D. B., & Snyder, C. R. (2000). The state Hope Scale. In J. Maltby, C. A. Lewis, and A. Hill (Eds.), *A handbook of psychological tests* (pp. 240-245). Lampeter, Wales, UK: Edwin Mellen Press.

Fontaine, K. R., Manstead, A. S. R., & Wagner, H. (1993). Optimism, perceived control over stress, and coping. *European Journal of Personality, 7,* 267-281.

Frank, J. D. (1968). The role of hope in psychotherapy. *International Journal of Psychiatry, 5,* 383-395.

Frank, J. D. (1973). *Persuasion and healing* (Rev. ed.). Baltimore: Johns Hopkins University Press.

Frank, J. D. (1975). The faith that heals. *Johns Hopkins Medical Journal, 137,* 127-131.

Frankl, V. (1965). *The doctor and the soul: From psychotherapy to logotherapy* (R. Winston & C. Winston, Trans). New York: Knopf.

Frankl, V. (1966). What is meant by meaning? *Journal of Existentialism,*

7, 21-28.

Frankl, V. (1992). *Man's search for meaning: An introduction to logotherapy* (I. Lasch, Trans.). Boston: Beacon.

Friedman, L. C., Nelson, D. V., Baer, P. E., Lane, M., Smith, F. E., & Dworkin, R. J. (1992). The relationship of dispositional optimism, daily life stress, and domestic environment to coping methods used by cancer patients. *Journal of behavioral Medicine, 15,* 127-141.

Hamilton, N. A., & Ingram, R. E. (2001). Self-focused attention and coping: Attending to the right things. In C. R. Snyder (Ed.), *Coping with stress: Effective people and processes* (pp. 178-195). New York: Oxford University Press.

Heller, K., Wyman, M. F., & Allen, S. M. (2000). Future directions for prevention science: From research to adoption. In C. R. Snyder & R. E. Ingram (Eds.), *Handbook of psychological change: Psychotherapy process and practices for the 21st century* (pp. 660-680). New York: Wiley.

Heppner, P. P., & Hillerbrand, E. T. (1991). Problem-solving training implications for remedial and preventive training. In C. R. Snyder & D. R. Forsyth (Eds.), *Handbook of social and clinical psychology: The health perspective* (pp. 681-698). Elmsford, NY: Pergamon.

Hewitt, J. P. (1988). *The myth of self-esteem: Finding happiness and solving problems in America.* New York: St. Martin' s Press.

Houston, B. K. (1988). Stress and coping. In C. R. Snyder & C. E. Ford (Eds.), *Coping with negative life events: Clinical and social psychological perspectives* (pp. 373-399). New York: Plenum.

Irving, L. M., Snyder, C. R., & Crowson, J. J., Jr. (1998). Hope and the negotiation of cancer facts by college women. *Journal of Personality, 66,* 195-214.

Irving, L., Snyder, C. R., Gravel, L., Hanke, J., Hilberg, P., & Nelson, N.

(1997, April). *Hope and effectiveness of a pre-therapy orientation group for community mental health center clients.* Paper presented at the annual meeting of the Western Psychological Association Convention, Seattle, WA.

Jackson, W. T., Taylor, R. E., Palmatier, A. D., Elliott, T. R., & Elliott, J. L. (1998). Negotiating the reality of visual impairment: Hope, coping, and functional ability. *Journal of Clinical Psychology in Medical Settings, 5,* 173-185.

Kaplan, R. M. (2000). Two pathways to prevention. *American psychologist, 55,* 382-396.

Klausner, E. J., Clarkin, J. F., Spielman, L., Pupo, C., Abrams, R., & Alexopoulas, G. S. (1998). Late-life depression and functional disability: The role of goal focused group psychotherapy. *International Journal of Geriatric psychiatry, 13,* 707-716.

Klausner, E. J., Snyder, C. R., & Cheavents, J. (2000). Teaching hope to a population of older, depressed adults. In G. Williamson (Ed.), *Advances in aging theory and research* (pp. 295-310). New York: Plenum.

Krauss, H. H., & Krausss, B. J. (1968). Cross cultural study of the thwarting-disorientation theory of suicide. *Journal of Abnormal psychology, 73,* 352-357.

Laird, S. (1992). *A preliminary investigation into prayer as a coping technique for adult patients with arthritis.* Unpublished doctoral dissertation, University of Kansas, Lawrence.

Litt, M. D., Tennen, H., Affleck, G., & Klock, S. (1992). Coping and cognitive factors in adaptation to in vitro fertilization failure. *Journal of Behavioral Medicine, 15,* 171-187.

Little, B. R. (1983). Personal projects: A rationale and method for investigation. *Environment and Behavior, 15,* 273-309.

Little, B. R. (1989). Personal projects analysis: Trivial pursuits, magnificent obsessions, and the search for coherence. In D. M.

Buss & N. Cantor (Eds.), *Personality psychology: Recent trends and emerging directions* (pp. 15-31). New York: Springer-Verlag.

Lopez, S. J., Bouwkamp, J., Edwards, L. M., & Teramoto Pedrotti, J. (2000, October). *Making hope happen via brief interventions.* Paper presented at the second Positive Psychology Summit, Washington, DC.

Lopez, S. J., Floyd, R. K., Ulven, J. C., & Snyder, C. R. (2000). Hope therapy: Helping clients build a house of hope. In C. R. Snyder (Ed.), *Handbook of hope: Theory, measures, and applications* (pp. 123-150). San Diego, CA: Academic Press.

Lopez, S. J., Gariglietti, K. P., McDermott, D., Sherwin, E. D., Floyd, K. R., Rand, K., & Snyder, C. R. (2000). Hope for the evolution of diversity: On leveling the field of dreams. In C. R. Snyder (Ed.), *Handbook of hope: Theory, measures, and applications* (pp. 223-242). San Diego, CA: Academic Press.

Magaletta, P. R., & Oliver, J. M. (1999). The hope construct, will and ways: Their relative relations wit self-efficacy, optimism, and general well-being. *Journal of Clinical Psychology, 55,* 539-551.

Maslow, A. H. (1970). *Motivation and personality* (2nd ed.). New York: Harper and Row.

Matarazzo, J. D. (1982). Behavioral health's challenge to academic, scientific, and professional psychology. *American Psychologist, 37,* 1-14.

McDermott, D., & Hastings, S. (2000). Children: Raising future hopes. In C. R. Snyder (Ed.), *Handbook of hope: Theory, measures, and applications* (pp. 185-199). San Diego, CA: Academic Press.

McDermott, D., & Snyder, C. R. (1999). *Making hope happen.* Oakland, CA: New Harbinger Publications.

McDermott, D., & Snyder, C. R. (2000). *The great big book of hope: Help your children achieve their dreams.* Oakland, CA: New Harbinger Publications.

Melges, R., & Bowlby, J. (1969). Types of hopelessness in psychopathological process. *Archives of General Psychiatry, 20,* 690-699.

Menninger, K. (1959). The academic lecture on hope. *American Journal of Psychiatry, 109,* 481-491.

Michael, S. T. (2000). Hope conquers fear: Overcoming anxiety and panic attacks. In C. R. Snyder (Ed.), *Handbook of hope: Theory, measures, and applications* (pp. 355-378). San Diego, CA: Academic Press.

Miller, G. A., Galanter, E., & Pribram, K. H. (1960). *Plans and the structure of behavior.* New York: Holt, Rinehart, and Winston.

Moon, C. (2000). *The relationship of hope to children's asthma treatment adherence.* Unpublished master's thesis, University of Kansas, Lawrence.

Moon, C., & Snyder, C. R. (2000). Children's Hope Scale. In J. Maltby, C. A. Lewis, & A. Hill (Eds.), *A handbook of psychological tests* (pp. 160-166). Lampeter, Wales, UK: Edwin Mellen Press.

Newell, A., & Simon, H. A. (1972). *Human problem solving.* Englewood Cliffs, NJ: Prentice- Hall.

Omodei, M. M., & Wearing, A. J. (1990). Need satisfaction and involvement in personal projects: Toward an integrative model of subjective well-being. *Journal of Personality and Social Psychology, 59,* 762-769.

Palys, T. S., & Little, B. R. (1983). Perceived life satisfaction and organization of personal projects systems. *Journal of Personality and Social Psychology, 44,* 1221-1230.

Peterson, C., Semmel, A., von Baeyer, C., Abramson, L. Y., Metalsky, G. I., & Seligman, M. E. P. (1982). The Attributional Style Questionnaire. *Cognitive Therapy and Research, 6,* 287-299.

Pinker, S. (1997). *How the mind works.* New York: Norton.

Rieger, E. (1993). *Correlates of adult hope, including high and low hope adults' recollection of parents.* Unpublished psychology honors thesis, University of Kansas, Lawrence.

Ruehlman, L. S., & Wolchik, S. A. (1998). Personal goals and interpersonal support and hindrance as factors in psychological distress and well-being. *Journal of Personality and Social Psychology, 55,* 293-301.

Sarason, B. R., Sarason, I. G., & Pierce, G. R. (Eds.) (1990). *Social support: An interactional view.* New York: Wiley.

Schachtel, E. (1959). *Metamorphosis.* New York: Basic Books.

Scheier, M. F., & Carver, C. S. (1985). Optimism, coping, and health: Assessment and implications of generalized outcome expectancies. *Health Psychology, 4,* 219-247.

Scheier, M. F., & Carver, C. S. (1987). Dispositional optimism and physical well-being: The influence of generalized outcome expectancies on health. *Journal of Personality, 55,* 169-210.

Scheier, M, F., Carver, C. S., & Bridges, M. W. (1994). Distinguishing optimism from neuroticism(and trait anxiety, self mastery, and self esteem): A reevaluation of the Life Orientation Test. *Journal of Personality and Social Psychology, 67,* 1063-1078.

Scheier, M. F., Weintraub, J. K., & Carver, C. S. (1986). Coping with stress: Divergent strategies of optimists and pessimists. *Journal of Personality and Social Psychology, 51,* 1257-1264.

Schmale, A. H., & Iker, H. (1966). The affect of hopelessness and the development of cancer: Identification of uterine cervical cancer in women with atypical cytology. *Psychosomatic Medicine, 28,* 714-721.

Schmale, A. H., & Iker, H. (1971). Hopelessness as a predictor of cervical cancer. *Social Science and Medicine, 5,* 95-100.

Schulman, M. (1991). *The passionate mind.* New York: Free Press.

Seligman, M. E. P. (1991). *Learned optimism.* New York: knopf.

Seligman, M. E. P., Kaslow, N. J., Alloy, L. B., Peterson, C., Tanenbaum,

R., & Abramson, L. Y. (1984). Attributional style and depressive symptoms among children. *Journal of Abnormal Psychology, 93,* 235-238.

Sherer, M., Maddux, J. E., Mercandante, B., Prentice-Dunn, S., Jacobs, B., & Rogers, R. (1982). The self-efficacy scale: Construction and validation. *Psychological Reports, 51*, 663-671.

Snyder, C. R. (1993). Hope for the journey. In A. P. Turnball, J. G. Marquis, & M. J. Blue-Banning (Eds.), *Cognitive coping, families and disability* (pp. 271-286). Baltimore: Brookes.

Snyder, C. R. (1994a). Hope and optimism. In V. S. Ramachandren (Ed.), *Encyclopedia of human behavior* (Vol. 2, pp. 535-542). San Diego, CA: Academic Press.

Snyder, C. R. (1994b, August). *Hope for the many us. hope for the few.* Paper presented at the annual meeting of the American Psychological Association, Los Angeles.

Snyder, C. R. (1994c). *The psychology of hope: You can get there from here.* New York: Free Press.

Snyder, C. R. (1995). Conceptualizing, measuring, and nurturing hope. *Journal of Counseling and Development, 73,* 355-360.

Snyder, C. R. (1996). To hope, to lose, and hope again. *Journal of personal and interpersonal Loss, 1,* 3-16.

Snyder, C. R. (1998a). A case for hope in pain, loss, and suffering. In J. H. Harvey, J. Omarzu, & E. Miller (Eds.), *Perspectives on loss: A sourcebook* (pp. 63-79). Washington, DC: Taylor and Francis.

Snyder, C. R. (1998b). Hope. In H. S. Friedman (Ed.), *Encyclopedia of mental health* (pp. 421-431). San Diego, CA: Academic Press.

Snyder, C. R. (1999a). Hope, goal blocking thoughts, and test-related anxieties. *Psychological Reports, 84,* 206-208.

Snyder, C. R. (1999b, June). *A psychological look at people who do not reach their goals: The low hope blues.* Paper presented at the annual meeting of the American Psychological Society, Denver,

CO.

Snyder, C. R. (2000a). Genesis: Birth and growth of hope. In C. R. Snyder (Ed.), *Handbook of hope: Theory, measures, and applications* (pp. 25-57). San Diego, CA: Academic Press.

Snyder, C. R. (2000b, March). *Hope: The beneficent octopus.* Presentation at the annual meeting of the Eastern Psychological Association, Baltimore, MD.

Snyder, C. R. (2000c, August). *Hope theory: Pursuing positive ties that bind.* Paper presented at the meeting of the American Psychological Association, Washington, DC.

Snyder, C. R. (2000d). Hypothesis: There is hope. In C. R. Snyder (Ed.), *Handbook of hope: Theory, measures, and applications* (pp. 3-21). San Diego, CA: Academic Press.

Snyder, C. R. (2000e). The past and future of hope. *Journal of Social and Clinical Psychology, 19,* 11-28.

Snyder, C. R., Cheavens, J., & Michal, S. T. (1999). Hoping. In C. R. Snyder (Ed.), *Coping: The psychology of what works* (pp. 205-231). New York: Oxford University Press.

Snyder, C. R., Cheavens, J., & Sympson, S. C. (1997). Hope: An individual motive for social commerce. *Group Dynamics: Theory, Research, and Practice, 1,* 107-118.

Snyder, C. R., & Feldman, D. B. (2000). Hope for the many: An empowering social agenda. In C. R. Snyder (Ed.), *Handbook of hope: Theory, measures, and applications* (pp. 402-415). San Diego, CA: Academic Press.

Snyder, C. R., Feldman, D. B., Taylor, J. D., Schroeder, L. L., & Adams V. III. (2000). The roles of hopeful thinking in preventing problems and enhancing strengths. *Applied and preventive Psychology, 15,* 262-295.

Snyder, C. R., Harris, C., Anderson, J. R., Holleran, S. A., Irving, L. M., Sigmon, S. T., Yoshionbu, L., Gibb, J., Langelle, C., & Harney, P.

(1991). The will and the ways: Development and validation of an individual-differences measure of hope. *Journal of Personality and Social Psychology, 60,* 570-585.

Snyder, C. R., Hoza, B., Pelham, W. E., Rapoff, M., Ware, L., Danovsky, M., Highberger, L., Rubinstein, H., & Stahl, K. J. (1997). The development and validation of the Children's Hope Scale. *Journal of Pediatric Psychology, 22,* 399-421.

Snyder, C. R., Ilardi, S. S., Cheavens, J., Michael, S. T., Yamhure, L., & Sympson, S. (2000). The role of hope in cognitive behavior therapies. *Cognitive Therapy and Research, 24,* 747-762.

Snyder, C. R., Ilardi, S., Michael, S., & Cheavens, J. (2000). Hope theory: Updating a common process for psychological change. In C. R. Snyder & R. E. Ingram (Eds.), *Handbook of psychological change: Psychotherapy processes and practices for the 21th century* (pp. 128-153.) New York: Wiley.

Snyder, C. R., & Ingram, R. E. (1983). The impact of consensus information on help-seeking for psychological problems. *Journal of personality and Social Psychology, 45,* 1118-1126.

Snyder, C. R., & Ingram, R. E. (2000). Psychotherapy: Questions for an evolving field. In C. R. Snyder & R. E. Ingram (Eds.), *Handbook of psychological change: Psychotherapy processes and practices for the 21st century* (pp. 707-726). New York: Wiley.

Snyder, C. R., Irving, L., & Anderson, J. R. (1991). Hope and health: Measuring the will and the ways. In C. R. Snyder & D. R. Forsyth (Eds.), *Handbook of social and clinical psychology: The health perspective* (pp. 285-305). Elmsford, NY: Pergamon.

Snyder, C. R., Lapointe, A. B., Crowson, J. J. Jr., & Early, S. (1998). Preferences of high and low hope people for self-referential input. *Cognition and Emotion, 12,* 807-823.

Snyder, C. R., & McCullough, M. (2000). A positive psychology field of dreams: "If you build it, they will come …" *Journal of Social and*

Clinical Psychology, 19, 151-160.

Snyder, C. R., McDermott, D., Cook, W., & Rapoff, M. (1997). *Hope for the journey: Helping children through the good times and the bad.* Boulder, CO: Westview; San Francisco: HarperCollins.

Snyder, C. R., Michael, S., & Cheavens, J. (1999). Hope as a psychotherapeutic foundation for nonspecific factors, placebos, and expectancies. In M. A. Huble, B. Duncan, & S. Miller (Eds.), *Heart and soul of change* (pp. 179-200). Washington, DC: American Psychological Association.

Snyder, C. R., Odle, C., & Hackman, J. (1999, August). *Hope as related to perceived severity and tolerance of physical pain.* Paper presented at the annual meeting of the American Psychological Association, Boston.

Snyder, C. R., & Pulvers, K. (2001). Dr. Seuss, the coping machine, and "Oh, the places you will go." In C. R. Snyder (Ed.), *Coping with stress: Effective people and processes* (pp. 3-19). New York: Oxford University Press.

Snyder, C. R., Sympson, S. C., Michael, S. T., & Cheavens, J. (2000). The optimism and hope constructs: Variants on a positive expectancy theme. In E. C. Chang (Ed.), *Optimism and pessimism* (pp. 103-124). Washington, DC: American Psychological Association.

Snyder, C. R., Sympton, S. C., Ybasco, F. C., Borders, T. F., Babyak, M. A., & Higgins, R. L. (1996). Development and validation of the State Hope Scale. *Journal of Personality and Social Psychology, 70,* 321-335.

Snyder, C. R., & Taylor, J. D. (2000). Hope as a common factor across psychotherapy approaches: A lesson from the Dodo's Verdict. In C. R. Snyder (Ed.), *Handbook of hope: Theory, measures, and applications* (pp. 89-108). San Diego, CA: Academic Press.

Snyder, C. R., Wiklund, C., & Cheavens, J. (1999, August). *Hope and success in college.* Paper presented at the annual meeting of the

American Psychological Association, Boston.

Stanton, A. L., & Snider, P. R. (1993). Coping with a breast cancer diagnosis: A prospective study. *Health Psychology, 12,* 16-23.

Stotland, E. (1969). *The psychology of hope.* San Francisco: Jossey-Bass.

Strutton, D., & Lumpkin, J. (1992). Relationship between optimism and coping strategies in the work environment. *Psychological Reports, 71,* 1179-1186.

Suls, J., & Fletcher, B. (1985). The relative efficacy of avoidant and nonavoidant coping strategies: A meta-analysis. *Health Psychology, 4,* 249-288.

Sumerlin, J. (1997). Self-actualization and hope. *Journal of Social Behavior and Personality, 12,* 1101-1110.

Sympson, S. (1999). *Validation of the Domain Specific Hope Scale.* Unpublished doctoral dissertation. University of Kansas, Lawrence.

Taylor, S. E. (1989). *Positive illusions: Creative self-deception and the healthy mind.* New York: Basic Books.

Tennen, H., & Affleck, G. (1999). Finding benefits in adversity. In C. R. Snyder (Ed.), *Coping: The psychology of what works* (pp. 279-304). New York: Oxford University Press.

Wells, L. E., & Marwell, G. (1976). *Self-esteem: Its conceptualization and measurement.* Beverly Hills, CA: Sage.

Worthington, E. L., Jr., Hight, T. L., Ripley, J. S., Perrone, K. M., Kurusu, T. A., & Jones, D. R. (1997). Strategic hope-focused relationship-enrichment counseling with individuals. *Journal of Counseling Psychology, 44,* 381-389.

Wylie, R. C. (1974). *The self-concept: A review of methodological and measuring instruments* (Vol. 1, rev. ed.). Lincoln: University of Nebraska Press.

Wylie, R. C. (1979). *The self-concept: Theory and research on selected topics* (Vol. 2, rev. ed.). Lincoln: University of Nebraska Press.

자기효능감

자신이 할 수 있다는 것을 믿는 데서 나오는 힘

무엇이 자기효능감인가
자기효능감은 어디에서 유래했는가
왜 자기효능감이 중요한가

작은 기차(engine)가 위를 쳐다보고 인형의 눈 속에서 눈물을 보았다. 그리고 그녀는 그녀가 도와주지 않으면 장난감이나 좋은 음식들을 가질 수 없는 산 너머 다른 쪽에 있는 어린 소년소녀들을 생각해냈다. 그러자 그녀는 말했다. "나는 할 수 있다고 생각해. 내가 할 수 있을 것 같아. 나는 할 수 있다고 생각해."

작은 기차가 할 수 있는 것(Watty Piper, 1930)

가장 강력한 진실은 또한 가장 단순한 것이다. 너무도 단순해서 아이라도 그것을 이해할 수 있다. 자기효능감(self-efficacy)이라는 개념은 이러한 진실 중 하나를 다루고 있는데, 너무도 단순해서 37페이지짜리(삽화가 들어간) 어린이 서적에서도 포착될 수 있다. 하지만 그것은 너무도 강력해서 그것의 중요한 의미가 지난 20년간 과학 학술지들과 서적의 수많은 페이지들을 통해 설명되어왔다. 이 진실은 당신이 성취하고자 하는 것을 당신이 할 수 있다고 믿는 것이 성공의 가장 중요한 요소—아마도 가장 중요한 요소—라는 것이다. 작은 기차가 할 수 있는 것(That Little Engine That Could)은 이것이 사실이라는 것을 알고 있다. 20년이 넘는 시간 동안, 수백 명의 연구자들이 우리에게 왜 이것이 사실인지를 설명하기 위해 노력해왔다.

자기효능감 이론의 기본적 가정은 "자기 자신의 힘으로 바라는 결과를 성취할 능력을 가지고 있다는 신념"(Bandura, 1997, p. 7)이, 어떤 역경이나 도전에 직면했을 때 이를 극복하기 위해 얼마나 노력할 것인가에 관한 가장 중요한 결정요인이라는 것이다. 또한 자기효능감 이론은 이러한 효능감 신념이 전문적으로 유도되거나 자기유도된 행동 변화 전략뿐

* James E. Maddux

아니라 심리적 적응, 정신적 문제들 그리고 신체적 건강에 중요한 역할을 한다고 주장한다.

1977년에 「자기효능감: 행동 변화의 통합 이론을 향하여(Self-Efficacy: Toward a Unifying Theory of Behavior Change)」라는 Albert Bandura의 논문이 발표된 이래로, 자기효능감이라는 용어는 심리학과 관련 분야에서 자주 볼 수 있다. 자기효능감의 상상가능한 모든 측면에 관한 수많은 글들이 심리학과 사회학, 운동 요법, 공중 보건, 의학, 간호 그리고 다른 영역의 저널들에 등장하게 되었다. 이 장에서 나는 우리가 지난 20년 동안의 자기효능감에 관한 연구에서 무엇을 배웠는지를 요약하려고 한다. 나는 다음과 같은 세 가지 질문을 제기할 것이다. 자기효능감이란 무엇인가? 그것은 어디에서 유래한 것인가? 그것이 왜 중요한가?

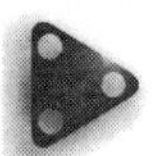

무엇이 자기효능감인가

간략한 역사

영국의 소설가이자 시인인 Thomas Hardy는 언젠가 이렇게 말한 적이 있다. "진보된 아이디어들은 대부분 가장 최근의 정의로, 더 정확한 표현으로는 ~학(logy)과 ~주의(ism)라는 단어로, 남성과 여성이 수세기에 걸쳐 파악해온 감각들에 대한 것이다." (1891/1998, p. 115) 같은 말이 자기효능감에도 적용된다. 자기효능감이라는 용어가 비록 최근에 기원한 것이기는 하지만, 개인적 통제에 관한 관심은 철학과 심리학에서 오랜 역사를 가지고 있다. Spinoza, David Hume, John Locke, William James 그리고 (더 최근의 인물로는) Gilbert Ryle과 같은 학자들이 모두 인간행동에서 '결단력(volition)'과 '의지(will)'의 역할을 더 잘 이해하고자 노력해왔다(Russell, 1945; Vessey, 1967). 금세기에 effectance 동기에 관한 이론들(White, 1959)과 성취동기(McClelland, Atkinson, Clark, & Lowell, 1953), 사회적 학습이론(Rotter, 1966) 그리고 무기력(Abramson, Seligman, & Teasdale, 1978)과 같은 이론들은 심리적 안녕감은 물론(Skinner, 1995 참조)이고 개인적 능력의 지각과 인간행동 사이의 관계를 탐구하려는 많은 시도들 중의 일부일 뿐이다. 그러나 1977년에 발표된 Bandura의 논문은 자기효능감으로써 지각된 능력에 대한 개념을 공식화하고, 그것이 어떻게 발달하고, 어떻게 인간행동에 영향을 주는지에 관한 이론을 제공하였다. 이렇게 다양한 영역들에서 많은 학자들과 이론가들의 관심을 끌었던 것은 Bandura가 직관적이고 상식에 호소하는 하나의 구조를 제공하였기 때문이라고 믿는데, Bandura는 이러한 상식적 개념을 분명하게 정의했으며 그것을 하나의 포괄적인 이론으로 완성하였다. 본질적 아이디어는 새로운 것이 아니지만, 이 아이디어가 경험적 자료로 검증되었다는 것은 새롭고 중요한 것이었다.

자기효능감의 정의

자기효능감이 어떻게 정의되고 측정되는지 분명하게 이해하는 가장 좋은 방법 중의 하나는 그것을 관련 개념들로부터 분리해내는 것이다.

자기효능감은 지각된 기술이 아니다. 그것은 어떤 상황 아래서 내가 나의 능력으로 할 수 있다고 믿는 것이다. 그것은 특정한 행동을 수행하는 나의 능력과 연관된 신념에 관한 것이 아니라, 변화하고 도전적인 상황에서 기술과 능력을 통합하고 조화시키는 나의 능력과 연관된 신념에 관한 것이다.

자기효능감은 행동에 관한 단순한 예측이 아니다. 자기효능감은 내가 할 것(will)이라고 믿는 것이 아니라, 내가 할 수 있다(can)고 믿는 것에 관한 것이다.

자기효능감은 인과적 귀인이 아니다. 인과적 귀인은 사건에 대한 설명들로, 내 자신의 행동과 그 결과를 포함한다. 자기효능감 신념은 내가 할 수 있는 것에 대한 나의 신념이다.

자기효능감은 행동하려는 의도나 어떤 특정 목표를 성취하기 위한 의도가 아니다. 의도라는 것은 내가 아마도 할 것이라고 말하는 것이다.의도는 효능감 신념을 포함해 수많은 요인들에 의해 영향을 받지만, 효능감 신념은 의도에 제한되지 않는다(Maddux, 1999b).

자기효능감은 자기존중감(self-esteem)이 아니다. 자기존중감은 자신에 대해서 믿는 것이며, 내가 자신을 믿는 것에 대해 어떻게 느끼는지에 관한 것이다. 효능감 신념은 주어진 영역에서 자기존중감에 기여하지만, 내가 그 영역에 부여하는 중요성에 직접적으로 비례해서만 그러할 것이다.

자기효능감은 통제 동기, 추동, 욕구가 아니다. 나는 어떤 특정 영역에서 강한 통제 욕구를 느끼지만 여전히 그 영역에 관한 나의 효능감에 대해서는 약한 신념을 가질 수 있다.

자기효능감 신념은 결과 기대(outcome expectancies; Bandura, 1997)나 행동-결과 기대(behavior-outcome expectancies; Maddux, 1999b)가 아니다. 행동 결과 기대는 특정한 상황에서 특정한 행동을 함으로써 그 목표에 도달할 수 있다는 신념이다. 간단히 말해 자기효능감 신념은 어떤 결과를 가져올 수 있는 행동을 내가 할 수 있다는 믿음을 말한다.

자기효능감은 성격 특성이 아니다. 능력과 통제에 관한 대부분의 개념은 자기존중감, 통제 소재(Rotter, 1966), 낙관주의, 희망, 강인성(Kobasa, 1979) 그리고 학습된 풍부한 자원(Rosenbaum, 1990)을 포함하는데, 특질이나 특질과 유사한 것으로 인식된다. 자기효능감은 하나의 특질이 아니라 특정 영역과 환경에서 바라는 목표를 성취하는 기술과 능력을 조화시키는 능력에 관한 신념으로 정의되고 측정된다. '일반적' 자기효능감을 측정하는 여러 가지 방법이 개발되어(예: Sherer et al., 1982; Tipton & Worthington, 1984) 널리 사용되고 있지만, 이 척도로는 어떤 사람이 어떤 상황에서 보다 효과적으로 자기효능감의 신념을 활용할 수 있을지를 예측하기는 어렵다(Bandura, 1997; Maddux, 1995).

자기효능감은 어디에서 유래했는가

앞서 언급되었듯이, 자기효능감은 유전적으로 결정된 특질이 아니다. 자기효능감 신념은 시간과 경험을 통해 발달한다. 이러한 신념의 발달은 유년기에 시작해서 평생 지속된다. 자기효능감이 어떻게 발달하는지 이해하기 위해서는 더 광범위한 이론적 배경을 이해하는 것이 필요하다. 자기효능감은 사회 인지 이론(social cognition theory)을 바탕으로 가장 잘 이해되는데, 우리가 단지 환경들에 대한 수동적 반응자라기보다는 능동적 형성자라고 가정하는 인간의 인지, 행동, 동기, 정서 접근법을 말한다(Bandura, 1986, 1997; Barone, Maddux, & Snyder, 1997). 사회적 인지 이론의 네 가지 기본 전제는 다음과 같다.

❶ 인간에게는 인지적 또는 상징화 능력이 있다. 이를 통해 경험이나 행동 발달의 내적 모델을 형성하기도 하고, 결과 예측을 통해 이와 같은 행동과정에 대한 가설을 검증하고, 다른 사람에게 복잡한 생각과 경험을 의사소통하기도 한다. 또한 우리는 자기관찰(self-observation)을 할 수 있으며, 우리 자신의 행동, 사고, 감정을 분석하고 평가할 수 있다. 이러한 자기반성적 활동으로 자기조절(self-regulation)의 기능이 형성된다.

❷ 환경적 사건과 내적 개인 요인(인지적, 정서적, 생물적 사건들) 그리고 행동은 서로 영향을 주고받는다. 우리는 인지적으로, 효율적으로 그리고 행동적으로 환경적 사건에 반응한다. 또한, 인지과정을 통해 자신의 행동에 통제를 가하게 되는데, 이는 우리의 환경뿐 아니라 인지, 정서, 생리적 상태에도 영향을 미치게 된다.

❸ 자아와 성격은 사회적으로 융합된 것이다. 이는 상황에서 나타나는 우리 자신과 다른 사람들의 사회적 인지, 정서, 행동의 패턴에 대한 인식(정확하든 아니든)들이다. 이는 또한 사회적으로 융합된 것이기 때문에, 성격과 자아는 단순히 다른 사람들과의 상호작용에서 오는 것이 아니라, 이러한 상호작용에서 창조된 것이며, 이러한 상호작용을 통해 변화한다.

❹ 우리는 자기조절을 할 수 있다. 우리는 목표를 선택하고 그러한 목표를 성취하기 위해 행동을 조절한다. 자기조절의 핵심에는—과거의 지식과 경험을 바탕으로 미래의 사건과 상태에 대한 신념을 형성하고, 능력과 행동을 사용하려는—기대를 발달시키는 능력이 있다.

이러한 가정들은 자기효능감의 초기 발달이 주로 두 가지 상호작용에 의해 영향을 받는다고 제시한다. 첫째, 자기효능감 신념은 상징적 사고 능력에 의해 영향을 받는다. 특히, 원인-결과 간의 상호관계를 이해할 능력과 자기관찰, 자기반성적 능력에 의해 영향을 받는다. 개인의 행동에 대한 감각은 유아기에 발달하기 시작하며, 사건과 사건의 원인에 대한 지각에서 결과에 대한 지각으로 연결된다(Bandura, 1997). 아이들은 하나의 사건이 다른 사건을 유발하는 원인이 될 수 있다는 것을 학습해야 하는데, 이는 그들이 다른 사물이나 사람들로부터 분리되어 있다는 것과 자신이 환경에 영향을 주는 행동의 원인이 될 수 있다는 것을 학습하게 되는 것이다. 아동의 언어 이해능력이 발달함에 따라, 상징적 사고능력도 증가하며, 자기-인식능력과 행동에 대한 감각도 발달한다(Bandura, 1997).

둘째, 효능감 신념 발달은 환경에 대한 반응성에 의해 영향을 받는다. 특히 사회적 환경에 영향을 받는데, 유아나 아동의 통제 시도에 의해 영향을 받는다. 아동의 행동에 반응하는 환경은 효능감 신념의 발달을 촉진시키는 반면에, 비반응적인 환경은 이러한 발달을 지체시킨다. 효능감 신념의 발달은 아동의 탐험심을 격려하며, 이는 아동의 행동 감각수준을 증대시키는 결과를 가져온다. 아동의 사회적 환경(특히 부모)은 대개 환경의 가장 반응적인 부분이 된다. 따라서 아동은 주위 사람들과의 상호작용을 통해 효능감 신념을 발달시키며, 이를 비사회적 환경으로 일반화하게 된다(Bandura, 1997). 부모는 유아나 아동의 행동에 반응할 뿐만 아니라 아동이 자신의 환경을 탐색하거나 숙달하도록 격려하고 도와줌으로써 행동 감각을 촉진시키거나 저해할 수 있다.

효능감 신념과 행동 감각은 평생을 통해 발달하는데, 다음과 같은 다섯 가지 주요 자원들로부터 정보를 통합해나감으로써 이루어진다.

수행 경험

환경을 통제하려는 시도는 가장 강력한 자기효능감 자원이다(Bandura, 1977, 1997). 자신의 노력으로 귀인되는 성공적인 통제 시도는 그 행동이나 영역에 대한 자기효능감을 강화시킨다. 통제 시도 실패에 대한 지각은 대개 자기효능감을 감소시킨다.

대리적 경험

자기효능감 신념은 타인의 행동과 그 행동의 결과에 대한 관찰에 의해 영향을 받는다. 우리는 이 정보를 자신의 행동과 그 결과에 대한 기대를 형성하는 데 사용하며, 관찰하는 사람과 자신의 유사성이 클수록 영향을 더 받는다. 대리적 경험은 일반적으로 수행 경험보다는 자기효능감 기대에 미미한 효과를 갖는다(Bandura, 1997).

상상적 경험

자신이나 다른 사람이 가상적 상황에서 효율적 또는 비효율적으로 행동하는 것을 상상하는 것으로 자기효능감에 영향을 줄 수 있다. 이러한 이미지는 실제적이거나 대리적 경험에서 나올 수 있는데, 심리치료자가 체계적인 둔감법이나 모델링과 같은 상상적 개입을 통해 내담자를 지도할 때처럼 언어적 설득으로 유도될 수도 있다(Williams, 1995). 그러나 단순히 자신이 어떤 일을 잘 해내는 것을 상상하는 것은 실제적 경험에서처럼 자기효능감에 영향을 미치지는 못할 것이다(Williams, 1995).

언어적 설득

효능감 신념은 다른 사람들이 우리가 할 수 있다거나 할 수 없다고 말하는 것에 영향을 받는다. 자기효능감의 원천으로서 언어적 설득은, 언어적 설득과 태도 변화에 관한 수십 년간의 연구에서 제시된 것과 같이 그 자원의 전문성, 신뢰성, 매력과 같은 요인들에 의해 영향을 받을 것이다(예: Eagly & Chaiken, 1993). 언어적 설득은 자기효능감 기대에서 수행 경험이나 대리적 경험보다 지속적인 변화의 효력이 적은 자원이다.

생리적 상태와 정서적 상태

생리적 및 정서적인 상태는 우리가 낮은 수행이나 실패를 혐오적인 생리적 상태와 관련시키고, 성공을 유쾌한 상태와 관련시키는 것을 학습할 때 자기효능감에 영향을 준다. 따라서 불쾌한 생리적 흥분을 지각하게 될 때, 생리적 상태가 유쾌하거나 중립적일 때보다 자신의 능력을 보다 많이 의심하게 된다. 이와 마찬가지로, 편안한 생리적 감각은 내가 처한 환경에서 나의 능력에 대한 자신감을 느끼게 한다. 그러나 자기효능감 기대의 생리적 징후들은 자동적 각성수준을 능가한다. 예를 들어, 운동과 같은 힘과 스테미너를 포함하는 활동에서, 지각된 효능감은 피로와 고통 같은 경험들에 의하여 영향을 받는다(예: Bandura, 1986, 1997).

왜 자기효능감이 중요한가

이것은 가장 대답하기 어려운 질문인데, 그 이유는 자기효능감 신념의 중요한 면을 충분히 설명하는 것에 수백 페이지가 소요될 것이기 때문이다. 나는 다섯 가지 영역에 초점을 맞출 것이다. 자기효능감과 심리적 적응, 자기효능감과 신체적 건강, 자기효능감과 자기조절, 자기효능감과 심리치료 그리고 집단효능감이 그것이다.

자기효능감과 심리적 적응

대부분의 철학자와 심리학자들은 우리의 행동, 환경, 사고, 감정에 대한 통제감이 행복과 안녕감에 필수적이라는 데에 동의한다. 세상이 예측가능하고 통제가능한 것으로 보이고 우리의 행동과 사고, 감정이 통제가능하다면, 우리는 인생의 도전에 더 잘 대처하고, 건강한 관계를 맺으며, 개인적 만족을 성취하고 마음의 평화를 유지할 수 있다. 통제감 상실은 심리치료자들과 상담가의 도움을 구하는 사람들에게서 흔히 나타난다.

자기효능감 신념은 일반적인 심리적 문제와 문제에 대한 효과적인 치료 개입에서도 중요한 역할을 한다. 낮은 자기효능감 기대는 우울증의 중요한 특징이다(Bandura, Maddux, & Meier, 1995). 우울한 사람들은 대개 스스로 자신은 여러 중요한 영역에서 다른 사람들보다 효과적으로 대처하는 능력이 모자란다고 믿는다. 낮은 자기효능감 기대는 위협적인 상황에 직면했을 때 역기능적 행동과 회피행동을 가져온다(Bandura, 1997; Williams, 1995). 어려운 상황에서도 잘 대처할 수 있는 자신의 능력에 자신감을 갖고 있는 사람은 침착하게 상황에 접근할 것이며, 어려움들에 의해 심하게 혼란되지 않을 것이다. 반면에, 자신의 능력에 자신감이 없는 사람은 그러한 상황에 대해 염려하고, 그럼으로써 효율적으로 수행을 할 확률을 감소시키게 된다. 낮은 자기효능감을 가진 사람들은 또한 어려움에 불안해하고, 대개 수행을 방해하게 되며, 그럼으로써 자기효능감을 더 낮추게 된다. 마지막으로, 자기효능감은 물질남용장애와 섭식장애들을 극복하는 데 중요한 역할을 한다(Bandura, 1997; DiClemente, Fairhurts, & Piotrowski, 1995). 문제를 극복하고 특정한 도전 상황에서 자기통제 전략을 수행하기 위해서는 자기효능감 향상이 치료적 개입의 성공에 필수적이다(Bandura, 1997; Maddux, 1995).

자기효능감과 심리적 적응에 대한 대부분의 연구는 전통적 정신병리학에 집중해왔다. 그러나 이러한 제한적 집중은 자기효능감 이론의 가정이 아니라 연구자들의 관심 편향을 반영하는 것이다. 자기효능감 이론과 사회적 인지이론은 정신병리학을 이해하는 것보다는 심리적 기능의 긍정적 측면을 이해하는 데 더 관심을 갖고 있다. 또한 위험요인과 보호요인보다는 긍정적 요인(enablement factors)—사람들이 "자신의 인생을 위해 성공적 경로를 설정하는 방식으로 환경을 선택하고 만들어가는" 개인적 자원들—에 관심을 갖고 있다(Bandura, 1997, p. 177).

자기효능감과 신체적 건강

우리 사회에서 건강과 질병치료의 추세는 점차적으로 질병을 치료하는 것에서 질병 예방과 보다 나은 건강을 증진시키는 것으로 변화하고 있다. 건강 문제를 예방하고, 건강을 향상시키며, 질병의 회복을 촉진시키기 위한 대부분의 전략들은 행동 변화를 포함한다. 자기효능감에 대한 연구는 사람들이 어떻게 그리고 왜 건강하거나 건강하지 않은 행동을 채택하는지와 건강에 영향을 미치는 행동들을 어떻게 변화시킬 것인지에 대한 이해를 상당히 향상시켰다(Bandura, 1997; Maddux, Brawly, & Boykin, 1995; O' Leary & Brown, 1995). 자기효능감에 대한 신념은 두 가지 방식으로 건강에 영향을 미친다.

첫째, 자기효능감은 건강한 행동을 유지하고, 건강하지 못한 행동의 중단, 도전과 어려움에 직면하여 행동변화가 필요할 때 영향을 준다. 보호적 동기이론(Maddux & Rogers, 1983; Rogers & Prentice-Dunn, 1987), 건강신념 모델(Strecher, Champion, & Rosenstock, 1997), 계획된 행동이론(Ajzen, 1988; Fishbein & Ajzen, 1975; Maddux & DuCharm, 1997)과 같

은 건강한 행동에 관한 모든 주요 이론들은 자기효능감을 중요 구성요소로 포함시키고 있다(Maddux, 1993; Weinstein, 1993). 더욱이 연구자들은 자기효능감 신념 증가는 사실상 모든 중요한 건강한 행동의 성공적인 변화와 유지에 중요하다는 것을 제시해왔는데, 여기에는 운동, 식이요법, 스트레스 관리, 안전한 성생활, 금연, 알코올 중독의 극복, 치료와 예방법에 대한 순응 그리고 유방 자가진단과 같은 질병 진단 행동들이 포함된다(Bandura, 1997; Maddux et al., 1995).

둘째, 자기효능감 신념은 수많은 생물학적 과정에 영향을 주는데, 그럼으로써 다시 건강과 질병에 영향을 준다(Bandura, 1997). 자기효능감 신념은 면역 체계를 포함하는 스트레스에 대한 신체적 반응에 영향을 준다(Bandura, 1997; O' Leary & Brown, 1995). 환경적 요구에 대한 통제 부족은 전염병에 감염되기 쉽고, 질병의 진행을 촉진시킨다(Bandura, 1997). 자기효능감 신념은 엔도르핀이라고 불리는 내인성(endogenous) 진통제들과 같이, 스트레스와 지각된 위협의 관리에 중요한 신경전달체(neurotransmitter)군인 카테콜라민(catecholamines)의 활성화에도 영향을 미친다(Bandura, 1997; O' Leary & Brown, 1995).

자기효능감과 자기조절

사회적 인지이론과 자기효능감 이론에 따르면 우리에게는 자기조절을 할 수 있는 능력과 자기주도적인 변화를 할 수 있는 능력이 있으며, 전문적인 도움 없이 어려운 행동적 문제들을 극복한 사람들에 관한 연구들이 이러한 능력에 대한 강력한 증거를 제공한다(예: Prochaska, Norcross, & DiClemente, 1994). 자기효능감에 대한 연구는 우리가 행복을 추구하려면 어떻게 우리 자신의 행동을 이끌어가야 하는지에 대한 이해를 상당히 발달시켜왔다. 자기조절은 세 가지 활동 요소들에 의존한다(Bandura, 1986; 1997; Barone et al., 1997). 수행 목표나 기준, 수행에 대한 자기평가적 반응 그리고 자기효능감 신념이 그것이다.

목표는 자기조절에 필수적인데, 그 이유는 우리가 바라는 결과를 성취하기 위하여 우리의 행동과 사고, 감정을 조절하려고 시도하기 때문이다. 바라는 미래 사건과 상태를 구상하는 능력은 우리의 행동에 동기를 부여하고 유도하는 자극을 창조해낸다. 목표를 통해 우리는 개인적 기준을 채택하고, 이러한 기준에 비추어 행동을 평가한다. 그렇기 때문에 목표는 진보를 모니터링하는 기준을 제시하고, 우리의 진보와 능력을 평가한다.

자기평가적 반응은 자기조절에 중요하다. 우리가 목표를 향해 나아가는 신념이 목표 추구 활동에 대한 정서적 반응의 주요 결정요인이기 때문이다. 이러한 정서적 반응은 역으로 자기조절을 향상시키거나 방해할 수 있다. 자신이 목표추구에 비효율적이며 발전이 없다는 생각은 인지적, 행동적 비효율성과 자기조절 실패를 야기하는 고통스러운 정서 상태(예: 불안, 우울)를 가져온다. 그러나 강한 자기효능감 신념과 강한 목표 성취 기대는 적절한 정서 상태를 가져오고, 그러한 상태들은 자기조절을 향상시킨다.

자기효능감 신념은 자기조절에 몇 가지 방식으로 영향을 미친다. 첫째로, 자기효능감은 우리가 설정하는 목표에 영향을 준다. 특정한 성취 영역에서 자기효능감이 높을수록, 그 영역에서 세우는 목표는 더 높아질 것이다.

둘째로, 자기효능감 신념은 목표지향적 활동의 선택, 노력, 도전과 장애에서의 인내력(Bandura, 1986; Locke & Latham, 1990) 그리고 목표와 현재 수행 간의 차이에 대한 반응에도 영향을 준다(Bandura, 1986). 만일 강한 효능감 신념을 가진다면, 어려움과 좌절이 주는 방해에 저항하게 될 것이고, 견뎌낼 것이다. 인내는 바라는 결과를 가져오고, 이러한 성공은 효능감을 증가시킨다.

셋째로, 문제해결과 의사결정에 대한 자기효능감은 문제해결과 의사결정의 효율성과 효과에 영향을 준다(Heppner & Lee, 2002). 복잡한 결정에 직면할 때, 문제해결 능력에 자신감이 있는 사람들은 인지적 기술을 의심하는 사람들보다 인지적 자원을 더 효과적으로 사용한다(예: Bandura, 1997). 그러한 효능감은 더 나은 해결책과 더 큰 성취를 가져온다. 어려움에 직면할 때, 만약 높은 자기효능감을 갖고 있다면 과제 진단적 상태에서 문제 해결책을 탐색하려 할 것이다. 그러나 만약 자기효능감이 낮다면, 자기 진단적이 되어 문제를 평가하고 해결하는 노력 대신에 자신의 부적절함을 반추하기 쉽다(Bandura, 1997).

자기효능감과 심리치료

심리치료는 심리적 안녕감을 향상시키려는 전문적 개입으로 사용되는데, 자기조절은 모든 개입에서 중요한 역할을 한다. 사실상, 대부분의 전문적인 개입전략은 자기조절을 향상시키기 위해 고안되었는데 그 이유는 이것이 삶의 중요한 측면에 대한 효능감을 획득하거나 재획득하도록 돕는 것에 관련되기 때문이다(Frank & Frank, 1991). 개입의 다양한 구성요소들은 똑같이 효과적일 수 있는데, 그것들이 모두 중요한 행동적, 인지적 기술에 대한 자기효능감을 향상시키기 때문이다(Bandura, 1986, 1997; Maddux & Lewis, 1995).

자기효능감 이론은 특정한 문제 상황과 도전적 상황에서 특정한 행동에 대한 효능감을 향상시키기 위한 경험 배치의 중요성을 강조한다. 자기효능감 이론은 개입이 단지 특정한 문제를 해결하게 해서는 안 되고, 사람들이 자기 스스로 문제를 해결하는 효능감을 제공해야 한다고 제안한다. 자기효능감을 향상시키기 위한 기본 전략은 앞에서 언급된 네 가지의 자기효능감 자원에 그 기반을 두고 있다.

수행 경험

"백문이 불여일견(seeing is believing)"이라는 속담은 사람들이 성공에 대한 명시적 증거를 갖는 것이 중요하다는 사실을 강조한다. 사람들이 어려운 상황에 효과적으로 대처할 때, 그들의 통제감은 높아진다. 이러한 경험들은 목표와 전략 모두가 특정한 것일 때 가장 성공하기 쉽다. 구체적이고 가능한(단기적) 목표들은 추상적이고 모호하며, 먼 미래 목표에 비해 주도성, 동기, 효능감을 더 많이 제공한다. 특정한 목표는 성공적인 성취에 필요한 특정한 행동을 알게 하며 성공했을 때를 알게 한다(Snyder, Rand, & Sigmon, 2002; Locke & Latham, 1990). 예를 들어, 공포증과 두려움에 가장 효과적인 개입은 유도된 숙달감(guided mastery)을 포함하는데, 치료 회기 동안 두려워하는 대상이나 상황을 경험하게 하거나 회기 사이에 '과제'를 부여한다(Williams, 1995). 우울증의 인지치료에서, 내담자는 낮은 자기효능감 기대를 높이기 위해 성공 경험을 제공하는 구조적인 안내를 제공받게 된다(Hollon & Beck, 1994).

언어적 설득

가장 형식적인 심리적 개입은 내담자의 자기효능감을 높이기 위해 언어적 설득에 의존한다. 인지치료와 인지행동치료에서, 치료자는 내담자의 역기능적 신념, 태도, 기대에 대해 논의하고, 내담자가 그러한 신념의 비합리성이나 자기패배적 본질을 보도록 돕는다. 치료자는 내담자가 새로운 적절한 신념을 채택하고, 그 새로운 신념과 기대대로 행동하도록 격려한다. 그 결과로, 내담자는 자기효능감 신념과 적응적 행동에서 지속적인 변화를 가져오는 성공을 경험하게 된다(이에 대한 설명을 위해서는 Hollon & Beck, 1994; Ingram, Kendall, & Chen, 1991 참조). 사람들은 또한 체중 조절, 금연, 운동 프로그램 유지 또는 어려운 상사나 사랑하는 이를 대면하는 데 필요한 용기를 불러일으키기 위한 시도들에서 다른 사람의 지지를 추구함으로써 자기효능감 촉진인자로서의 언어적 설득에 의존한다.

대리적 경험

대리적이고 상상적인 방법은 새로운 기술을 가르치거나, 그러한 기술이 자기효능감을 향상시키는 데 사용될 수 있다. 예를 들어, 영화와 비디오테이프 모델링은 사회적으로 위축된 아동들이 다른 아동들과 상호작용하도록 격려하기 위하여 성공적으로 사용되어왔다. 영화를 보는 아동은 거기서 자신과 상당히 닮은 모델이 되는 아동을 보게 되는데, 그 아동을 보면서 성공을 경험하게 되고 자신도 똑같이 할 수 있다고 믿게 된다(Conger & Keane, 1981). 실제 생활의 모델링은 공포증을 가진 개인의 치료에서 성공적으로 사용되어왔다. 이러한 연구는 자기효능감의 변화가 적응적인 행동 변화를 중재한다는 것을 보여주었다(Bandura, 1986; Williams 1995). 자기효능감을 향상시키기 위한 일상적인 매일의(비전문적) 대리 경험 사용 실례들은 체중 조절과 금연 프로그램에서 성공한 사람들의 증언이 보여주는 선전을 포함한다. 이러한 증언들로부터 나오는 분명한 메시지는 그 청취자나 독자들 역시 어려운 과제를 성취할 수 있다는 것이다. 공식적이거나 비공식적인 '지지집단'—중독, 비만, 질병과 같은 공동의 역경을 극복하려고 개인적 경험을 공유하는 사람들—은 자기효능감 증진을 위한 포럼을 제공한다.

상상적 경험

현존하거나 영상화된 모델을 만나기는 어려울 수 있지만, 상상하기는 쉽게 사용될 수 있는 자원이다. 우리가 두려워하는 행동이나 어려움들을 극복하는 상상은 자기효능감을 향상시킬 수 있다. 예를 들어, 불안과 공포 문제에 대한 인지적 치료는 흔히 위험과 불안에 관한 시각적 이미지를 수정하는 것을 포함하는데, 두려운 상황에 효과적으로 대처하는 상상을 포함한다. 상상적인(내현적) 모델링은 주장 행동과 주장성에 관한 자기효능감을 향상시키기 위한 개입에 성공적으로 사용되어왔다(Kazdin, 1979). 체계적 둔감법(desensitization)과 홍수법(implosion)은 전통적인 행동치료 기법으로, 어려운 상황에 효과적으로 대처하는 것을 상상하는 것이다(Emmelkamp, 1994). 부적응적으로 왜곡된 상상은 불안과 우울증의 중요한 구성요소이기 때문에, 다양한 기법들이 내담자의 왜곡과 부적응적 가정을 수정하기 위해 발달되어왔다. 내담자는 상황을 효과적으로 다루는 미래의 자신을 상상함으로써 상황에 대한 통제감을 얻을 수 있다.

생리 및 정서 상태

우리는 보통 흥분되고 긴장할 때보다 침착할 때 자기효능감을 느끼게 된다. 따라서 정서적 흥분(특히 불안)을 통제하고 줄이려는 전략들은 자기효능감을 증가시키고, 성공적인 수행의 가능성을 높인다. 최면, 바이오피드백, 이완훈련, 명상 그리고 약물은 일반적으로 낮은 자기효능감과 취약한 수행에 관련되는 생리적 흥분을 줄이려는 가장 일반적인 전략이다.

성공의 영향력을 증대하기

성공은 주관적인 것이며, 관찰자들에 의해 '성공적'이라고 판단되는 성취가 항상 그 수행자에 의해서도 똑같이 성공적이라고 판단되지는 않는다. 효능감 신념을 자동적으로 향상시키는 성취들도 그렇다. 우리는 현재 자신의 견해와 일치하지 않는 자기참조적(self-referential) 정보를 종종 등한시한다(Barone et al., 1997; Fiske & Taylor, 1991). 따라서 우리가 고통을 느끼고 무능력하며 절망적이라고 믿게 되면, 치료자나 가족, 친구 그리고 부정적 자기신념에 일치하지 않는 자신의 행동적 성공을 무시하거나 등한시하려는 경향이 있다(Barone et al., 1997; Fiske & Taylor, 1991). 그러므로 우리는 성공 경험을 증가시키기 위해 일치되는 노력을 할 필요가 있으며, 성공으로써 성공을 해석하고 우리 자신의 노력의 결과로써 성공을 해석하는 것을 배워야만 한다. 우리는 성공 경험을 다음과 같은 세 가지 방식을 통해 효과적으로 해석할 수 있다.

능력을 고정된 것이 아니라 증가하는 것으로 바라보기: 만약 우리가 능력을 하나의 특성이라기보다는 특정한 상황에서 수행에 필요한 일련의 기술로 본다면, 또한 고정된 것이라기보다는 노력과 경험으로 획득할 수 있는 것이라고 본다면, 우리는 성공의 장애들에 직면하여 더욱 인내하려고 할 것이다(Dweck, 2000). 능력은 점진적인 것이며, 과거의 비효과적인 행동에 대처해낸 최근의 성공적인 전략들을 비교함으로써 증진될 수 있다. 그러므로 우리는 계속하여 성공 경험에 주의를 기울이고, 적극적으로 도전과 의심의 시기에 과거의 성공을 되살려야 한다.

인과적 귀인을 바꾸기: 인과적 귀인은 자신의 행동과 다른 사람의 행동에 대하여 제공하는 설명들이다. 인과적 귀인은 자기효능감에 영향을 주며, 자기효능감은 또한 인과적 귀인에 영향을 준다(Maddux, 1999b). 이것을 근거로 해서, 우리는 환경적 상황이나 다른 사람들의 감정과 직관보다는 자신의 노력과 능력에 성공을 귀인시켜야 할 것이다(Forsterling, 1986; Goldfried & Robins, 1982; Thompson, 1991).

소수의 왜곡들을 권장하기: 자기와 세상에 대한 신념은 항상 정확하게 적절할 필요가 없다. 심리적 적응은 중요한 인생의 사건(예: Taylor & Brown, 1988)에 대한 지각에서 사소한 왜곡으로 증가한다. 자기효능감에 대한 강한 신념들은 자기확신적인 것이 될 수가 있는데, 이러한 신념은 도전적 목표를 설정하고, 장애에 맞서 인내하며, 효능감을 향상시키는 정보와 효능감을 향상시키는 환경을 선별하도록 우리를 격려한다. 낙담한 사람들에게 그들이 생각하는 것보다 더 능력이 있다는 것을(그들 자신의 관찰에 기초하여) 믿도록 격려하는 것은 행동을 촉진하고 자기향상적 성공을 가져올 수 있다.

집단적 효능감

지금까지는 개인의 효능감 신념에 그 초점을 맞추어왔다. 긍정심리학과 사회 인지이론은 모두 개인의 사회적 각인을 강조한다. 이러한 이유 때문에, 나는 그 사람의 내면에 갇혀 있는 효능감의 개념을 버릴 수가 없다. 집단과 조직 그리고 사회에서 중요한 목표 성취는 항상 개인의 능력을 확인하고, 공동의 목표를 성취하기 위해 이러한 능력을 사용하는 개인들의 능력에 의존해왔다. 그러므로 개인에게 한정된 지각된 숙달감의 개념은 한정된 효용만을 가지게 될 것이다. 따라서 자기효능감 이론에서는 어떤 남자나 여자도 하나의 독립적 섬이 아니며, 개인이 홀로 성취할 수 있는 것에 한계가 있다는 것을 인식하고 있다. 이러한 생각은 집단적 효능감(collective efficacy)에 대한 개념에서 이해되는데, 이는 성취하기 위해 요구되는 행동의 과정을 조직하고 실행하는 공동의 능력에 대한 집단의 공유된 믿음을 말한다(Bandura, 1997, p. 477; Zaccaro, Blair, Peterson, & Zaznis, 1995). 간단히 말하면, 집단적 효능감은 우리가 공유한 목표를 달성하기 위해 효과적으로 함께 일할 수 있는 믿음을 말한다.

집단적 효능감의 측정방법에 관한 합의가 부족함에도 불구하고 (Bandura, 1997; Maddux, 1999a), 집단적 효능감은 수많은 '집단'에 중요한 것으로 밝혀지고 있다. 배우자들이 중요한 공유 목표를 달성하기 위한 능력에 효능감을 느낄수록, 결혼에 대해 더욱 만족한다(Kaplan & Maddux, 출판 중). 운동 경기 팀의 집단적 효능감은 그들의 능력에 대한 피드백으로 향상되거나 낮아질 수 있고, 시합에서의 승리에 영향을 줄 수 있다(Hodges & Carron, 1992). 효과적인 수업에 대한 교사의 개인적 및 집단적 효능감은 학생들의 학업 성취에 영향을 주는 것으로 보인다 (Bandura, 1993, 1997). 자기관리 작업 팀들의 효율성(Little & Madigan, 1994)과 집단 브레인스토밍(Prussia & Kinicki, 1996)은 또한 집단적 효능감 인식에 관련된 것으로 보인다. 또한 연구자들은 사회적이고 정치적인 변화에 대한 집단적 효능감의 기원을 이해하기 시작하였다(Fermandez-Ballesteros, Diez-Nicolas, Caprara, Barbaranelli, & Bandura, 2000). 물론, 개인적 효능감과 집단적 효능감은 동행하여 진행되는데, "우유부단한 자기-의심자들의 집단은 집단적 효능감이 있는 세력으로 쉽게 만들어지지 않는다"는 사실 때문이다(Bandura, 1997, p. 480).

결론

이 장에서, 자기효능감의 기본적인 문제들을 간략히 논의하였다. 나는 독자들이 강조된 참고문헌들을 추가 정보로 신중하게 참고하기를 권장한다. 우리는 자기효능감 신념과 심리적 적응과 부적응, 신체건강, 자기 유도된 혹은 전문적으로 유도된 행동 변화의 역할에 대해 많은 것을 학습했다. 물론, 학습해야 할 것이 더 많이 남아 있다. 긍정심리학의 관점에서(Seligman & Csikszentimilhalyi, 2000), 앞으로의 연구를 위한 두 가지 방향을 제시한다.

첫째로, 긍정심리학은 긍정적인 인간의 특성 발달과 부정적인 인간의 특성이나 곤란에 대한 단순한 예방이나 개선을 넘어서, 심리적 건강과 행복의 촉진을 강조한다. 그것은 또한 개인은 자신의 삶과 다른 이들의 삶의 변화에 자기주도적 존재라는 생각을 포함한다. 가능케 하는 것(enablement)—사람들에게 자신이 바라는 삶의 목표를 선택하고 달성하기 위한 기술을 가지게 하는 것—에 관한 사회적 인지이론과 자기효능감 이론의 강조는 예방과 위험 감소를 뛰어넘어 이러한 강조들 모두에 일치한다. 자기조절에 관한 이해를 증진시키는 데 관련되는 자기효능감 연구는 사람들에게 이러한 기술을 어떻게 제공할지에 대한 이해를 향상시킬 것이다.

둘째로, 긍정심리학은 개인의 사회적 각인을 강조하고, 나의 개인적 성공과 행복이 크게는 협동과 협력, 협상, 다른 사람들과 조화롭게 살아갈 나의 능력에 달려 있다는 것을 인식하게 한다. 더욱이 목표를 성취할 기업체나 기관, 공동체, 정부의 능력은 그들의 노력을 통합하는 능력에 달려 있는데, 특히 이러한 목표들이 흔히 대립되기 때문에 그러하다. 이러한 이유에서, 집단적 효능감—기관과 학교에서의 집단적 효능감과 사회적이고 정치적인 변화를 위한 효능감을 포함하는—은 앞으로 연구되어야 할 중요한 질문들을 제기한다. 세계를 넘나드는 의사소통이 거리의 의사소통보다 더 빠르게 되는 세상, 그리고 상거래와 정보에서의 협력 및 협동이 점점 더 일상적인 것이 되며 중요한 세상에서 집단효능감을 이해하는 것은 보다 중요한 것이 될 것이다.

'작은 기차가 할 수 있는 것(The Little Engine That Could)' 이라는 이

야기에서 아동들이 배우게 되는 단순하지만 강력한 진실은 20여 년이 넘는 세월 동안 자기효능감 연구에서 지지되어왔는데, 즉 우리의 아이디어들과 목표 그리고 성취 역량에 대해 흔들리지 않는 신념으로 무장되었을 때, 우리가 성취할 수 있는 것의 한계가 거의 존재하지 않는다는 것이다. Bandura(1997)가 말했듯이, "사람들은 다른 이들의 범상치 않은 재주들을 보지만 그것을 가능케 한 확고한 서약과 셀 수 없는 시간의 인고의 노력을 보지 않는다." (p. 119) 그들은 이러한 성취에서 '재능'의 역할을 과대평가하는 반면, 자기조절의 역할은 과소평가한다. 자기효능감에 관한 연구에서 시간이 흘러도 변치 않는 메시지는 단순하고 강력한 진실로 자신감, 노력 그리고 인내가 타고난 능력보다 더 효력이 있다는 것이다 (Dweck, 2000). 이러한 점에서, 자기효능감은 한계가 아니라 인간의 잠재력과 가능성에 관련되므로, 따라서 이를 진정한 긍정심리학이라 할 수 있다.

참고문헌

Abramson, L. Y., Seligman, M. E. P., & Teasdale, J. D. (1978). Learned helplessness in humans: Critique and reformulation. *Journal of Abnormal Psychology, 87*, 49-74.

Ajzen, I. (1988). *Attitudes, personality, and behavior*. Chicago: Dorsey.

*Bandura, A. (1977). Self-efficacy: Toward a unifying theory of behavioral change. *Psychological Review, 84,* 191-215.

*Bandura, A. (1986). *Social foundations of thought and action*. New York: Prentice-Hall.

Bandura, A. (1993). Perceived self-efficacy in cognitive development and functioning. *Educational Psychologist, 28*, 117-148.

*Bandura, A. (1997). *Self-efficacy: The exercise of control.* New York: Freeman.

*Barone, D., Maddux, J. E., & Snyder, C. R. (1997). *Social cognitive psychology: History and current domains.* New York: Plenum.

Conger, J. C., & Keane, S. P. (1981). Social skills intervention in the treatment of isolated or withdrawn children. *Psychological Bulletin, 90,* 478-495.

DiClemente, C. C., Fairhurst, S. K., & Piotrowski, N. A. (1995). Self-efficacy and addictive behaviors. In J. E. Maddux (Ed.), *Self-efficacy, adaptation, and adjustment: Theory, research, and application* (pp. 109-142). New York: Plenum.

*Dweck, C. S. (2000). *Self-theories: Their role in motivation, personality, and development.* Philadelphia: Taylor and Francis.

Eagly, A. H., & Chaiken, S. (1993). *The psychology of attitudes.* New York: Harcourt, Brace, Jovanovich.

Emmelkamp, P. M. G. (1994). Behavior therapy with adults. In A. E. Bergin & S. L. Garfield (Eds.), *Handbook of psychotherapy and behavior change* (4th ed., pp. 379-427). New York: Wiley.

Fernandez-Ballesteros, R., Diez-Nicolas, J., Caprara, G. V., Barbaranelli, C., & Bandura, A. (2000). *Determinants and structural relation of personal efficacy to collective efficacy.* Unpublished manuscript, Stanford University, Stanford, CA.

Fishbein, M., & Ajzen, I. (1975). *Belief, attitude, intention, and behavior: An introduction to theory and research.* Reading, MA: Addison-Wesley.

Fiske, S. T., & Taylor, S. E. (1991). *Social cognition* (2nd ed.). New York: McGraw-Hill.

Forsterling, F. (1986). Attributional conceptions in clinical psychology. *American Psychologist, 41*, 275-285.

Frank, J. D., & Frank, J. B. (1991). *Persuasion and healing: A comparative study of psychotherapy* (3rd ed.). Baltimore: Johns Hopkins University Press.

Goldfried, M. R., & Robins, C. (1982). On the facilitation of self-efficacy. *Cognitive Therapy and Research, 6*, 361-380.

Hardy, T. (1891/1998). *Tess of the d' Urbervilles*. New York: Barnes and Noble.

Hodges, L., & Carron, A. V. (1992). Collective efficacy and group performance. *International Journal of Sport Psychology, 23*, 48-59.

Hollon, S. D., & Beck, A. T. (1994). Cognitive and cognitive behavioral therapies. In A. E. Bergin & S. L. Garfield (Eds.), *Handbook of psychotherapy and behavior change* (4th ed., pp. 428-466). New York: Wiley.

Ingram, R. E., Kendall, P. C., & Chen, A. H. (1991). Cognitive-behavioral interventions. In C. R. Snyder & D. R. Forsyth (Eds.), *Handbook of social and clinical psychology* (pp. 509-522). New York: Pergamon.

Kaplan, M., & Maddux, J. E. (in press). Goals and marital satisfaction: Perceived support for personal goals and collective efficacy for collective goals. *Journal of Social and Clinical Psychology*.

Kazdin, A. E. (1979). Imagery elaboration and self efficacy in the covert modeling treatment of unassertive behavior. *Journal of Consulting and Clinical Psychology, 47*, 725-733.

Kobasa, S. C. (1979). Stressful life events and health: An inquiry into hardiness. *Journal of Personality and Social Psychology, 37*, 1-11.

Little, B. L., & Madigan, R. M. (1994, August). *Motivation in work teams: A test of the construct of collective efficacy*. Paper presented at the annual meeting of the Academy of Management. Houston, Texas.

Locke, E. A., & Latham, G. P. (1990). *A theory of goal setting and task performance*. Englewood Cliffs, NJ: Prentice-Hall.

Maddux, J. E. (1993). Social cognitive models of health and exercise behavior: An introduction and review of conceptual issues.

Journal of Applied Sport Psychology, 5, 116-140.

*Maddux, J. E. (1995). Self-efficacy theory: An introduction. In J. E. Maddux (Ed.), *Self-efficacy, adaption, and adjustment: Theory. research, and application* (pp. 3-36). New York: Plenum.

Maddux, J. E. (1999a) The collective construction of collective efficacy. *Group Dynamics: Theory, Research, and Practice, 3,* 1-4.

*Maddux, J. E. (1999b). Expectancies and the social-cognitive perspective: Basic principles, processes, and variables. In I. Kirsch (Ed.), *How expectancies shape behavior* (pp. 17-40). Washington, DC: American Psychological Association.

*Maddux, J. E., Brawley, L., & Boykin, A. (1995). Self-efficacy and healthy decision-making: Protection, promotion, and detection. In J. E. Maddux (Ed.), *Self-efficacy, adaption, and adjustment: Theory, research, and application* (pp. 173-202). New York: Plenum.

Maddux, J. E., & DuCharme, K. A. (1997). Behavioral intentions in theories of health behavior. In D. Gochman (Ed.), *Handbook of health behavioral research I: Personal and social determinants* (pp. 133-152). New York: Plenum.

*Maddux, J. E., & Lewis, J. (1995). Self-efficacy and adjustment: Basic principles and issues. In J. E. Maddux (Ed.), *Self-efficacy, adaptation, and adjustment: Theory, research, and application* (pp. 3-36). New York: Plenum.

Maddux, J. E., & Meier, L. J. (1995). Self-efficacy and depression. In J. E. Maddux (Ed.), *Self-efficacy, adaptation, and adjustment: Theory, research, and application* (pp. 143-169). New York: Plenum.

Maddux, J. E., & Rogers, R. W. (1983). Protection motivation and self-efficacy: A revised theory of fear appeals and attitude change. *Journal of Experimental Social Psychology, 19,* 469-479.

McCelland, D. C., Atkinson, J. W., Clark, R. W., & Lowell, E, L. (1953). *The achievement motive.* New York: Appleton-Century-Crofts.

O' Leary, A., & Brown, S. (1995). Self-efficacy and the physiological stress response. In J. E. Maddux (Ed.), *Self-efficacy, adaptation, and adjustment: Theory, research, and application* (pp. 227-248). New York: Plenum.

Piper, W. (1989). *The little engine that could.* New York: Platt and Monk. (Original work published 1930).

Prochaska, J. O., Norcross, J. C., & DiClemente, C. C. (1994). *Changing for good.* New York: Morrow.

Prussia, G. E., & Kinicki, A. J. (1996). A motivational investigation of group effectiveness using social cognitive theory. *Journal of Applied Psychology, 81,* 187-198.

Rogers, R. W., & Prentice-Dunn, S. (1997). Protection motivation theory. In D. Gochman (Ed.), *Handbook of health behavior research 1: Personal and social determinants.* New York: Plenum.

Rosenbaum, M. (Ed.) (1990). *Learned resourcefulness: On coping skills, self-control, and adaptive behavior.* New York: Springer.

Rotter, J. B. (1966). Generalized expectancies for internal versus external control of reinforcement. *Psychological Monographs, 80* (1, Whole No. 609).

Russell, B. (1945). *A history of Western philosophy.* New York: Simon and Schuster.

Seligman, M. E. P., & Csikszentmihalyi, M. (2000). Positive psychology: An introduction. *American Psychologist, 55,* 5-14.

Sherer, M., Maddux, J. E., Mercandante, B., Prentice-Dunn, S., Jacobs, B., & Rogers, R. W. (1982). The self-efficacy scale: Construction and validation. *Psychological Reports, 51,* 633-671.

*Skinner, E. A. (1995). *Perceived control, motivation, and coping.* Thousand Oaks, CA: Sage.

Strecher, V. J., Champion, V. L., & Rosenstock, I. M. (1997). The health belief model and health behavior. In D. Gochman (Ed.), *Handbook of health behavior research I: Personal and social determinants* (pp. 71-92). New York: Plenum.

Taylor, S. E., & Brown, J. D. (1988). Illusion and well-being: A social psychological perspective on mental health. *Psychological Bulletin, 2,* 193-210.

Thompson, S. C. (1991). Intervening to enhance perceptions of control. In C. R. Snyder & D. R. Forsyth (Eds.), *Handbook of social and clinical psychology* (pp. 607-623). New York: Pergamon.

Tipton, R. M., & Worthington, E. L. (1984). The measurement of generalized self-efficacy: A study of construct validity. *Journal of Personality Assessment, 48,* 545-548.

Vessey, G. N. A. (1967). Volition. In P. Edwards (Ed.), *Encyclopedia of philosophy* (Vol. 8). New York: Macmillan.

Weinstein, N. D. (1993). Testing four competing theories of health protective behavior. *Health Psychology, 12,* 324-333.

White, R. W. (1959). Motivation reconsidered: The concept of competence. *Psychological Review, 66,* 297-333.

Williams, S. L. (1995). Self-efficacy, anxiety, and phobic disorders. In J. E. Maddux (Ed.), *Self-efficacy, adaptation, and adjustment: Theory, research, and application* (pp. 69-107). New York: Plenum.

Zaccaro, S., Blair, V., Peterson, C., & Zazanis, M. (1995). Collective efficacy. In J. E. Maddux (Ed.), *Self-efficacy, adaptation, and adjustment: Theory, research, and application* (pp. 305-330). New York: Plenum.

사 랑

낭만적 사랑의 역사
사랑을 설명하는 모델
사랑의 측정
사랑에 대한 현재 연구
사랑과 만족도를 높이는 개입
미래의 방향

> 낭만적 사랑이 인생의 필수 조건은 아닐지 모르지만, 기쁨의 필수 조건은 될 수 있다. 사랑이 결여된 삶이란 마치 끊임없이 사건과 활동이 진행 중이지만 생동감이나 축하의 분위기가 결여된 흑백영화와 같을 것이다.
>
> S. Hendrick & Hendrick, 1992, p. 117

『낭만적 사랑(*Romantic Love*)』이라는 책의 맨 끝부분에 나오는 이 인용문은 사랑이 삶을 결정짓는 가장 중요한 요소 중 하나라고 보고 있다. 여기서는 낭만적 사랑을 주로 다루었지만, 새로 태어난 자녀에 대한 부모(및 조부모)의 사랑, 형제간의 사랑, 친한 친구 간의 사랑 등 다른 유형의 사랑으로 확대 해석할 수 있다. 행복한 삶을 영위하기 위해서 사랑보다 더 중요한 것이 무엇이 있을까? 이에 대해 우리는 "사랑 이상의 것은 없다."라고 결론지었고, 이러한 결론을 통해 사랑을 긍정심리학의 핵심으로 받아들이고 있다.

이 장에서 우리는 지난 30년간 사랑을 주제로 실시된 연구의 진행 상황에 대해 간략히 검토하였다. 심리학 연구에서 사랑에 대해 다루기 시작한 것은 극히 최근의 일이다. 저녁 뉴스의 소재거리와 마찬가지로 심리학은 역사적으로 인생의 좋고 아름다운 부분보다는 잘못되고 추한 부분에 더 관심을 가져왔다. 전통적으로 고집이 센 저명한 심리학자들은 사랑과 같은 '가벼운' 주제는 연구 대상에 포함시키려 하지 않았고, 따라서 사랑을 연구하는 분야를 개척하기란 쉬운 일이 아니었다. Berscheid와 Walster(1969, 1978)가 낭만적 사랑을 '대인 간 매력(interpersonal attraction)' 연구에 도입하고, Rubin(1970)이 사랑과 호감을 구별하며,

* Susan Hendrick & Clyde Hendrick

Harlow(1974)가 사랑에 대한 연구를 인간 이외의 종으로까지 확대하는 데에는 용기가 필요했다.

사랑을 주제로 한 연구를 처음 실시한 사람들의 선구적 노력을 통해 오늘날 보다 상위 분야인 관계 과학(Berscheid, 2000) 내에서 사랑에 대한 연구가 활발하게 이루어질 수 있게 되었다. 우리의 목표는 "사회적 관심사에 반응적이고, 과정에 대한 이해가 구조나 결과만큼이나 중요한 통합된 과학을 발달시키려는 학자들"이 개발하는 이 새로운 분야에 관심을 전달하는 것이다(Berscheid, 2000, p. xix). 우선, 사랑의 의미에 대한 역사적 고찰에서부터 시작한다. 그런 다음 사랑의 과학적 의미(이론 및 모델) 및 사랑을 측정하는 방식에 대해 생각해볼 것이다. 현재 연구 결과의 예와 가능한 적용 사례를 제시한 다음 향후 연구 방향에 대한 제언을 할 것이다.

낭만적 사랑의 역사

Irving Singer는 세 권의 방대한 저서를 통해 사랑의 역사에 대해 종합적으로 저술한 바 있다(1984a, 1984b, 1987). 『사랑의 본질(*The Nature of Love*)』은 고대로부터 현대에 이르는 사랑의 철학적 역사를 다루고 있다. 일찍이 사랑에 대한 개념적 사고는 주로 추상적인 미덕(예를 들어, '선(the good)') 또는 신과 연관되었다. Singer는 사랑을 Eros(선하고 아름다운 것에 대한 욕구), Philia(우정), Nomos(신의 뜻에 대한 순종, 인간 사이에서는 사랑하는 사람의 욕구에 따르는 것), Agape(인간을 창조한 신적 사랑) 등 네 가지 광범위한 개념적 전통으로 구분했다. 수세기에 걸쳐 많은 작가들이 이러한 상이한 개념들에 대해 논하면서 이를 자연스러운 용어로 종합하고 해석하고자 하였다.

일각에서는 2~300여 년 이전에 낭만적이고 열정적인 사랑이 존재했는지에 대해 의문을 제기했다. 그러나 Hatfield(1988; Hatfield & Rapson, 1996)는 열정적인 사랑이란 일종의 강렬한 매력으로서 모든 문화 및 역사에 걸쳐 존재했으며 본질적으로는 '인류'의 보편적인 특성이라고 주장했다. 그러나 열정적인 사랑과 결혼의 대상이 동일인물이 된 것은 비교적 최근에 생긴 문화적 현상이다. 인류 역사 중 상당 기간 동안 연애결혼에 대해서는 알려진 바가 없었다. 중세시대에 발전한 궁정풍(courtly) 연애는 지극히 틀에 박힌 의식을 수반했고, 이것은 미래에 있을 변화를 미리 예고한 것인지도 모른다. 궁정풍 연애는 다른 상대를 향해 느끼는 사랑, 즉 일반적으로는 결혼 상대가 아니었던 남녀간의 강렬한 열정적 사랑을 이상화했다(Singer, 1984b).

서서히 구애라는 맥락 속에서 남녀 간의 열정적 사랑이라는 개념은 전통적 기준을 지키는 사람들에게는 놀랍게도 '연애결혼(love marriages)'으로 이어졌다. 연애결혼의 증가 추세는 18세기 서구세계 전체에서 보편화되었다. 세부적인 역사 기록은 다수의 출처를 통해 찾아볼 수 있다(예: Gadlin, 1977; Murstein, 1974). 사랑과 결혼 사이의 연관관계에 대한 인식은 여전히 변하고 있다. Simpson, Campbell 및 Berscheid (1986)는 30여 년 동안 수집한 자료를 통해 사랑이 결혼의 전제 조건으로서 어떠한 중요성을 지니는지에 대한 대학생들의 인식을 조사했다. 그 결과, 시간이 지남에 따라 결혼의 전제 조건으로 낭만적 사랑의 비중을 점점 더 크게 두고 있는 것으로 나타났다. 학생들은 또한 결혼생활을 계속 유지하려면 사랑의 감정을 지속해야 한다고 보고 있었다. 이러한 신념의 변화를 고려해볼 때 지금의 이혼율 증가는 열정이 사그라지면 결혼이나 친밀한 관계 역시 끝이라는 생각이 원인이라고 볼 수 있다. 그러나 열정만으로 결혼을 지속하기에 충분치 않을 경우 우정과 같은 다른 구성요소를 더함으로써 결합을 강화할 수 있다. 열정적인 사랑의 대상이 동시에 괜찮은 친구, 더 나아가 가장 친한 친구가 되면 뜨겁게 타오르던 열정이 사그라지더라도 관계를 지속할 수 있다.

이미 말했듯이 문화적 변화가 진행 중이라는 증거가 있다. "사랑하는 사람과는 친구 사이가 될 수 없다."라는 오래된 격언은 더 이상 사실이 아니다. 사실상 많은 젊은 연인들은 이제 괜찮은 애인과 더불어 좋은 동반자를 적극적으로 찾아나서고 있다. 이 점과 관련해서 S. Hendrick과 Hendrick(1993)이 실시한 연구에서 대학생들은 자신의 낭만적인 연애나 가장 가까운 친구와의 우정에 대한 에세이를 썼다. 우정은 낭만적 관계를 설명하는 데 있어 주요 주제일 뿐 아니라 거의 절반가량의 참가자들이 자발적으로 자신들의 애인을 가장 친한 친구라고 칭했다. 이러한 결과와 같은 맥락에서 Sprecher와 Regan(1998)은 동반자적 사랑과 열정적인 사랑이 헌신 및 관계에 대한 만족과 관련이 있다는 사실을 발견했다. 따라서 우정은 열정과 함께 사랑의 중요한 요소인 것이다.

성과 결혼은 보통 관련되어 있지만, 낭만적 관계에서는 사랑, 성, 결혼(또는 동거) 및 우정이 점차 밀접한 관계를 맺고 있다. 이러한 결합은 인생에서 가장 긍정적인 네 가지 측면을 '한데 묶은 것(bundling)'이다. 오늘날 사람들은 일반적으로 낭만적 관계에서 과거보다 더 많은 기쁨을 얻는다. 그러나 이러한 관계에 대한 기대 수준이 과거보다 훨씬 더 높다는 점에서 치르는 대가 역시 존재한다.

사랑을 설명하는 모델

사랑에 대한 연구는 다양한 관점을 택하고 있다. 다음 부분에서는 연구 결과의 예를 통해 가장 대중적인 접근법에 대해 설명하고 있다. 사랑에 대한 이론은 각기 다르고 분류하기도 어렵다. 그럼에도 불구하고 자연적 및 생물학적, 심리학적 및 사회적이라는 두 가지 광범위한 표제로 나눌 수 있다. 자연주의적 접근방식은 신체, 감정은 물론 진화가 성과 관련이 있기 때문에 진화론적 유산에 뿌리를 두고 있다. 심리학적 및 사회학적 접근방식에서는 인지(예: 원형), 사회적 동기, 상호작용, 의사소통 및 사랑에 대한 다양한 분류 등의 개념들이 있다.

자연주의적/생물학적 접근방식

열정적이고 동반자적인 사랑, 애착 과정 및 사랑의 발전에 대한 접근법을 통해 자연주의적/생물학적 분류를 개괄적으로 살펴볼 수 있다.

열정적이고 동반자적인 사랑

Berscheid와 Walster(1978)는 열정적인 사랑을 황홀경과 번민 사이의 감정 기복을 보이는 두 연인 간의 완전한 몰두로 정의했다. 동반자적 사랑은 서로 깊이 관련을 맺은 가운데 살아가는 두 사람이 서로에 대해 느끼는 애정이다. 따라서 사랑은 뜨거운 열정으로 시작되지만 결국에는 조용한 동반자적 관계를 통해 만족감을 얻는다. 이러한 열정과 동반자적 관계의 대조는 Walster와 Walster(1978)의 연구를 통해 절정을 이루었다. 보다 최근에 Hatfield(1988)는 두 가지 유형의 사랑이 차례대로 나타나는 것이 아니라 관계 내에서 서로 공존한다고 보았다. 또한 그는 사람들이 사랑에서 열정과 동반자적 관계 둘 다를 원하는 것처럼 보인다는 점을 지적했다. 열정과 동반자적 관계 또는 우정을 사랑의 테두리 안에 모두 포괄하는 이러한 테마는 이전에도 지적된 바 있으며 다른 학자들도 비슷한 의견을 낸 바 있다(예: Noller, 1996; Sprecher & Regan, 1998).

애착 접근

이 접근은 Bowlby(1969)의 연구를 통해 발달된 것으로, Bowlby는 유아가 자신을 돌봐주는 대상과 형성하는 관계(예: 안정, 불안 및 회피)에 대해 연구했다. 이러한 초기 애착은 필연적으로 이후 관계와 관련되는 것으로 여겨진다. 예를 들어, Hazan과 Shaver(1987)는 애착이론을 성인의 사랑에 적용하여 그러한 사랑에서 나타나는 기쁨과 슬픔에 대한 설명을 제공한다는 점에 주목했다. 그러나 아동기와 성인의 애착 유형 간에 관계가 있다는 증거는 반반으로, 애착의 '안정성(stability)' 문제에 대한 추가 연구가 있어야 한다(Feeney & Noller, 1996).

사랑의 진화

Mellen(1981)은 인류라는 종이 살아남음에 따라 짝을 이룬 두 배우자가 어린 유아를 돌보기 위해서 이들 사이에 정서적 유대(Emotional bond)가 필요하게 되었다고 주장했다. 그러한 유대감 결여로 두 명의 배우자가 모두 적극적으로 육아에 참여하지 않는 커플의 경우 유아 사망률이 높아지기 때문에 진화 경쟁에서 지고 만다. 사람들은 그러한 원시적인 형태의 정서적 유대를 사랑의 시작이라고 가정했다. 관련 주제는 진화심리학자들이 추가로 개발했다. 예를 들어, Buss(1988)는 사랑을 결속 기능을 강화하고 궁극적으로는 인류라는 종을 영속화하는 데 기여하는 남녀의 행동으로 구성된 것으로 정의했다. 남성은 다수의 여성과 짝짓기를 시도하는 반면 여성은 보다 선별적인 짝짓기를 통해 태어난 소수의 자녀를 양육한다는 Trivers(1972)의 차별화된 부모 투자 모형(parental investment model)을 바탕으로, 진화심리학자들은 구애 및 짝짓기 전략에서 성별에 따른 선택의 차이를 가정했다. 대인관계 행동에 대한 이러한 진화론적 접근방식을 증명하는 연구가 일부 있었지만(예: Buss & Kenrick, 1998; Hendrick & Hendrick, 1991), 그와는 정반대의 정확한 증거들도 등장했다(Eagly & Wood, 1999).

심리학적/사회적 접근방식

이 단원에서는 지면상의 제약으로 이러한 접근방식 중 일부 사례에 대해서만 논할 것이다. 이 사례들은 인지심리학적 관점에서부터 사회학적 관점에 이르기까지 다양하다.

사랑의 원형

Fehr(1993, 1994)는 사랑을 최고의 또는 가장 대표적인 일련의 기능으로 정의되는 원형 또는 '최고의 사례'라고 해석했다. 사랑에 대한 일반적인 연구에서 Fehr는 응답자들이 동반자적 사랑을 가장 전형적인 사랑의 유형으로 평가하고, 모성애와 부모의 사랑 및 우정 등을 최고의 사례로 들고 있다는 점을 알게 되었다. 열정적이고 성적인 사랑의 원형성 비율은 낮게 나타났다. Regan, Kocan과 Whitelock(1998)은 낭만적 사랑의 원형 연구에서 참가자들이 낭만적 사랑의 중심 기능에 점수를 매기도록 했으며, 그 결과 열정이 중심 기능 중 하나이긴 하지만 동반자적 기능(예: 정직 및 신뢰)보다는 하위 순위에 있다는 사실을 알게 되었다. 이러한 연구 패러다임 내에서 사랑의 가장 일반적인 개념은 동반자적 사랑이다.

낭만적인 사랑은 동반자적 사랑에 열정을 더한 것이라는 결과가 나왔다.

자기확장

Aron과 Aron(1986, 1996)은 자아의 개념에 대한 동양의 전통(예: 힌두교)을 바탕으로 인간은 자기확장의 기본적 동기를 지니고 있다는 이론을 내놓았다. 이러한 자아의 성장에는 권력과 영향력은 물론 물리적 소유를 포함할 수 있다. 사랑에 빠지면 자기경계가 급격히 팽창하여 기분이 좋아진다. 두 사람이 사랑에 빠져 있을 때에는 그러한 확장의 과정 속에 서로를 포함시킨다. 이러한 식으로 '너와 나(you and me)'는 '우리(us)'가 된다.

사랑의 삼각형

Sternberg(1986)는 『사랑의 삼각형 이론(*Triangular Theory of Love*)』이라는 자신의 저서에서 사랑이 친밀감, 열정 및 헌신의 결합이라고 주장했다. 주어진 관계는 각 개념의 비율에 따라 여덟 가지 형태의 사랑으로 나눌 수 있다. 예를 들어, 세 가지 구성요소가 모두 있을 경우를 '완전한 사랑(consummate love)', 세 가지 모두 없는 경우를 '비사랑(nonlove)' 등으로 부른다.

보다 최근에 Sternberg는 시대 및 문화에 따라 다양한 양상을 보이는 사회적 구조로서의 사랑에 초점을 맞추었다(예: Beall & Sternberg, 1995). 그는 이러한 견해와 같은 맥락에서 사랑은 매우 개인적인 형태의 사회적 구조라고 했으며, 이는 각 개인이 사회적 구조 속에서 살아가면서 만들어내는 이야기를 말한다.

사랑의 유형

Lee(1973)는 다양한 사랑의 방식에 대한 유형학을 개발하는 데 자신이 가진 여러 사랑의 '색(color)'으로 채색한 바퀴라는 은유를 사용했다. 색과 더불어 일차적 및 이차적 사랑 유형이 있으며, 이 둘이 혼합된 제3의 유형도 있다. 사랑의 유형에 대한 연구 중 상당 부분은 Lee의 이론(예: C. Hendrick & Hendrick, 1986)을 바탕으로 하고 있다. 주로 여섯 가지의 비교적 독립적인 사랑의 유형에 초점을 맞추었다. 간단히 말하면 이 여섯 가지가 사랑의 유형 전체를 구성한다. 에로스(Eros)는 열정적인 사랑으로 상대를 이상화하고, 선호하는 분명한 신체적 특징이 있으며, 강렬한 사랑을 추구한다. 이러한 유형의 정의에는 플라토닉적 사랑이 약간 혼합되어 있는 것처럼 보이기도 한다. 루더스(Ludus)는 즐기기 위한 일종의 게임 같은 사랑으로서, 에로스가 지니는 강렬함은 없다. 또한 헌신이 부족하고 상대가 여럿일 수 있다. 이러한 사랑의 유형으로는 중세시대의 궁정풍 연애가 연상된다. 스토르게(Storge)는 친구 같은 사랑으로서, 이전에 논의한 동반자적 사랑과 유사하다. 프래그마(Pragma)는 실용적인 사랑으로서, 원하는 자질을 적은 목록을 갖고 다니면서 원하는 상대를 쇼핑하듯 고른다(예: 컴퓨터 짝짓기). 프래그마는 '평가(appraisal)'를 바탕으로 배우자를 선택한다. 마니아(Mania)는 '마니아적' 사랑으로, 이러한 사랑을 하는 사람은 사랑을 간절히 원하지만 동시에 사랑이 고통스럽다는 생각을 종종 한다. 따라서 "폭풍 같은 열정(stormy passion)"이라고 표현할 수 있으며, 질투심, 극적인 이별이나 극적인 화해의 반복을 특징으로 한다. 아가페(Agape)는 상대의 행복에만 전적으로 관심을 두는, 사심 없이 주기만 하는 사랑이다. 어느 정도의 아가페적 이타주의는 사랑을 한층 더 강화시킨다. 완전한 아가페적 사랑은 주로 천상의 사랑으로 인간의 영역에는 속하지 않는다.

이러한 여섯 가지 사랑의 유형은 사람들이 경험하는 사랑의 여러 가지 차원들의 특징을 잘 보여준다. 우리는 이러한 사랑의 유형에 대한 연구를 실시했고, 다음 단원들에서 이러한 연구에 대해 논의할 것이다.

사랑의 측정

Singer(1984a)는 평가(appraisal)와 부여(bestowal)를 기본적으로 구분했다. 사람들은 물리적 및 심리적 특성을 기준으로 사물 및 다른 사람을 평가한다. 가치 평가는 측정하기 쉬운 인간의 판단 과정이다. 그러나 일련의 특정한 속성 면에서 다른 사람을 높이 평가하는 것이 사랑과 동일한 의미를 지니는가? Singer는 이 질문에 대해 분명한 입장을 취하지 않으면서도 사랑은 부여와 같은 그 이상의 무언가를 필요로 한다고 믿고 있다. 부여란 무엇인가? Singer는 사랑의 부여란 처음에는 평가를 바탕으로 하지만, 결국에는 평가와 독립하여 상대에 대한 무제한적이고 방해받지 않는 감정적 평가를 구성한다고 말한다. 그러므로 사랑은 단순한 선물로 제공된다(이전에 논의한 아가페의 다른 측면들과는 다름).

부여와 같은 개념은 측정상의 문제가 있다. 부여와 같이 핵심적이면서도 미묘한 개념을 어떻게 측정할 수 있을까? 그러나 현재 측정 방법을 알지 못한다고 해서 그 개념의 중요성을 폄하해서는 안 된다. 부여와 같은 개념은 긍정심리학의 발전을 위해 중요한 것처럼 보인다.

평가와 독립되는 인간 과정으로서 부여의 개념은 세계 안에서 새로운 창조의 수단을 제공하기 때문에 흥미롭다. 부여를 선물로 보는 것은 적절한 은유라고 볼 수 있다. 부여의 의미를 지닌 사랑은 전에는 존재하지 않던 새로운 가치를 창조한다. 이러한 의미에서 사랑은 무조건적일 수 있다. 사랑은 그 자체로 가치를 지닌다. 이러한 개념을 통해 사람들이 사랑에 지나치게 집착하는 이유도 알 수 있다. 어떤 면에서 사랑은 군집 동물로 진화한 인간에게는 서로를 결속시켜주는 일종의 접착제에 지나지 않을 수도 있다. 그러나 내적인 인간의 관점으로 보면, 부여의 의미를 지닌 사랑은 인간을 신과 동등한 위치로 격상시키는 바로 그 창조 행위인 것이다. 사랑을 부여함으로써 진정으로 새로운 무언가를 창조할 수 있고, 사람들은 계속해서 그러한 마법에 걸린다. 이는 생명 및 종의 유지에 기여한다(S. Hendrick & Hendrick, 1992, p. 34).

미래에는 평가 및 부여와 같은 별개의 개념들이 비선형 역동(예: Kaplan & Glass)을 통해 하나의 이론적 틀 안에서 통합될 수 있을 것이다. 비선형 역학에서는 일련의 수학적 접근방식을 이용하여 겉으로 보기에는 복잡한 확률 사상 속에서 질서를 찾는다. 예를 들어, 관찰 결과 A에서 B로 무작위 변형이 발생한 것임을 알 수 있는데도 불구하고 비선형 방정식에서는 상태 A의 현상이 사실상 상태 B로 결정론적으로 변형된다는 계산 결과가 나올 수 있다. 이런 면에서 미래의 사랑이론 중 일부는 비선형 동력학을 통해 평가를 질서정연하게 변형함으로써 겉으로 보기에 매우 다른 부여의 상태로 만들 수 있다(Eiser, 1994; Guastello, 1997).

현재는 사랑의 유형을 측정하는 다양한 지필식 질문지가 있다. 이보다 더 인기 있는 측정방법에는, 사랑하는 것과 좋아하는 것을 평가하는 Rubin(1970)의 척도, Hatfield와 Sprecher(1986)의 열정적 사랑 척도(Passionate Love Scale), Hazan과 Shaver(1987)의 독창적 연구를 바탕으로 애착을 측정하는 다양한 도구들, Fehr(1993)의 다양한 사랑의 원형 측정법, Davis와 Todd(1985)의 관계 평가 형식(Relationship Rating Form) 및 Sternberg(1986)의 사랑의 삼각형 이론(Triangle Theory of Love Scale) 등이 있다. 우리의 고유한 사랑측정법인 사랑 태도 척도(Love Attitudes Scale: LAS)는 Lee(1973)의 사랑에 대한 유형론적 접근법을 바탕으로 하고 있다. 우리는 사랑의 여섯 가지 유형을 여섯 개의 변수로 해석하고 Lasswell과 Lasswell(1976)의 연구를 바탕으로 여섯 개의 하위척도를 개발했다(C. Hendrick & Hendrick, 1986). LAS의 하위척도에는 바람직한 심리 측정적 속성(예: 요인 구조, 부하량, 알파, 검사-재검사 신뢰도)이 포함되어 있으며 비교적 서로 독립적이다. LAS는 질적인 유형론을 계량적으로 측정하는 유망한 접근법을 제시하고 있다. 개정된 LAS에는 관계 특수 버전(C. Hendrick & Hendrick, 1990)과 하위척도당 네 개의 항목이 엄격하게 타당화된 단축형이 포함되어 있다(C. Hendrick, Hendrick, & Dicke, 1998에 있는 LAS의 단축판 참조).

사랑에 대한 현재 연구

사랑에 관한 이론은 최근 수십 년간 경험적 연구에서 상당한 진전을 이루었다. 여기서는 사람들이 사랑을 표현하는 방식, 사랑의 유형, 문화간 사랑, 사랑과 성의 관계 및 사랑과 행복의 관계 등의 주제를 포함, 현재 사랑에 관한 연구에 대해 알아보았다.

사랑의 표현

커뮤니케이션을 연구하는 사람들은 특히 사람들이 서로에게 사랑을 전하는(communicate) 방식에 대해 관심을 갖고 있다. Marston, Hecht 및 Robers(1987)는 친밀한 관계에서 사랑을 경험하고 전달하는 방법에 대해, 질적 분석을 사용하여 파트너로 '부터(from)' 파트너를 '향한(toward)' 의사소통의 범주를 밝혀내었다. 사람들은 "사랑해요(I love you)"라는 말을 들으면 상대를 이해하고 지지하며, 감동시키고 시간을 함께 보내며,

감정을 전하고 시선을 마주치는 등(Marston et al., 1987)의 방법으로 상대와 사랑의 감정을 주고받는다. 이러한 연구를 확대 적용하여 Hecht, Marston과 Larkey(1994)는 '사랑 방식(love ways)'의 유형론을 개발했는데, 여기에는 상대에게 사랑을 보여주는 언어적 및 비언어적 방식이 포함된다. 이들은 사랑을 다섯 가지 방식(또는 유형)으로 나누고(적극적/협조적, 헌신적, 직관적, 안전한, 전통적) 각 방식에 약간 다른 커뮤니케이션 방식을 사용했다. 우리가 다른 곳에서 논의한 바와 같이, "이 연구는 여러 가지 면에서 흥미롭지만 아마도 가장 크게 기여한 점은 사랑이 다차원적이고 주관적이며 어느 정도는 개개인의 경험 내에서 고유하다는 사실을 인정했다는 것이다(S. Hendrick & Hendrick, 2000b, p. 209)."

물론 사랑과 관계의 다른 측면들은 복잡한 방식으로 소통된다. 예를 들어, 사랑하는 사람들이 서로 상대방과 그들의 관계에 대해 갖고 있는 '긍정적 환상'(Murray & Holmes, 1997; Murray, Holmes & Griffin, 1996)에 대한 연구에서는 그러한 환상이 실제로 관계의 결과에 긍정적인 영향을 미칠 수 있는 것으로 나타났다. "관계를 가능한 한 가장 좋은 측면에서 보는 믿음의 비약은 만족스럽고 안정적인 관계(Murray & Holmes, 1997, p. 600)의 핵심 기능이다."

관련 연구에서 Meeks, Hendrick 및 Hendrick(1998)은 대학생 커플들을 대상으로 사랑의 변수 및 커뮤니케이션 변수에 대해 평가했다. 연구 결과, 갈등을 건설적으로 해결하는 능력을 포함한 사랑 변인과 커뮤니케이션 변인 모두 관계 만족을 예측할 수 있는 것으로 나타났다. Murray와 동료의 연구와 같은 맥락에서, 파트너의 실제 노출 정도보다 파트너의 자기 노출에 대한 인식으로 참가자들의 관계 만족도를 더 잘 예측할 수 있었다.

사랑의 유형

이전에 언급한 바와 같이 사랑의 유형 역시 사랑의 다차원적 측면을 잘 보여준다. 사랑의 여섯 가지 태도 또는 유형은 성별에 따른 차이, 관계 만족도, 사랑 및 우정을 포함한 사랑의 다양한 측면을 탐구하는 데 사용되어왔다.

사랑의 유형에서 성별에 따른 차이는 대부분의 연구에서 다룬 주제로, 남자는 전형적으로 놀이를 하듯 여러 대상을 방황하는 유희적(ludic) 사랑을, 여성은 보다 우정지향적(storgic)이고 실제적(pragmatic)이며 소유적(manic) 사랑을 하는 경향이 강한 것으로 보고되고 있다(C. Hendrick & Hendrick, 1986). 이러한 결과는 비교적 안정적이지만, 성별에 따른 차이가 사랑을 긍정적으로 경험하는지 여부와는 무관할 수도 있다. 예를 들어, 유희적 사랑에 대해 남성들은 여성들보다 거부 반응을 덜 보인다. 그러나 남성들 역시 유희적 사랑에 100% 찬성하는 것은 아니다. 유희적 사랑은 관계 만족도와 부정적인 연관성을 맺고 있는 것으로 나타났다(S. Hendrick, Hendrick, & Adler, 1988). 여성은 남성보다 더 우정지향적이고 실용적이며 소유욕이 강하지만, 이러한 사랑의 유형은 만족도와 직접적으로 밀접한 연관성을 맺고 있지는 않다. 다른 한편으로 여성과 남성은 만족도와 밀접한 연관성을 맺고 있는 열정적인 사랑 면에서는 거의 차이를 보이지 않고 있다(S. Hendrick et al, 1998). 실제로 열정은 연령 및 문화를 불문하고 만족도를 가장 잘 예측할 수 있는 척도다(Contreras, Hendrick, & Hendrick, 1996).

문화 간 사랑

사랑의 풍부한 느낌 및 미묘한 뉘앙스를 문화적 맥락에서 이해할 필요가 있다고 지적하는 학자들(Dion & Dion, 1996)도 있지만 사랑의 가장 근본적인 측면은 시공간을 초월한다고 믿는 사람들도 있다. Cho와 Cross(1995)는 열정적 사랑, 강박적 사랑, 일시적 사랑, 헌신적 사랑 및 배우자의 자유로운 선택 등의 주제가 수천 년 전의 중국 문학에도 존재했다는 사실을 알게 되었다. 따라서 이러한 현상은 전혀 새로운 것은 아니다. 사랑 태도 척도(Love Attitudes Scale; C. Hendrick & Hendrick, 1986)를 사용하여 미국에 거주하는 대만 학생들이 사랑에 대해 현재 어떠한 태도를 지니고 있는지 알아보았다(이 학생들이 미국에서 보낸 평균 시간은 31개월이다.). 특히, 이들은 고대 중국 문학에 표현된 주제들이 현재도 존재하는지, 또한 그러한 주제를 여섯 가지 유형 또는 태도로 구분할 수 있는지 여부에 대해서도 조사했다. 이들은 대만 학생들과 미국 학생들 간에 많은 유사점이 있지만 사랑의 여섯 가지 유형이 문화 간에 100% 일치하지는 않는다는 점을 발견했다. 예를 들어, 대만 학생들의 경우에는 아가페적(이타적인)이고 프래그마적(실용적)인 사랑이 결합되어 '의무적인 사랑(Obligatory love)'이 되었다.

유럽계 미국인, 일본계 미국인 및 하와이와 같은 태평양 지역 거주민들을 대상으로 하여 사랑과 관계의 다양한 측면에 대해 비교하는 연구도 실시했는데(Doherty, Hatfield, Thompson, & Choo, 1994), 동반자적이고 열정적인 사랑의 두 부문에서는 모든 집단이 유사성을 보였다. Sprecher 등(1994)은 미국, 일본 및 러시아인들의 사랑에 대한 접근방식 연구에서 사랑에 대한 이들의 태도 및 경험이 유사하다는 점을 발견했다. 일본인들은 특정한 낭만적 믿음과 덜 동일시되었고, 러시아인들은 사랑이 결혼의 필수조건은 아니라고 답하는 등, 문화적 차이도 분명 존재했지만 유사점 역시 많았다. 인종 그룹 간의 이러한 유사점은 멕시코계 미국인 및 앵글로 색슨계 커플들을 대상으로 한 Contreras 등(1996)의 연구에서도 확인되었다. 연구자들은 사랑 및 결혼에 대한 약간의 견해 차이만 발견했다. 또한 히스패닉계, 이중문화권에서 성장한 사람 또는 앵글로 색슨계의 경우 관계에 대한 만족도는 물론 열정적, 이타적 및 우정지향적 사랑 면에서 유사점을 보였다. Hatfield와 Rapson(1996)은 이러한 연구 결과에 대해 논평하면서 "현재에 살고 있는 사람들은 열정적인 사랑을 경험하는 방식이 놀랍도록 비슷한 것으로 나타났다."(p. 88)고 결론지었다. 인간은 실제로 차이점보다는 공통점이 더 많은 셈이다.

사랑과 관계의 문화적 유사점 및 차이점에 대해 알아봄과 동시에 개인의 안녕에 중요한 영향을 미치는 현상인 사랑과 성에 대해서도 마침내 많은 관심이 쏠리게 되었다.

사랑과 성

관계에 대해 연구하는 학자들은 사랑과 성에 대한 연구를 분리하거나(일부 학자들은 이 중 한 주제만 연구하고 다른 학자들이 나머지 한 주제를 연구했다.) 성이라는 주제 안에 사랑을 포함시키려고 했다. Aron과 Aron(1991)은 연속체의 한쪽 끝은 "성이 진정한 사랑이다(sex is really love)."로, 다른 한쪽 끝은 "사랑이 성이다(love is really sex)."로 정하여 주제를 시각화했다. 인간 경험의 두 측면인 성과 사랑 모두 친밀하고 상대가 있는 관계에서 중요하며 관련성이 있다고 보는 학자들도 있다(Regan, 1998; Regan & Berscheid, 1999). 예를 들어, Regan(1998; Regan & Berscheid, 1999)은 성이 낭만적 사랑의 근본적인 구성요소라고 지적했다. 우리가 실시한 연구 결과, 사랑(LAS; C. Hendrick & Hendrick, 1986로 측정)과 성(Sexual Attitudes Scale; S. Hendrick & Hendrick, 1987) 사이에 긍정적인 관계가 있음을 발견했다. 예를 들어, 위대한 에로스(Eros) 및 이타주의적(Agape) 사랑은 보다 이상주의적인 성과 관련이 있는 반면에, 유희적 사랑(Ludus)은 일시적 및 생물학적 성과 정적으로 관련되어 있었다.

최근에 Hendrick과 Hendrick(2000a)은 사람들이 자신의 관계에서 사랑과 성(단순한 성관계 이상의 의미로 해석됨)을 연결한다고 가정하고 이들에게 이러한 연관관계에 대해 설명할 것을 요청했다. 사랑은 관계에서 가장 중요한 것이며 중요도와 순서 면에서 성보다 우선시된다는 점을 포함한 여러 주제가 도출되었다. 또 다른 중요한 주제는 성이 사랑을 증명하는 매우 중요한 방식으로 비춰지고 있다는 점이다.

미국에서 Laumann, Gagnon, Michael 및 Michaels(1994)가 실시한 성(性)적 행동에 대한 대규모 주요 연구 결과, 관계에서 최고의 육체적, 정서적 만족을 표현한 응답자들은 상대가 정해진 일부일처제 관계에 있는 사람들이라는 사실을 발견했다. 사랑에 대해 직접 언급하지는 않았지만 분명 암시하고 있었다. 연구자들이 성과 사랑을 너무 늦게 연결시켰을 수도 있지만 개인적, 관찰적 및 임상적 경험에 비추어볼 때 우리는 이 둘이 서로 관련되어 있음을 알고 있다. 성/육체적 직접성 없이 사랑을 경험하거나(상대와 오랜 기간 동안 떨어져 있는 관계에 있을 경우) 사랑 없이 성관계를 가질 수도 있지만(아마도 매춘부와 고객 간의 경우와 같이), 대부분의 사람들은 사랑과 성이 서로 연결되어 있다고 생각한다.

사랑과 행복

사랑은 분명 관계에서와 마찬가지로 인간의 조건에서도 중요한 의미를 지닌다. Baumeister와 Leary(1995)는 인간은 군집을 이루는 종이므로 '소속감(need to belong)'을 필요로 한다는 설득력 있는 주장을 펼친 바 있다. 이러한 논문과 같은 맥락에서 Myers와 Diener(1995)는 행복에 대해 논하면서 "서구 세계 전체에서 결혼한 커플들이 남녀 공히 미혼, 이혼 또는 별거한 사람들보다 행복을 더 많이 느끼는 것으로 나타났다."(p. 15)고 지적했다. 다른 연구 결과 역시 이러한 사실을 뒷받침한다. 사랑과 성의 관계(S. Hendrick & Hendrick, 2000a)에 대한 사람들의 인식을 조사하기 위해 실시된 일련의 연구에서 행복과 몇몇 관계 변수 간의 연관성에 대해 살펴보았다. 348명의 대학생들을 대상으로 한 표본조사에서 행복에 관한 질문을 통해 측정한 바에 의하면, 사랑에 빠져 있는 학생들이 그렇지 않은 학생들보다 훨씬 더 높은 행복도를 보이는 것으로 나타났다. 또한 연애 중인 사람들이 그렇지 않은 사람들보다 더 행복한 것으로 조사되었다. 뿐만 아니라 이 동일한 표본에서 행복도 점수는 열정적 사랑, 우정과 같은 사랑 및 관계에 대한 만족도 점수와 긍정적 상관관계를 나타냈다. 대학생 또래의 참가자 274명을 대상으로 한 또 다른 표본조사에서도 이와 유사한 결과가 나왔다. 이러한 자료의 상관관계적 특성을 고려해볼 때, 낭만적 및 상대가 정해져 있는 관계에 만족하는 사람들이 더 행복하거나 또는 행복한 사람들이 자신들의 관계에 더 높은 만족도를 보이는 것일 수 있다. 열정적 사랑과 행복 간의 상관관계의 크기는 이보다 더 적게 나타났지만(두 번째 연구의 경우 0.18에 불과) 행복과 사랑 간에 상관관계가 있음을 암시하고 있다.

이 장에서 지금까지 논의된 사실을 통해 중요한 질문이 제기된다. 만약 우리가 인간사회에서 긍정적인 조건을 촉진시키려면, 그리고 사랑과 만족도 및 행복이 어느 정도 서로 관련이 있다면, 이러한 현상에 대한 사람들의 경험을 강화할 수 있는 방법은 무엇인가?

사랑과 만족도를 높이는 개입

우리는 사랑을 '가르치는' 여러 방식은 물론(C. Hendrick & Hendrick, 2000; S. Hendrick & Hendrick, 2000b) 사랑을 회복하거나 사랑으로 충만하도록 하기 위해 커플을 대상으로 치료하는 방법에 대해서도 이미 논한 바 있다(S. Hendrick, 1995; S. Hendrick & Hendrick, 1992). 다음에서는 추가적 제안 사항들에 대해 얘기해보겠다.

사랑을 가르치는 것은 물론 사랑에 관해 가르침

많은 나라의 대학 캠퍼스에서 성, 가까운 관계, 구애 및 결혼, 대인관계 기술 등을 다루는 수업들이 비교적 높은 인기를 누리고 있다. 학생들은 이러한 강좌를 통해 자신들의 태도 및 가치에 대해 돌아봄은 물론 이론 및 개념을 이해하여 자기 자신과 자신의 낭만적 관계, 가족 및 친구관계에 대해 배울 수 있는 기회를 얻는다. 예를 들어, 학생들은 현재 또는 과거의 낭만적 관계에 대한 사랑 태도 척도(Love Attitudes Scale)를 작성한 다음 가장 친한 친구도 작성하도록 할 수 있다. 친구와 서로의 답변에 대해 논의하고 유사점 및 차이점을 비교할 수도 있다. 그런 다음 수업시간에 자기 자신 및 친구의 사랑 유형에 대해 알게 된 것을 논의하고 함께 토론할 수 있다. 그러한 훈련을 통해 학생들은 사랑뿐 아니라 우정, 자기 노출은 물론 가까운 관계가 지닌 측면들이 어떻게 서로 들어맞는지에 대해 배울 수 있다. 다른 유형의 사랑 및 관계 측정도 비슷한 방식으로 실시할 수 있다.

'사랑에 관해(about)' 가르치는 것이 중요하고 향후 유용한 역할을 하지만, 훨씬 더 어려우면서도 중요한 과업은 '사랑을 가르치는 일(teaching love)'이다. 이것의 좋은 본보기는 어디에서 찾을 수 있을까? 예를 들어, 주요 사회제도 중 일부 체계적인 종교에서는 종교를 가르치는 것과 같은 맥락에서 사랑을 가르친다고 주장할 수도 있다. 이들 집단들은 관용, 개방, 다양성의 인정 및 다른 사람을 위한 자아 확장을 맹세하고 있다는 점에서 실제로 사랑을 가르치고 있다. 적십자나 구세군과 같은 자선 단체는 사랑을 몸소 실천하여 고귀한 사랑을 가르친다. 사랑은 또한 가장 눈에 띄게는 알코올중독자협회와 같은 회복기관을 통해 '배울' 수도 있다.

이상적으로, 우리는 가정에서 서로 사랑하고 보호하며 사회적인 지지를 보냄으로써 사랑을 가르친다. 신생아를 돌보는 부모보다 사심 없는 주기(부여)를 실천하는 사례는 없다. 삶의 기간의 연속선상에서 다른 쪽 끝을 보면 중년의 자녀가 연로한 부모를 돌보는 사례를 통해 사랑을 확인할 수 있다.

사랑에 대한 사례를 제공하고 이를 본받아 사랑을 '가르친다(teach)'고 말하는 것은 쉽지만, 사랑에 관한 수업을 하려면 그 이상이 필요하다. 종교, 철학, 문학 및 기타 분야에서 읽기 자료를 가져온 다음 그에 관해 깊이 있게 논의할 것이다. 우리는 학생 참가자들에게 부모나 다른 가족 구성원과 시간을 보내도록 하고, 특히 상대에게 자신이 상대를 얼마나 사랑하는지 표현하도록 할 것이다. 또 다른 수업시간에는 학생들에게 가장 친한 친구와 단순히 좋아하는 활동을 하면서 시간을 함께 보내도록 할 것이다. 또 다른 '과제'로 어린아이와 공원을 거닐고 오리에게 먹이를 주거나 이야기책을 읽어주면서 시간을 보내도록 할 것이다. 그러나 무엇보다도 학생들에게 자신들이 '신성하다(holy)'고 생각하는 장소에서 자신을 사랑해준 모든 사람들을 기억하면서 명상의 시간을 갖도록 할 것이다. 분명 이러한 과제는 사랑을 덜 받고 자란 사람보다는 사랑을 많이 받고 자란 사람들에게 더 쉬운 일일 것이다. 그러나 사랑하고 사랑받는 행위에 대한 진지한 명상은 물론 컵 안의 물이 반이 비워져 있다는 사실보다는 절반이나 차 있다는 점에 더 초점을 맞춤으로써 분명 모든 학생들에게 도움이 될 것이다. 또 행위는 동작을 나타내는 단어이므로 사랑을 가르친다는 것은 단어는 물론 행위를 가르치는 것을 의미한다. 그러나 사랑이 커진다는 것은 한 사람의 인생에서 무언가를 더하는 것일 수도 있지만 빼는 것이 될 수도 있음을 암시한다.

사랑을 가로막는 장벽 제거

사랑을 가로막는 장벽을 제거하는 것은 인종 및 종교적 무관용과 같은 것을 타파한다는 의미를 지닐 수도 있지만, 우리가 여기에서 언급하고 있는 것은 치료자들이 사귄 지 오래된 커플들의 관계 만족도를 높이는 데 도움을 주기 위해 채택할 수 있는 전략에 대한 것이다. 커플들이 상담을 받을 때 제시되는 문제는 금전, 성, 자녀, 시댁 식구들, 성 역할 갈등 등을 포함한 다양한 스트레스 요인과 관련되어 있을 수 있다. 치료자는 자녀, 양육 및 기타 표면적으로 드러난 문제를 집에 남겨둔 채 매일 저녁 그날 일어난 중요한 일들에 대해 서로 대화하고 의견을 나누는 시간을 마련하거나 매 주말마다 '데이트'를 하도록 하는 등의 활동을 '처방'할 수 있다. 그러나 이러한 처방은 커플들이 이미 바쁜 일정에 또 다른 일을 추가하는 의미 외에 다른 의미를 지니지 않는다.

치료자들이 해야 할 일은 내담자들이 긍정적인 것을 포함한 무언가 새로운 것을 추가하기 전에 이전에 이미 하고 있던 것을 정리하도록 충고하는 것이다. 집안 청소, 근사한 식사, 다림질 등을 선별적으로 생략하여 청소를 한 달에 한 번 하거나 가끔은 스프와 샌드위치로 식사를 때우거나 건조기에서 바로 꺼낸 옷을 입을 수도 있다. 부유한 가정에서 자란 자녀들에게는 각종 레슨 및 활동을 줄여 뛰어놀 수 있는 시간을 많이 만들어줄 수 있다. '단순화(simplify)'를 통해 불안감을 유발할 수도 있지만 불안감을 덜어줄 수도 있다. 시간이라는 선물은 지구상에 존재하는 선물 중 가장 사랑스러운 선물이다.

치료자들이 다른 문제를 해결하기 위해 어떠한 과제를 처방하기 전에 이들의 삶에 더 많은 '여유 공간(space)'을 마련하도록 유도할 경우 일부 문제들은 저절로 해결된다. 모자라는 것이 넘치는 것보다 더 나은 경우도 있고, 일상사에 덜 쫓기면 더 많은 사랑이 샘솟기도 한다.

미래의 방향

가까운 장래에는 사랑에 대한 연구가 연구자들과 자금 지원기관들의 최우선순위가 되어야 한다. 대다수의 인류에게 사랑이 이미 우선순위라는 점은 쉽게 알 수 있다. 과학자들은 인간을 육체와 정신이 분리된 개체로서가 아닌 하나의 전체로서 보기 시작했다. 이 책에 잘 나타나 있는 바와 같이, 이렇게 새로 발견한 정신과 육체의 상호작용에 대해 고려함과 동시에 사람들의 친밀한 관계, 특히 애정관계가 이러한 상호작용의 핵심적 측면이라는 인식 또한 있어야 한다.

정신과 육체의 밀접한 관계에 대한 이러한 인식은 사랑 및 성의 공통 맥락에 대한 올바른 인식이다. 이미 지적한 바와 같이, 성을 사랑 안에 또는 사랑을 성의 개념 속에 포함하려고 하기보다는 상대가 정해진 친밀한 관계에서 동격(coequals)으로 보고자 한다. 또한 성은 미래 연구에서 매우 폭넓게 정의되어 성관계만이 아닌 모든 형태의 신체적 애정 표현을 포함하여 연구되어야 한다.

사랑과 성의 관계에 대한 연구에서 우리는 '성(sex)'이 많은 유형의 육체적 관계를 포함하는 의미라는 점을 응답자들에게 분명히 하고자 한다. 키스, 애무 및 기타 친밀한 신체 접촉은 성관계보다 더 중요한 의미를 지닐 수 있다. 인간에게 성관계는 본능적인 것이지만 신체적 접촉은 이보다 더 근본적인 본능이다. 아기는 접촉을 필요로 한다. 접촉을 많이 한 미숙아는 체중이 급격이 증가한다(Field, 1998). 애완동물을 키우는 사람들(아마도 이 애완동물과 접촉할 가능성이 높음)의 건강은 향상되었다(Vormbrock & Grossberg, 1998). 마사지 치료사들을 찾는 사람들이 점점 더 늘고 있다. 이러한 모든 상호 접촉의 필요성 표출은 신체적 접촉의 중요성을 보여주며, 이는 낭만적 사랑에서 애정 어린 접촉은 물론 성적 접촉 및 성적 상호작용(성관계를 포함하지만 그것에만 국한되지 않음)으로 나타난다.

미래 연구는 사랑과 성을 연결하고, 성을 보다 폭넓게 해석할 뿐 아니라 노년기의 성 문제를 보다 자세히 살펴볼 필요가 있다. 미국 인구의 노화, 수명 연장 및 비아그라(Viagra)의 선풍적 인기는 노년의 성을 바꾸기보다는 오히려 더 부각시켰다. 학문적 성격의 글(Levy, 1994) 및 미국 퇴직자협회(American Association of Retired Persons)의 『세련된 현대인(*Modern Maturity*)』에 연재되어 인기를 얻은 기사들 모두 노년의 성이 육체적 및 정서적으로 만족스럽고 나이보다는 적합한 상대가 있는지 여부에 달려 있다는 점을 분명히 밝히고 있다. 또한 노년층에게도 젊은층의 경우와 마찬가지로 "성관계가 전부는 아니며 함께 있는 것 자체가 친밀감의 핵심 요소다."(Mathias-Riegel, 1999, p. 48) 그러나 "사회는 노년의 성에 대해 고집스러울 만큼 완고한 고정관념에 사로잡혀 있다."

(Mathias-Riegel, 1999, p. 47). 따라서 사랑, 성 및 노화에 대한 우리의 지식을 살찌우는 연구가 대중화되어 널리 보급되어야 한다. 사랑과 성은 연령을 불문하고 모두에게 적용된다(Latham, 1997; Pickett, 1995).

모든 연령대에서 사랑과 성은 긍정심리학의 최대 적인 스트레스의 부정적 영향을 받는다. 45~59세의 응답자들은 "스트레스를 줄이고(less stress)" "자유 시간을 늘리는 것(more free time)"을 성생활 개선의 가장 중요한 요소로 뽑았다(Jacoby, 1999, p. 43). 또한 Herbert Benson (1996)은 "환자들이 의사에게 호소하는 증세는 대부분 스트레스와 신념에 관련된 것이다(p. 292)." 우리가 전에 주장한 바 있는 "모자란 것이 넘치는 것보다 낫다(less is more)."는 철학은 최단기 목표로 스트레스 경감을 강조했다. 사람들이 삶을 단순화하고 이를 통해 스트레스를 줄이도록 할 수 있다면 관계(사랑과 성을 포함)는 매우 풍요로워질 것이다. 뿐만 아니라 삶의 긍정적 측면 역시 그에 따라 늘어날 것이다.

도입부에서 우리는 사랑, 성, 우정 및 결혼이 낭만적 관계에서 지니는 연관성이 점점 더 커지고 있다고 지적한 바 있다. 또한 인생 전체에 걸친 사랑 및 성에 대한 통합 연구를 실시할 것을 주장하기도 했다. 지금까지 주장한 내용을 일반화하면서 끝을 맺고자 한다. 사랑을 다른 많은 긍정심리학 개념과 연결하는 핵심 개념으로서 연구해야 한다. 이러한 방식을 통해 긍정심리학에 대한 체계적 접근법을 개발할 수 있다.

아마도 사례를 통해 우리의 비전을 보다 구체화할 수 있을 것이다. Aron과 Aron(1996)은 사랑에 대한 그들의 자기확장(self-expansion) 접근법이 하나의 메타이론으로 작용하여 폭넓은 일련의 경험적 연구 결과 간에 관련성을 지을 수 있을 것이라고 지적한 바 있다. 만일 자기확장이 내재적으로 바람직하다면, 그리고 사랑이 자기확장을 촉진시킨다면, 사랑에 빠진 상태는 많은 다른 긍정적 특징들과 관련되어야 한다. 사랑에 빠지면 타인 긍정(affirmation)은 물론 자존감 및 자기긍정도가 높아진다. 행복 및 낙관주의와 같은 긍정적인 감정 상태는 사랑과 정적 상관관계가 있다. 미래에 대해 희망적일 이유는 충분하다. 이러한 희망과 함께 자기효능감(self-efficacy)과 자신의 세계에 대처하는 능력 역시 향상되어야 한다.

사랑이 부여(bestowal)됨으로써 세상에 새로운 가치를 창조한다는 Singer(1984a)의 말이 맞다면, 사랑은 세상에 새로운 의미를 창조해야 한다. 그러한 속성 중 하나로 사랑하는 사람에 대해서뿐 아니라 세상 전반에 대한 공감 및 이타주의의 강화를 들 수 있다. 자기효능감 증대와 함께 고양된 이타주의는 새롭게 활기를 띤 창조성과 결합하여 위대한 작품의 탄생을 촉진할 수 있다. 따라서 우리는 사랑을 다른 긍정적 개념과 연결된 역동적인 구조 내에 있는 중심 개념으로 본다. 개념은 근본적으로 서로 관련을 맺고 있고 이러한 관계성은 인간사회의 관계성을 반영한다. 이러한 관점을 통해 보다 폭넓고 통합된 인간조건에 대한 이해가 가능하며, 이러한 이해를 통해 완벽한 긍정심리학이 등장할 것이다.

부록 사랑 태도 척도(Love Attitudes Scale) 단축형

에로스 1. 그이와 저는 속궁합이 잘 맞아요.
2. 우리의 만남은 운명이라는 느낌이 들어요.
3. 우리는 정말 서로를 잘 이해해요.
4. 그이의 외모는 딱 제 이상형이에요.

루더스 5. 상대가 저에 대해 몰라도 큰 문제는 되지 않을 거라고 생각해요.
6. 가끔은 상대가 다른 상대에 대해 모르게 해야 할 때가 있어요.
7. 다른 사람과 제가 한 일에 대해 알면 화를 낼 거예요.
8. 지금 사귀는 사람뿐 아니라 많은 다른 상대와 "게임처럼 사랑을 하는 것"을 즐기는 편이에요.

스토르게 9. 우리의 사랑은 오랜 우정에서 비롯되었기 때문에 어떤 사랑보다도 최고라고 생각해요.
10. 우리는 우정으로 시작해서 조금씩 사랑으로 발전했어요.
11. 우리의 사랑은 신비스럽고 불가사의한 감정이 아니라 진정으로 깊이 있는 우정이에요.
12. 우리의 애정 관계는 좋은 우정에서 발전했기 때문에 만족도가 매우 커요.

프래그마 13. 상대를 고를 때 저의 가족에 대해 어떻게 생각하는지를 주로 고려해요.
14. 상대를 고를 때 가장 중요한 요소는 좋은 부모가 될 수 있는지 여부예요.
15. 상대를 고를 때 제가 일을 하는 데 대해 어떻게 생각하느냐를 고려해요.
16. 깊은 관계로 발전하기 전에 아이를 가질 경우에 대비해서 유전인자가 적합한지 알아보려고 해요.

마니아 17. 상대가 저한테 관심을 갖지 않으면 속이 뒤집히는 기분이에요.
18. 사랑에 빠진 이후로는 다른 일에 집중하기가 어려워요.
19. 상대가 다른 사람과 있다는 의심이 들면 마음을 가라앉힐 수 없어요.
20. 잠깐 동안이라도 상대가 저를 무시하면 관심을 얻으려고 바보스러운 짓을 해요.

아가페 21. 상대를 괴롭게 하느니 제가 괴로운 게 나아요.
22. 제 행복보다 상대의 행복을 더 우선시하지 않으면 행복할 수 없어요.
23. 상대가 바라는 걸 들어주기 위해 제가 원하는 것을 기꺼이 포기하는 편이에요.
24. 상대를 위해서라면 무엇이든지 참을 수 있어요.

주의: 각 항목은 진술에 대한 강한 긍정에서 강한 부정까지 5점 척도로 평정한다. Hendrick, C., Hendrick, S. S., & Dicke, A. (1998). Love Attitudes Scale: Short Form. *Journal of Social and Personal Relationships, 15*, pp. 147-159에 나온 내용을 각색한 것이다. 이에 대해서는 저자의 동의를 얻었다.

Aron, A., & Aron, E. N. (1986). *Love and the expansion of self: Understanding attraction and satisfaction*. New York: Hemisphere.

Aron, A., & Aron, E. N. (1991). Love and sexuality. In K. McKinney & S. Sprecher (Eds.), *Sexuality in close relationship* (pp. 25-48). Hillsdale, NJ: Erlbaum.

Aron, E. N., & Aron, A. (1996). Love and expansion of the self: The state of the model. *Personal Relationships, 3*, 45-58.

Baumeister, R. F., & Leary, M. R. (1995). The need to belong: Desire for interpersonal attachments as a fundamental human motivation. *Psychological Bulletin, 117,* 497-529.

Beall, A. E., & Sternberg, R. J. (1995). The social construction of love. *Journal of Social and Personal Relationships, 12,* 417-438.

Benson, H. (1996). *Timeless healing: The power and biology of belief.* New York: Scribner's.

Berscheid, E. (2000). Foreword: Back to the future and forward to the past. In C. Hendrick & S. S. Hendrick (Eds.), *Close relationships: A source book* (pp. ix-xxi). Thousand Oaks, CA: Sage.

Berscheid, E., & Walster, E. (1969). *Interpersonal attraction*. Reading, MA: Addison-Wesley.

Berscheid, E., & Walster, E. (1978). *Interpersonal attraction* (2nd ed.). Reading, MA: Addison Wesley.

Bowlby, J. (1969). *Attachment and loss: Vol. 1. Attachment*. New York: Basic Books.

Buss, D. M. (1988). Love acts: The evolutionary biology of love. In R. J. Sternberg & M. L. Barnes (Eds.), *The psychology of love* (pp. 100-117). New Haven, CT: Yale University Press.

Buss, D. M., & Kenrick, D. T. (1998). Evolutionary social psychology. In

D. T. Gilbert, S. T. Fiske, & G. Lindzey (Eds.), *The handbook of social psychology* (Vol. 2, 4th ed., pp. 982-1026). Boston: McGraw-Hill.

Cho, W., & Cross, S. E. (1995). Taiwanese love styles and their association with self-esteem and relationship quality. *Genetic, Social, and General Psychology Monographs, 121*, 283-309.

Contreras, R., Hendrick, S. S., & Hendrick, C. (1996). Perspectives on marital love and satisfaction in Mexican American and Anglo couples. *Journal of Counseling and Development, 74*, 408-415.

Davis, K. E., & Todd, M. J. (1985). Assessing friendship: Prototypes, paradigm cases and relationship description. In S. Duck & D. Perlman (Eds.), *Understanding personal relationships: An interdisciplinary approach* (pp. 17-38). London: Sage.

Dion, K. K., & Dion, K. L. (1996). Cultural perspectives on romantic love. *Personal Relationships, 3,* 5-17.

Doherty, R. W., Hatfield, E., Thompson, K., & Choo, P. (1994). Cultural and ethnic influences on love and attachment. *Personal Relationships, 1,* 391-398.

Eagly, A. H., & Wood, W. (1999). The origins of sex differences in human behavior. *American Psychologist, 54,* 408-423.

Eiser, J. R. (1994). *Attitudes, chaos, and the connectionist mind.* Cambridge, MA: Blackwell.

Feeney, J., & Noller, P. (1996). *Adult attachment.* Thousand Oaks, CA: Sage.

Fehr, B. (1993). How do I love thee? Let me consult my prototype. In S, Duck (Ed.), *Individuals in relationships* (pp. 87-120). Newbury Park, CA: Sage.

Fehr, B. (1994). Prototype-based assessment of laypeople's views of love. *Personal Relationships, 1*, 309-331.

Field, T. M. (1998). Touch therapies. In R. R. Hoffman, M. F. Sherrick, & J. S. Warm (Eds.), *Viewing psychology as a whole* (pp. 603-624).

Washington, DC: American Psychological Association.

Gadlin, H. (1977). Private lives and public order: A critical view of the history of intimate relations in the United States. In G. Levinger & H. L. Raush (Eds.), *Close relationships: Perspectives on the meaning of intimacy* (pp. 33-72). Amherst: University of Massachusetts Press.

Guastello, S. J. (1997). Science evolves: An introduction to nonlinear dynamics, psychology, and life sciences. *Nonlinear Dynamics, Psychology, and Life Science, 1,* 1-6.

Harlow, H. F. (1974). *Learning to love.* New York: Jason Aronson.

Hatfield, E. (1988). Passionate and companionate love. In R. J. Sternberg & M. L. Barnes (Eds.), *The psychology of love* (pp. 191-217). New Haven, CT: Yale University Press.

Hatfield, E., & Rapson, R. L. (1996). *Love and sex: Cross-cultural perspectives.* Boston: Allyn and Bacon.

Hatfield, E., & Sprecher, S. (1986). Measuring passionate love in intimate relations. *Journal of Adolescence, 9,* 383-410.

Hazan, C., & Shaver, P. (1987). Romantic love conceptualized as an attachment process. *Journal of Personality and Social Psychology, 52,* 511-524.

Hecht, M. L., Marston, P. J., & Larkey, L. K. (1994). Love ways and relationship quality. *Journal of Social and Personal Relationships, 11,* 25-43.

Hendrick, C., & Hendrick, S. S. (1986). A theory and method of love. *Journal of Personality and Social Psychology, 50,* 392-402.

Hendrick, C., & Hendrick, S. S. (1990). A relationship-specific version of the Love Attitudes Scale. *Journal of Social Behavior and Personality, 5,* 230-254.

Hendrick, C., & Hendrick, S. S. (1991). Dimensions of love: A sociobiological interpretation. *Journal of Social and Clinical Psychology, 10,* 206-230.

*Hendrick, C., & Hendrick, S. S. (Eds.) (2000). *Close relationships: A sourcebook.* Thousand Oaks, CA: Sage.

Hendrick, C., & Hendrick, S. S., & Dicke, A. (1998). The Love Attitudes Scale: Short Form. *Journal of Social and Personal Relationships, 15,* 147-159.

Hendrick, S. S. (1995). *Close relationships: What couple therapists can learn.* Pacific Grove, CA: Brooks/Cole.

Hendrick, S. S., & Hendrick, C. (1987). Multidimensionality of sexual attitudes. *Journal of Sex Research, 23,* 502-526.

*Hendrick, S. S., & Hendrick, C. (1992). *Romantic love.* Thousand Oaks, CA: Sage.

Hendrick, S. S., & Hendrick, C. (1993). Lovers as friends. *Journal of Social and Personal Relationship, 10,* 459-466.

Hendrick, S. S., & Hendrick, C. (2000a). *Linking romantic love and sex.* Manuscript in preparation, Texas Tech University, Lubbock.

Hendrick, S. S., & Hendrick, C. (2000b). Romantic love. In C. Hendrick & S. S. Hendrick (Eds.), *Close relationships: A sourcebook* (pp. 203-215). Thousand Oaks, CA: Sage.

Hendrick, S. S., Hendrick, C., & Adler, N. L. (1988). Romantic relationships: Love, satisfaction, and staying together. *Journal of Personality and Social Psychology, 54,* 980-988.

Jacoby, S. (1999, September-October). Great sex: What's age got to do with it? *Modern Maturity, 42w,* 41-45, 91.

Kaplan, D., & Glass, L. (1995). *Understanding nonlinear dynamics.* New York: Springer.

Lasswell, T. E., & Lasswell, M. E. (1976). I love you but I'm not in love with you. *Journal of Marriage and Family Counselling, 38,* 211-224.

*Latham, A. (1997). *The ballad of Gussie and Clyde: A true story of true love.* New York: Villard.

Laumann, E. O., Gagnon, J. H., Michael, R. T., & Michaels, S. (1994).

The social organization of sexuality: Sexual practices in the United States. Chicago: University of Chicago Press.

Lee, J. A. (1973). *The colors of love: An exploration of the ways of loving*. Don Mills, Ontario: New Press.

Levy, J. A. (1994). Sex and sexuality in later life stages. In A. S. Rossi (Ed.), *Sexuality across the life course* (pp. 287-309). Chicago: University of Chicago Press.

Marston, P. J., Hecht, M. L., & Robers, T. (1987). "True love ways": The subjective experience and communication of romantic love. *Journal of Social and Personal Relationships, 4,* 387-407.

Mathias-Riegel, B. (1999, September-October). Intimacy 101: A refresher course in the language of love. *Modern Maturity, 42w,* 46-49, 84.

Meeks, B. S., Hendrick, S. S., & Hendrick, C. (1998). Communication, love, and relationship satisfaction. *Journal of Social and Personal Relationships, 15,* 755-773.

Mellen, S. L. W. (1981). *The evolution of love*. San Francisco: Freeman.

Murray, S. L., & Holmes, J. G. (1997). A leap of faith? Positive illusions in romantic relationships. *Personality and Social Psychology Bulletin, 23,* 586-604.

Murray, S. L., Holmes, J. G., & Griffin, D. W. (1996). The self-fulfilling nature of positive illusions in romantic relationships: Love is not blind but prescient. *Journal of Personality and Social Psychology, 71,* 1155-1180.

Murstein, B. I. (1974). *Love, sex, and marriage through the ages*. New York: Springer.

Myers, D. G., & Diener, E. (1995). Who is happy? *Psychological Science, 6,* 10-19.

Noller, P. (1996). What is this thing called love? Defining the love that supports marriage and family. *Personal Relationships, 3,* 97-115.

*Pickett, K. (1995). *Love in the 90s: B. B. & Jo: The story of a lifelong love*. New York: Warner.

Regan, P. C. (1998). Romantic love and sexual desire. In V. C. deMunck (Ed.), *Romantic love and sexual behavior: Perspectives from the social sciences* (pp. 91-112). Westport, CT: Praeger.

*Regan, P. C., & Berscheid, E. (1999). *Lust: What we know about human sexual desire.* Thousand Oaks, CA: Sage.

Regan, P. C., Kocan, E. R., & Whitlock, T. (1998). Ain't love grand! A prototype analysis of the concept of romantic love. *Journal of Social and Personal Relationships, 15,* 411-420.

Rubin, Z. (1970). Measurement of romantic love. *Journal of Personality and Social Psychology, 16,* 265-273.

Simpson, J. A., Campbell, B., & Berscheid, E. (1986). The association between romantic love and marriage: Kephart (1967) twice revisited. *Personality and Social Psychology Bulletin, 12,* 363-372.

Singer, I. (1984a). *The nature of love: Vol. 1. Plato to Luther* (2nd ed.). Chicago: University of Chicago Press.

Singer, I. (1984b). *The nature of love: Vol. 2. Courtly and romantic.* Chicago: University of Chicago Press.

Singer, I. (1987). *The nature of love: Vol. 3. The modern world.* Chicago: University of Chicago Press.

Sprecher, S., Aron, A., Hatfield, E., Cortese, A., Potapova, E., & Levitskaya, A. (1994). Love: American style, Russian style, and Japanese style. *Personal Relationships, 1,* 349-369.

Sprecher, S., & Regan, P. C. (1998). Passionate and companionate love in courting and young married couples. *Sociological inquiry, 68,* 163-185.

Sternberg, R. J. (1986). A triangular theory of love. *Psychological Review, 93,* 119-135.

*Sternberg, R. J. (1998). *Love is a story.* New York: Oxford University Press.

Trivers, R. L. (1972). Parental investment and sexual selection. In B. Campbell (Ed.), *Sexual sellection and the descent of man* (pp. 136-

179). Chicago: Aldine.

Vormbrock, J. K., & Grossberg, J. M. (1988). Cardiovascular effects of human-pet dog interactions. *Journal of behavioral Medicine, 11,* 509-517.

Walster, E., & Walster, G. W. (1978). *A new look at love.* Reading, MA: Addison-Wesley.

공감과 이타주의

근본적인 의문: 이타주의는 인간 본성의 한 부분인가
공감적인 감정: 이타적인 동기의 가능성
공감-이타주의 가설의 검증
이타주의적 동기의 근원이 될 수 있는 가능성들
두 가지 친사회적 동기의 가능성
친사회적 동기의 보편적 모델을 위한 제안
공감-이타주의 관계의 이론적인 의의
공감-이타주의의 실용적 의의

이타주의(altruism)는 한 사람이 다른 이의 이익을 도모하는 동기의 특정한 형태를 일컫는다. 비록 몇몇 생물학자들과 심리학자들이 이타행동—다른 이들에게 이익을 주는 행동을 의미하는—에 대해서 이야기하고 있지만, 이러한 행동을 권유하지는 않는다. 이타행동을 권유하는 것은 행동의 동기를 고려하지 않게 되는데, 이타주의에 있어서 동기는 가장 핵심적인 문제이기 때문이다. 만약 타인의 이득을 도모하는 궁극적인 목표가 타인의 복지를 증진시키는 것이라면, 그 동기는 이타적인 것이다. 만일 궁극적인 목표가 자신의 복지를 증진시키는 것이라면 그 동기는 이기적인 것이다. 이타주의란 이러한 특정한 동기를 가진 경우를 지칭하는 것이고, 도움행동(helping)이란 다른 이의 이익을 도모하는 행동을 지칭하는 것이다.

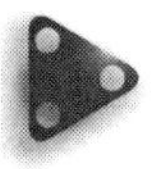

근본적인 의문: 이타주의는 인간 본성의 한 부분인가

사람들이 다른 이들을 돕는 데 상당한 시간과 에너지를 쏟는 것은 분명하다. 우리는 지구 반대편에 있는 기아의 희생자들을 위해 돈을 보낸다. 또는 고래의 멸종을 막기 위해 돈을 보내기도 한다. 우리는 방금 실연을 당한 친구를 위로하기 위해 밤을 새기도 한다. 바퀴가 펑크 난 운전자를 돕기 위해 고속도로에서 차를 세운다.

우리는 왜 사람들을 돕는가? 많은 경우 그 답은 간단하다. 우리는 다른 선택이 없어 도와준다. 사람들이 그렇게 기대하기 때문에 혹은 그것

---

* C. Daniel Batson, Nadia Ahmad, David A. Lishner, & Jo-Ann Tsang

이 자신의 이익을 위해서 최선이기 때문이다. 우리는 친구와의 관계가 끊어지는 것을 원치 않기 때문에 그의 부탁을 들어줄 수 있다. 혹은 부탁을 들어주는 것에 대한 답례를 기대하기 때문인지도 모른다. 그러나 이처럼 간단한 답을 얻기 위해 우리가 왜 돕고 사는지 묻는 것이 아니다. 이 답의 근원까지 가보고자 질문하는 것이다. 우리는 다른 이를 돕는 행동이 아무리 작은 부분에서라도 항상 어느 정도는 자신의 이익을 기대하기 때문에 하게 되는 것인지 알아보고자 한다. 우리는 어느 누구라도 어떠한 수준에서건 자기의 이해관계(self interest)를 초월하여 다른 이의 행복을 위한 순수한 마음에서 타인을 돕는가에 관심이 있다. 우리는 이타주의가 인간의 기본적인 행동방식 중의 하나인지가 궁금한 것이다.

보편적 이기주의를 지지하는 사람들은 우리가 하는 모든 행동은 아무리 고귀하고 이타적이라 하더라도 실제로는 자기이익(self-benefit)이라는 궁극적인 목표를 지향한다고 주장한다. 이타주의의 옹호자들도 우리가 하는 행동의 많은 경우가, 심지어는 타인을 위해 하는 행동도, 이기적인 동기를 바탕으로 한다는 것을 부정하진 않는다. 그러나 단지 그것만이 아니다. 이들은 적어도 몇몇 사람들의 경우 어느 정도까지는, 특정 조건하에서 질적으로 다른 형태의 동기, 즉 타인의 이익을 궁극적인 목표로 하는 동기를 가질 수 있다고 본다.

보편적 이기주의를 주장하는 사람들은 이 논쟁에서 정밀하고 간결한 면을 보여준다. 인간행동을 자기이익이라는 개념으로 설명하는 것이 자기의 이익과 타인의 이익 모두를 궁극적인 목표로 하는 이중 동기(motivational pluralism)를 설정하는 것보다 훨씬 간단하기 때문이다. 정밀성과 간결성은 과학적인 설명을 개발하는 데 아주 중요한 기준이긴 하지만 가장 중요한 준거가 되는 것은 아니다. 가장 중요한 과제는 주어진 현상에 대한 의문을 적절하고 정확하게 설명하는 것이다. 우리는 이타주의적인 동기가 존재하는지 알아야 한다. 비록 그것이 우리가 가진 인간의 본성에 대한 가정을 대혼란에 빠뜨리는 한이 있더라도 말이다. 만약 이타주의가 인간 본성의 한 측면이라면, 한 종(species)으로서 우리의 정체, 그리고 우리가 할 수 있는 것이 무엇인가에 대한 답은 이타주의가 인간 본성이 아니라고 가정할 때와는 많이 달라질 것이다. 만약 이타주의가 존재한다면 긍정심리학의 중요한 초석을 제공할 것이다.

이타주의가 존재하느냐 하는 의문은 새로운 것이 아니다. 이 질문은 Aristotle(384~322 B.C.)와 St. Thomas Aquinas(1225~1274)로부터 Thomas Hobbes(1588~1679), de la Rochefoucauld(1613~1680), David Hume(1711~1776), Adam Smith(1723~1790) 그리고 Jeremy Bentham(1748~1832)으로부터 Friedrich Nietzsche(1844~1900)와 Sigmund Freud(1856~1939)까지 서양 사상의 중심에서 세기를 넘어 존재해왔다. 르네상스 시대와 후기 르네상스 그리고 근래의 몇몇 생물학자들과 심리학자들 대다수는 인간이 근본적으로 이기적이라는 관점을 가지고 있다. 우리는 어디까지나 자신의 행복에 영향이 있을 때에만 타인의 안녕을 생각한다는 것이다(개관적인 내용을 보려면 Mansbridge, 1990, Wallach & Wallach, 1983 등 참조).

도움행동(helping)으로부터 유래된 많은 형태의 자기이익을 위한 행동들은 보편적 이기주의의 입장을 매우 설득력 있게 뒷받침한다. 어떤 경우에는 자기이익을 위한 행동이 매우 명백하다. 예를 들어, 물질적인 보상이 주어진다거나 대중의 칭찬을 받는다거나 공적인 비난을 피하려 하는 경우가 그렇다. 하지만 외부적인 보상이 없는데 돕는 경우에도 여전히 이익은 있을 수 있다. 누군가가 괴로워하고 있는 것을 보면 우리 자신도 괴로워질 수 있고 자신의 괴로움을 덜고자 하는 방편으로 상대방의 괴로움을 덜어주고자 할 수 있다. 다른 설명으로는, 다른 이들을 보살피고 친절하게 대함으로써 자신에 대해서 좋은 기분을 느낄 수 있다. 혹은 타인을 돕지 않았을 때 느끼는 죄책감이나 수치스러움을 모면할 수도 있다.

때로는 영웅이나 순교자들조차도 명백하게 자신을 버리는 행동을 하고서도 이익을 얻을 수 있다. 자신의 전우들을 구하기 위해 수류탄에 몸을 던지는 사람이나 구조선에서 자신의 자리를 양보하고 죽음을 택하는 사람을 생각해보라. 이들도 자신이 다른 사람들을 죽게 놔두었다는 예견된 죄책감이나 수치스러움을 피하기 위해 행동했을 수도 있다. 아니면 뒤에 남겨진 사람들로부터 받을 존경이나 숭앙을 생각해서 행동했을 수도 있다. 그것도 아니라면 저승에서라도 이익을 보기 위해서, 어쩌면 단지 상황을 잘못 판단하여 자신들의 목숨을 잃는 일이라곤 생각지 못했을지도 모른다. 영웅들의 행동이 자기이익을 위해 한 것이라고 보는 관점이 냉소적으로 보일지도 모르겠으나, 진실로 이타주의가 존재하느냐를 밝히기 위해서는 책임감을 가지고 그 가능성을 직면해보아야 한다.

공감적인 감정: 이타적인 동기의 가능성

초기의 철학적인 논고들이나 최근의 심리학 저서들 모두 가장 빈번하게 이타주의적인 동기의 가능성으로 언급하는 것은 도움을 필요로 하는 사람에 대한 타인지향적 감정 반응이다. 이러한 반응은 '공감(empathy)' (Batson, 1987; Krebs, 1975; Stotland, 1969), '동정(sympathy)' (Eisenberg & Strayer, 1987; Heider, 1958; Wispe, 1986, 1991), '동정적 고통(sympathetic distress)' (Hoffman, 1981), '다정다감함(tenderness)' (McDougall, 1908), '불쌍함(pity)' 또는 '측은지심(compassion)' 등 다양

한 표현으로 불리고 있다. 이러한 타인지향적 감정을 공감(empathy)이라고 부르기로 하자. 공감은 Aquinas와 Rousseau, Hume과 Adam Smith 등의 철학자들 그리고 William McDougall로부터 최근의 Hoffman(1981), Krebs(1975) 그리고 Batson(1987)에 이르기까지 심리학자들로부터 이타주의의 근원—유일한 원천은 아닐지라도—으로 생각되어왔다.

형식적으로 우리는 공감을 타인의 복지를 위해 유발된 타인지향적인 반응으로 정의한다. 만약 다른 이가 도움을 필요로 한다고 지각되면 공감적 감정에는 동정, 측은지심, 자애로운 마음, 다정다감함 등이 포함된다. 이 타인지향적인 감정적 반응을 한 번이라도 공감이라고 불렸던 다른 심리적 현상과 구분하는 것은 매우 중요하다. 우리는 공감적 반응과 구분되어야 하는 일곱 개의 개념을 정리해보았다.

공감과 관련된 일곱 가지 유사 개념들

(1) 생각과 감정을 포함한 다른 사람의 내적인 상태를 아는 것

임상가와 연구자들은 다른 사람의 내적인 상태에 대해 아는 것을 공감이라고 하였다(Brothers, 1989; de Waal, 1996; Dymond, 1950; Kohler, 1929; Wispe, 1986). 다른 학자들은 이러한 지식을 '공감적이다(being empathic)' (Rogers, 1975), '정확한 공감(accurate empathy)' (Traux & Carkuff, 1967) 혹은 '공감적 정확성(empathic accuracy)' (Ickes, 1993)이라고 하였다. 어떤 이들은 '이해하기(understanding)' (Becker, 1931) 또는 '정확한 지각(perceiving accurately)' (Levenson & Ruef, 1992)으로 표현하였다. 이러한 지식이 이타적인 동기를 유발하는 타인지향적인 감정 반응을 이끌어내는 필요조건이라고 주장할지 모르나 그렇지 않다. 공감

적 감정은 다른 사람의 상태를 안다고 '생각'하는 것이 필요하다. 왜냐하면 공감적 감정이란 타인의 안녕에 대한 지각에 바탕을 두고 있기 때문이다. 하지만 이 지각이 정확해야 하거나 심지어는 상대방의 지각과 일치—이것은 흔히 공감적 정확성을 정의하는 기준이 되는데—해야 하는 것은 아니다. 물론 공감적 감정에 의해 도움을 주고자 하는 시도가 타인의 요구에 대한 정확한 지각에 바탕을 둔다면 더 유익할 것이다. 따라서 내담자를 돕는 것이 최우선 과제인 임상가들이 내담자에 대해서 감정을 느끼는 것보다 내담자의 감정에 대한 정확한 지각을 강조하는 것은 놀라운 일이 아니다.

(2) 다른 이의 태도를 따라하는 것

다른 이의 신체적 자세나 태도를 따라하는 것을 공감이라고 정의하는 사전들이 많다. 그러나 심리학자들 중 일부는 다른 이의 태도를 따라하는 것은 '모방행동(motor mimicry)' (Bavelas, Black, Lemeray, & Mullett, 1987; Hoffman, 1981; Murphy, 1947; Dimberg, Thunberg, & Elmehed, 2000), '생리적인 연민(physiological sympathy)' (Ribot, 1911) 또는 '따라하기(imitation)' (Becker, 1931; Lipps, 1903; Titchener, 1909)라고 부르기도 한다. 공감적 감정이 다른 이들의 태도를 따라함으로써 촉진될 수 있긴 하지만, 다른 이의 태도를 따라하는 것이 우리가 사용하고 있는 공감이라는 단어의 정의를 유발하는 데는 필요하지 않고, 충분하지도 않다.

(3) 다른 사람이 느끼는 대로 느끼게 되는 것

다른 사람이 느끼는 감정과 똑같은 감정을 느끼는 것을 공감이라고 정의하는 사전들은 많으며 몇몇 심리학자들이 이 정의를 쓰고 있다(Berger, 1962; Eisenberg & Strayer, 1987; Englis, Vaughan, & Lanzetta, 1982; Freud, 1922; Stotland, 1969). 철학자들 사이에선 다른 이가 느끼는 감정을 함께 느끼는 것을 '동정(sympathy)'이라고 부르고 있다(Hume, 1740/1896; Smith, 1759/1853). 심리학자들을 포함한 과학자들 중에서 철학자들로부터 영향을 받은 사람들은 이러한 심리상태를 '동정'이라고 부른다(Allport, 1924; Cooley, 1902; Darwin, 1871; McDougall, 1908; Mead, 1934; Spencer, 1870; Wundt, 1897). 다른 이의 감정을 느끼는 것을 'fellow feeling' (Hume, 1740/1896; Smith, 1759/1853), '감정적 동일시(emotional identification)' (Freud, 1922), '감정 혼입(emotional contagion)' (Becker, 1931; de Waal, 1996; Hatfield, Cacioppo, & Rapson, 1922; Heider, 1958), '감정적 잔향(affective reverberation)' (Davis, 1985) 그리고 '공감적 고통(empathic distress)' (Hoffman, 1981) 등으로 부르고 있다. 다른 이가 느끼는 대로 느끼는 것이 이타주의의 원천이라고 하는 것은 타인지향적인 감정을 느끼는 첫 단계는 될지 모르지만, 필요조건도 충분조건도 아니다(Batson, Early, & Salvarani, 1997). 다른 사람이 느끼는 감정을 자신의 감정에 너무 초점을 두게 되는 경우, 어쩌면 반대로 상대방에 대해 느낌을 갖는 것을 방해할 수 있다. 예를 들어, 악천후에 비행기에서 다른 승객들이 느끼는 긴장감에 대한 지각에서, 자신이 너무 긴장함으로써 그 긴장감에 지나치게 초점을 맞추게 될 수도 있다.

(4) 다른 사람의 상황에 자신을 투사해 보거나 직관해 보는 것

자신을 다른 이의 상황에 투사해 보는 심리적인 상태는 Lipps(1903)가 Einflung이라고 불렀던 것인데, 이것이 후에 Titchener(1909)가 '공감'이라고 불렀던 용어다. 이러한 상태는 '투사적 공감(projective empathy)' (Becker, 1931)이라고 불린다. 원래 이 용어는 예술적인 분야에서 다른 사람이라면 어땠을까를 묘사하기 위해 사용되었던 것이다. 혹은 더 많은 경우, 생명이 없는 물체—죽은 고목이나 바람이 스치는 언덕

—등에 감정을 이입하는 것을 말하는 것이었다. 미학적인 투사로서의 이 공감에 관한 의미는 간혹 사전에 등장하는데, 현대 심리학에서 쓰는 용어와 같은 의미로 쓰이는 경우는 거의 없다(그러나 Wispé(1968)는 이 상태를 '심미적 공감'이라고 하였다.).

(5) 다른 이가 어떤 느낌인지 상상하는 것

Wispé(1968)는 위에서 언급된 '심미적 공감'과 구분하기 위해서, 다른 사람이 어떻게 느끼는지 상상해보는 것을 '심리적' 공감이라고 불렀다. Stotland(1969)는 이를 특정 형태의 관점 수용(perspective taking)이라고 하였다. '그의 입장을 상상하기(imagine him)' (혹은 더 일반적으로 '다른 이의 입장이 되어보기') 관점이라고 할 수 있다. 이와 같이 다른 이의 입장에서 상상하기 관점을 수용하기 위해서 실험실 연구에서는 이를 공감적 감정을 유발하는 실험적 지시용으로 사용하기도 하였다(Batson, 1991; Davis, 1994).

(6) 다른 사람의 입장에 서 있다면 어떻게 생각하고 느꼈을지 상상해보는 것

Adam Smith(1759/1853)는 이러한 상상의 행위를 단순하게 '상상 속에서 입장을 바꾸기'라고 정의하였다. Mead(1934)는 '역할수용(role taking)'이라고 불렀고 때로는 '공감'이라고도 불렀다. Becker(1931)는 'mimpathizing'이라고 불렀다. 피아제 파의 전통에서는 다른 이의 입장에서 생각하는 것이 어떤지 상상하는 것을 '관점수용(perspective taking)' 혹은 '탈중심화(decentering)'라고 불렀다(Piaget, 1932/1965; Steins & Wicklund, 1996). Stotland(1969)는 이것을 '자기의 입장으로 상상하기(imagine-self)'라고 하여, 앞서 언급한 그의 입장을 상상하기(imagine-other)와 구분하고자 하였다. 이 imagine-self와 imagine-other의 관점 수용은 실험적인 증거에도 불구하고 혼동되거나 동일하게 취급되었다. 다른 사람의 괴로움에 주의를 기울이는 경우, imagine-other 관점은 우리가 사용하고 있는 공감의 타인지향적 감정 반응을 촉진하는 것이고, imagine-self 관점은 공감을 촉진하긴 하지만 보다 자기지향적이고 개인적인 괴로움의 느낌을 유도한다(Batson, Early, & Salvarani, 1997).

(7) 다른 사람의 고통에 대해서 속상해하는 것

다른 사람의 괴로움을 봄으로써 유발되는 자신의 괴로움을 지칭하는 용어는 매우 다양하다. '동정적 고통(sympathic pain)' (McDougall, 1908), '촉진적 긴장(promotive tension)' (Hornstein, 1982) 그리고 '공감' (Krebs, 1975) 등으로 사용된다. 여기서는 다른 사람에 '대해서' 괴로움을 느끼는 것이거나 다른 사람들과 '같이' 괴로움을 느끼는 것이 아니고, 다른 사람들의 상태에 '의해서' 괴로움을 느끼는 것이다.

위에서 일곱 가지의 공감 개념에 대해서 언급한 것은 세 가지 이유 때문이다. 첫째, 공감이라는 말이 적용된 심리적 상태의 범위가 어느 정도인지 집어내어 그간의 혼동을 줄이고, 위에 언급된 어느 하나의 현상과 공감을 동일시하는 것을 막기 위해서다. 둘째, 우리가 이타주의적인 동기라고 제시하는 타인지향적 감정 반응을 공감의 나머지 일곱 가지 개념과 구분하려고 하는 것이다. 셋째, 일곱 가지의 공감에 대한 개념과 우리의 공감적 감정 반응에 어떤 관련이 있는지 제시하기 위해서다. 공감에 대한 대부분의 개념들은 공감적 감정을 촉진하는 잠재적 선행요건인 인지적 혹은 지각적 상태를 공감이라고 기술한다(1, 2, 4, 5, 6번이 그렇다.). 이 두 가지는 대안적인 감정적 상태를 묘사하고 있다. 다른 사람들이 느끼는 대로 느끼기(3번 개념) 그리고 다른 사람의 고통을 봄으로써 속상한 것(7번 개념), 다른 사람이 느끼는 감정을 느끼는 것은 공감적 감정을 일으키는 초석이 되고 따라서 이타적 동기가 유발될 수 있지만, 또한 자기초점화(self-focused)된 주의로 유도하거나 타인지향적인 감정을 방해할 수 있다. 개인적인 괴로움을 느끼는 것이 이타주의로 가는 초석이 될 가능성은 없는 것 같다. 오히려 자신의 괴로움을 해소하고자 하는 자기중심적인 동기를 유발할 가능성이 크다(Batson, Fultz, & Schoenrade, 1987; Piliavin et al., 1981).

비록 공감에 대한 일곱 가지 개념을 구분하는 것이 매우 미묘할지 모르나, 각각의 상태가 존재하는 것은 의심의 여지가 없다. 물론 모두 유사한 경험이긴 하다. 개념들 간의 유사점에서도 불구하고 각각의 심리적 중요성을 간과해선 안 된다. 다른 사람의 관심과 소망을 알아차리는 과정은 매우 주목할 만하며 이러한 과정이 일으키는 감정의 범위 또한 중요하다. 몇몇 위대한 사상가들은(예: David Hume) 이러한 과정이 모든 사회적 지각과 상호작용의 기초가 된다고 주장하기도 하였다. 두말할 것도 없이 이러한 요소들은 우리의 사회적 본능의 핵심적인—그리고 쉽게 간과되어온—요인들이다.

특성으로서의 공감이 아닌 상황적인 공감적 감정

우리가 고려한 일곱 가지 개념들은 모두 상황특성적(situation specific)임을 주목해야 한다. 어떤 것도 일반적인 특성이나 성격적 특성으로 보고 있지 않다. 이러한 경험을 하는 능력이나 경향에는 개인차가 있겠으나(보다 심도 있는 논의를 위해선 Davis, 1994를 보라), 개인차를 회고적인 자기보고식(retrospective self-reported) 설문으로 측정하는 것이 가장 유력한 방법인 것 같다. 이러한 설문지는 공감적인 경향성을 타당하게 제공한다기보다는, 자기자신을 공감적이었으면 좋겠다고 희망하는 정도나 타인들이 자신을 공감적이라고 여겼으면 하는 소망의 정도를 반영한다고 보는 것이 타당할 것 같다.

공감-이타주의 가설의 검증

도움을 필요로 하는 사람에 대한 공감적 감정이 이타적인 동기를 유발한다는 주장을 공감-이타주의 가설이라고 부른다(Batson, 1987, 1991). 이 가설에 의하면 공감적 감정이 클수록 이타적인 동기가 더 강할 것이다.

상당한 양의 증거가 도움을 필요로 하는 사람에 대한 공감이 도움행동을 증가시킨다는 것을 지지한다(연구 내용의 개관을 위해서는 Coke, Batsman, & McDavis, 1978; Dovidio, Allen, & Schroeder, Berg, & Miller, 1987 참조). 그러나 공감-도움행동(empathy-helping) 관계를 관찰하는 것이 이러한 관계에 내재된 동기를 이해하는 데에는 아무것도 알려 주지 않는다. 다른 사람의 행복을 증진시키는 것이 궁극적인 목표가 될 수도 있고, 자신의 이익을 이루기 위한 도구적인 목표가 될 수도 있으며, 이 두 가지가 동시에 있을 수도 있다. 즉, 동기는 이타적일 수도 있고 자기중심적일 수도 있으며, 두 가지 모두가 있을 수 있다.

공감을 느끼는 타인을 도움으로써 자기이익이 생기는 경우는 대략 세 가지로 분류할 수 있다. 도움을 주는 것은 (a) 부정적인 감정으로 경험될지도 모르는 타인에 대한 공감의 느낌을 줄일 수 있고, (b) 도움을 주지 않음으로써 받을 수 있는 사회적인 혹은 자기자신으로부터의 벌을 피할 수 있으며, (c) 좋은 일 혹은 옳은 일을 함으로써 사회적인 혹은 자기로부터의 보상을 받을 수 있다. 공감—이타주의 가설은 공감—

주입(empathy-induced) 이타행동에 자기이익의 요소들이 존재한다는 것을 부정하진 않는다. 그러나 공감에 의해 유발된 동기의 입장에서 보았을 때 자신의 이익은 의도되지 않았으며, 다른 이가 요구하는 것을 충족시키는 궁극적인 목표를 이룸으로써 부수적으로 나타난다고 본다. 이기주의를 통해 설명하고자 하는 사람들은 이러한 공감-이타주의 가설을 반대한다. 이들은 자기이익이 공감-주입 이타행동의 궁극적인 목표라고 보는 것이다. 지난 20년간 25건 이상의 실험들이 이 공감-이타주의 가설에 대한 위의 세 가지 이기주의적 설명을 하고자 하였다.

혐오-자극 감소

가장 흔하게 제기되는 공감-도움행동 관계에 대한 이기주의적 설명은 혐오-자극 감소다. 이 설명에 의하면 고통에 빠져 있는 이에 대한 공감적인 느낌은 불쾌하고, 공감적인 느낌이 유발된 사람은 자신의 공감적 감정을 없애기 위해 이타행동을 한다는 것이다. 공감이 느껴지는 사람을 돕는 행동은 단순히 자신의 불편감을 줄이려는 목적을 위한 수단이라는 것이다.

연구자들은 도움이 필요한 사람을 도와주지 않고 피할 수 있는 난이도를 조절함으로써 혐오-자극 감소 설명과 공감-이타주의 가설을 검증해 보았다. 공감적 자극이라는 것은 타인의 고통을 보는 것으로부터 비롯되기 때문에, 도와줌으로써 이 고통을 없앨 수 있고 그런 상황에 대한 노출로부터 도망감으로써 혐오감의 자극을 감소시킬 수 있다. 그러나 회피는 다른 이의 괴로움을 덜어주는 이타적인 목표를 이루지 못하게 한다. 따라서 혐오-자극 감소의 설명에서는 회피가 쉬운 경우 공감-이타행동 관계가 이루어지지 않을 것이라고 예측하였고, 공감-이타주의 가설은 그렇지 않을 것이라고 예측하였다. 실험 검증들의 결과는 이 두 대립되는 가설 중에서 공감-이타행동 가설을 지지하였다. 이러한 결과들은 이 유명한 이기주의적인 설명이 매우 의심스럽다는 것을 보여준다(실험에 관해 자세히 보려면 Batson, 1991 참조).

공감-특정 처벌

두 번째 이기주의적인 설명은 사람들이 사회화를 통해서 도와주어야 한다는 의무감을 배우고 남을 돕지 못했을 때는 수치심이나 죄책감을 느끼도록 배운다는 것이 도움을 필요로 하는 사람에 대해 공감적 감정을 가지게 되는 원인이라는 주장이다. 결과적으로, 사람들이 공감을 느낄 때는 이타행동을 하지 않는 것과 관련된 처벌을 넘어선 사회적 압력이나 자기검열(self-censure)에 직면한다는 것이다. 그들은 혼잣말로 "내가 이렇게 느낄 때 돕지 않으면 다른 사람들이 나를 어떻게 생각하겠어?—혹은 내가 내 자신을 어떻게 보겠어?"라고 말하며, 이러한 공감-특정 처벌을 피하기 위한 이기적인 욕망에 의해서 돕게 된다고 본다. 이러한 설명을 다시 한 번 검증하기 위해 고안된 실험들은 지속적으로 이 설명을 지지하지 않았다. 오히려 공감-이타주의 가설을 일관되게 지지하였다(Batson, 1991을 보라).

공감-특정 보상

세 번째 이기주의적인 설명의 대표적인 내용은 사람들이 사회화를 통해 칭찬이나 명예, 자부심과 같은 형태의 보상을 받는 것을 학습하고, 이것이 공감을 느끼는 대상에 대한 이타행동을 하게 만든다는 것이다. 결과적으로, 사람들은 공감을 느낄 때 이러한 보상을 생각하고 그 보상들을 얻기 위한 자기중심적인 욕망에서 이타행동을 한다고 설명한다.

이러한 설명은 몇 건의 실험을 통해 검증해봤지만, 지지를 얻지 못했다(Batson et al., 1988, 연구 1과 5; Batson & Weeks, 1996). 하지만 두 건의 변형된 실험이 부분적인 지지를 하였다고 주장한다. 가장 대표적인 것이 Cialdini 등(1987)이 제기한 부정적 상태 완화(negative state relief) 설명이다. 이 설명에서는 고통에 빠져 있는 타인을 보는 공감의 경험은 부정적 감정 상태—일시적인 슬픔이나 비애—이며 공감을 느끼는 당사자는 이 부정적 상태를 완화하기 위해 이타행동을 한다는 것이다.

얼핏 보기에는 이 부정적 상태 완화 설명이 혐오-자극 감소 설명과 같은 것으로 보일 수 있다. 비록 두 설명 모두 괴로움에 빠진 타인을 공감하는 것이 부정적인 정서 상태와 관련이 있다고 보지만, 각기 상이한 방향으로 설명된다. 혐오-자극 감소 측은 부정적인 상태를 없애기 위해서 돕는다고 보고, 부정적 상태 완화 측은 돕는 것과 관련된 자기보상이나 기분 전환(mood-enhancing)을 얻기 위해 돕는다고 주장한다.

비록 부정적 상태 완화 설명이 약간의 지지를 얻기는 하였으나(Cialdini et al., 1987; Schaller & Cialdini, 1988), 후속 연구자들은 이 지지 결과들이 절차 때문에 나타난 결과라고 보고 있다. 이러한 실험상의 문제를 피하고자 실시된 실험들에서는 모두 공감-이타주의 가설을 지지하였다(Batson et al., 1989; Dovidio et al., 1990; Schroeder, Dovidio, Sibicky, Matthews, & Allen, 1988). 따라서 공감에 의해 유발된 이타 의도는 부정적인 상태를 완화시키고자 하는 이기적인 목표에 의해서 행하는 것이 아님이 명백하다.

두 번째 공감-특정 보상 설명의 다른 변형은 Smith, Keating 그리고 Stotland(1989)에 의해서 제기되었다. 이들은 자신이 혹은 타인이 이타적인 사람으로 보는 보상을 얻기 위해서가 아니라 도움을 필요로 하는 사람이 안정되어가는 것을 보는 기쁨을 얻기 위해서 한다고 설명한다(Smith et al., 1989, p. 641).

초기의 자기보고식 자료들은 이 공감-기쁨 가설을 지지하였지만, 이후의 훨씬 엄격한 실험의 결과들은 이 가설을 지지하지 않았다. 오히려 실험의 결과들은 일관되게 공감-이타주의 가설을 지지하였다(Batson et al., 1991; Smith et al., 1989). 공감-기쁨 가설 역시 다른 공감 특정 보상 설명들과 마찬가지로 공감-이타행동의 관계를 설명하지 못하는 것 같다.

임시적인 결론

Piliavan과 Charng(1990)은 공감-이타주의 연구와 사회학, 경제학, 정치학 그리고 생물학의 문헌들을 개관한 후 이렇게 말하였다.

> 이타적이라고 보이는 행동은 면밀히 조사해보면 이기적인 동기의 반영이라는 초기의 입장들로부터 '관점 이동(paradigm shift)'이 일어나고 있는 것 같다. 오히려 더 진보된 이론과 자료들은 진정한 이타주의(박애주의)—다른 이들의 이익을 위해 행동하는 것—가 존재하며 인간 본성의 한 부분이라는 관점에 부합하고 있다(p. 27).

아직 결론이 나지 않은 새로운 결과들이나 납득할 만한 새로운 이기주의적 설명을 기존의 결과에서 도출한다고 해도, 위의 관찰은 정확한 것 같다. 공감-이타주의 가설은—비록 임시적이라 하더라도—진실이라고 받아들여져야 할 것 같다.

이타주의적 동기의 근원이 될 수 있는 가능성들

공감적 감정 외에 이타주의적인 동기의 원인이 될 만한 것은 없는가? 이타주의적 성격(altruistic personality; Oliner & Oliner, 1988), 원칙적인 도덕적 이성(principled moral reasoning; Kolberg, 1976), 내면화된 친사회적 가치(internalized prosocial values; Staub, 1974) 등을 포함한 몇 가지가 제기되었다. 이러한 잠재적인 원인이 이타행동의 동기를 증가시킨다는 증거가 있다. 하지만 이들이 이타주의적인 동기인지에 대해서는 명확하지 않다. 이타적인 동기의 원인일 수도 있지만 긍정적인 자기개념 혹은 죄책감을 피하려는 이기적인 목표를 달성하기 위한 수단일 수도 있다(Batson, 1991; Batson, Bolen, Cross, & Neuringer-Benefiel, 1986; Carlo, Eiberg et al., 1989). 이러한 가능성들을 좀 더 깊이 있게 연구해야 할 것이다.

두 가지 친사회적 동기의 가능성

지난 20년간 관심과 논쟁의 초점이 되었던 이기주의-이타주의 논쟁을 넘어 좀 더 폭넓게 생각했을 때, 자신의 이익을 위해서도 아니고 타인의 이익을 위해서도 아닌 친사회적 동기의 다른 형태는 없는 것일까? 고려해볼 만한 두 가지 가능성은 집합주의(collectivism)와 원칙주의(principlism)다.

집합주의

집합주의란 특정 집단 전체에게 이익을 주려고 하는 동기를 말한다. 집합주의의 궁극적인 목표는 자신의 안녕을 증진시키는 것이 아니고, 특정한 타인에게 이익을 주고자 하는 것도 아니다. 궁극적인 목표는 집단의 복지를 증진시키는 것이다. Robyn Dawes와 그의 동료들은 이를 아주 간단하게 "너도 아니고 나도 아닌 우리"라고 표현하였다(Dawes, van de Kragt, & Orbell, 1988). 이들은 집합주의적인 동기가 집단 정체성(group identity)의 산물이라고 한다(Tajfel, 1981; Turner, 1987).

이타주의에서와 마찬가지로 집합주의로 보이는 것은 어쩌면 미세한 형태의 이기주의일 수도 있다. 집단의 안녕에 관심을 기울이는 것은 단순히 고양된(enlightened) 자기이해(self-interest)의 표현일지도 모른다. 어찌 되었건, 만약 자신의 이익을 추구하는 데 장기적으로 집단의 요구와 공공선을 무시하는 것이 더 적은 자기이득으로 나타날 것을 안다면, 자기이익을 극대화하기 위해서 집단에게 이익을 가져다주겠다고 결정할 수도 있는 일이다. 정치인들과 사회운동가들 사이에선 사회적 요구를 격려하기 위해 이러한 고양된 자기이해가 흔하게 나타난다. 이들은 자신과 자식을 위해서 환경오염과 자연자원을 낭비하는 것의 장기적인 결과를 고려하라고 경고한다. 가난한 이들의 곤경이 지나치게 극대화될 경우 부유층은 혁명을 맞게 될지도 모른다고 말한다. 이러한 표현들은 집합주의가 단순히 이기주의의 한 형태라고 가정한다.

집합주의가 이기주의와 독립적이라는 직접적인 증거는 Dawes, van de Kragt 그리고 Orbell(1990)의 연구에 나온다. 이들은 사람들이 자기 자신에게 돈을 배분하는 경우와 집단에 배분해주는 경우 중 어떤 것을 선택하는지 보았다. 자신에게 이익을 분배하는 것은 개인의 이익은 극대화하지만 집단의 이득은 없다. 집단에게 분배할 경우, 집단의 이득은 극대화되지만 개인의 이득은 적어진다. Dawes 등은 사람들이 이러한 갈등에 직면했을 때 집단원들과 토의를 거친 경우가 사전 토의를 거치지 않았을 때보다 집단에게 이익을 좀 더 주었다고 설명했다. 더구나 이러한 효과는 토의가 발생한 내집단(in-group)에서만 일어났으며 외집단에 대한 분배는 증가시키지 않았다. 이 연구 결과에 근거하여 Dawes 등(1990)은 집합주의적 동기가 이기주의와는 별개라고 주장하였다. 이들은 자신들의 연구가 가장 설득력 있는 이기주의적인 설명 두 가지를 기각시켰다고 주장하였는데, 고양된 자기이해와 사회적으로 주입된 양심이 바로 그것이다. 그러나 이 연구의 절차에서 양심과 관련된 자기보상과 자기처벌의 가능성은 제외시켰는지에 대한 의문은 있다. 우리에겐 어쩌면 단순히 '나누어라'라는 것보다 '친구들과 나눠라'라는 규범이나 표준이 있는지도 모른다. 따라서 이 연구가 비록 중요하고 암시적인 면이 있지만, 집합주의적 동기가 이기주의로 환원될 수 없다는 결론을 정당화하려면 좀 더 나은 증거들이 필요하다.

원칙주의

대부분의 윤리철학자들은 이기주의 이외의 친사회적인 동기가 중요한 것인가에 대해 회의적이었다. 칸트(1724-1804) 이후 대부분의 철학자들은 집합주의는 물론 이타주의에 관한 논의를 피했다. 철학자들은 이타주의에 관한 관심을 거부하는데, 특히 공감-주입 이타주의(empathy-induced altruism)에 대해서 그렇다. 왜냐하면 공감, 연민이나 자비의 느낌은 변덕스럽고 주변적인 것이라고 판단하기 때문이다. 공감은 도움을 필요로 하는 모든 사람에게 느끼는 것이 아니며 적어도 정도에 있어서 차이가 있다. 집합주의에 관한 관심은 집단의 관심은 집단이라는 한계에 묶여 있기 때문에 역시 거부의 대상이 되었다. 집합주의는 집단 밖의 사람들에게는 해를 입히는 행위마저 독려하는 경우가 발생할 수도 있다. 이타주의와 집합주의의 이러한 문제점들 때문에, 윤리철학자들은 친사회적인 동기가 정의(justice)와 같은 보편적이고 전체적인 도덕 원칙을 지키기 위한 목적을 가진 것이라는 주장을 옹호하려 한다(Rawls, 1971). 이러한 도덕적 동기를 원칙주의라고 부른다(Batson, 1994).

도덕적 원칙을 지키는 것을 궁극적인 목적으로 행동하는 것이 과연 가능한가? 칸트(1785-1898, pp. 23-24)가 현상(what is)에 대한 분석에서 당위(what ought to be)에 대한 분석으로 잠시 전환하였을 때, 그는 원칙에 대한 의무를 지키기 위해 나타난 행동처럼 보이는 것도 실은 자기애(self-love)로부터 비롯된 것일 수 있다고 하였다. 도덕적인 원칙을 지키려는 목표는 자기이익이라는 궁극적인 목표를 달성하기 위한 도구일 뿐이라는 것이다. 만약 이것이 사실이라면 원칙에 근거한 동기는 실제로 이기적인 것이 된다.

도덕 원칙을 지키는 것으로부터 얻어지는 자기이익은 명확하다. 당사자는 사회적으로나 자기자신으로부터 선한 사람이라는 내외적 보상을 받게 된다. 또한 옳은 일을 하지 못한 것에 대한 수치심과 죄책감이라는 사회적, 개인적 처벌을 면할 수 있다. Freud(1930)가 주장했듯이, 도덕적으로 행동하는 것이 자신의 유익을 위한 것이라고 여기게 해서 그들의 반사회적 충동을 억제하는 방법으로 사회가 유아에게 원칙을 주입할 수도 있다. 또 다른 설명은 내면화(internalization) 혹은 도덕적 이성의 발달로서, 원칙이라는 것을 단지 자기이익이라는 결과를 내기 위한 도구가 아니라 자신의 권리로서 가치있게 자리잡을 수도 있다는 것이다.

이 논의는 이타주의와 집합주의가 똑같이 직면하고 있는 것이다. 결국, 우리는 친사회적 동기의 본질을 알아야 한다. 정의(혹은, 다른 윤리적 원칙)를 지키고자 하는 욕구가 자기이익이라는 궁극적인 목표에 이르기 위한 도구적인 목표에 불과한 것인가? 만약 그렇다면 이러한 욕망은 매우 미묘하고 매우 복잡한 형태의 이기주의인 것이다. 혹은 원칙을 지키고자 하는 궁극적인 목표가 자기이익이라는 의도하지 않은 결과를 수반하는 것인가? 만약 그렇다면 원칙주의는 이기주의, 이타주의, 집합주의와는 별개인 네 번째 유형의 친사회적 동기가 된다.

최근의 연구 결과에 의하면, 사람들은 도덕적으로 보이기 위해 행동하기도 하고, 가능하다면 실제로 도덕적인 행동을 하는 것은 피하고자 하는 것으로 나타났다. 이러한 허위 도덕을 도덕적 위선(moral hypocrisy)이라고 부른다(Batson, Kobrynowicz, Dinnerstein, Kampf, & Whitney, Strongman, 1999). 또한 이러한 연구의 결과들은 만약 도덕적인 동기가 존재한다면 그것은 아주 쉽게 자기이해에 의해 압도당한다고 하였다. 우리 모두는 대부분 도덕적인 합리화에 매우 능숙하다. 우리는 어떠한 상황이 우리와 우리의 지인들에게 이익을 주는 것이 도덕적인 원칙에 위배되지 않는지에 대해서 아주 잘 정당화한다. 예를 들어, 왜 우리의 핵폐기물을 다른 이웃의 뒷마당에 버리는 것이 정당한지, 우리 측의 테러에 의한 공격은 유감스럽지만 필요악이고, 상대측의 테러에 의한 공격은 극악무도한 행위인지, 비록 무고한 사람들을 죽이는 한이 있어도 명령에는 복종해야 하는지에 관한 윤리적 원칙의 추상성, 복합성이 이러한 합리화를 아주 쉽게 만든다.

하지만 위의 논의는 전체 이야기의 아주 일부에 불과할 수 있다. 어쩌면 윤리적 원칙을 지키는 것이 이기주의와는 독립적인 형태의 궁극적인 목표로 작용할 수 있을지 누가 아는가? 만약 그렇다면 이러한 원칙이 다른 이의 요구에 응하는 행동의 근거를 제공할지도 모른다. 자기이해에 의지하지 않고 타인이나 다른 집단의 안녕을 위하는 마음에서 비롯된 관심 말이다. '만약'이라는 단서를 붙이긴 했지만, 밝혀내기 위해서 연구해볼 만한 가치가 있는 것 같다.

친사회적 동기의 보편적 모델을 위한 제안

Staub(1989)와 Schwartz(1992)는 수년 동안 친사회적 행동을 결정하는 변인의 중요성을 매우 강조하였다. Batson(1994)은 친사회적 가치와 동기를 연결하는 보편적 모델을 제시하였다. 이기주의에는 개인적인 안녕을 증진하려는 가치관이 깔려 있다. 이타주의는 한 개인 이상의 안녕이 증진되는 것을 추구한다는 가치관을 가지고 있다. 집합주의는 집단의 안녕을 증진한다는 가치관이다. 원칙주의는 도덕적 원칙을 지킨다는 가치관을 가지고 있다. 네 건의 실험이 공감적 감정—이타적 동기의 근원—과 다른 사람의 안녕을 가치 있게 여기는 것 사이의 연결 고리에 대한 증거를 제공한다. 타인 가치 동기(the other value-motive)와의 관계는 검증을 기다리고 있다.

친사회적 가치는 보통 상호 지지적이고 협력적일 것이라고 가정된다. 타인의 안녕에 대한 관심과 사회의 안녕에 대한 관심은 모두 도덕적인 것이라고 가정된다(Hoffman, 1989; Staub, 1989). 그러나 만약 서로 다른 가치들이 저마다 궁극적 목표를 유도하고 따라서 상이한 동기를 불러일으킨다면, 협력하는 대신 서로 갈등을 일으킬 수 있다. 예를 들어, 특정 타인의 안녕에 대한 관심(이타주의)은 자기이해와 갈등을 일으킬 뿐만 아니라 집단 전체의 안녕에 대한 관심(집합주의)과 갈등을 일으킬 수도 있고, 도덕적 원칙을 지키는 것(원칙주의)과 갈등을 일으킬 수도 있다. 이와 같은 갈등의 증거들이 발견되었다(Batson, Ahmad et al., 1999; Batson, Batson et al., 1995; Batson, Klein, Highberger, & Shaw, 1995).

복합적인 친사회적 가치(자기, 타인, 집단, 원칙)에 근거한 복합적인 친사회적 동기(이기주의, 이타주의, 집합주의, 원칙주의)의 가능성을 받아들이기 위해서는 자기-타인 관계의 인지적 표상(cognitive representation)에 대한 보다 나은 이해가 있어야 한다. 다른 이의 안녕에 대한 관심은 (a) 우리성(we-ness)에 입각한 인지적 단일체 형성(cognitive unit formation)에 기초한 것일 수도 있고, 다른 이의 상황에 대한 동일시일 수도 있다(Hornstein, 1982; Lerner, 1982). (b) 다른 이를 흡수하고자 하는 자기의 팽창(the self expanding)으로부터 비롯된 것일 수 있다(Aron & Aron, 1986). (c) 자기와는 구분되는 타인에 대한 공감적 느낌일 수도 있고(Batson & Shaw 1991; Jarymowicz, 1992), (d) 자기를 집단의 수준에서 재정의하여 우리라는 자기의 한 부분으로 자기와 타인이 상호 호환되는 경우(Dawes et al., 1988; Turner, 1987) 혹은 (e) 자신의 외부 대상—그것이 타인이건, 집단이건, 원칙이건—에 대한 헌신으로 자기가 융해(dissolving)되는 것이다(James, 1910/1982).

이러한 제안들은 모두 납득할 만하고 어떤 것은 상당히 심오하다. 그러나 이 모두가 사실이라고는 할 수 없다. 적어도 모두가 동시에 진리라곤 보기 힘들다. 적어도 현재까지의 연구에 기초하면, 공감적 감정은 자기-타인 융합 현상의 부산물은 아니다(Batson, Sager et al., 1997; Cialdini, Brown, Lewis, Luce, & Neuberg, 1997). 그러나 다른 사람들, 집단들 그리고 원칙들을 돌보는 것이 자기개념에 미치는 영향은 아직 충분히 이해되지 못했다.

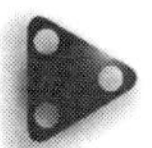

공감-이타주의 관계의 이론적인 의의

공감-이타주의 관계로 돌아가서 이러한 관계가 광범위한 이론적 의의를 가지고 있다는 점은 명백하다. 보편적 이기주의—모든 인간의 행동은 궁극적으로 자기이익을 위한 것이라는 가정—는 심리학뿐만 아니라 다른 사회과학 및 행동과학을 오랫동안 지배했다(Campbell, 1975, Mansbridge, 1990; Wallach & Wallach, 1983). 만약 부분적으로라도 공감을 느끼는 사람이 타인의 안녕을 증진시키기 위한 목적으로 행동한다면, 보편적 이기주의에 대한 가정은 이기주의는 물론 이타주의까지 포함하는 복잡한 동기의 관점으로 대치되어야 할 것이다. 동기에 관한 관점의 전환은 결과적으로 인간의 본성과 잠재력에 대한 가정을 재고하게 될 것이다. 이러한 관점의 전환은 인간이 우리가 생각했던 것보다 훨씬 사회적이라는 것으로 합의된다. 타인은 우리의 안녕을 위해 존재하는 정보원, 자극원 혹은 보상만이 아닐 수 있다는 것이다. 우리는 타인의 안녕에 대해서도 관심을 가질 줄 아는 잠재력을 가지고 있다는 말이 된다.

공감-이타주의 관계는 우리가 왜 공감적 느낌을 가지고 있는가라는 질문에 직면하게 한다. 어떤 진화적인 기능을 보여주는가? 관찰해보면 가장 납득이 될 만한 답은 고등 포유류들이 새끼가 처음 태어나 안전하지 못한 상태에 있을 때 돌봐주던 양육과 공감의 느낌을 관련시키는 것이다(de Waal, 1996; Hoffman, 1981; McDougall, 1908; Zahn-Waxler & Radke-Yarrow, 1990). 만약 어미들이 새끼들의 안녕에 강렬한 관심이 없었다면 그 종은 일찍이 멸종하였을 것이다. 자기 새끼에 대한 공감적 느낌은—그리고 그에 따른 이타적인 동기는—재생산에 대한 잠재력을 새끼의 증식이 아닌 생존의 확률을 높이는 방법으로 촉진시키는 것이다.

물론 공감적 느낌은 자식이 아닌 경우에도 발생한다. 사람들은 기존에 혐오감이 있었던 경우가 아니라면 다양한 대상을 상대로(인간이 아닌 대상도 포함해서) 공감을 느낄 수 있다(Batson, 1991; Krebs, 1975; Shelton & Rogers, 1981). 진화론적 관점에서 이러한 확장은 인지적 일반화를 가져온다. 이러한 인지적 일반화는 상징적 사고를 포함한 인간의 인지적 능력에 의해 촉진되었을 수도 있고, 초기 인류가 작은 수렵채집 민족들(hunter-gatherer bands)을 예리하게 구분하는 공감적 느낌이 결핍되어서 나타난 결과일 수도 있다. 이러한 울타리(band) 내에서는 주로 도움을 필요로 하는 사람이 자신의 자식 아니면 가까운 친인척이었으며, 심지어 가깝지도 않은 친인척과 자신의 안녕에도 매우 깊은 관련이 있었던 것이다(Hoffman, 1981).

William McDougall(1908)은 오래전에 이러한 연관성을 '양육적 본능(parental instinct)' 이라고 표현하였다. William McDougall의 이론화된 본능들이 그렇듯이 양육적 본능 역시 인지적, 정서적 그리고 동기적 요소들로 이루어져 있다. 입양한 새끼들을 포함하여 새끼들이 느끼는 고통에 대한 인지적 단서는 McDougall이 '다정다감한 감정(tender emotion)' 이라고 부른 감정(우리가 공감이라고 부르는 것)을 불러일으키고 이것이 이타주의적인 동기를 낳게 된다고 하였다. 비록 대부분의 심리학자들이 McDougall의 본능에 대한 논의로 돌아가고자 하진 않겠지만, (a) 새끼의 고통에 대한 지각의 인지적 일반화에 기초한 평가, (b) 공감적(연민의, 측은지심, 다정다감한) 감정 반응 그리고 (c) 목표 지향적인 이타주의적 동기는 과거로부터의 골동품이면서도 미래를 위한 청사진 정도는 되는 것 같다.

공감-이타주의의 실용적 의의

공감-이타주의의 관계는 실제적으로도 광범위한 의의를 가지고 있다. 이타주의적인 동기를 불러일으킬 공감적 느낌의 힘이 주어진다면, 사람들은 이러한 느낌을 때론 회피하거나 억제하려고 할 것이다. 조력 전문가로 일하는 사람들이 탈진(burn out) 상태를 경험할 때 내담자들에 대해 공감하는 느낌이 고갈되는 것의 아주 핵심적인 요인이 바로 이러한 작용일 것이다. 이타행동에 관여되는 극도의 노력을 깨닫게 되거나 효과적인 도움이 불가능하다는 것을 알 때, 조력 전문가들은—시한부 환자를 돌보는 간호사나 심지어는 노숙자를 보는 보행자마저도—이타주의적 동기를 유발하는 공감적 느낌을 회피하고자 한다(Shaw, Batson, & Todd, 1994; Stotland, Mathews, Sherman, Hansson, & Richardson, 1978).

긍정적인 측면을 보면 공감-이타주의 관계는 공감에 기초한 친사회적 행동의 사회화를 제시한다. 이러한 사회화는 조형, 모델링이나 내사된 죄책감 등 이기주의적인 충동을 억제하는 현재의 사회화와는 매우 다른 것이다. 더 나아가 관점 수용과 공감적 느낌을 촉발하여 이타적인 욕구를 촉진하는 치료적 프로그램을 개발하는 것은 사람들로 하여금 특히 장기적인 경우보다 만족스러운 대인관계를 발달시킬 수 있게 도와줄 것이다. 또한 개인적으로는 건강에 도움이 될 것이다(Luks, 1988; Williams, 1989).

사회적인 수준에서는 낙인 찍힌 외집단에 대한 태도의 개선에 공감-주입 이타주의가 사용될 수 있다는 실험 결과들은 보여준다. 공감 주입은 인종주의, AIDS 환자, 노숙자, 심지어는 살인자에 대한 태도까지 향상시킬 수 있는 것으로 나타났다(Batson, Polycarpou et al., 1997;

Dovidio, Gaertner, & Johnson, 1999). 공감-주입 이타주의는 경쟁적인 상황에서—설사 상대방이 경쟁적으로 행동하는 사람인 경우에도—협력을 증진시킨다고 한다(죄수의 갈등: a Prisoner's Dilemma; Batson & Ahmad, 2001; Batson & Moran, 1999).

결 론

사람들은 왜 자신에게 희생이 따르는데도 다른 이를 도와주는가? 이러한 행동은 돌보는 인간의 능력에 대해서 무엇을 말해주는가? 우리 사이의 상호관련성 정도에 대해선 무엇을 시사하는가? 우리는 어느 정도 사회적인 동물인가? 지난 수십 년간 이 고전적인 철학의 질문들이 행동 및 사회과학의 전면에 재등장하였다. 심리학 연구들은 공감적 감정이 이타주의적 동기—다른 이의 안녕을 증진시키는 것을 궁극적인 목적으로 하는 동기—를 유발한다는 주장에 초점을 맞췄다. 이 연구를 이해하기 위해서는 공감적 감정—지각된 타인의 안녕과 일치하는 감정적 상태—을 공감과 유사한 몇 가지 개념으로부터 구분하는 것이 중요하다. 우리는 다른 일곱 가지의 개념을 정리하였다. 다른 이의 내적인 상태를 아는 것, 다른 사람이 느끼는 것처럼 느끼기, 다른 이의 상황에 자신을 투사시켜 보는 것, 다른 사람이 어떻게 느낄지 상상해보는 것, 다른 이의 입장이라면 어떤 느낌이나 생각이 들지 상상해보는 것, 다른 이의 고통을 보고 속상해하는 것.

공감-이타주의 가설은 공감적 감정이 이타주의적 동기를 촉발한다고 하였다. 다양한 이기주의적 설명을 반박하고 이 가설을 검증하기 위해 설계된 25개의 실험들이 이 가설을 지지하였고, 다른 이에게 잠정적으로 공감을 느끼는 것이 타인을 돕기 위한 이타주의적 동기를 유발한다는 결론이 도출되었다. 공감 이외의 이타주의적 동기가 되는 몇 가지 가정이 제기되었지만 아직까지는 뒷받침할 만한 연구 근거가 있는 것은 아니다.

이기주의-이타주의 논의를 넘어서 친사회적 동기로 고려할 만한 가치가 있는 두 가지가 있다. 집합주의—집단 혹은 공동체 전체의 이익을 궁극적인 목표로 하는 동기—는 집단 정체성의 결과라고 한다. 원칙주의—도덕적 원칙을 지키는 것이 궁극적인 목표인 동기—는 윤리철학자와 종교인들로부터 옹호되었다. 이 두 가지가 서로 다른 것인지 그리고 이기주의와 독립적이고 환원이 가능하지 않은지에 대해서는 아직 명확하지 않다. 공감-주입된 이타주의의 독립적인 위치를 위한 연구들이 집합주의와 원칙주의의 독립적인 위치를 평가하는 데 중요한 모델이 될 수 있을 것이다.

몇 년 전에 비해 우리가 왜 다른 이들을 돕고 사는지에 대해서 더 많이 알게 되었고, 그 결과 인간의 동기와 본성에 대해서 더 많이 알게 되었다. 이는 매우 중요한 결실이다. 그러나 좀 더 서로 보살피는 인간적인 사회를 만들기 위한 감정과 동기의 자원에 대한 의문은 아직 많이 남아 있다. 우리는 이러한 질문들에 답을 제공하는 것이 긍정심리학의 중요한 논의 사항이 될 것으로 믿는다.

Allport, F. H. (1924). *Social psychology*. Boston: Houghton Mifflin.

Aron, A., & Aron, E. N. (1986). *Love and the expansion of self: Understanding attraction and satisfaction*. Washington, DC: Hemisphere.

Batson, C. D. (1987). Prosocial motivation: Is it ever truly altruistic? In L. Berkowitz (Ed.), *Advances in experimental social psychology* (Vol. 20, pp. 65-122). New York: Academic Press.

*Batson, C. D. (1991). *The altruism question: Toward a social psychological answer*. Hillsdale, NJ: Erlbaum.

Batson, C. D. (1994). Why act for the public good? Four answers. *Personality and Social Psychology Bulletin, 20,* 603-610.

Batson, C. D., & Ahmad, N. (2001). Empathy-induced altruism in a Prisoner's Dilemma II: What if the target of empathy has defected? *European Journal of Social Psychology, 31,* 25-36.

Batson, C. D., Ahmad, N., Yin, J., Bedell, S. J., Johnson, J. W., Templin, C. M., & Whiteside, A. (1999). Two threats to the common good: Self interested egoism and empathy induced altruism. *Personality and Social Psychology Bulletin, 25,* 3-16.

Batson, C. D., Batson, J. G., Griffitt, C. A., Barrientos, S., Brandt, J. R., Sprengelmeyer, P., & Bayly, M. J. (1989). Negative-state relief and the empathy-altruism hypothesis. *Journal of Personality and Social Psychology, 56,* 922-933.

Batson, C. D., Batson, J. G., Slingsby, J. K., Harrell, K. L., Peekna, H. M., & Todd, R. M. (1991). Empathic joy and the empathy-altruism hypothesis. *Journal of Personality and Social Psychology, 61,* 413-426.

Batson, C. D., Batson, J. G., Todd, R. M., Brummett, B. H., Shaw, L. L.,

& Aldeguer, C. M. R. (1995). Empathy and the collective good: Caring for one of the others in a social dilemma. *Journal of Personality and Social Psychology, 68,* 619-631.

Batson, C. D., Bolen, M. H., Cross, J. A., & Neuringer-Benefiel, H. E. (1986). Where is the altruism in the altruistic personality? *Journal of Personality and Social Psychology, 50,* 212-220.

Batson, C. D., Dyck, J. L., Brandt, J. R., Batson, J. G., Powell, A. L., McMaster, M. R., & Griffitt, C. (1988). Five studies testing two new egoistic alternatives to the empathy altruism hypothesis. *Journal of Personality and Social Psychology Bulletin, 55,* 52-77.

Batson, C. D., Early, S., & Salvarani, G. (1997). Perspective taking: Imagining how another feels versus imagining how you would feel. *Personality and Social Psychology Bulletin, 23,* 751-758.

Batson, C. D., Fultz, J. N., & Schoenrade, P. A. (1987). Distress and empathy: Two qualitatively distinct vicarious emotions with different motivational consequences. *Journal of Personality, 55,* 19-40.

Batson, C. D., Klein, T. R., Highberger, L., & Shaw, L. L. (1995). Immorality from empathy induced altruism: When compassion and justice conflict. *Journal of personality and Social Psychology, 68,* 1042-1054.

Batson, C. D., Kobrynowicz, D., Dinnerstein, J. L., Kampf, H. C., & Wilson, A. D. (1997). In a very different voice: Unmasking moral hypocrisy. *Journal of Personality and Social Psychology, 72,* 1335-1348.

Batson, C. D., & Moran, T. (1999). Empathy induced altruism in a Prisoner's Dilemma. *European Journal of Social Psychology, 29,* 909-924.

Batson, C. D., Polycarpou, M. P., Harmon-Jones, E., Imhoff, H. J., Mitchener, E. C., Bednar, L. L., Klein, T. R., & Highberger, L. (1997). Empathy and attitudes: Can feeling for a member of a stigmatized group improve feelings toward the group? *Journal of Personality and Social Psychology, 72,* 105-118.

Batson, C. D., Sager, K., Garst, E., Kang, M., Rubchinsky, K., & Dawson, K. (1997). Is empathy induced helping due to self-other merging? *Journal of Personality and Social Psychology, 73,* 495-509.

Batson, C. D., & Shaw, L. L. (1991). Evidence for altruism: Toward a pluralism of prosocial motives. *Psychological Inquiry, 2,* 107-122.

Batson, C. D., Thompson, E. R., Seuferling, G., Whitney, H., & Strongman, J. (1999). Moral hypocrisy: Appearing moral to oneself without being so. *Journal of Personality and Social Psychology, 77,* 525-537.

Batson, C. D., Turk, C. L., Shaw, L. L., & Klein, T. R. (1995). Information function of empathic emotion: Learning that we value the other's welfare. *Journal of Personality and Social Psychology, 68,* 300-313.

Batson, C. D., & Weeks, J. L. (1996). Mood effects of unsuccessful helping: Another test of the empathy-altruism hypothesis. *Personality and Social Psychology Bulletin, 22,* 148-157.

Bavelas, J. B., Black, A., Lemeray, C. R., & Mullett, J. (1987). Motor mimicry as primative empathy. In N. Eisenberg & J. Strayer (Eds.), *Empathy and its development* (pp. 317-338). New York: Cambridge University Press.

Becker, H. (1931). Some forms of sympathy: A phenomenological analysis. *Journal of Abnormal and Social Psychology, 26,* 58-68.

Berger, S. (1962). Conditioning through vicarious instigation. *Psychological Review, 69,* 450-466.

Brothers, L. (1989). A biological perspective on empathy. *American Journal of psychiatry, 146,* 10-19.

Campbell, D. T. (1975). On the conflicts between biological and social evolution and between psychology and moral tradition. *American Psychologist, 30,* 1103-1126.

Carlo, G., Eisenberg, N., Troyer, D., Switzer, G., & Speer, A. L. (1991).

The altruistic personality: In what contexts is it apparent? *Journal of Personality and Social Psychology, 61,* 450-458.

Cialdini, R. B., Brown, S. L., Lewis, B. P., Luce, C., & Neuberg, S. L. (1997). Reinterpreting the empathy-altruism relationship: When one into one equals oneness. *Journal of Personality and Social Psychology, 73,* 481-494.

Cialdini, R. B., Schaller, M., Houlihan, D., Arps, K., Fultz, J., & Beaman, A. L. (1987). Empathy based helping: Is it selflessly or selfishly motivated? *Journal of Personality and Social Psychology, 52,* 749-758.

Coke, J. S., Batson, C. D., & McDavis, K. (1978). Empathic mediation of helping: A two-stage model. *Journal of Personality and Social Psychology, 36,* 752-766.

Cooley, C. H. (1902). *Human nature and the social order.* New York: Scribner's.

Darwin, C. (1871). *The descent of man and selection in relation to sex.* New York: Appleton.

Davis, M. H. (1994). *Empathy: A social psychological approach.* Madison, WI: Brown and Benchmark.

Davis, M. R. (1985). Perceptual and affective reverberation components. In A. P. Goldstein & G. Y. Michaels (Eds.), *Empathy: Development, training, and consequences* (pp. 62-108). Hillsdale, NJ: Erlbaum.

Dawes, R., van de Kragt, A. J. C., & Orbell, J. M. (1988). Not me or thee but we: The importance of group identity in eliciting cooperation in dilemma situations: Experimental manipulations. *Acta Psychologica, 68,* 83-97.

Dawes, R., van de Kragt, A. J. C., & Orbell, J. M. (1990). Cooperation for the benefit of us-not me, or my conscience. In J. J. Mansbridge (Ed.), *Beyond self-interest* (pp. 97-110). Chicago: University of Chicago Press.

*de Waal, F. B. M. (1996). *Good natured: The origins of right and wrong* *in humans and other animals*. Cambridge, MA: Harvard University Press.

Dimberg, U., Thunberg, M., & Elmehed, K. (2000). Unconscious facial reactions to emotional facial expressions. *Psychological Science, 11,* 86-89.

Dovidio, J. F., Allen, J. L., & Schroeder, D. A. (1990). The specificity of empathy-induced helping: Evidence for altruistic motivation. *Journal of Personality and Social Psychology, 59,* 249-260.

Dovidio, J. F., Gaertner, S. L., & Johnson, J. D. (1999, October). New directions in prejudice and prejudice reduction: The role of cognitive representations and affect. Paper presented at the annual meeting of the Society of Experimental Social Psychology. St. Louis, MO.

Dymond, R. F. (1950). Personality and empathy. *Journal of Consulting Psychology, 14,* 343-350.

Eisenberg, N., & Miller, P. (1987). Empathy and prosocial behavior. *Psychological Bulletin, 101,* 91-119.

Eisenberg, N., & Miller, P. A., Schaller, M., Fabes, R. A., Fultz, J., Shell, R., & Shea, C. L. (1989). The role of sympathy and altruistic personality traits in helping: A re-examination. *Journal of Personality, 57,* 41-67.

Eisenberg, N., & Strayer, J. (Eds.) (1987). *Empathy and its development.* New York: Cambridge University Press.

Englis, B. G., Vaughan, K. B., & Lanzetta, J. T. (1982). Conditioning of counter-empathetic emotional responses. *Journal of Experimental Social Psychology, 18,* 375-391.

Freud, S. (1922). *Group psychology and the analysis of the ego.* London: International Psycho-Analytic Press.

Freud, S. (1930). *Civilization and its discontents* (J. Riviere, Trans.). London: Hogarth.

Gilligan, C. (1982). *In a different voice: Psychological theory and women's development.* Cambridge, MA: Harvard University Press.

Hatfield, E., Cacioppo, J. T., & Rapson, R. L. (1992). Primitive emotional contagion. In M. S. Clark (Ed.), *Emotion and social behavior* (pp. 151-177). Newbury Park, CA: Sage.

Heider, F. (1958). *The psychology of interpersonal relations.* New York: Wiley.

*Hoffman, M. L. (1981). Is altruism part of human nature? *Journal of Personality and Social Psychology, 40,* 121-137.

Hoffman, M. L. (1989). Empathic emotions and justice in society. *Social Justice Research, 3,* 283-311.

Hornstein, H. A. (1982). Promotive tension: Theory and research. In V. Derlega & J. Grzelak (Eds.), *Cooperation and helping behavior: Theories and research* (pp. 229-248.). New York: Academic Press.

Hume, D. (1896). *A treatise of human nature* (L. A. Selby-Bigge, Ed.). Oxford: Oxford University Press. (Original work published 1740)

Ickes, W. (1993). Empathic accuracy. *Journal of Personality, 61,* 587-610.

James, W. (1910/1982). The moral equivalent of war. In *The works of William James: Essays in religion and morality* (pp. 162-173). Cambridge, MA: Harvard University Press.

Jarymowicz, M. (1992). Self, we, and other(s): Schemata, distinctiveness, and altruism. In P. M. Oliner, S. P. Oliner, L. Baron, L. A. Blum, D. L. Krebs, & M. Z. Smolenska (Eds.), *Embracing the other: Philosophical, psychological, and historical perspectives on altruism* (pp. 194-212). New York: New York University Press.

Kant, I. (1898). *Kant's Critique of Practical Reason and other works on the theory of ethics* (4th ed., T. K. Abbott, Trans.). New York: Longmans, Green. (Original work published 1785)

Kohlberg, L. (1976). Moral stages and moralization: The cognitive-developmental approach. In T. Lickona (Ed.), *Moral development and behavior: Theory, research, and social issues* (pp. 31-53). New York: Holt, Rinehart and Winston.

Kohler, W. (1929). *Gestalt psychology*. New York: Liveright.

Krebs, D. L. (1975). Empathy and altruism. *Journal of Personality and Social Psychology, 32,* 1134-1146.

Lerner, M. J. (1982). The justice motive in human relations and the economic model of man: A radical analysis of facts and fictions. In V. J. Derlega & J. Grzelak (Eds.), *Cooperation and helping behavior: Theories and research* (pp. 249-278). New York: Academic Press.

Levenson, R. W., & Ruef, A. M. (1992). Empathy: A physiological substrate. *Journal of Personality and Social Psychology, 63,* 234-246.

Lipps, T. (1903) *Grundlegung der Aesthetek: I.* Leipzig, Germany: Voss.

Luks, A. (1988). Helper' s high. *2 Psychology Today, 22*(10), 39-42.

MacLean, P. D. (1973). *A triune concept of the brain and behavior.* Toronto: University of Toronto Press.

*Mansbridge, J. J. (Ed.) (1990). *Beyond self-interest.* Chicago: University of Chicago Press.

Maslach, C. (1982). *Burnout: The cost of caring.* Englewood Cliffs, NJ: Prentice-Hall.

McDougall, W. (1908). *An introduction to social psychology.* London: Methuen.

Mead, G. H. (1934). *Mind, self, and society.* Chicago: University of Chicago Press.

Murphy, G. (1947). *Personality: A biological approach to origins and structure.* New York: Harpaer.

*Oliner, S. P., & Oliner, P. M. (1988). *The altruistic personality: Rescuers of Jews in Nazi Europe.* New York: Free Press.

Piaget, J. (1965). *The moral judgement of the child.* New York: Free Press. (Original work published 1932)

Piliavin, J. A., & Charng, H.-W. (1990). Altruism: A review of recent theory and research. *American Sociological Review, 16,* 27-65.

*Piliavin, J. A., Dovidio, J. F., Gaertner, S. L., & Clark, R. D., III. (1981). *Emergency intervention*. New York: Academic Press.

Rawls, J. (1971). *A theory of justice*. Cambridge, MA: Harvard University Press.

Ribot, T. (1911). *The psychology of the emotions* (2nd ed.). New York: Scribner' s.

Rogers, C. R. (1975). Empathic: An unappreciated way of being. *The Counseling Psychologist, 5*, 2-10.

Schaller, M., & Cialdini, R. B. (1988). The economics of empathic helping: Support for a mood management motive. *Journal of Experimental Social Psychology, 24*, 163-181.

Schroeder, D. A., Dovidio, J. F., Sibicky, M. E., Matthews, L. L., & Allen, J. L. (1988). Empathy and helping behavior: Egoism or altruism? *Journal of Experimental Social Psychology, 24*, 333-353.

Schwartz, S. H. (1992). Universals in the content and structure of values: Theoretical advances and empirical tests in 20 countries. In M. P. Zanna (Ed.), *Advances in experimental social psychology* (Vol. 25, pp. 1-65). San Diego, CA: Academic Press.

Shaw, L. L., Batson, C. D., & Todd, R. M. (1994). Empathy avoidance: Forestalling feeling for another in order to escape the motivational consequences. *Journal of Personality and Social Psychology, 67*, 879-887.

Shelton, M. L., & Rogers, R. W. (1981). Fear-arousing and empathy-arousing appeals to help: The pathos of persuasion. *Journal of Applied Social Psychology, 11*, 366-378.

Smith, A. (1853). *The theory of moral sentiments*. London: Alex Murray. (Original work published 1759)

Smith, K. D., Keating, J. P., & Stotland, E. (1989). Altruism reconsidered: The effect of denying feedback on a victim' s status to empathic witnesses. *Journal of Personality and Social Psychology, 57*, 641-650.

Spencer, H. (1870). *The principles of psychology* (Vol. 1, 2nd ed.). London: Williams and Norgate.

Staub, E. (1974). Helping a person in distress: Social, personality, and stimulus determinants. In L. Berkowitz (Ed.), *Advances in experimental social psychology* (Vol. 7, pp. 293-341). New York: Academic Press.

Staub, E. (1989). Individual and societal (group) values in a motivational perspective and their role in benevolence and harmdoing. In N. Eisenberg, J. Reykowski, & E. Staub (Eds.), *Social and moral values: Individual and societal perspectives* (pp. 45-61). Hillsdale, NJ: Erlbaum.

Steins, G., & Wicklund, R. A. (1996). Perspective taking, conflict, and press: Drawing an E on your forehead. *Basic and Applied Social Psychology, 18*, 319-346.

*Stotland, E. (1969). Exploratory investigations of empathy. In L. Berkowitz (Ed.), *Advances in experimental social psychology* (Vol. 4, pp. 271-313). New York: Academic Press.

Stotland, E., Mathews, K. E., Sherman, S. E., Hansson, R. O., & Richardson, B. Z. (1978). *Empathy, fantasy, and helping*. Beverly Hills, CA: Sage.

Tajfel, H. (1981). *Human groups and social categories: Studies in social psychology*. Cambridge, England: Cambridge University Press.

Titchener, E. B. (1909). *Lectures on the experimental psychology of the thought processes*. New York: Macmillan.

Truax, C. B., & Carkuff, R. R. (1967). *Toward effective counseling and psychotherapy*. Chicago: Aldine.

Turner, J. C. (1987). *Rediscovering the social group: A self-categorization theory*. London: Basil Blackwell.

*Wallach, M. A., & Wallach, L. (1983). *Psychology's sanction for selfishness: The error of egoism in theory and therapy*. San Francisco: Freeman.

Williams, R. (1989). *The trusting heart: Great news about Type A behavior*. New York: Random House.

Wispe, L. (1968). Sympathy and empathy. In D. L. Sills (Ed.), *International encyclopedia of the social sciences* (Vol. 15, pp. 441-447). New York: Free Press.

Wispe, L. (1986). The distinction between sympathy and empathy: To call forth a concept a word is needed. *Journal of Personality and Social Psychology, 50,* 314-321.

Wispé, L. (1991). *The psychology of sympathy*. New York: Plenum.

Wundt, W. (1897). *Ethics: An investigation of the laws of the moral life* (Vol. 1). New York: Macmillan.

Zahn-Waxler, C., & Radke-Yarrow, M. (1990). The origins of empathic concern. *Motivation and Emotion, 14,* 107-130.

유 머

 유머라는 현상에 대한 초기 반응

유머 감각이 오늘날에는 중요한 자산으로 간주되고 있지만, 항상 그랬던 것은 아니었다. Plato(Philebus), Aristotle(Poetics), Hobbes (Leviathan) 및 Rousseau(Lettre à M. d'Alembert)가 쓴 초기 저서에서 유머는 적대감의 형태로 간주되었다. 이 철학자들에게 웃음의 조롱적인 특성은 주로 다른 사람들의 못생긴 외모 및 기형을 겨냥한 경우가 많았기 때문에 유머는 바람직하지 않고 잔인하다고 간주되었다. 웃음은 다른 사람을 피해자로 만드는 인간의 추하고 공격적인 성향을 반영하는 것이라고 여겨졌다. Aristotle은 "코미디는 실제보다 더 나쁜 인간의 모습을, 비극은 실제보다 더 나은 인간의 모습을 대변한다." "우스꽝스러운 것이란 추한 것의 하위개념에 불과하다(Piddington, 1963)."라고 말했다. 예를 들어, 잘 차려 입은 사람들이 단체로 정신병원을 방문하여 수갑이 채워진 채 철창 안에 있는 부스스한 모습의 불쌍한 환자들을 보며 웃음거리로 삼는 일을 19세기 말까지 흔히 볼 수 있었다. 〈엘리펀트 맨(Elephant Man)〉과 〈야생아(The Wild Child)〉(J. Itard의 유명한 사례 연구인 'The Wild Boy of Aveyron'을 바탕으로 함)는 사람들이 불구가 되거나 병에 걸린 다른 사람들을 멍청히 바라보고 비웃기 위해 그러한 장소를 방문했던 상황을 잘 보여주고 있다.

유머가 축복인지 저주인지에 대한 기나긴 논쟁은 Robert Davies 및 Umberto Eco의 글에서도 나타난다. 예를 들어, Davies의 고전인 *Deptford Trilogy*(1975)의 제3권 『불가사의(*World of Wonders*)』에는

* Herbert M. Lefcourt

유머와 농담이 신으로부터의 선물이라기보다는 악마의 영역이 아닌지를 놓고 주인공들이 길게 토론하는 장면이 나온다. 주인공들은 과거에 관한 농담은 그 중요도를 떨어뜨리고 '공포를 숨기는(veiling its horror)' 방식이라고 주장한다. 이렇게 '공포를 숨김'으로써 사람들은 또 다른 공포를 받아들일 준비를 하고, 이로 인해 결국 비참한 상황을 피하는 방법을 배우지 못하는 것이라고 저자는 말하고 있다. 유머는 사람들이 추가적 구속을 받지 않고 살아가기 위해 알아야 할 것을 배우지 못하도록 하므로 본질적으로 악이라고 했다. Davies가 쓴 글의 한 장에는 "악마만이 그러한 미묘한 대리자를 만들어내 인류가 이를 높이 평가하도록 할 수 있다."(p. 92)라고 쓰여 있다. 흥미롭게도 Davies의 소설에 등장하는 주인공들이 그토록 부정적으로 보고 있는 '공포를 숨기는 행위'는 심리학적 유머 이론가들이 감정적 반응을 잠재울 수 있는 감정 중심의 대처전략이라고 긍정적으로 표현하는 유머의 구성 요소다.

Umberto Eco의 『장미의 이름(*The Name of the Rose*』(1980) 역시 유머에 관한 논쟁을 담고 있는데, 이 책에서 유머는 Davies의 작품에서보다 더 중심적인 줄거리의 역할을 한다. 이 놀랄 만큼 매력적인 미스터리에서 주인공에 대적하는 주요 인물로 변모하는 두 명의 수도승 중 하나 또는 둘 모두 상대에게 살해 위협에 놓이기 전에 유머의 본질에 관한 열띤 논쟁에 돌입한다. 나쁜 수도승은 유머가 본질적으로 모독적인 것이며 믿음과 '우주의 질서'를 파괴할 잠재력을 지니고 있다고 주장하면서 유머에 대한 미움과 공포를 드러낸다. 그는 유머를 통해 신에 대한 경외심을 없애도록 내버려둔다면 인간은 필시 불경한 '세속적인 일들의 어두운 힘'을 섬기게 될 것이라고 주장하고 있다. 유머는 순종을 무기력하게 하는 반항의 도구로 여겨지고 있다. 두 번째 수도승은 이 회고록 비슷한 소설의 저자로 추정되는 인물의 스승으로, 현대의 유머 옹호론자들과 매우 유사하게 현세의 삶에 고통을 주려고 위협하는 지옥이 바로 청교도주의라고 주장하고 있다. 그는 질서를 유지하면서 동시에 두려움과 공포를 이용(이 경우에는 반항하는 사람들을 살해하는 행위)하는 것은 "악마의 영적 오만, 미소 없는 믿음, 결코 의심에 사로잡히지 않는 진실(p. 47)"을 반영한다고 주장한다.

철학자들이 유머의 가치에 대해 주장하는 반면 물리학자들은 유머 또는 적어도 웃음을 한동안 긍정적으로 평가했던 것처럼 보인다. "A Laugh a Day: Can Mirth Keep Disease at Bay?"라는 재미 있는 제목의 글에서 Jeffrey Goldstein(1982)은 13세기부터 19세기까지 발표된 물리학자 및 철학자들의 기고문을 인용하면서 유머가 건강상 가치를 지닌다는 혹은 그 반대라는 점을 주장하는 일련의 매우 값진 증거들을 제시하고 있다. 이들 중 하나를 19세기의 교수였던 Gottlieb Hufeland가 한 말로 인용하면 다음과 같다.

> 웃음은 우리가 잘 알고 있는 바와 마찬가지로 소화에 가장 큰 도움을 주는 요소 중 하나이고, 우리의 선조들 사이에서 유행한 관습이며, 농사꾼 및 어릿광대가 즐겨 사용했고, 진정한 의학적 원리를 바탕으로 하고 있다. 흥겹고 즐거운 벗은 식사 시 빼놓을 수 없는 존재다. 가능하면 흥겨운 자리를 갖고 동시에 충분한 영양 공급을 위해 유머를 더한다면, 몸을 가볍게 하고 피를 맑게 하는 데 도움이 된다(Goldstein, 1982, p. 22).

13세기에 Henri de Mondeville라는 외과의는 수술에서 회복하는 데 웃음이 도움이 될 수 있다고 제안하면서 "외과의는 환자에게 신체는 기쁠 때 살이 붙고 슬플 때 여윈다는 점을 상기시키면서 분노, 미움 및 슬픔 등의 감정을 금해야 한다."(Goldstein, 1982, p. 22)라고 말한 바 있다.

16세기에 Joubert(1579)는 웃음이 건강한 안색 및 활기를 불어넣는 데 도움이 되는 혈류를 다량 생성한다고 주장했다. 따라서 웃음은 환자의 회복에 기여하는 회복적 힘을 지녔다고 말할 수 있다.

16세기의 물리학자가 제시한 또 다른 증거로 Richard Mulcaster의 언급을 들고 있는데, 그는 웃음이 건강을 증진하는 신체 운동의 일종이라고 믿었다. "그는 웃음이 가슴에 공기를 불어넣고 따뜻한 기운을 밖으로 보내기 때문에 손과 가슴이 차갑고 우울증에 사로잡혀 있는 사람들에게 도움이 된다고 적고 있다."(Goldstein, 1982, p. 22)

20세기 초엽, Fordham 대학의 Wash라는 의대 교수는 『웃음과 건강(*Laughter and Health*)』이라는 책에서 다음과 같이 기술하고 있다.

> 개인의 건강을 지키는 최선의 공식은 건강 상태는 웃음의 양에 따라 변한다는 수학적 표현에 담겨 있다. 웃음이 마음에 미치는 긍정적인 효과는 신체의 다양한 기능에 영향을 미쳐서, 웃지 않을 경우보다 더 건강하게 만든다(p.143).

많은 철학자 및 이론가, 또 과거의 도덕 및 종교 관련 학자들은 유머 및 웃음이 다른 사람들의 실패와 불운에 악의적인 기쁨을 느끼는 데서 비롯되었다고 비난했지만, 물리학자들은 웃음과 유머가 지니는 건강상의 이점을 인식하고 있었다. 이러한 후자의 입장은 수십 년 동안 Norman Cousins의 글을 통해 입증된 바 있다. 『질병의 해부(*Anatomy of an illness*)』에서 Cousins(1979)는 생명을 위협하는 질병에 시달리면서 경험한, 유머가 지니고 있는 중요한 치료적 역할에 대해 설명했다. Cousins의 경우, 유머는 그가 앓던 병의 진행을 바꾸는 데 도움이 되었으며, 이 점에 대해서 그는 자신이 겪었던 다양한 질병의 치료 과정에 대해 저술한 두 권의 후속 저서에서 강조한 바 있다(Cousins, 1983, 1989).

유머의 긍정적인 효과를 묘사하고 있는 초기 심리학 기고문 중에는 William McDougall(1903, 1922)이 쓴 글이 있는데, 그는 웃음이 합리적인 행동을 저해할 수도 있는 사회적 힘이 미치는 영향력을 줄일 수 있다고 언급했다. 그는 웃음을 지나친 연민, 우울증, 슬픔 및 기타 파괴적인 힘을 지닌 감정으로부터 보호하는 도구로 설명했다. 이러한 위치는 유머가 고통(감정적 흥분)을 덜어주는 수단이라고 표현한 최근의 보고서와 유사하다. McDougall(1922)은 다음과 같이 기술하고 있다.

> 이러한 특이한 기질(웃음)을 가진 것은 동료에게 생긴 많은 가벼운 사고 및 단점이 이러한 기질을 비정상적으로 적게 가지고 있거나 전혀 없는 것처럼 보이는 불운한 사람들에게 작용하는 우울한 영향력으로부터 보호한다. 웃음은 우리의 마음을 우울한 대상에 몰두하는 것을 막아줄 뿐 아니라, 이로 인해 동정 어린 고통 또는 괴로움으로 우울해하는 대신 우리의 신체 및 정신 모두를 행복하게 하는 자극제로 전환시킨다. 그리고 이제 우리는 웃음이 인간에게 얼마나 중요한 역할을 하는지 알 수 있다. 웃음은 일차적 및 근본적으로 연민 어린 고통에 대한 해독제의 역할을 한다(p. 299).

이와 유사하게 Freud는 자신의 저서 『농담과 무의식의 관계(*Jokes and Their Relation to the Unconscious*)』(1905)에서 웃음을 웃음 이전의 상황이 야기하는 방어적 긴장감의 방출로 설명했다. 긴장감은 표출이 부적절한 상황에서 분노 및 성과 관련된 감정 또는 생각을 불러일으키는 무언가로 인해 발생한다고 알려져 있었다. 농담을 하는 사람이 이야기 도중 결정적 대사를 던져서 듣는 이의 감정적 반응이 드러나는 것과 같이 감정적 표출을 억제하는 자아 방어기제(ego defenses)가 불필요하다는 점이 드러날 때, 감정적 반응을 억제하는 데 쓰이는 에너지는 웃음을 통해 발산된다. Freud는 McDougall과 유사한 내용의 글을 통해 감정적 억제가 미치는 영향을 줄이는 데 있어서 유머가 지닌 이점에 대해 암시했다.

Freud는 또한 "유머(Humor)"라는 제목의 간략한 논문에서 '위트' 및 '희극'과 구분되는 '유머'에 대한 견해를 제시했다. 그는 유머가 실망과 실패에서 생기는 감정을 통해 시야를 넓히고 안식을 얻도록 하는 용서의 내면화를 나타낸다고 설명하고 있다. 유머는 실패를 처음보다 덜 중요하고 덜 심각하게 해석함으로써 실패를 '단순한 아동의 놀이'로 변화시킨다. 이러한 방식으로 유머는 실망과 타협하고 일시적인 불안 및 우울증에서 벗어나는 수단이 된다. 정서적 고통의 완화물로서의 유머를 대상으로 동시대에 실시된 연구 중 다수의 특징을 규정하고 있는 것이 바로 Freud가 설명하고 McDougall이 암시한 이러한 형태의 유머다.

긍정적인 자산으로서의 현재 유머 모델

Norman Dixon(1980)은 유머가 분노의 감정에 대한 대안으로 발전했을 수도 있다고 제안한 바 있다. 인간이 유목생활에서 벗어나 군집생활을 시작하면서 분노 감정에 대한 적응 능력은 떨어지게 되었다. Jared Diamond(1997)가 지적한 바와 같이, 사람들이 안정적인 사회 속에서 서로 인접하여 생활하게 되면 갈등에 대한 해결 수단으로서 분노 및 폭력은 용인될 수 없다. 유목생활을 할 경우 동물의 무리를 좇거나 온화한 기후 및 식용 식물을 끊임없이 찾아다니므로 폭력을 행사한 후에도 대가를 치르지 않고 빠져나갈 수 있었다. 유목민으로서 폭력의 가해자는 안정적인 식량 생산 사회의 경우에서처럼 살해당한 가족 구성원의 친구 및 친척들이 복수를 위해 찾아올 가능성이 있는 캠프나 인근 지역에 머물러 있지 않았다. Dixon이 주장한 바와 같이 분노 및 공격성의 표출은 인구가 안정적인 곳에서는 적응할 수 없었을 것이다. 여기서 유머는 상황이 달랐다면 폭력 및 살인으로 치달을 수 있었던 불쾌감 및 흥분에 대한 대안적 반응으로 진화했을 수 있다. 현대의 '교통체증으로 인한 분노(road rage)'의 전염병적 확산은 유목사회의 특징이라고도 볼 수 있는, 낯선 사람의 방해에 대한 분노로 유발된 공격적 대응의 사례다. 사람이 붐비는 도시의 환경은 유목사회의 경우와 유사한 폭력의 기회를 제공한다. 도시 지역은 낯선 사람의 길이고, 폭력 성향을 지닌 범법자들이 눈에 띄지 않게 범죄행위에서 빠져 나올 수 있는 곳이다. 교통체증으로 인한 분노는 도시 환경에서 생명의 위협을 느끼지 않고 안전하게 살기 위해서, 유머가 아니라면 적어도 법적 수단을 동원해서라도 진압해야 할 일종의 정서적 표출이다.

유머가 사람들 사이의 폭력 발생 가능성을 피하는 데 도움이 된다면, 사회집단 내에서 상호작용을 강화시킬 수도 있다. Bonanno와 Keltner (1987)가 발견한 바와 같이 사별한 사람이 세상을 떠난 배우자에 대해 미소 짓고 웃으면서 얘기할 수 있는 것은 심각한 표정으로 있는 것보다 인터뷰어들에게 더 매력적이고 호감을 주는 것으로 평가된다. 사람들이 어렵거나 심지어 두려웠던 경험에 대해 웃을 수 있는 경우보다 친숙해진다. 웃음, 미소 및 유머는 사랑하는 이의 죽음으로 비탄에 빠진 사람들이 사회적 상호작용을 다시 할 준비가 되었다는 것을 의미하므로 다른 사람들이 그 사람에게 다가가기가 더 용이해진다. 이러한 목적으로 Keltner와 Bonanno(1997)는 사별한 사람이 현재 진행 중인 사회적 경험에 더 많이 참여하고 있고, 세상을 떠난 사람들과의 추억 및 관계에서 벗어나고 있다는 증거를 보여주는 것이 웃음이라고 주장한다. 이러한 발달은 사람들이 기존에 참여하던 사회적 단체 활동에 다시 참여할 것이라는 가능성을 높이고, 이를 통해 지속적인 스트레스의 영향으로부터 보호할 수 있다.

사회적 상호작용을 촉진하는데 유머 및 웃음이 긍정적인 역할을 한다는 이와 같은 주장을 초기 철학자들이 그토록 비웃은 바로 그 현상과 같다고 할 수 있을까? 분명 유머의 형태는 다양하고, 일부 이론가들이 웃음은 다른 사람에 대한 승리를 의미하며 유머는 항상 조롱의 뜻을 담고 있다고 주장하지만(Gruner, 1997), 웃음은 경우에 따라 조롱의 의미가 될 수도 있고 지지의 뜻을 담고 있을 수도 있다.

Vailant(1977)는 하버드 대학교 학생들을 대상으로 실시한 "삶에 적응하기(Adaptation to Life)"라는 제목의 장기 연구에서 유머를 '성숙한 방어기제'라고 기술하고, 종종 편향적인 유머로 인식되고 있는 '자기 비하식' 유머와 위트를 구별했다. 유머는 스트레스 상황에서 자신을 비웃음으로써 그러한 스트레스성 사건이 미치는 정서적 영향을 줄일 수 있기 때문에 적응력이 있다고 표현했다. 반면 위트, 즉 적대적 유머는 다른 사람들을 통제하기 위한 공격적 수단으로 간주되므로 극도의 스트레스성 경험을 하고 있을 경우 이를 경감하지 못할 가능성이 높다. 불가피한 상황을 수용할 수도, 경쟁 및 공격성이 특징인 유머를 지나치게 심각하게 받아들이지 않을 수도 없다. 자기자신에 대한 실망감 및 실패를 비웃을 수 있는 자율적 유머(self-directed humor)를 통해서만이 안식을 찾을 수 있다. Vailant(1977)는 실패로 간주할 때의 심각성을 줄일 수 있는 유머를 가장 성숙한 자아 방어기제라고 설명했다.

Janes와 Olson(2000)은 최근 연구에서 자기비하 및 적대적 유머 사이에 차이가 존재한다는 의견을 지지하고 나섰다. 험담식 유머의 경우, 듣는 사람은 자신이 유머의 대상이 아닌데도 불구하고 이를 위협적으로 받아들이는 것으로 밝혀졌다. 적대적 농담을 들은 사람들은 자기비하적 유머를 들은 사람들보다 더 순응적이 되고 두려워하며 거절에 더 민감해졌다. 험담식 유머와 달리 자기비하적 유머에는 듣는 사람들을 풀 죽게 하는 효과는 분명 없다. 전자의 경우 '겁을 먹은' 관찰자들이 비웃는 유머에 담긴 비호감의 표현을 분명하게 알아차리지 못하더라도 유머의 구사로 인해 사회적 고립을 초래할 수 있다. 반면 자기비하식 유머는 듣는 사람들 사이에서 거부 반응의 두려움을 불러일으키지 않기 때문에 사교의 즐거움을 계속 누릴 수 있다.

현재 자율적(self-directed) 유머는 험담식 또는 적대적 유머와 달리 일종의 자산으로 간주되고 있다. 유머가 분노의 경험 및 표현에 대한 대안으로 발전했다는 Dixon(1980)의 주장이 옳다면, 분명 가장 적응력 있고 분노를 가라앉히는 효과가 있는 것으로 밝혀질 유머는 비적대적 형태의 유머로, 이는 Freud가 유머를 정서에 중점을 둔 대처전략이라고 설명한 간략하면서도 독창적인 논문을 통해 미래를 내다본 것처럼 '유머'라고 칭한 그런 종류의 유머다.

유머의 개인차

유머에 대한 평가는 사회적 기준의 차이로 인해 종종 문제가 되어왔다. 유머 감각이 부족하다고 쉽게 인정하는 사람은 거의 없다. Gordon Allport(1961)는 응답자 중 94%가 자신들의 유머 감각이 평균 이상이라고 답했다는 점을 발견했다. 그러나 초기 유머 측정에서 단순히 하나 또는 다른 종류(성적, 공격적, 난센스적 등)의 유머에 대한 선호도를 평가함으로써 자기 선전 문제를 피하려 했다. 전형적인 방식은 Tollefson과 Cattell의 성격의 IPAT 유머 테스트(IPAT Humor Test of Personality,

1963)로, 응답자들은 다양한 100가지 농담의 재미 정도를 평가했다. 그 결과 산출되는 점수는 다섯 가지의 각 유머 요소에 대한 평가를 반영하는 것으로, 내재된 특정한 성격 특성을 나타냈다. O' Connell(1960)과 Eysenck(1942, 1943)는 농담과 만화를 주제로 한 유사한 측정법을 개발했다. 그러나 이러한 초기 측정법을 검토하는 과정에서 Babad(1974)는 농담 또는 만화의 유형에 대한 선호도는 응답자의 유머 감각에 대한 동료들의 평가점수와 같은 중요한 기준과는 무관하다고 결론지었다. 그 결과 Rod Martin과 유머에 대한 연구를 시작할 때에는 유머를 인물의 성격 특성으로 조사할 수 있는 다른 접근 방식을 사용하기로 결정했다.

초기 연구에서 우리는 이미 언급한 바 있는 Freud의 견해, 즉 유머 감각이 뛰어난 사람들은 자신과 자신의 경험을 덜 심각하게 받아들인다는 의견을 채택했다. 조사를 진행하기 위해 우리는 상황에 따른 유머에 대한 반응 설문지(Situational Humor Response Questionnaire: SHRQ; Martin & Lefcourt, 1984)와 유머 대처 척도(Coping Humor Scale, CHS: Martin & Lefcourt, 1983) 등 유머를 측정하는 두 가지의 스칼라 척도를 만든 다음, 이 두 척도 모두에 대한 유머의 스트레스 경감 효과를 조사하는 연구를 하였다.

SHRQ는 응답자들이 재미있지만 짜증날 수도 있는 상황에서 웃음으로 반응하는 빈도 및 정도의 설명에 사용되었다. 반응은 "전혀 재미있지 않았다."에서부터 "박장대소했다."에 이르기까지 다양했다. 반추해 보면 이러한 척도는 불쾌하거나 분노하는 대신 유머를 즐길 자세가 얼마나 되어 있는가를 평가하는 것처럼 보인다. 이에 따라 SHRQ는 웃음을 통해 불편한 감정을 우회하거나 단축할 수 있는 정서에 초점을 둔 대처지수로 생각할 수 있다. 그러나 CHS는 응답자들이 어려운 상황을 반전시키기 위해 의도적으로 유머를 사용하도록 한다. 이 측정법은 부정적인 감정적 영향을 되돌리기보다는 스트레스가 많은 상황 자체의 본질을 적극적으로 바꾸는 것에 중점을 둔다는 점에서 SHRQ와 다르다. 따라서 SHRQ는 개인의 내면과 보다 관련되어 있고, CHS는 대인관계에 더 중점을 둔다. 이러한 두 가지 도구는 서로 중복되는 부분이 있지만, 보통 약 0.25(0.50을 넘는 경우는 드묾)의 상관관계에서 드러나듯이 분명히 다른 방식이다. 두 척도 모두 수용 가능한 내적 일관성이 입증되면서 널리 보급되어있다. Martin(1996)은 10년간의 연구를 바탕으로 SHRQ와 CHS의 신뢰성 및 타당성에 대해 기록했다. Martin(1998)은 보다 최근에는 유머 연구에서 사용되었던 대부분의 스칼라 척도를 통해 얻은 연구 결과를 검토했다.

일련의 타당성 연구에서 CHS와 SHRQ는 유머 감각 설문지(Sense of Humor Questionnaire, SHQ; Svebak, 1974)로부터 나온 하위척도와 함께 인터뷰 도중 웃기, 유머에 대한 동료들의 평가 점수, 긍정적인 기분 상태, 자긍심, 실패 경험 중 표출되는 웃음, 즉석에서 코미디 쇼를 생각해낼 때의 위트 있는 발언 및 재미, 스트레스를 유발하는 영화를 보는 도중에 생각나는 유머러스한 이야기는 물론 창조성 테스트 중 자발적으로 하는 농담 등을 포함한 다수의 기준에서 예측된 방향과 관련이 있는 것으로 밝혀졌다. 따라서 결과는 이를 뒷받침하는 것으로 드러났다. 그러나 한 가지 일관성 있는 연구 결과를 짚고 넘어갈 필요가 있다. SHRQ는 남성의 유머를 더 잘 예측하는 반면, CHS는 여성의 행동 예측에 더 효과를 보였다. 이러한 특정 성별에 따른 결과는 추후 연구를 통해서도 드러났으며, 이로 인해 남성 및 여성에 있어서 유머의 다른 의미 및 표출에 대한 논의가 이루어졌다(논의 내용을 보려면 Lefcourt, 2001; Lefcourt & Thomas, 1998 참조).

 현재 연구 결과

스트레스 조절자(moderator)로서 유머가 지닌 힘을 평가하는 첫 번째 연구 결과는 과거 Freud, McDougall 및 Cousins가 발전시켜온 '감정 중심의 대처' 역할에 대한 가설을 뒷받침하는 것으로 나타났다. 중요한 조절 효과는 유머 감각 측정을 위해 Svebak(1974) 및 우리가 개발한 척도는 물론 유머의 적극적 개발이 필수인 과제에서 찾아볼 수 있었다. 특히, 각각의 다양한 유머 척도에서 받은 점수가 높을수록 스트레스가 많은 일상 상황에서 기분 장애(mood disturbance)를 덜 느낀다는 점을 알 수 있었다. 다양한 유머 척도에서 높은 점수를 얻었다는 것은 삶을 살면서 겪는 각종 스트레스 요인의 빈도 및 강도와 무관하게 우울증 및 짜증 증세를 덜 보인다는 것을 의미한다.

일부 연구자들은 우리의 연구 결과를 그대로 되풀이하고 이를 한 단계 발전시키고자 했다. 초기에 실시한 두 번의 후속 연구에서 상반되는 결과가 나왔다. 첫 번째 연구 결과 우리가 실시한 연구와는 다른 결론이 도출되었는데, Porterfield(1987)는 CHS와 SHRQ 모두를 이용하여 삶의 스트레스 요인에 대한 정서적 반응을 예측했다. 기분 좋은 유머를 통해 우울증 증상을 직접적으로 경감할 수 있었지만, 우울증에 대한 예측에서 유머와 스트레스 간의 상호작용이 있다는 점은 드러나지 않았다. 따라서 유머는 과도한 스트레스 상황에서 나타나는 기분 조절과 관련은 있지만 기분을 직접 조절하는 역할은 하지 않는 것처럼 보였다. 이러한 차이는 Porterfield의 조사와 우리가 실시한 조사에 대한 설명 사이의 표본 차에서 기인할 수 있다. 비록 Porterfield는 대학생들의 표본(N=220)을 대량 확보하였지만 이들의 우울증 점수는 표준 점수를 훨씬 더 상회했다(이 척도에서 표준보다 한 표준 편차 더 높은 수치를 보임). 우울증 연구에서 흔히 발생하는 문제는 점수가 높은 사람들 가운데에서 좋은 결과를 도출하기가 어려운 경우가 종종 있다는 점이다. 이러한 점 때문에 Porterfield의 연구에서 유머의 완화적 영향에 대해 아무것도 밝혀내지 못한 것일 수도 있다.

이듬해 Nezu, Nezu와 Blissett(1988)은 설득력 있는 보강 결과를 도출한 연구를 보고했다. 이 조사에서는 생활 스트레스, 우울증 및 불안 사이의 관계에 대한 CHS와 SHRQ의 완화 효과를 평가했다. 두 가지 데이터 세트를 나란히 수집했다. 하나는 횡단면으로 스트레스 및 불쾌감을 동시에 측정했으며, 나머지 하나는 예측용 데이터로 극도의 스트레스성 경험 후 느끼는 불쾌감을 측정하였다. Nezu 등은 두 차례의 우울증 예측에서 스트레스와 유머가 서로 중대한 영향을 미침은 물론 상호작용을 하고 있다는 점을 발견했다. 이전의 우울증 및 불안 척도를 동일한 내용의 추후 측정 예측의 공변량으로 대입한 예측적 분석 결과, 처음에 실시한 우울증의 횡단면 예측보다 더 설득력 있는 증거가 도출되었다. 그러나 주로 CHS 또는 SHRQ의 유머 척도에서 낮은 점수를 얻은 대상 사이에서 우울증 점수는 스트레스가 증가함에 따라 높아졌다. 유머에서 높은 점수를 받은 사람들은 스트레스의 변화 수준에 따라 거의 변하지 않았고 낮은 점수를 얻은 사람들에 비해 우울증 정도가 덜 했다. 다른 한편으로, 불안이 종속변수일 때 얻은 결과는 유머와는 관련이 없는 것으로 나타났다.

이러한 초기 결과를 요약하면서 우리는 특정 상황에서 유머가 극도의 스트레스성 사건의 감정적 결과를 바꿀 수 있는 것으로 드러났다고 결론지었다. 그러나 유머가 대상이 겪은 스트레스의 수준과는 무관하게 불쾌감의 부적 공변량으로 나타나는 경우도 있었다. 후자의 결과를 통해 유머가 행복, 낙관주의 또는 명랑함과 같은 특성과 유사한 것으로 간주될 수 있음을 알 수 있다.

그 후 몇 년 동안 다수의 연구를 통해 이보다 더 다양한 결과가 도출되었다. 이 결과에 대해서는 다른 글(Lefcourt, 2001; Lefcourt & Thomas, 1998)에서 요약 및 논의하고 있다. 간략히 말하면, 가장 자주 나타난 결과는 유머가 불쾌감의 영향을 줄이는 것과 관련이 있다는 것이었다. 그러나 스트레스 조절자로서 유머가 어떤 역할을 하는지에 대해서는 분명히 밝혀지지 않았다. 그럼에도 불구하고, 유머가 스트레스의 영향을 줄이는 것으로 알려진 기타 심리적 특성과 함께 이로운 역할을 한다는 점을 증명하는 다수의 연구 결과를 고려해볼 때, 스트레스 조절자로서 유머가 하는 역할에 대한 최초의 가설을 그대로 고수해도 좋을 듯싶다.

질병회복 시 긍정적 자산으로서의 유머

Carver 등(1993)은 한 여성이 유방암 진행 초기 단계에서 수술에 대처하는 방식을 보고했다. 조사자들의 일차적 관심은 질병과 고통 사이의 관계에서 조절 변인으로서 낙관주의가 가지는 효과를 살펴보는 데 있지만, 이들은 또한 이 기간 동안 해당 여성의 유머 구사를 포함한 기타 대처 기제의 효과에 대해서도 조사했다. 수술 전, 수술 후 그리고 3개월, 6개월 및 12개월 후 등 다섯 시기에 대한 평가를 실시한 결과, 유방암 자체에 대해 농담을 하고 웃을 수 있게 되는 등의 유머 구사가 낙관주의와 정적인 상관관계를 맺고 있는 것으로 나타났다. 또 낙관주의 및 유머의 구사는 다섯 시기 모두에서 고통과 부적 상관관계가 있는 것으로 조사되었다. 암과 같이 생명을 잃을 수도 있는 질병을 받아들이는 데서 오는 고통은 면역억제(Kiecolt-Glaser, 1987)를 통해 해당 질환으로부터 황폐화되기 쉬운 상태가 될 수 있기 때문에, 낙관주의 및 유머는 심각한 질병과 싸우는 데 있어서 긍정적인 자산이라고 말할 수 있다. 이 연구에서 살펴본 과도한 스트레스성 상황의 본질을 고려해 볼 때, 낙관주의 및 유머의 긍정적 효과는 설득력을 지닌다고 할 수 있다.

정형외과 수술로 입원을 앞둔 환자의 반응을 조사한 제3의 연구에서 Rotton과 Shates(1996)는 유머가 수술 후 고통을 덜어주는 데 유용하다는 사실을 발견했다. 예를 들어, 회복기간 중 심각한 영화를 본 환자보다 코미디 영화를 본 환자들이 수술 후 며칠 동안 '가벼운 진통제(아스피린, 신경안정제)'를 요청하는 경우가 훨씬 더 적은 것으로 나타났다. 또한 코미디 영화를 본 환자들 가운데서도 볼 영화가 미리 '정해져 있던' 경우보다 직접 선택이 가능했던 환자들의 '주요 진통제(데메롤, 디하이드로몰피논, 퍼커단)' 복용 수준이 더 낮은 것으로 조사되었다. 특정 유머 형태에 대해 사람들이 지닌 특이한 성향을 고려해볼 때 이와 같은 결과는 별로 놀랄 만한 것은 아니다.

이러한 두 연구 결과, 유머가 100여 년 전의 내과의들이 제시한 바와 같이 질병을 이겨내고 회복하는 데 긍정적인 자산이 될 수 있음을 알 수 있다. 유머는 우리가 질병으로 목숨을 잃을 수도 있는 상황과 관련되어 나타나는 고통과 두려움 등의 무시무시한 영향력을 견딜 수 있도록 돕는 것으로 보인다.

죽음을 받아들이는 긍정적 자산으로서의 유머

스트레스 조절 연구에 대한 또 다른 접근법으로 사람들이 자기자신의 죽음에 대해 생각해보도록 한 다음 이들이 보인 감정적 반응에 대해 조사했다. 이 연구의 바탕에 깔린 가정은 스트레스의 생활 사건 척도를 구성하는 질문 중 대부분은 사랑하는 사람의 죽음 및 응답자 자신의 죽음에 대한 암시를 포함한다는 것이다. 한 연구(Lefcourt, 1995)에서 학생들은 일련의 과제 완수를 통해 자기자신의 죽음에 대해 생각해보게 되었다. 이러한 과제에는 학생들이 미래에 있을 자신의 죽음의 원인 및 시간을 추측해야 하는 사망증명서 완성하기, 장례식 때 낭독되었으면 하는 희망 추도사 만들기, 죽을 때 갖고 있을 것으로 생각되는 속세의 물품 처리에 관한 유언장 작성하기 등이 있었다. 이러한 '죽음 실습'을 실시하기 전후에 기분장애를 나타내는 점수를 평가했다. 예측한 바와 마찬가지로 대부분의 사람들이 기분장애를 많이 겪었고 죽음 실습이 끝난 후 우울증, 긴장, 분노 및 혼란 증세를 보고했다. 이러한 경향에서 단 한 가지 예외는 '관점 수용 유머(perspective-taking humor)'를 평가한 척도에서 높은 점수를 받은 사람들 사이에서 나타났다. 이 척도는 '관점 수용' 인물이 있다는 점을 고려해 특별히 선정된 Gary Larson의 만화 〈파사이드(Far Side)〉(Larson, 1998) 시리즈의 감상 및 이해를 반영하는 지수로 구성되어 있었다. 각 만화는 감상 및 이해를 위해 '거리 두기'를 필요로 했다. 즉, 응답자들이 이 만화에 내재된 유머를 이해하고 즐기려면 매일 매일 인간의 활동에서 일어나는 말도 안 되는 상황을 인식할 수 있는 능력을 지녀야 했다. 매일의 삶으로부터 우스울 만큼 거리를 두는 능력인 관점 수용 유머를 통해 자신의 죽음에 대해 생각해본 결과, 주로 도출되는 불쾌감으로부터 보호하는 역할을 한 것처럼 보였다.

유머 및 죽음과 관련된 두 번째 연구에서(Lefcourt & Shepherd, 1995) 유머는 장기 기증자가 될 준비가 되어 있는지를 예측하는 데 사용되었다. 우리는 장기 기증 양식에 서명하는 바로 그 행위로 인해 한순간이나마 갑작스러운 사고사의 가능성을 인정하는 것이라고 추론했다. 대부분의 사람들은 짧은 순간이지만 그러한 가능성을 인정하고 싶지 않기 때문에 장기 기증자 양식에 서명하려고 하지 않는다. 그러한 믿음을 확인하는 첫 단계로 우리는 우선 장기 기증 서명이 죽음에 대한 두려움과는 반대인 수용을 나타내는 행동과 관련이 있다는 점을 발견했다. 예를 들어, 위독한 친구를 기꺼이 방문하고 친구의 사망에 대해 친구의 부모 및 친지들과의 논하는 것은 장기 기증 양식에 서명하는 것과 정적인 상관관계를 갖고 있었다. 이를 통해 우리는 장기 기증 양식에 서명한 사람들이 죽음과 관련된 생각 및 행동에 일반적으로 공포를 덜 느끼고 있다는 주장을 제기했다. 또한 장기 기증 서명을 유머와 관련지을 때, SHRQ는 물론 관점 수용 유머의 만화 척도와도 정적인 상관관계가 있음을 알 수 있었다. 이러한 데이터는 유머가 자기자신을 지나치도록 진지하게 간주하지 않는 경향을 암시하는 것으로 해석되었다. 그럼으로써 병적인 감정에 휘둘리지 않고 죽음에 대한 감정 및 생각을 인정할 수 있는 것이다.

이전에 언급한 일련의 연구 중 배우자 사망 6개월 후 실시된 인터뷰에서 유머는 사랑하는 사람을 잃은 슬픔을 얼마나 잘 받아들일 수 있는지를 예측하는 데 사용되었다(Bonanno & Keltner, 1997; Keltner & Bonanno, 1997). 조사자들은 또한 사망한 배우자에 관해 이야기할 때 웃을 수 있는 사람이 적응가능성이 더 높다는 점 역시 발견했다. 인터뷰 도중 웃을 수 있는 사람들은 배우자의 사망 직후보다 분노를 덜 느끼고 자신의 인생을 즐기게 되었다고 밝혔다. 유머와 마찬가지로, 웃음은 죽음에 따르는 슬픔으로부터 거리를 둠으로써 회복은 물론 현재의 삶을 보다 온전히 즐길 수 있게 되었음을 나타낸다.

이러한 연구에서 유머 및 웃음은 병적 감정으로부터 어느 정도 보호해 줌으로써 죽음에 대한 생각 및 감정에 대처하도록 하는 것처럼 보인다. 죽음을 생각함으로써 불안 및 공포가 생길 수 있기 때문에(Becker, 1973; Solomon, Greenberg, & Pyszczynski, 1991), 유머는 삶의 덧없음을 상기시키는 위험이 항상 곳곳에 도사리고 있음에도 불구하고 매일의 삶을 충실히 살도록 하는 긍정적 자산으로 인식될 수 있다.

유머와 관련된 대처 유형

스트레스의 영향에 관한 연구는 위협적 조건에서 최적의 기능을 촉진 또는 방해하는 대처 유형에 관심을 기울인다. 과도한 스트레스성 경험의 회피 또는 부정을 포함하는 대처 방식을 택하는 사람들이 스트레스 요인을 인식하고 이에 적극적으로 대처하는 유형의 사람들보다 스트레스에 더 취약하다는 주장이 종종 제기된다(Janis, 1958; Lazarus, 1966). 일련의 연구 결과, 유머는 보다 적극적이고 직면적인 대처 유형과 관련이 있고, 회피 및 부정과는 부적 상관관계가 있는 것으로 나타났다.

이전에 언급한 바와 같이 Carver 등(1993)이 실시한 연구 결과, 유머와 낙관주의의 사용은 긍정적인 상관이 있으며, 둘 모두 유방암에 대한 고통 경감과 관련되어 있는 것으로 밝혀졌다. 낙관주의와 유머는 긍정적인 재구성과도 관련이 있으며 부정 및 행동 단절과 부적 상관관계를 갖고 있었다. 다른 연구자들은 유머와 관련된 대처 유형에서 유사한 패턴을 발견했다. Rim(1988)은 유머가 긍정적 재구성과 관련이 있지만 압박, 의존하려는 경향, 타인에 대한 비난 및 대리와 부적인 관련성을 맺고 있다는 것을 발견했으며 후자는 스트레스성 사건에 대한 회피적 대처 방식의 사례다.

Kuiper, Martin과 Olinger(1993)가 실시한 학문적 조사에 대한 학생들의 반응 연구에서 유머는 '접근' 대처 유형과 관련이 있다는 점을 발견했다. 이들은 CHS가 학생들이 시험을 위협적이기보다는 도전적으로 받아들이는 정도와 정적 상관관계를 맺고 있음을 발견했다. 또한 CHS는 대처 방식 척도(Lazarus & Folkman, 1984)의 하위척도인 거리두기 및 직면적 대처와도 정적인 관계가 있는 것으로 밝혀졌다. 후자의 결과를 통해, 유머를 대처 기제로 사용하는 사람들은 스트레스에 맞닥뜨렸을 때 최소의 감정적 반응만 보인 채 문제에 중점을 두는 대처 방식을 택한다는 점을 알 수 있다. 이러한 주장에 대한 증거로 이 세 명의 연구자는 CHS가 스트레스 지각(Cohen, Kamarck, & Mermelstein, 1983) 및 역기능적 태도(Cane, Olinger, Gotlib, & Kuiper, 1986)와 부적 상관관계가 있다는 점 또한 발견했으며, 후자는 불쾌감에 대한 취약성과 관련된 역기능적 자아평가 기준을 평가하고 있다.

유머와 대처 유형 간의 관계를 조사한 연구 결과, 유머가 스트레스성 경험을 완화하는 역할을 한다는 이전 연구가 사실임이 밝혀졌다. 유머와 관련된 대처 유형은 스트레스성 경험에 대한 적극적 대처를 강화하여, 즉각적인 효력이 나타나지 않는다고 하더라도 고통을 경감하고 충분한 시간이 경과한 후에는 관점의 변화를 유도한다.

유머와 면역체계 기능

심리적 특성이 긍정적인지 여부를 평가하는 또 다른 방법은 장단점이 알려진 생리적 과정과의 관계를 알아보는 것이다. 건강의 핵심인 면역체계 기능은 생리적 경험의 영향을 크게 받는다. 스트레스성 사건을 통해 인체를 다양한 질병에 보다 취약하게 만드는 면역억제 반응이 일어날 수 있다(Kiecolt-Glaser, 1987; Pennebaker, Kiecolt-Glaser, & Glaser, 1988). Dillon, Minchoff와 Baker(1985)는 스트레스의 부정적 영향으로 면역억제 반응이 일어날 경우 긍정적 감정 상태인 유머가 '해독제' 또는 잠재적 면역체계 강화제의 역할을 할 수 있다는 가설을 세운 바 있다. Dillon 등(1985)은 우스꽝스러운 비디오테이프를 보고 웃음으로써 면상기도감

염증(URI)에 대한 제1방어선이라고 종종 설명되는 타액면역글로불린 A(S-IgA)의 농도가 크게 증가한다는 사실을 발견했다. 또한 조사 대상이 CHS를 완성하도록 한 결과 CHS와 S-IgA 농도가 긍정적이고 밀접한 상관관계를 갖고 있음을 발견했다(S-IgA의 네 가지 척도 전반에 걸쳐 평균 $r = .75$, $p < .02$). 소규모 표본을 대상으로 한 연구이긴 하지만, 생화학적 변화와 지필 척도 사이에서 이토록 높은 정도의 관련성이 밝혀진다는 것은 흔한 일이 아니며 결코 무시할 수 없는 결과였다.

Dillon과 Totten(1989)은 모유를 수유 중인 어머니의 소규모 표본을 대상으로 실시한 연구 결과, CHS와 S-IgA($r = .61$)는 물론 CHS와 URI($r = -.58$) 간의 연관성이 높다는 점을 다시 한 번 확인할 수 있었다. 보다 흥미로운 결과는 산모의 CHS 점수 및 유아의 URI 점수도 서로 관련되어 있는 것으로 나타났다는 점이다($r = -.58$).

또 다른 조사자들은 이러한 설득력 있는 결과에 대한 재검증을 실시했다. Martin과 Dobbin(1988)은 생활 스트레스 척도와 한 달 반 뒤 얻은 S-IgA 농도 변화 사이의 관계가 CHS, SHRQ 점수 및 SHRQ의 하위척도로 조절되었음을 발견했다. 이들은 각 상호작용을 통해 많은 생활 스트레스 경험 시 낮은 유머 점수를 받은 사람들의 S-IgA 농도가 기준 수준에서 훨씬 더 급감한다는 점을 발견했다. 반면, 높은 유머 점수를 받은 사람들은 생활 스트레스의 기능으로써 S-IgA 수준 변화가 최소에 그친 것으로 나타났다.

유머와 면역체계 기능 사이의 추가적 상관관계를 구축한 사람은 Lefcourt, Davidson과 Kueneman(1990)으로, 이들은 우스꽝스러운 자료를 제시하면 S-IgA 농도가 증가한다는 점을 발견했다. 우스꽝스러운 자료가 매우 재미있다고 보편적으로 통할 경우('빌 코스비 쇼'), 연구 대상 대부분의 S-IgA 농도가 증가했다. 그러나 재미에 대한 평가가 상반되는 자료의 경우(Mel Brooks 및 Carl Reiner의 2000-year-Old Man), 오직 한 표본에서 CHS 점수가 높은 대상 및 다른 표본에서 SHRQ 점수가 높은 대상 사이에서만 큰 폭의 증가가 나타났다.

Berk과 동료들(1988)은 재미있는 영화를 보면서 생성되는 유쾌한 웃음은 자연스러운 림프구의 유약화 반응 및 자연 독성 세포의 활동 증가와 관련이 있다고 보고했다. 웃음으로 인한 면역체계 활동의 변화는 면역글로불린 A의 농도에만 한정되지 않는 것이 분명하다.

이러한 각각의 연구에서 유머는 면역체계 기능의 긍정적 변화와 관련이 있는 것으로 밝혀졌다. 면역억제는 주로 부정적 영향이 미치는 스트레스성 상황에서 일어나기 때문에, 이러한 연구 결과들을 통해 유머가 부정적 영향을 줄이고 또/또는 긍정적 영향을 늘릴 수 있으며 이는 차례로 면역체계의 잠재적 활동을 탈억제한다는 점을 알 수 있다.

유머와 기타 스트레스 관련 생리 과정

유머는 면역체계 기능과 연관되어 있음은 물론 스트레스 관련 생리 반응과도 연관이 있는 것으로 밝혀졌다. 예를 들어, Berk 등(1989)은 전형적인 스트레스 반응과 관련된 신경호르몬에 유머가 미치는 효과를 조사했다. 실험 대상이 60분 길이의 유머러스한 비디오테이프를 시청하도록 한 다음 10분마다 혈액 샘플을 추출했다. 통제집단의 실험 대상은 60분간 '묵상의 시간'을 가지면서 중성 자극에 노출되도록 하였다. 혈액 샘플은 추후 부신피질자극호르몬(ACTH), 코르티솔, 베타 엔도르핀, 도파, 에피네프린, 노르에피네프린, 성장호르몬 및 프롤락틴 검사를 거쳤는데, 이들 모두 스트레스성 경험을 하는 동안 대개 변화했다. 이 여덟 가지 신경호르몬 중 다섯 가지의 경우 통제집단 사이에서는 안정적으로 유지된 반면, 실험집단 사이에서는 눈에 띄게 감소한 것으로 나타났다. Berk 등(1989)은 유쾌한 웃음이 스트레스와 연관된 신경호르몬 중 일부의 수준을 완화하거나 줄인다고 결론지었다.

Newman과 Stone(1996)은 스트레스를 유발하는 영화를 보면서 혼잣말로 우스갯소리를 할 경우 심장박동, 피부전기전도성 및 피부 온도에 눈에 띄는 효과가 발생했음을 발견했다. 영화 시청 중 심각한 주제로 혼잣말을 하도록 한 실험 대상과는 대조적으로, 유머러스한 혼잣말을 한 대상의 경우 심장박동 수가 떨어졌고 피부 전도율이 상승했으며 피부 온도가 높아졌다. 영화의 스토리가 전개될수록 심장박동 및 피부 전도율이 모두 증가했다는 점을 고려해볼 때 영화가 스트레스를 유발했음이 분명하며, 이 모두 영화가 끝난 후 몇 분이 지나자 기준 수준으로 서서히 돌아왔다.

마지막으로 Lefcourt, Davidson, Prkachin과 Mills(1997)는 본 논문의 결과 및 결론에서 가끔씩 발생하는 차이를 설명할 수 있는 스트레스 조절자로서의 유머와 관련된 증거를 발견했다. 우리는 연구 대상들에게 다섯 가지 스트레스성 과제를 맡기고 정기적으로 혈액 샘플을 점검했다. 그 결과 일반적으로 심장수축 혈압은 휴식기의 수준을 상회하여 각 과업의 완성 단계로 갈수록 최고 수준에 도달한 다음 5분이 더 경과한 후에는 휴식기 수준으로 떨어지는 것으로 나타났다. 유머 점수가 혈압과 반대로 관찰되었을 때 각 과업 수행 중 유사한 패턴을 볼 수 있었다. 유머의 CHS 척도에서 높은 점수를 받은 여성과 CHS 점수가 낮은 여성은 점수와 관계없이 모든 남성들보다 평균 혈압이 더 낮았다. 그러나 CHS 점수가 높았던 남성들은 CHS 점수가 낮았던 남성들보다 평균 심장수축 혈압이 더 높았으며, 이러한 결과는 휴식 기간을 포함해 시험 과정 내내 동일했다. 결과가 CHS의 경우처럼 일관성을 보이고 있지는 않지만 SHRQ

점수가 높았던 남성들은 점수가 낮은 남성들보다 심장수축 혈압이 더 낮은 경우가 종종 있었다. 여성들 사이에서 SHRQ 결과는 덜 분명하게 나타났다. SHRQ는 남성의 혈압을 예측하는 데, CHS는 여성의 혈압을 예측하는 데 특히 효과가 있는 것으로 보였다.

이처럼 상반되는 결과를 통해, 스트레스 조절자로서의 유머의 기능을 살펴본 과거 연구 결과에서 나타난 일부 차이가 남성 및 여성의 데이터 취합의 부적절성에서 기인했음을 알 수 있다. 이러한 결과에 대한 논의는 다른 곳에서 다루고 있다(Lefcourt, 2001; Lefcourt & Thomas, 1998). 긍정적 자산으로서의 유머와 관련해서 면역체계 활동 및 스트레스 관련 생리적 과정을 포함한 연구 결과, 유머는 최적의 생리학적 과정의 상관물임이 밝혀졌다.

초기 스트레스 조절자 연구, 죽음에 대해 생각하면서 불쾌감에 저항하는 것에 관한 연구, 유머를 활동적 접근 대처 유형과 연관시킨 연구, 유머를 면역체계 활동 및 건강한 생리적 과정과 연관시킨 연구 등을 통해 도출된 증거를 바탕으로 우리는 유머가 긍정적인 자산, 즉 우리의 행복을 증진시키고 스트레스로 인한 파괴로부터 보호하는 연관된 반응이라는 것을 알 수 있다.

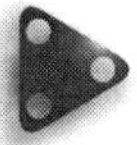 유머 감각 향상을 위한 개입

유머가 건강 및 행복에 미치는 효과에 대한 증거와 많은 이론에도 불구하고 유머 감각을 향상시키는 방법에 관한 연구 문헌은 거의 없다. 유머 감각 개발을 목적으로 하는 프로그램들이 일부 계획된 적도 있었지만, (Goodman, 1983; McGhee, 1994; Salameh, 1987; Ziv, 1988) McGhee

의 노력을 제외하고는 이러한 프로그램을 엄격하게 평가하거나 경험적으로 시험하려는 어떠한 형태의 노력도 없었다. 변화에 대해 평가한 경우도 있었지만 유머의 변화를 측정하기 위한 자기보고 형식의 후속 질문지로만 구성되어 있었다. 유머에 대한 평가가 사회적으로 바람직한지에 대한 문제를 고려해볼 때, 이러한 방식으로 타당한 데이터를 획득하는 것은 문제의 소지가 많아 보일 것이다.

다양한 정신치료적 계획(Fry & Salameh, 1987, 1993)에서 유머의 구사를 검토하는 데 관심을 기울였지만, 이러한 노력은 주로 유머의 구사력 자체를 향상하는 것보다는 이에 대한 기술적 설명으로 구성되어 있었다. 최근 Nevo, Aharonson과 Klingman(1998)은 표본집단인 이스라엘 교사들을 대상으로 보다 체계적인 방식으로 유머의 구사를 늘리기 위한 목적의 프로그램을 설계했다. 이 연구를 통해 최종 결과를 찾지는 못했지만, 결과 그 자체보다는 적합한 결과를 도출하는 연구를 실시하는 것이 얼마나 어려운지를 알 수 있었다. 연구자들은 진실한 성품을 반영이나 하듯 자신들의 조사에서 몇 가지 결함이 있었다는 점을 인정했다. 그럼에도 불구하고 이들은 유머 감각 향상을 목적으로 한 프로그램의 유용한 모델을 제시했다. 프로그램은 Ziv가 정의한 유머에 대한 인식 및 구사와 성향 간의 차이를 바탕으로 하고 있다. Nevo 등(1998)은 개인성향요소를 확대하여 이 프로그램에서 교습 대상인 유머의 동기적, 감정적, 사회적 및 행동적 구성요소를 포함시켰다. 핵심적으로 이들은 유머 감각을 키우고 신속한 인식 전환, 유치함의 감내, 장난기 어림 등과 같이 유머와 관련 있는 인지 기술을 향상하려는 실험 대상의 욕구를 변경시키고자 했다. 최종적으로 이들은 실험 대상의 유머 구사 및 감지 능력을 바꾸려 했지만 그러한 변화를 보여주지는 못했다. 기본적 표본추출 문제 외에도 동료의 평정 또는 만화나 창조성 과제 완수와 같은 결과의 측정이 어려웠고, 프로그램이 완성된 20시간 이내에 변화를 유도할 가능성은 없었다. 그럼에도 불구하고 연구자들의 운영계획 설명은 비슷한 연구를 계획 중인 사람들에게 좋은 시발점이 될 수 있다.

또한 유연한 사고의 독려, 단일 자극에 대한 여러 반응 학습, 우스꽝스럽거나 웃음을 유발하려는 시도에서 거부에 대한 두려움 경감은 실험 대상의 유머 구사 능력을 향상시키려는 연구자들에게 시사하는 바가 크다.

미래 연구를 위한 방향

유머의 효과 및 부산물에 대한 연구는 이전 결과가 설득력이 있다고 하더라도 아직은 초기 발전 단계다. 미래 긍정심리학 연구가 보다 많은 성과를 내기 위한 방향은 다양한 형태의 유머가 개인의 행복을 증진시킬 수 있는 방식에 관한 것을 포함할 것이다. Jean Shepherd, Garrison Keillor, Bill Cosby 및 Stuart McLean과 같은 이야기꾼들은 인생의 시련에서 공감을 끌어낼 수 있는 역량을 지닌 '타고난 희극인'의 전형을 보여준다. 이들은 자기를 내세우지 않는(self-effacing) 부드러운 형태의 유머를 통해 타인에 대한 온정을 불어넣는다. 이들이 구사하는 유머러스한 얘기에서는 날카로움이나 적대감은 찾아볼 수 없다. 이들이 하는 이야기는 주로 우리 자신을 대변하는 인물에 대한 이야기다. 본질적으로 우리는 이들이 구사하는 유머의 잠재적 대상이 되면서도 기분이 상하지 않는다. 내가 쓴 책 『유머(*Humor: The Psychology of Living Buoyantly*』(Lefcourt, 2001)에서 나는 적대적 유머와는 반대로 자기비하식 유머가 지닌 다양한 영향에 대해 살펴본 바 있다. 전자는 Janes와 Olson(2000)의 연구가 제시한 바와 마찬가지로 다른 사람들과의 결속감을 높이는 반면, 후자는 마지못한 동조를 얻어내고 인지적 기능을 감소시킨다. 따라서 내가 옹호하는 주요 연구 분야는 사람들을 서로 결속시키는 유머의 힘과 관련된 분야다. 유머는 고립되거나 잊혀진 감정에 대한 해독제로서 충분히 연구할 가치가 있는 주제다. 생물학 및 심리학 문헌(Sapolsky, 1994; Sarason & Sarason, 1985)에서 분명히 나타난 바와 같이 사회적 지지 및 사회적 각인은 개인의 생존 및 건강에 중요한 역할을 한다.

미래 연구에서 주로 관심을 기울일 두 번째 주요 분야는 성별에 따라 다른 유머의 역할에 대한 연구다. 남성과 여성이 유머를 다른 방식으로 구사한다는 증거가 있다. 남성들 사이에서 유머는 종종 냉소적이고 분열을 조장하는 반면 여성들 사이에서는 사회적 결속을 강화한다. 성별에 따른 유머의 차이에 대한 이전의 연구 사례는 Zillmann과 Stocking (1976)의 논문에 제시되어 있다. 이렇듯 성별에 따른 차이는 유머의 사회적 기능을 나타내며, 유머가 미덕인지 해악인지에 대한 초기의 논란 중 일부에 대한 설명이 될 수 있을 것이다.

마지막으로, 유머에 대한 재평가가 필요하다. 바로 그러한 목적으로 Thomas(2001)는 적대적 및 자율적 유머 사이의 분명한 차이를 보여주는 척도를 개발했다. 더 나아가 Ruch(1996)는 "유머러스한 기질"이라고 언급한 광범위한 척도를 개발했다. 이 둘 모두 자신이 개발한 도구로 심리측정학적 연구를 진행함으로써 유머의 개인차를 평가하는 유용한 도구를 제공했다. 이러한 장치들을 통해 긍정심리학에 관심을 가지고 있는 이들이 유머와 관련된 흥미로운 연구를 활발하게 진행할 수 있기를 바란다. 유머가 긍정심리학과 관련이 있다는 점은 자명한 것처럼 보인다. 그러한 연관성은 인간이 일상의 삶에서 스트레스에 대처하는 긍정적 방식과 유머의 관계에 대한 경험적 연구를 통해 입증되고 있다.

참고문헌

Allport, G. (1961). *Pattern and growth in personality.* New York: Holt, Rinehart, and Winston.

Babad, E. Y. (1974). A multi-method approach to the assessment of humor. *Journal of Personality, 42*, 618-631.

Becker, E. (1973). *The denial of death.* New York: Free Press.

Berk, L. S., Tan, S. A., Fry, W. F., Napier, B. J., Lee, J. W., Hubbard, R. W., Lewis, J. E., & Eby, W. C. (1989). Neuroendocrine and stress hormone change during mirthful laughter. *American Journal of the Medical Sciences, 298*, 390-396.

Berk, L. S., Tan, S. A., Nehlsen-Cannarella, S., Napier. B. J., Lewis, J. E., Lee, J. W., & Eby, W. C. (1988). Humor assiciated laughter decreases cortisol and increases spontaneous lymphocyte blastogenesis. *Clinical Research, 36*, 435A.

Bonanno, G. A., & Keltner, D. (1997). Facial expressions of emotion and the course of conjugal bereavement. *Journal of Abnormal Psychology, 106*(1), 126-137.

Cane, D. B., Olinger, L. J., Gotlib, I. H., & Kuiper, N. A. (1986). Factor structure of the Dysfunctional Attitude Scale in a student population. *Journal of Clinical Psychology, 42*, 307-309.

Carver, C. S., Pozo, C., Harris, S. D., Noriega, V., Scheier, M. F., Robbinson, D. S., Ketcham, A. S., Moffat, F. L., & Clark, K. C. (1993). How coping mediates the effect of optimism on distress: A study of women with early stage breast cancer. *Journal of Personality and Social Psychology, 63*(2), 375-390.

Cohen, S., Kamarck, T., & Mermelstein, R. (1983). A global measure of perceived stress. *Journal of Health and Social Behavior, 24*, 385-396.

Cousins, N. (1979). *Anatomy of an illness.* New York: Norton.

Cousins, N. (1983). *The healing heart.* New York: Norton.

Cousins, N. (1989). *Head first: The biology of hope.* New York: Dutton.

Davies, R. (1975). *World of wonders.* Toronto: Macmillan.

Diamond, J. (1997). *Guns, germs, and steel: The fates of human societies.* New York: Norton.

Dillon, K. M., Minchoff, B., & Baker, K. H. (1985). Positive emotional states and enhancement of the immune system. *International Journal of Psychiatry in Medicine, 15,* 13-17.

Dillon, K. M., & Totten, M. C. (1989). Psychological factors, immunocompetence, and health of breast-feeding mothers and their infants. *Journal of Genetic Psychology, 150*(2), 155-162.

Dixon, N. F. (1980). Humor: A cognitive alternative to stress? In I. G. Sarason & C. D. Spielberger (Eds.), *Stress and anxiety* (Vol. 7, pp. 281-289). Washington, DC: Hemisphere.

Eco, U. (1980). *The name of the rose.* New York: Harcourt Brace Jovanovich.

Eysenck, H. J. (1942). The appreciation of humor: An experimental and theoretical study. *British Journal of Psychology, 32,* 295-309.

Eysenck, H. J. (1943). An experimental analysis of five tests of "appreciation of humor". *Educational and Psychological Measurement, 3,* 191-214.

Freud, S. (1905). *Jokes and their relation to the unconscious.* Leipzig, Germany: Deuticke.

Freud, S. (1928). Humor. *International Journal of Psychoanalysis, 9,* 1-6.

Fry, W. F., & Salameh, W. A. (1987). *Handbook of humor and psychotherapy: Advances in the clinical use of humor.* Sarasota, FL: Professional Resource Exchange.

Fry, W. F., & Salameh, W. A. (1993). *Advances in humor and psychotherapy.* Sarasota, FL: Professional Resource Exchange.

Goldstein, J. (1982). A laugh a day. *The Sciences, 22,* 21-25.

Goodman, J. (1983). How to get more smileage out of your life: Making sense of humor, then serving it. In P. E. McGhee & J. H. Goldstein (Eds.), *Handbook of humor research* (Vol. 2, pp. 1-21). New York: Springer-Verlag.

Gruner, C. R. (1997). *The game of humor: A comprehensive theory of why we laugh*. New Brunswick, NJ: Transaction.

Janes, L. M., & Olson, J. M. (2000). Jeer pressures: The behavioral effects of observing ridicule of others. *Personality and Social Psychology Bulletin, 26*(4), 474-485.

Janis, I. L. (1958). *Psychological stress*. New York: Wiley.

Joubert, L. (1579). *Treatise on laughter*. Paris: Chez Nicolas Chesneav.

Keltner, D., & Bonanno, G. A. (1997). A study of laughter and dissociation: Distinct correlates of laughter and smiling during bereavement. *Journal of Personality and Social Psychology, 73,* 687-702.

Kiecolt-Glaser, J. K., Fisher, L., Ogrocki, P., Stout, J. C., Speicher, C. E., & Glaser, R. (1987). Marital quality, marital disruption, and immune function. *Psychosomatic Medicine, 49,* 13-34.

Kuiper, N. A., Martin, R. A., & Olinger, L. J. (1993). Coping, humor, stress, and cognitive appraisals. *Canadian Journal of Behavioural Science, 25*(1), 81-96.

Larson, G. (1988). *The Far Side gallery 3*. Kansas City, MO: Andrews and McMeel.

Lazarus, R. S. (1966). *Psychological stress and the coping process*. New York: McGraw-Hill.

Lazarus, R, S., & Folkman, S. (1984). *Stress, appraisal, and coping*. New York: Springer.

*Lefcourt, H. M. (2001) *Humor: The psychology of living buoyantly*. New York: Plenum.

Lefcourt, H. M., Davidson. K., & Kueneman, K. (1990). Humor and immune system functioning. *Humor-International Journal of humor Research, 3,* 305-321.

Lefcourt, H. M., Davidson, K., Shepherd, R. S., Phillips, M., Prkachin, K. M., & Mills, D. E. (1997). Humor as a stress moderator in the prediction of blood pressure obtained during five stressful tasks. *Journal of Research in Personality, 31,* 523-542.

Lefcourt, H. M., Davison, K., Shepherd, R. S., Phillips, M., Prkachin, K. M., & Mills, D. E. (1995). Perspective-taking humor: Accounting for stress moderation. *Journal of social and Clinical Psychology, 14,* 373-391.

Lefcourt, H. M., & Shepherd, R. (1995). Organ donation, authoritarianism and perspective-taking humor. *Journal of Research in Personality, 29,* 121-138.

*Lefcourt, H. M., & Thomas, S. (1998). Humor and stress revisited. In W. Ruch (Ed.), *The sense of humor* (pp. 179-202). New York: Mouton de Gruyter.

Martin, R. A. (1996). The Situational Humor Response Questionnaire (SHRQ and the Coping Humor Scale (CHS): A decade of research findings. *Humor-International Journal of Humor Research, 9,* 251-272.

Martin, R. A. (1998). Approaches to the sense of humor: A historical review. In W. Ruch (Ed.), *The sense of humor* (pp. 15-62). New York: Mouton de Gruyter.

Martin, R. A., & Dobbin, J. P. (1988). Sense of humor, hassles, and immunoglobulin A: Evidence for a stress-moderating effect of humor. *International Journal of Psychiatry in Medicine, 18,* 93-105.

Martin, R. A., & Lefcourt, H. M. (1983). Sense of humor as a moderator of the relation between stressors and mood. *Journal of Personality and Social Psychology, 45,* 1313-1324.

Martin, R. A., & Lefcourt, H. M. (1984). The Situational Humor Response Questionnaire: A quantitative measure of the sense of humor. *Journal of Personality and Social Psychology, 47,* 145-155.

McDougall, W. (1903). The nature of laughter. *Nature, 67,* 318-319.

McDougall, W. (1922). A new theory of laughter. *Psyche, 2,* 292-303.

McGhee, P. E. (1994). *How to develop your sense of humor.* Dubuque, IA: Kendal and Hunt.

Nevo, O., Aharonson, H., & Klingman, A. (1998). The development and evaluation of a systematic program for improving sense of humor. In W. Ruch (Ed.), *The sense of humor* (pp. 385-404). New York: Mouton de Gruyter.

Newman, M. G., & Stone, A. A. (1996). Does humor moderate the effects of experimentally induced stress? *Annals of Behavioral Medicine, 18,* 101-109.

Nezu, A. M., Nezu, C. M., & Blissett, S. E. (1988). Sense of humor as a moderator of the relation between stressful events and psychological distress: A prospective analysis. *Journal of Personality and Social Psychology, 54,* 520-525.

O' Connell, W. E. (1960). The adaptive functions of wit and humor. *Journal of Abnormal and Social Psychology, 61,* 263-270.

Pennebaker, J. W., Kiecolt-Glaser, J. K., & Glaser, R. (1988). Disclosure of traumas and immune function: Health implications for psychotherapy. *Journal of Consulting and Clinical Psychology, 56,* 239-245.

Piddington, R. (1963). *The psychology of laughter: A study in social adaption.* New York: Gamut Press.

Porterfield, A. L. (1987). Does sense of humor moderate the impact of life stress on psychological and physical well-being? *Journal of Research in Personality, 21,* 306-317.

Rim, Y. (1988). Sense of humor and coping styles. *Personality and Individual Differences, 9,* 559-564.

Rotton, J., & Shats, M. (1996). Effects of state humor, expectancies and choice on post-surgical mood and self-medication: A field experiment. *Journal of Applied Social Psychology, 26,* 1775-1794.

Ruch, W. (1996). Assessing the "humorous temperament": Construction of the facet and standard trait forms of the State-Trait-Cheerfulness-Inventory-STCI. *Humor-International Journal of Humor Research, 9,* 303-339.

Salameh, W. A. (1987). Humor in integrative short-term psychotherapy. In W. F. Fry & W. A. Salameh (Eds.), *Handbook of humor and psychotherapy: Advances in the clinical use of humor* (pp. 195-240). Sarasota, FL: Professional Resource Exchange.

Sapolsky, R. M. (1994). *Why zebras don't get ulcers: A guide to stress, stress-related diseases, and coping.* New York: Freeman.

Sarason, I. G., & Sarason, B. R. (1985). *Social support: Theory, research, and applications.* Boston: Martinus Nijhoff.

Solomon, S., Greenberg, J., & Pyszczynski, T. (1991). Terror management theory of self esteem. In C. R. Snyder & D. R. Forsyth (Eds.), *Handbook of Social and Clinical Psychology* (pp. 21-40). New York: Pergamon.

Svebak, S. (1974). Revised questionnaire on the sense of humor. *Scandinavian Journal of Psychology, 15,* 328-331.

Thomas, S. (2001). *An investigation into the use of humor for coping with stress.* Unpublished doctoral dissertation. University of Waterloo, Waterloo, Ontario, Canada.

Tollefson, D. L., & Cattell, R. B. (1963). *Handbook for the IPAT Humor Test of Personality.* Champaign, IL: Institute for Personality and Ability Testing.

Vaillant, G. E. (1977). *Adaptation to life.* Toronto: Little, Brown.

Walsh, J. J. (1928). *Laughter and health.* New York: Appleton.

Zillmann, D., & Stocking, S. H. (1976). Putdown humor. *Journal of Communication, 26,* 154-163.

Ziv, A. (1981). *Psychology of humor.* Tel Aviv: Yachdav.

Ziv, A. (1988). Teaching and learning with humor: Experiment and replication. *Journal of Experimental Education. 57,* 5-15.

명 상

정신건강은 신체건강과 마찬가지로 질병이 없는 상태로 정의된다(Ryff & Singer, 1998). 1960년대 들어서 긍정적 정신건강 연구에 대한 관심이 증가했다(Allport, 1961; Maslow, 1968). 이는 곧 다른 문화와 전통, 특히 수천 년 동안 인간의 잠재능력에 관한 연구를 해온 동양의 전통에 대한 관심으로 이어졌다(Shapiro, 1980).

그 결과 동양의 오랜 전통인 명상이 서양의 학문에 소개되었다. 명상에 대한 과학적인 연구는 1970년대에 본격적으로 시작된 이래 기하급수적으로 증가했다. 그러나 이제까지 명상에 대한 연구는 전통적인 행동주의적 틀 안에서만 이루어졌으며, 증상 완화와 경감에 중점을 두었을 뿐 긍정적인 심리적 특성과 경험의 향상, 성장, 육성에는 관심을 기울이지 않았다. 그 결과, 명상을 하는 주된 목적 가운데 하나인 긍정적인 생각을 이끌어내고 내면의 잠재력을 이용한 치유와 계발에 대한 연구는 상대적으로 도외시되었다(Alexander, Druker, & Langer, 1990; Shapiro & Walsh, 1984). 이 장에서는 명상의 긍정적인 효과에 대해 다룰 것이다.

명상 개념의 역사

명상의 정의 확립

명상은 본래 동양에서 종교적 · 철학적 정신 수양의 목적으로 시작되었다. 그러나 명상은 동양의 전통뿐 아니라 유대교와 기독교 그리고 이슬람교를 포함해 거의 대부분의 종교에 중요한 요소로 깊이 뿌리박혀 있다(Goleman, 1988). 명상에는 초월명상(transcendental meditation: TM),

* Shauna L. Shapiro, Gary E. R. Schwartz, & Craig Santerre

선명상(Zen meditation), 위빠사나명상(Vipassana meditation) 등과 같이 그 배경과 수행법에 따라 다양한 명상법들이 있다. 따라서 본론에 들어가기 전에 이번 장에서 다루고자 하는 명상에 대한 정의를 다음과 같이 보다 명확하게 내리고자 한다. "명상은 비분석적으로 주의를 집중하려는 의식적인 노력과 산만하고 심각한 생각을 마음속에서 비우려고 노력하는 여러 가지 수행법을 의미한다."(Shapiro, 1980, p.14) 이 정의에는 세 가지 중요한 의미가 담겨 있다. 첫째, '의식적(conscious)' 이라는 말은 주의를 집중시키고자 하는 '의도(intention)' 의 중요성을 부각시키고 있다. 둘째, 종교적인 성향을 배제시켰다. 그렇다고 이 정의가 종교적인 목적의 명상을 완전히 부인하는 것은 아니다. 마지막으로 '노력(attempt)' 이라는 단어를 사용했는데, 이는 명상이 최종 목적이나 결과가 아닌 그 '과정(process)' 에 초점을 두고 있음을 의미한다(Shapiro, 1980).

명상은 수행법에 따라 크게 집중명상(concentrative meditation)과 마음챙김명상(mindfulness meditation)으로 분류된다(Goleman, 1972). 집중명상에도 다양한 방법이 있지만, 공통점은 단일 대상에 주의를 집중시켜 의식의 대상을 그 한 가지로만 제한한다는 것이다. 명상 수행자는 주변의 다른 모든 자극은 철저히 무시하고 명상의 대상에만 온 정신을 집중해야 한다. 명상의 대상을 있는 그대로 받아들이기 위해서 주의집중의 방법은 비분석적이고 감정은 철저히 배제해야 한다. 명상의 대상은 외부의 것일 수도 있고 자기 내면에 있을 수도 있다. 예를 들면, 자신의 호흡이나 만트라 또는 '하나'와 같은 한 개의 단어일 수도 있으며(Benson & Proctor, 1984), 특정 소리일 수도 있다(Carrington, 1998).

마음챙김명상은 외부 환경과 내면의 모든 자극에 비판단적으로 주의를 집중시키려고 노력하면서 어느 특정 자극에만 집중하지 않는 명상법이다. 마음챙김명상은 흔히 개안명상(opening-up meditation)으로도 알려져 있는데, 집중과 개안명상의 두 가지 수행 방법을 혼용하고 있는 명상법도 있다. 예컨대 호흡(선과 위빳사나 명상) 또는 만트라(초월명상)에 정신을 집중하면서 다른 자극에도 마음을 열어놓고 잠시 다른 자극에 주의를 기울였다가 다시 원래의 호흡이나 만트라에 정신을 모으는 방법이 있다.

우리는 여기서 또 하나의 명상법인 관상명상(contemplative meditation)을 소개하고자 한다. 관상명상은 초월적 존재, 즉 신이나 어떤 자비로운 존재에게 마음을 열고 자신을 내맡기는 명상법이다. 이 같은 수용적인 입장에서 명상 수행자는 해결되지 않은 문제를 묻기도 하고 고민을 전부 맡기기도 한다. Kabat-Zinn은 "내가 가야 할 길은 무엇인가?"와 같이 보다 심오한 문제에 대해 명상할 것과 해답을 찾지 못해도 괜찮다는 편안한 마음으로 명상할 것을 권고한다(Kabat-Zinn, 1994, p. 132). Kabat-Zinn은 "이러한 의문을 제기하는 것 자체만으로도 새로운 발견과 깨달음을 얻을 수 있고, 결국 이는 새로운 비전과 행동으로까지 이어질 수 있다."고 말한다(p. 133). 관상명상은 주의를 집중하면서도 동시에 마음을 열 수 있어야 하기 때문에 집중명상과 마음챙김명상 수행 경험이 전제되어야 한다. 관상명상에는 유대교의 명상법과 향심기도(Centering Prayer) 그리고 라버린스 명상법(Labyrinth meditation) 등이 있다.

여기서 우리는 보다 명확하게 다양한 명상의 유형을 분류할 필요가 있다. 이때 명상은 정적인 상태가 아니라 동적인 과정이라는 사실을 알아야 한다. 따라서 앞서 설명한 세 가지 명상법에 병행하는 명상의 '과정'을 설명하고자 한다. 이를 통해 주의집중으로부터 시작해서 마음을 열고 묵상하는 단계에 이르기까지 명상의 진행 과정을 보다 명확하게 보여줄 수 있을 것이다. 명상의 각 단계는 전 단계를 초월하는 동시에 이를 포함하기도 한다. 가장 핵심이 되는 단계는 '의도(intention)'로, 이는 모든 명상에서 필수적인 요소다. 물론 의도에도 다양한 단계가 있다. 여기서부

[그림 11-1] 명상의 유형과 과정

터 출발하여 명상의 세 가지 과정이 세 가지 명상법에 평행해 있다. 세가지 명상 단계에는 집중명상에 해당하는 '주의집중(focusing)', 마음챙김 명상에 해당하는 '개안(opening-up)' 그리고 관상명상에 해당하는 '묻기(asking)'가 있다([그림 11-1] 참조).

마지막으로, 명상에 대한 올바른 이해를 위해서는 명상훈련이 이완훈련과는 그 목적과 효과 면에서 분명 다르다는 것을 반드시 알아둬야 할 것이다(Kabat-Zinn, 1996). 첫째, 명상은 내면고찰과 통찰력을 체계적으로 키워 보다 큰 깨달음을 얻는 것에 중점을 두는 반면, 이완훈련은 자율신경계의 약한 흥분상태에 도달하는 것이 목적일 뿐 내면의 고찰이나 통찰력과는 무관하다. 이완상태는 명상을 통해 얻게 되는 한 결과일 뿐 명상을 하는 목적이 되지는 않는다. 또한 이완훈련은 스트레스 완화와 불안감 해소를 위한 목적으로 사용하는 방법이지만, 명상은 스트레스 해소와 같은 특정 상황에서만 하는 것이 아니라 일상생활에서 매일 행하는 '삶의 방식(way of being)' 인 것이다(Kabat-Zinn, 1996). 명상훈련을 통해 명상 수행이 일상의 일부로 자연스럽게 자리 잡고 자신의 행동과 감정 그리고 경험을 비판단적인 마음으로 바라볼 수 있게 된다.

명상의 본래 목적

명상 연구 분야의 선구자인 Walsh(1993b)에 따르면, "우리가 소위 '정상(normality)' 이라고 스스로 규정짓는 것들이 인간 발달의 절정(peak)이 아니라 우리가 더 발전하는 데에서 발목을 잡고 있다." (p. 130)고 하였다. 명상의 목적은 완전히 깨어 있지 않은 의식을 '일깨우고(wake up)' 진정한 자신에 눈을 뜨는 것이다.

심리학적 발달 측면에서 보면, 우리는 스스로 규정한 인위적이고 불필요한 한계를 극복하고 우리의 세계관과 의식 세계를 넓힐 수 있는 방법을 배워야 한다. 이를 위해서는 낡은 체계와 한계가 무엇인지 파악하고, 이를 벗어던져 더 넓은 세계관을 형성해야 한다. 명상은 최상의 개방성(openness)과 자각(awareness) 그리고 통찰력(insight)을 향한 로드맵이라고 할 수 있다.

Walsh와 Vaughan(1993)는 명상 초기의 신체적 · 심리적 · 정서적 효과가 지나치게 강조되어 명상의 본래 가치가 간과되는 경우가 많다고 지적한다. Walsh(1983)는 명상의 궁극적 목표는 "정신 작용과 의식, 정체성 그리고 현실에 대한 깊은 통찰력을 얻고 심리적인 안녕과 의식의 최적 상태에 도달하는 것" 이라고 정의하고 있다(p. 19). 명상의 목적에는 자기 통제와 스트레스 관리 등이 있지만, 결코 여기에만 국한되는 것은 아니다. 그러나 이제까지 명상의 근본적인 효과에 대한 연구는 거의 이루어지지 않았다. 극히 일부를 제외하고는 명상의 본래 목적에 대한 심도 있는 연구가 없었다. Walsh(1993a)는 명상 연구가 "마음의 변화보다는 심장 박동의 변화에 더 중점을 두고 있다."라고 지적했다.

명상 연구

지난 30년 동안 명상의 심리적 · 생리학적 효과에 대한 연구들이 많이 진행되어왔다(Murphy, Donovan, & Taylor, 1997). 또한 명상요법은 이제 다양한 건강 관련 상황에서 활용되고 있다. 여러 연구들에서 명상은 심장 혈관 질환(Zamarra, Schneider, Besseghini, Robinson, & Salerno, 1996), 만성 통증(Kabat-Zinn, 1982), 불안 및 공황장애(Edwards, 1991; Miller, Fletcher, & Kabat-Zinn, 1995), 약물 중독(Gelderloos, Walton, Orme-Johnson, & Alexander, 1991), 피부 질환(Kabat-Zinn, 1998), 비임상 집단에서 우울증상의 완화(Shapiro, Schwartz, & Bonner, 1998)에 효과가 있는 것으로 나타났다. 그러나 자비와 이해심 그리고 지혜를 향상시키는 자기 해방적인 수단으로서 명상의 본래 목적에 대한 연구는 거의 없다. 그러나 비록 적은 수이긴 하지만 명상이 심리적 건강에 미치는 긍정적인 효과를 다룬 연구들도 보고되고 있고, 이들은 향후 연구의 토대를 마련하는 든든한 초석이 되고 있다. 이러한 명상 연구들은 명상이 자기실현(Alexander, Rainforth, & Gelderlos, 1991), 공감(Shapiro, 1998), 일치감 및 스트레스 강인성(Tate, 1994), 자율성 및 독립심의 증가(Penner, Zingle, Dyck, & Truch, 1974), 긍정적인 통제감(Astin, 1997), 도덕적 성숙(Nidich, Ryncarz, Abrams, Orme-Johnson, & Wallace, 1983) 그리고 영성(Shapiro et al., 1998)에 긍정적인 효과가 있음을 입증하고 있다. 또한 이들 연구가 밝힌 명상의 긍정적 행동 효과로는 시각이나 청각과 같은 감각인지 기능의 향상, 반응시간 단축 및 반응운동 기능의 향상, 독립성과 집중력 및 주의력 향상 등을 들 수 있다(Murphy, 1997).

그러나 이러한 선구적인 연구들도 다음과 같은 한계점을 지니고 있다. 우선 대부분의 연구가 10년도 더 넘은 것들이다. 또한 무선화와 후속 검증 그리고 구성 개념의 정확한 측정이 이뤄지지 않는 등, 실험 연구 설계가 정밀하지 못했고 표본집단이 너무 적었다. 연구자들은 실험에 사용된 명상법 그리고 명상 시간과 강도 등을 기록하지 않는 경우가 많았다. 그리고 몇몇 연구는 실험집단(명상 그룹)과 통제집단의 과거 데이터를 비교했는데, 이를 통해 상관관계는 알 수 있어도 인과관계를 추론하기는 힘들다. 그리고 명상 연구를 진행했던 연구자들은 대부분 명상 수련 경험이 없었다.

이러한 한계들이 있음에도 이들 연구는 향후 연구를 위한 중요한 초석을 마련해놓은 셈이다. 다음 부분에서는 명상이 심리적 건강에 미치는 긍정적인 효과를 다룬 연구들을 미시적 단계(생리학적 측면)에서부터 시작하여 거시적 단계(초개인적인; Murphy, 1997 참고)까지 살펴보기로 한다.

긍정적인 생리학적 효과

인간의 건강은 몸과 마음, 즉 심신의 상호작용을 모두 아우르는 개념이다(Ryff & Singer, 1998). 따라서 명상의 긍정적인 심리적 효과뿐 아니라 생리학적 효과에 대한 연구도 함께 검토되어야 할 것이다. 명상을 하는 동안 신체가 깊은 안정 상태에 들어가는 것을 여러 생리학적 지표를 통해 확인할 수 있다. 예컨대, 심장 박동이 느려지고 혈장 유산염 농도가 감소하며 피부 저항력이 증가한다. 통계학적 메타 분석을 통해 여러 연구 조사에서 상기 변수들의 변화가 일관되게 나타났음을 알 수 있었고 (Dillbeck & Orme-Johnson, 1987), 눈을 감고 휴식을 취하는 경우보다 그 변화가 두 배나 높게 나타났다. 또한 혈중 코르티솔과 유산염 농도가 감소하고(Jevning, Wilson, & Davidson, 1978), 특정 상황에 따른 피부 저항력의 증가가 보다 안정적으로 나타났다(Alexander, 1991).

명상을 하는 동안 비록 신체는 평온한 휴식 상태에 놓이지만 정신은 더욱 또렷이 깨어 있음을 몇 가지 신체적 지표를 통해 확인할 수 있다 (Wallace, 1986). 예컨대, 뇌혈류량의 증가, 뇌 전두부와 중심부에서 뇌파도 측정 시 알파파와 세타파의 일관된 증가, 혈장 아르기닌 바소프레신의 현저한 증가, H-반사의 빠른 회복, 청각 유발 전위의 짧은 잠복기 등의 변화가 나타났다(예: O' Halloran, Jevning, Wison, Skowsky, & Alexander, 1985; Orme-Johnson & Haynes, 1981; Wallace, 1986). 뇌파의 일관된 출현은 뇌의 공간 활용이 질서 있게 이뤄지고 있고 각기 다른 뇌 기능의 통합이 이뤄지고 있음을 나타내고 있다(Alexander, 1991). 그리고 명상 중에 좌뇌와 우뇌의 활동량이 상대적으로 명상 전보다는 균형을 이루고 있는 것으로 나타났다(Banquet, 1973). 그렇다면 이는 주로 좌뇌(오른손잡이의 경우)에서 처리하고 있는 언어적 · 선형적 · 시간 연계적 사고는 줄어들고 우뇌에서 주로 담당하고 있는 총체적 · 직관적 · 비언어적 사고가 더 늘어날 수도 있음을 뜻한다. 실제로 명상의 치유 효과가 상대적으로 이러한 양 대뇌 반구의 균형적인 두뇌활동으로 나타났다고 가정할 수 있다(Carrington, 1993).

생리적 변화와 기분

Harte, Eifert와 Smith(1995)는 연령, 성별, 성격이 비슷한 육상선수 11명과 고도의 명상 훈련을 받은 명상가 12명을 대상으로 달리기와 명상이 베타엔도르핀과 코르티코트로핀방출호르몬(CRH), 코르티솔 그리고 감정 변화에 미치는 영향을 실험했다. 그 결과, 달리기 후에는 베타엔드로핀과 CRH, 그리고 명상 후에는 CRH가 각각 유의미한 증가를 보였지만, CRH 증가의 경우 두 집단 간에 유의미한 차이는 없었다. CRH는 달리기와 명상 후에 나타나는 긍정적인 감정 변화와 상관이 있는 것으로 나타났다.

Taylor(1995)는 남성 HIV 양성자들을 대상으로 명상을 포함한 행동 스트레스 관리 프로그램이 T세포 수치와 불안, 감정 그리고 자아존중감에 미치는 영향을 분석했다. 피험자 10명을 무작위로 추출해서 격주로 20회에 걸쳐 명상과 스트레스 해소법을 가르쳤다. 실험 결과, 통제집단에 비해 실험집단의 경우 모든 종속변수에서 큰 향상을 보였고, 이는 한 달 뒤 실시된 추후 검증에서도 그대로 나타났다.

스트레스 반응 및 해소

Goleman과 Schwartz(1976)는 숙련된 명상가 30명과 통제집단 피험자 30명을 대상으로 실험실의 스트레스 요인에 대한 반응을 비교했다. 피험자들은 눈을 감거나 눈을 뜨고 편안하게 휴식을 취하거나 명상을 한 뒤, 스트레스를 유발하는 영화를 봤다. 스트레스 반응을 특정 상황에 따른 피부전기전도성과 심장 박동 그리고 자기보고와 인성검사로 측정했다. 명상가들은 처음에 스트레스에 큰 반응을 보였지만, 통제집단에 비해 심장 박동과 피부전기전도성 반응은 더 빠르게 적응했고 주관적 불안감은 덜 경험하는 것으로 나타났다.

MacLean 등(1997)은 스트레스 반응 및 해소에 관한 연구를 더 확대해서 무작위 배정 실험을 실시해 실험실의 스트레스 요인에 대한 반응에 초월명상(TM)이 미치는 영향을 코르티솔, 성장호르몬, 갑상선자극호르몬(TSH), 테스토스테론의 네 가지 호르몬을 통해 측정했다. 건강한 남성들을 상대로 사전검사와 4개월간 초월명상을 훈련받은 뒤 사후검사를 실시했다. 그 결과 초월명상집단의 경우 기초 코르티솔 농도 및 스트레스 환경하에서의 평균 코르티솔 농도가 사전검사에 비해 사후검사에서 감소했지만, 통제집단의 경우는 그렇지 않았다. 그러나 스트레스 요인에 대한 코르티솔의 반응성은 통제집단에 비해 초월명상집단에서 상승한 것으로 나타났다. TSH, 테스토스테론, 성장 호르몬의 기준선(스트레스 반응성)은 두 집단이 서로 정반대의 변화를 보였다. 연구자는 "종합적으로 판단했을 때 코르티솔과 테스토스테론 결과는 반복된 초월명상 수행이 만성 스트레스를 경감시켜줄 수 있다는 과거의 실험 결과를 뒷받침하는 것"이라고 설명하였다(p. 277).

긍정적인 심리적 효과

기억력과 지능

명상은 지능과 학업 성적, 학습 능력 그리고 장단기 기억력 향상에 효과가 있는 것으로 나타났다(Cranson, 1991; Dillbeck, Assimakis, & Raimondi, 1986; Lewis, 1978). 첫 번째 연구는 초월명상이 문화공평 지능검사(CFIT)와 반응시간(RT)에 미치는 영향을 통제집단과 비교해 분석했다. 연령, 교육 수준, 명상에 대한 관심도, 부모의 교육 수준, 소득 수준의 변수들을 통제했음에도 불구하고 초월명상집단은 통제집단에 비해 CFIT와 RT 결과가 현저히 향상된 것으로 나타났다. 연구자는 초월명상이 "학습 능력을 높여주는 유용한 교육적 수단으로 활용될 수 있을 것"이라고 하였다(Cranson, 1991, p. 1105).

Hall(1999)은 대학생 56명을 무작위로 선택해 명상 그룹과 비명상 그룹으로 나누었다. 명상 그룹은 학기 중 1주일에 2회 한 시간씩 명상을 했다. 명상은 공부하기 전과 후 그리고 시험 전에 실시하도록 했다. 그 결과 통제집단에 비해 실험집단이 월등히 높은 시험 성적을 받은 것으로 나타났다.

또한 명상으로 인한 기억력과 학업 성적의 향상이 전 연령대에서 나타났다는 연구 결과도 보고되고 있다. Chang과 Hiebert(1989)는 아이들의 긴장 완화법을 연구하는 과정에서 학교에서 아이들에게 명상을 가르칠 경우 학업 성적이 향상된다는 것을 발견했다. 또 고령자를 대상으로 한 연구에서도 명상을 배운 실험집단이 통제집단에 비해 인지적 유연성이 크게 향상된 것으로 나타났다(Alexander, Langer, Newman, Chandler, & Davies, 1989).

창의성

창의성은 지각 능력, 사고 유창성, 경험에 대한 개방성, 감정적 유연성 등 다양한 특성과 능력을 아우르는 복잡한 개념이다. 명상을 통해 이러한 특성이 하나 또는 그 이상 향상되었다는 연구 결과가 있는가 하면 아무런 변화가 나타나지 않았다는 연구 결과도 있기에 정확한 판단을 내리기가 어렵다.

Cowger와 Torrance(1982)는 대학생 24명에게는 선(Zen)명상을, 10명에게는 이완훈련을 가르치고 창의성 검사를 실시했다. 그 결과 선명상을 한 대학생들은 창의성 검사의 문제에 대한 인식, 변화에 대한 지각, 창조성, 감각 경험, 감정 표출, 유머, 상상력 등의 면에서 통계적으로 유의미한 향상을 보였다. 다른 초월명상 연구가들도 초월명상과 창의성 간의 상관관계를 보여주는 연구 결과들을 보고했다(예: Margid, 1986).

대인관계 기능

Tloczynski와 Tantriella(1998)는 대학생활 적응에 있어서 선명상과 이완훈련이 어떠한 효과가 있는지 실험했다. 초기 불안감 정도가 비슷한 대학생 75명을 명상집단, 이완집단 그리고 통제집단으로 배정했다. 명상집단과 이완집단의 학생들은 한 시간만 훈련을 받았다. 6주 후 검사 결과에서 대인관계 문제 점수는 명상집단에서만 현저히 낮아졌지만, 불안감과 우울증 점수는 명상과 이완집단 모두에서 통제집단에 비해 현저히 낮아졌다.

성격과 자존감

상호 관련성이 있는 여러 연구 결과들에 의하면, 명상이 긍정적인 성격 특성과 관련이 있는 것으로 나타났다. 일례로 비명상가와 초보 명상가 그리고 단기와 장기 명상가를 대상으로 비교 분석한 결과, 명상을 오래 한 사람일수록 더 긍정적인 성향의 성격을 보인 것으로 나타났다(Sridevi, Rao, & Krisha, 1998). 또한 Nystul과 Garde(1977)는 명상가들이 비명상가에 비해 훨씬 더 긍정적인 자아개념을 지니고 있다는 연구 결과를 발표했다.

Emavardhana와 Tori(1997)는 7일간 이루어진 위빳사나명상 휴식의 효과를 동등한 조건의 통제집단과 비교했다. 7일간 명상을 했던 그룹은 통제집단에 비해 자존감, 가치감, 자비심, 자기수용이 전반적으로 크게 향상된 것으로 나타났다. 그리고 명상을 마친 집단은 대처 기술이 성숙해지는 등 자아방어기제에 있어서도 상당한 변화를 보였다. 연구자는 7일간의 위빳사나명상 휴식이 "자아를 지각하고 보호하는 방식에 유의미한 변화를 가져왔다."라고 보고하고 있다(p. 200).

Van den Berg와 Mulder(1976)는 초월명상이 성격 변화에 미치는 영향에 관한 두 가지 연구를 실시했다. 첫 번째 실험은 피험자 41명을 대상으로 평균 명상 시간이 9주인 단기 명상가와 명상을 하지 않는 통제집단을 비교했다. 그 결과 단기 명상가들의 경우 신체적으로나 사회적으로 불완전하다는 생각, 신경과민증, 우울증, 경직성이 모두 현저히 낮아진 반면 통제집단은 아무런 변화도 보이지 않았다. 두 번째 실험은 피험자 68명을 대상으로 장기 명상가와 명상을 하지 않는 통제집단을 비교했다. 그 결과 장기 명상가 집단은 자존감, 만족감, 자아강도, 자아실현, 타인에 대한 신뢰, 자아상이 모두 통제집단에 비해 향상된 것으로 나타났다.

이 같은 연구 결과는 낮은 자존감(Rivers & Spanos, 1981)과 부정적인 자아개념(Nystul & Garde, 1979)을 지닌 사람이 명상 수련을 중단할 확률이 높다는 연구 결과와도 관련이 있는 것으로 보인다. 처음부터 긍정적인 자존감과 자아개념을 가진 사람이 명상을 계속할 확률이 높다는 것이다. 그러나 앞서 언급했듯이 Taylor(1995)의 연구에서 남성 HIV 양성자들의 경우 명상을 통해 자아존중감이 현저히 높아진 것으로 나타났다.

행복과 긍정적인 정서

Smith, Compton과 West(1995)는 Fordyce(1983)의 개인의 행복 증진 프로그램(Personal Happiness Enhancement Program: PHEP)에 명상을 포함시켰을 때의 효과를 연구했다. 피험자 36명이 실험집단과 통제집단으로 무작위 배정되었다. 그리고 실험집단은 또다시 PHEP만 훈련받는 집단과 PHEP와 함께 벤슨의 이완 반응법(Benson' s Relaxation Response; Benson, 1975)과 비슷한 명상훈련을 받는 집단으로 나뉘었다. 피험자들은 모두 6주 동안 한 시간 반씩 총 12회 훈련을 받았다. 명상을 포함한 PHEP 그룹은 통제집단에 비해 행복감 상태, 특성 불안, 우울증 측정에서 모두 현저한 향상을 보였다. 또한 명상을 꾸준히 하는 사람은 긍정적인 정서가 강하고, 스트레스 요인이나 아픈 증상이 별로 없으며, 불안감, 적대감, 우울증, 불쾌감 수준이 낮은 것으로 나타났다(Beauchamp-Turner & Levinson, 1992).

비형식적 수행: 일상생활에서의 명상

일상생활에서 매일 꾸준히 하는 명상 수행(비형식적 수행)이 어떤 효과가 있는지에 관한 연구는 이제까지 별로 없었기 때문에 앞으로 더 많은 연구가 필요한 중요한 주제다. Easterlin과 Cardena(1999)는 초보 명상가와 오랜 수행 경험이 있는 명상가의 일상생활에 위빳사나명상이 어떤 효과가 있는지에 대해 연구했다. 43명의 실험 참가자 가운데 19명은 초보 명상가였고, 24명은 수행 경험이 많은 명상가였다. 이들은 인식, 수용, 정서, 인지 양식과 관련한 질문을 매일 무선 호출 신호로 받아 이에 응답했다. 초보 명상가들에 비해 수행 경험이 많은 명상가들은 상대적으로 높은 인식 능력, 긍정적인 감정과 수용, 낮은 불안감과 낮은 스트레스 수준 그리고 긍정적인 통제감 등을 보였다.

스트레스 강인성과 일치감

스트레스 강인성(Kobasa, 1990)과 일치감(Antonovsky, 1987)은 개인이 세상을 인식하고 이해하는 데 영향을 미치는 비교적 안정된 성격적 특성을 의미한다. 스트레스 강인성은 관여(commitment), 조절(control) 그리고 도전(challenge)이라는 별개의 그러나 서로 연관이 있는 세 개의 요소로 구성되어 있다. 일치감은 세상에 대한 의미를 발견하고 이해하고 또 대처할 수 있는 능력을 말한다. Kabat-Zinn과 Skillings(1989)는 8주간의 마음챙김명상에 기반한 스트레스 완화 프로그램(MBSR)이 스트레스 강인성과 일치감에 어떤 영향을 미치는지에 대해 연구했다. 582명의 환자를 대상으로 한 실험에서 MBSR을 통해 스트레스 강인성과 일치감 점수가 평균 6~7% 상승한 것으로 나타났다. 또한 일치감에서 가장 많은 향상을 보였던 환자들은 심리적 · 신체적 증상도 많이 완화된 것으로 나타났다. 3년 뒤 실시한 후속 검증에서도(Kabat-Zinn & Skillings, 1992) 이 같은 효과는 유지되었으며, 일치감의 경우에는 더 큰 향상을 보였다.

공감

모든 유형의 명상은 다른 사람에 대한 관심과 '자신과 일체감을 이루는 모든 창조물과의 공감을 증진시키려는' 목적에 중점을 두고 있다(Murphy, 1997, p. 82). Shapiro 등(1998)은 무선 통제된 실험을 통해 의대생과 예과생 78명을 대상으로 마음챙김명상의 효과를 연구했다. 그 결과 명상 그룹에서는 대기 명부 통제집단에 비해 공감 수준은 향상되고 불안과 우울은 감소한 것으로 나타났다. 스트레스가 집중되는 시험 기간에도 이와 같은 결과가 나왔다. 그리고 대기자 집단에 속한 피험자들이 마음챙김명상 수행을 했을 때에도 같은 결과가 나왔다.

Lesh(1970)는 선명상이 상담자들의 공감 능력에 미치는 영향을 연구했다. 실험은 명상집단, 명상을 배우기로 자청한 통제집단 그리고 명상을 배우지 않겠다고 한 통제집단으로 나눠서 진행되었다. 모든 피험자들을 상대로 정서적인 감수성 척도(Affective Sensitivity Scale), 경험 조사(Experience Inquiry), 인격적 지향 검사(Personal Orientation Inventory)를 포함한 사전검사와 4주 뒤 사후검사를 실시했다. 그 결과 명상을 수행한 집단은 공감 능력이 현저히 향상되었지만 두 통제집단에서는 아무 변화도 일어나지 않았다.

자아실현

명상은 '인격의 통합이라는 충만한 상태에 도달하기 위해 사람의 성격을 통합하고 실현하는 수행법'으로 설명할 수 있다(Ferguson, 1981,

p. 68). 자아실현을 나타내는 중요한 긍정적인 특성은 '자신과 타인을 받아들이고 자연의 우월한 현실 지각력을 수용하는 것'으로 설명할 수 있다(Maslow, 1968, p. 26). 이 같은 특성은 명상의 근본적인 목적과 일부 일치한다. 따라서 명상 연구에서 보고하는, 명상을 통해 얻게 되는 가장 긍정적인 심리적 효과가 자아실현이라는 것은 그다지 놀라운 일이 아닐 것이다(Alexander, 1991).

Alexander와 그의 동료들은(1991) 초월명상과 다른 명상법 그리고 이완이 자아실현에 미치는 효과에 관한 연구들의 메타 분석을 실시했다. 분석에는 초월명상 연구 18건, 다른 명상법 연구 18건 그리고 이완 연구 6건이 포함되었다. 분석 결과 모든 연구에서 자아실현이 현저하게 향상된 것으로 나타났다.

친애적 신뢰와 일체감 동기

Weinberger, McLeod, McClelland, Santorelli와 Kabat-Zinn(1990)은 MBSR이 친애적 신뢰와 일체감 동기를 증진시킬 수 있다고 가정했다. 친애적 신뢰는 다른 사람에 대한 근본적인 신뢰와 열려 있는 마음자세 그리고 타인에 대한 배려로 설명할 수 있고, 이는 건강에 긍정적인 영향을 준다고 볼 수 있다(McClelland, 1989). 일체감 동기는 자기가 자신보다 더 큰 전체의 일부분이라는 긍정적인 느낌으로 설명할 수 있다. Weinberger와 그의 동료들은 통제 연구 설계를 통해 마음챙김명상이 친애적 신뢰와 일체감 동기를 증진시킨다는 연구 결과를 보고했다.

영성

Shapiro와 그의 동료(1998)들은 무선 통제 실험을 통해 마음챙김명상이 의대생과 예과생에 각각 어떤 효과가 있는지 조사했다. 그 결과 명상집단은 통제집단에 비해 영적 경험에서 월등히 높은 점수를 받은 것으로 나타났다. 그리고 통제집단이 마음챙김명상을 수행했을 때에도 같은 결과가 나왔다. Astin(1997)은 대학생을 상대로 똑같은 실험을 한 결과 마음챙김명상을 한 뒤에 영적 경험이 현저히 증가했다고 보고하였다.

요약 및 비평

명상은 생리적, 심리적, 초개인적 안녕을 증진시키는 것으로 보인다. 구체적인 연구 결과들을 살펴보면, 명상이 생리적인 휴식, 행복감, 수용, 일치감, 스트레스 강인성, 공감, 자아실현의 증진을 가져다주는 것으로 나타났다. 따라서 명상은 인간이 자신의 잠재적인 능력을 파악하고 실현하는 데 도움을 줄 수 있을 것이다.

과거의 연구 결과들은 그 방법론에 있어 한계점이 있었다. 따라서 보다 더 정밀한 연구 설계를 위해 다음과 같은 필요충분 조건들을 제시하고자 한다. (a) 충분한 수의 표본집단을 확보해 실험집단과 통제집단으로 무작위 배정한다. (b) 명상 수행법을 명시한다(예: 마음챙김명상, 집중명상). (c) 명상 수행 횟수 및 수행 시간을 기록한다(예: 명상 일지). (d) 명상의 본래 목적과 부합하고 이미 확립된 결과 변수들을 포함해야 한다. (e) 후속 검증은 단기 및 장기 평가를 모두 포함해야 한다. (f) 연구자는 초보 명상가뿐 아니라 장기 명상가들도 포함해야 한다. 또한 회고적 연구에서 통제집단 피험자와 장기 명상가의 연령, 성별, 교육 수준뿐 아니라 명상 외에 음악 악기 연주와 같이 주의집중을 요하는 훈련의 실력 수준을 비슷하게 맞추는 것도 고려해봐야 할 것이다. 이와 같은 개선점들이 보완된다면 향후 연구에서 보다 정확한 결론을 얻을 수 있을 것이다.

명상과 그 맥락

이제 명상 연구와 임상 실제에 있어서 명상의 맥락(context)에 대해 살펴보고자 한다. 그리고 명상 수행에 그 의미를 도입시키는 의도적인 체계적 마음챙김(intentional systemic mindfulness: ISM)이라는 이론적 모델에 관한 논의를 할 것이다.

명상이 서양 과학에 소개되었을 때 현대의 환원주의 과학 패러다임에 맞게 도입되었다. 대부분의 과학자들은 서양에서 유용하다고 판단되는 명상의 '핵심'과는 관계가 없다고 생각되는 명상의 문화적 · 종교적 맥락을 배제하고 도입했다(예: Woolfolk & Franks, 1984). 이들은 측정 가능하고 반복 가능한 명상 수행법의 기능적인 면만 들여와 종교적 가치와 믿음에 상관없이 누구나 할 수 있는 세속 명상을 개발한 것이다(예: Benson, 1975). 그 결과 대부분의 명상 연구들은 명상이 본래 지니고 있었던 종교적 · 철학적 '맥락'을 배제한 채 일반적이고 반복 가능한 수행법이라는 데에 초점을 맞추고 있다.

명상을 서양의 과학적인 심리학에 신빙성 있는 기법으로 정착시키기 위해 이 같은 선택적 도입이 필요했다는 주장도 제기되고 있다(Shapiro, 1994). 이같이 명상의 본래 의미가 사라지면서 연구자와 임상 의학자들은 명상 수행법을 현대인들의 건강 목적에 맞게 도입하고 있다. 그러나 제한적인 용도의 명상 수행법은 보다 높은 차원의 삶의 의미와 목적 그리고 자아실현 획득과 같은 명상의 본래 목적을 퇴색시킬 수 있다. 명상에 관한 환원주의 연구는 계속될 필요가 있지만, 명상의 맥락을 다시 소개하고 연구하는 것도 이 못지않게 중요하다고 할 수 있겠다.

따라서 명상 수행을 하는 맥락을 명확히 하는 것이 중요하고, 무엇보다 명상 수행법을 보편적으로 적용하면서도 이 지혜의 전통이 지니고 있는 본래의 목적을 잘 보존하는 것 또한 중요하다고 할 수 있다. 이러한 맥락에서 우리는 종교와 문화에 중립적인 명상 이론 ISM을 제안하고자 한다. 이를 통해 주의집중 수행법인 명상의 의미와 특성을 살펴보도록 하겠다.

의도적인 체계적 마음챙김

모든 유형의 명상 수행법은 주의력을 길러 준다. '주의'를 집중하려는 '목적'은 최상의 건강상태를 위해 중요하다고 할 수 있다. 명상 연구와 실습에서 명상의 목적을 명백히 함으로써 긍정적인 심리적 특성을 향상시킬 수 있다. ISM 모델에서 정의하는 목적은 두 가지 요소로 구성되어 있다. (a) '마음챙김 특성'(mindfulness qualities)이라고 불리는 주의력의 특성과 (b) '체계적 관점'(systemic perspectives)이라고 불리는 주의집중의 의미가 그것이다. ISM은 마음챙김 특성을 통해 주의력의 본질과 체계적 관점으로 주의집중을 수행하는 틀에 대해 다루고 있다. 다시 말해 명상 목적의 두 가지 결정적인 요소인 주의를 집중하는 방법과 그 이유를 설명하고 있다.

다음 단락에서는 마음챙김의 특성들을 통해 주의를 집중하는 방법의 중요성과 체계적 관점을 통해 주의를 집중하는 이유의 중요성에 대해 살펴보도록 하겠다. 그리고 마지막으로 영향과 가설 그리고 향후 방향 등에 대해 생각해보기로 한다.

주의집중 방법: 마음챙김 특성

모든 명상 수행법은 주의력을 기르는 데 그 근본 목적을 두고 있다. 그러나 주의를 집중하는 것 자체만으로는 부족하다. 어떻게 주의를 집중하느냐가 복합적인 측면에서 건강증진을 위해 중요하다고 할 수 있다. 일례로 고혈압이 있는 한 여성이 혈압을 낮추기 위해 명상을 수행한다고 했을 때, 만약 혈압이 낮아지지 않으면 어떡하나 하는 두려움과 고혈압이 있는 자신에 대해 분노를 느끼며 혈압에 주의를 기울인다면 자기통제 기법의 치유 효과를 저해하거나 심지어 건강을 악화시킬 수 있다. 그러나 수용, 관대함, 비판단과 같은 마음챙김 특성들을 생각에 주입하려는 의식적인 목적을 가지고 주의를 집중한다면 이러한 목적은 분명 건강에 도움이 될 것이다.

마음챙김 특성(mindfulness qualities)은 12개의 마음챙김 특성에 의식적으로 주의를 기울이려는 목적을 뜻한다. 이 가운데 7개는 Kabat-Zinn(1990)이 그리고 나머지 5개는 Shapiro & Schwartz(2000)가 정의내린 개념이다. Kabat-Zinn의 7가지 마음챙김 특성은 비투쟁적 자세(nonstriving), 비판단적 자세(nonjudging), 수용(acceptance), 인내(patience), 신뢰(trust), 개방성(openness), 탈집착(letting go)이며, Shapiro와 Schwartz의 5가지 마음챙김 특성은 감사하는 마음, 온화함, 관대함, 공감, 자애다(〈표 11-1〉 참조). 후자의 특성들은 마음챙김의 정서적인 특성을 의미한다. 12가지 특성의 정의는 〈표 11-1〉에 기술하였다.

〈표 11-1〉 마음챙김 특성

비판단적 자세(nonjudging): 현재 일어나고 있는 일, 매 순간의 경험을 판단이나 분석, 선입견 없이 있는 그대로 관찰하는 것

비투쟁적 자세(nonstriving): 목표에만 과도하게 집착하거나 결과 또는 성과에만 연연하지 않고 이를 위해 억지로 무리하게 노력하지 않는 것

수용(acceptance): 현실을 있는 그대로 보고 인정하고 받아들이려는 마음. 수용은 수동적인 자세나 체념을 의미하는 게 아니라 현실을 보다 명확히 이해해서 효과적으로 대처할 수 있게 하는 것을 의미

인내(patience): 자기자신이나 타인 그리고 현재에 대한 인내, 조바심 내지 않고 때가 되기를 기다리는 마음

신뢰(trust): 자기자신이나 자신의 신체, 직관, 감정을 믿고 인생이 순리대로 전개되고 있다고 믿는 마음

개방성(openness)*: 모든 사물을 마치 처음 보는 것처럼 대하는 자세. 매 순간 일어나고 있는 일에 주의를 기울이고 모든 가능성을 열어놓는 마음

탈집착(letting go): 집착을 버리는 것. 생각 · 감정 · 경험에 너무 연연하지 않고 매달리지 않는 것. 이는 놓아버린다는 의미이지 억누른다는 뜻이 아니다.

온화함(gentleness): 부드럽고 온순하며 이해심이 많은 성격적 특성. 그러나 이는 수동적인 자세나 상대방의 모든 것을 너그럽게 봐주는 무른 성격을 뜻하는 것은 아니다.

관대함(generosity): 보상이나 이득을 바라지 않고 사랑과 동정심에서 우러나와 남에게 베푸는 마음

공감(empathy): 타인이 처해 있는 상황과 그의 관점, 감정, 행동(반응)을 이해하고 함께 느끼고 이 같은 마음을 상대방에게 전하는 것

감사하는 마음(gratitude): 지금 이 순간을 소중하고 중요하게 여기고 감사하는 마음

자애(lovingkindness): 자비와 연민, 소중히 여기는 마음 그리고 관용과 무조건적인 사랑을 아우르는 특성

주) 상기에 언급된 마음챙김 특성들은 이를 스스로 발견할 수 있도록 도움을 주기 위해 정의를 내린 것이다. 이 가운데 명상 과정 모델에서 주의집중 단계뿐 아니라 목적 단계에도 속해야 할 특성들이 있다. 명상 실행 또는 목적 단계에서는 이러한 특성들을 마음속에 불러오고, 주의집중 단계 또는 자기통제 수행을 하는 과정에서는 이 특성들이 더 강화된다. 앞의 7개의 특성에 관한 보다 자세한 정의는 Kabat-Zinn(1990), pp. 33~40 참조.

* 개방성: 초보자의 자세라고 할 수 있다. 즉, "모든 사물을 마치 처음 보는 듯 대하는 마음 자세" (Kabat-Zinn, 1990, p. 35)를 말한다.

주의집중 이유: 체계적 관점

의도는 주의를 기울이는 방법, 즉 마음자세뿐 아니라 자기조절 주의집중 수행을 하려는 이유, 즉 맥락에도 적용될 수 있다. 주의집중의 이유에 대해 알아보기 위해서는 보다 큰 '체계적 관점'에 대해 먼저 논의할 필요가 있다.

주의집중의 이유를 보다 더 넓은 맥락에서 생각해보지 않는다면 명상은 결국 하나의 증상에만 초점을 맞춤으로써 큰 그림은 놓치게 되는 것이다. 체계적 관점에서의 자기통제 수행법은 의도의 여러 단계를 포함하고 있으며, 각 단계는 전 단계를 포함하거나 초월한다(Wilber, 1993).

높은 혈압을 낮추기 위해 명상을 하는 여성의 사례에서 명상의 목적을 체계적 관점에 집중시킨다면 혈압뿐 아니라 전체 순환계가 건강해지는 효과를 볼 수 있다. 이를 통해 심장이 더 큰 계통의 일부라는 것을 인식하게 되면서 명상을 하는 목적이 더 확대되는 것이다. 또한 인간은 정신신체적(psychosomatic) 존재라는 사실을 깨닫게 되는 것이다. 그리고 자신이 가족이나 사회의 일원으로 다른 사람과의 관계 속에 존재한다는 사실을 인식하게 된다. 그 결과 자기자신 외에 대인관계에서 발생하는 문제를 치유하고자 하는 목적이 또 하나 추가되는 것이다. 이 같은 인식은 자기가 맺고 있는 대인관계가 더 큰 공동체(인류)의 일부분이라는 인식으로 이어지고, 그 결과 지구상의 모든 생명체 그리고 지구 자체와 자신과의 유대관계를 인지하고자 하는 단계에까지 이르게 된다.

물론 이러한 과정이 ISM의 틀 속에서 자기조절 수행을 행하는 모든 사람에게 다 일어나는 것은 아니다. 단지 명상을 하는 목적이 미시적 관점에서 거시적인 관점으로 나아가는 과정을 예증한 것이다. 우리는 앞서 언급한 실례에서 지속적인 피드백을 통해 명상을 하는 목적이 계속 진화하는 것을 알 수 있으며, 이는 역동적이고 발전적인 목적의 특성을 보여준다. 목적성의 범위를 더 넓혀가면서 기존에는 미처 몰랐던 한 차원 높은 피드백을 발견하게 되고, 이를 통해 명상을 하는 목적이 더 확대되는 것이다. 그리하여 ISM 모델에 따라 자기조절 수행을 계속하다보면 명상을 하는 목적이 초기에 어느 특정한 한 가지 증상에서 그 증상이 속한 더 큰 전체로 옮겨가게 되는 것이다. 다시 말해 '체계적 관점'(systemic perspectives)은 어느 특정 증상(개인 내적)이 큰 전체(대인관계, 초개인)를 구성하는 일부분이라는 인식을 하고 자기조절 수행을 하고자 하는 의도로 풀이될 수 있다([그림 11-2] 참조). [그림 11-2]에서 화살표는 각각의 단계가 서로 직·간접적으로 연관되어 있음을 보여주고 있다. 이 그림에서 각각의 단계가 서로 직·간접적인 피드백을 주고받는 역동적인 과정을 볼 수 있다(각 단계끼리 서로 주고받을 수 있는 모든 피드백(화살표)을 표시하지는 않았다.).

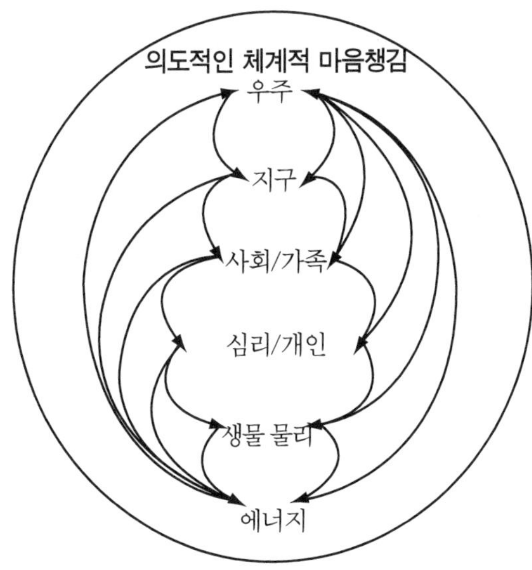

[그림 11-2] 체계적 관점

명상 수행법: 잠재적인 한계

ISM을 통해 서양 의학에서 가르치고 있는 명상 수행법의 잠재적인 한계를 극복할 수 있을 것이다. 앞서 언급했듯이 대부분의 의사와 환자들은 긍정적인 심리적 효과를 포함한 건강에 대한 거시적인 관점에서 명상에 접근하기보다는 '스트레스 해소'와 같이 특정 증상의 완화에만 초점을 맞춰 명상을 실시하고 있다. 명상의 이러한 환원주의 접근법 때문에 명상의 효과에는 한계가 있을 수밖에 없고, 명상을 통해 '최상의 건강 상태'에 도달할 수 없게 된다. 세계보건기구(1946)의 정의에 따르면, 최상의 건강 상태란 단지 질병이 없는 상태만을 뜻하는 게 아니라 정신적 · 신체적 · 사회적 안녕까지 포함하는 개념이다.

환원주의 자기조절 모델의 경우, 최적의 건강 상태에 도달하고 이를 유지하는 데 필요한 복합적인 단계들을 모두 포함시키고 있지 않다. 따라서 대부분의 명상 수행법의 주요 목적은 비정상인 상태를 정상으로 되돌려놓는 것에 그친다(예: 혈압). 물론 명상을 통해 혈압을 낮출 수 있다면 그것도 큰 효과라고 할 수 있다. 그렇지만 ISM 모델에 따른 명상은 증상과 체계적인 수준에서 치유 효과를 가져온다고 가정할 수 있다.

우리가 제시하는 ISM 모델은 자기조절과 스트레스 관리에만 국한되지 않고, 건강증진 및 최상의 긍정적인 심리적 변화와 발전을 가져올 수 있을 것으로 생각된다. 의도적인 체계적 마음챙김(intentional systemic mindfulness)은 자아실현과 삶의 보다 큰 의미와 같은 명상의 본래 목적을 추구하는 '의미'를 제공해주는 것이다.

ISM 모델의 적용: 증거들

의대생과 예과생을 상대로 ISM이 어떤 효과가 있는지 알아보는 잘 통제된 실험의 예비 검사 결과는 ISM이 개인 내, 개인 간, 초개인적인 단계에서 긍정적인 영향을 미친다는 것을 보여주었다. 실험집단은 통제집단에 비해 우울증과 불안의 현저한 감소를 보였고(Shapiro, 1998), 공감과 영적 경험에서 현저한 양적 증가를 보였다. 마지막으로, 실험의 질적 분석 결과 마음챙김명상이 실험집단의 개인 내, 개인 간, 초개인적인 면에 영향을 미친 것으로 나타났다(Shapiro & Schwartz, 1998). 비교 대상이 되는 명상 그룹이 없었기 때문에 실험에서 관찰된 긍정적인 효과는 ISM으로 인한 특수한 효과라기보다는 명상의 일반적인 효과일 수도 있다. 따라서 보다 더 명확한 결론을 내리기 위해서는 추가 연구가 더 필요하다.

요약: 의도적인 체계적 마음챙김

의도적인 체계적 마음챙김은 명상의 의미를 명상 연구와 수행에 다시 도입하기 위해 개발된 이론 모델이다. 마음챙김 특성들과 체계적 관점에 초점을 맞추게 됨에 따라 명상 연구와 수행에 대한 보다 수용적이고 체계적인 접근이 가능해질 것이다. ISM 방법을 통해 명상 연구는 더 포괄적이고 통합된 치유에 대한 연구로 발전해나갈 수 있을 것이다.

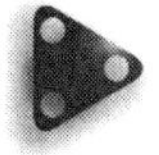

미래의 방향

명상에 관한 향후 연구에 관해서 여러 가지 다양한 방향을 제시할 수 있다. 건강에 대한 문제는 긍정적인 면과 부정적인 면을 모두 포함해 워낙 광범위하기 때문에 이에 대한 연구를 위해서는 보다 정밀하고 민감한 실험 설계가 요구된다. 명상과 긍정심리학에 대한 향후 연구에 있어 다음과 같은 여섯 가지 연구 방향을 간략하게 제시하고자 한다.

첫째, 연구 설계에서 종속 변인이 명상의 본래 목적과 의도(예: 자아실현, 공감, 삶의 의미, 삶의 목적)에 근접하도록 설계되어야 한다. 둘째, 명상 수행을 포함한 긍정적인 심리 변화를 통해 어떤 생리학적 변화가 일어나는지도 함께 연구되어야 한다. 그리하여 최근에 새롭게 부상하고 있는 개념인 "건강해지는 생리학적 기질(physiological substrates of flourishing)"에 대한 연구를 더 확대해야 할 것이다(Ryff & Singer, 1998). 셋째, 임상 환경에서 명상을 가르치는 가장 효과적인 방법을 모색하는 것 또한 매우 중요하다고 하겠다. 이를 위해 명상 시간과 형식(예: 집단 명상 대 개인 명상)을 달리해 서로 비교해보도록 한다. 이와 관련해서 사람마다 어떠한 명상법이 가장 잘 맞는가? 특정 사람 또는 특정 목적에 따라 잘 맞는 명상법이 따로 있는가? 등을 고려해야 한다. "어떤 명상법을 쓰느냐에 따라 명상가에게 다른 효과를 가져올 수 있고, 또 임상적 응용 방식도 다를 수 있다."(Bogart, 1991, p. 385) 어떤 명상법이 적합한가를 결정할 때 명상을 통해 얻고자 하는 치료 목적을 반드시 고려해야 할 것이다(예: 스트레스 관리, 자기 탐색 또는 변화를 일으키는 초개인적 경험). Bogart(1991)는 집중명상은 내면의 균형과 마음의 평온을 가져오고, 인식과 감정의 연속적인 흐름을 초월할 수 있는 능력을 주며, 개안명상은 부적합한 인지적 · 감정적 · 행동적 양식에 대한 통찰을 준다고 설명했다. 넷째, 실험 참가자들의 명상 경험 정도를 구체적으로 기록해야 한다. 연구자들은 명상의 시간은 물론 명상의 깊이 정도를 측정할 수 있는 지표를 가지고 있어야 한다(예: 선생님의 평정). 다섯째, 명상이 긍정적인 심리적 변화를 가져오게 되는 과정은 무엇인가에 대한 연구가 이루어져야 한다. 아직까지 명상의 심적 기제에 대한 명확한 이해가 이루어지지 않고 있으므로 이에 대한 연구가 필요하다고 하겠다. 마지막으로, 명상을 가르치는 데 있어 맥락(context)의 중요성에 대한 연구가 있어야 한다. ISM을 토대로 한 명상과 서양 의학에서 전통적으로 가르치고 있는 명상법을 비교하는 연구가 있어야 할 것이다. 우리는 ISM에 근거한 명상법이 전통적인 명상법보다 다양한 측면에서 건강에 더 이롭다고 가정한다. 이를 뒷받침하기 위해 향후 연구에서는 ISM(예를 들어, 개인의 의도, ISM을 명상법과 제대로 통합시킬 수 있고 또 이를 얼마나 잘 이해하고 있는가 등)과 체계적 건강(건강의 다양한 측면과 밀접한 관련이 있는 평가)을 측정할 수 있는 신뢰성 있고 타당한 자기보고식 측정도구를 개발해야 할 것이다.

명상 연구자들은 심리적 건강에 대한 우리의 시야를 넓혀놓았다고 할 수 있다. 명상의 본래 목적은 현재 다시 부상하고 있는 긍정심리학과 여러 측면에서 유사한 점이 많다. 명상과 긍정심리학에 대해 더 많은 연구가 필요한 이유는 분명하다. 명상 연구자들은 명상 연구가 단순한 증상 완화에서 건강과 치유에 대한 보다 체계적이고 의도적인 접근으로 발전할 수 있도록 일조해야 할 것이다.

참고문헌

Alexander, C. N., Druker, S. M., & Langer, E. J. (1990). Major issues in the exploration of adult growth. In C. N. Alexander & E. J. Langer (Eds.), *Higher stages of human development: Perspectives on adult growth* (pp. 3-32). New York: Oxford University Press.

Alexander, C. N., Langer, E. J., Newman, R. I., Chandler, H. M., & Davies, J. L. (1989). Transcendental meditation, mindfulness, and longevity: An experimental study with the elderly. *Journal of Personality and Social Psychology, 57*(6), 950-964.

Alexander, C. N., Rainforth, M. V., & Gelderloos, P. (1991). Transcendental meditation, self actualization, and psychological health: A conceptual overview and statistical meta-analysis. *Journal of Social Behavior and Personality, 6*(5), 189-247.

Allport, G. W. (1961). *Pattern and growth in personality.* New York: Holt, Rinehart, and Winston.

Antonovsky, A. (1987). *Unraveling the mystery of health: How people manage stress and stay well.* San Francisco: Jossey-Bass.

Astin, J. A. (1997). Stress reduction through mindfulness meditation: Effects on psychological symptomatology, sense of control, and spiritual experiences. *Psychotherapy and Psychosomatics, 66,* 97-106.

Banquet, J. (1973). Spectral analysis of the EEG in meditation. *Electroencephaloraohy and Clinical Neurophysiology, 35,* 143-151.

Beauchamp-Turner, D. L., & Levinson, D. M. (1992). Effects of meditation on stress, health, and affect. *Medical Psychotherapy: An International Journal, 5,* 123-131.

Benson, H. (1975). *The relaxation response.* New York: Morrow.

Benson, H., & Proctor, W. (1984). *Beyond the relaxation response.* New York: Putnam/Berkley.

Bogart, G. (1991). The use of meditation in psychotherapy: A review of the literature. *American Journal of Psychotherapy, 45*(3), 383-412.

Carrington, P. (1993). Modern forms of meditation. In P. M. Lehrer & R. L. Woolfolk (Eds.), *Principles and practice of stress management* (2nd ed., pp. 139-168). New York: Guilford.

Carrington, P. (1998). *The book of meditation.* Boston: Element Books.

Chang, J., & Hiebert, B. (1989). Relaxation procedures with children: A review. *Medical Psychotherapy, An International Journal, 2,* 163-176.

Cowger, E. L., & Torrance, E. P. (1982). Further examination of the quality changes in creative functioning resulting from meditation (Zazen) training. *Creative Child and Adult Quarterly, 7*(4), 211-217.

Cranson, R. W., Orme-Johnson, D. W., Gackenbach, J., Dillbeck, M. C., Jones, C. H., & Alexander, C. N. (1991). Transcendental meditation and improved performance on intelligence related measures: A longitudinal study. *Personality and Individual Differences, 12*(10), 1105-1116.

Dillbeck, M. C., Assimakis, P. D., & Raimondi, D. (1986). Longitudinal effects of the transcendental meditation and TM-Sidhi program on cognitive ability and cognitive style. *Perceptual Motor skills, 62*(3), 731-738.

Dillbeck, M. C., & Orem-Johnson, D. W. (1987). Physiological differences between transcendental meditation and rest. *American Psychologist, 42*(9), 879-881.

Easterlin, B. L., & Cardena, E. (1999). Cognitive and emotional differences between short and long term Vipassana meditators. *Imagination, Cognition and Personality, 18*(1), 68-81.

Edwards, D. L. (1991). A meta-analysis of the effects of meditation and hypnosis on measures of anxiety. *Dissertation Abstracts International, 52*(2-B), 1039-1040.

Emavardhana, T., & Tori, C. D. (1997). Changes in self-concept, ego defense mechanisms, and religiosity following seven-day. Vipassana meditation retreats. *Journal for the Scientific Study of Religion, 36*(2), 194-206.

Ferguson, P. C. (1981). An integrative meta-analysis of psychological studies investigating the treatment outcomes of meditation studies. (Doctoral dissertation, University of Colorado, 1981). *Dissertation*

Abstracts International, 42(4-A), 1547.

Fordyce, M. W. (1983). A program to increase happiness: Further studies. *Journal of Counseling Psychology, 30*, 483-498.

Gelderloos, P., Walton, K., Orme-Johnson, D., & Alexander, C. (1991). Effectiveness of the transcendental meditation program in preventing and treating substance misuse: A review. *International Journal of the Addictions, 26*(3), 293-325.

Goleman, D. (1972). The Buddha on meditation and states of consciousness: Part 1. The teaching: Part 2. A typology of meditation techniques. *Journal of Transpersonal Psychology, 4*(1-2), 1-44, 151-210.

Goleman, D. (1988). *The meditation mind.* Los Angeles: Tarcher.

Goleman, D. J., & Schwartz, G. E. (1976). Meditation as an intervention in stress reactivity. *Journal of Counseling and Clinical Psychology, 44*(3), 456-466.

Hall, P. D. (1999). The effect of meditation on the academic performance of African American college students. *Journal of Black Studies, 29*(3), 408-415.

Harte, J. L., Eifert, G. H., & Smith, R. (1995). The effects of running and meditation on beta-endorphin, corticotrophin-releasing hormone and cortisol in plasma, and on mood. *Biological Psychology, 40*(3), 251-265.

Jevning, R., Wilson, A. F., & Davidson, J. M. (1978). Adrenocortical activity during meditation. *Hormones and Behavior, 10*(1), 54-60.

Kabat-Zinn, J. (1982). An outpatient program in behavioral medicine for chronic pain patients based on the practice of mindfulness meditation: Theoretical considerations and preliminary results. *General Hospital Psychiatry, 4*, 33-47.

Kabat-Zinn, J. (1990). *Full catastrophe living.* New York: Delacorte Press.

Kabat-Zinn, J. (1994). *Wherever you go, there you are.* New York: Hyperion.

Kabat-Zinn. J. (1996). Mindfulness meditation: What it is, what it isn't, and its role in health care and medicine. In Y. Haruki, Y. Ishii, & M. Suzuki (Eds.), *Comparative and psychological study on meditation* (pp. 161-170). Netherlands: Eburon Publishers.

Kabat-Zinn, J., & Skillings, A. (1989, March). *Sense of coherence and stress hardiness as predictors and measure of outcome of a stress reduction program.* Poster presented at the meeting of the Society of Behavioral Medicine, San Francisco.

Kabat-Zinn, J., & Skillings, A. (1992). [Sense of coherence and stress hardiness as outcome measures of a mindfulness-based stress reduction program: Three-year follow-up]. Unpublished raw data. University of Massachusetts Medical Center.

Kabat-Zinn, J., Wheeler, E., Light, T., Skillings, A., Scharf, M. J., Cropley, T. G., Hosmer, D., & Bernhard, J. D. (1998). Influence of mindfulness meditation-based stress reduction intervention on rates of skin clearing in patients with moderate to severe psoriasis undergoing phototherapy (UVB) and photochemotherapy (PUVA). *Psychosomatic Medicine, 60*(5), 625-632.

Kobasa, S. C. O. (1990). Stress-resistant personality. In R. Ornstein & C. Swencionis (Eds.), *The healing brain: A scientific reader* (pp. 219-230). New York: Guilford.

Lesh, T. (1970). Zen meditation and the development of empathy in counselors. *Journal of Humanistic Psychology, 10*(1), 39-74.

Lewis, J. (1978). The effects of a group meditation technique upon degree of test anxiety and level of digit-letter retention in high school students. *Dissertation Abstracts International, 38*(10-A), 6015-6016.

MacLean, C., Walton, K. G., Wenneberg, S. R., Levitsky, D. K., Mandarino, J. P., Waziri, R., Hills, S. L., & Schneider, R. H. (1997). Effects of the transcendental meditation program on adaptive mechanisms: Changes in hormone levels and responses to stress after 4 months of practice. *Psychoneuroendocrinology, 22*(4), 277-295.

Margid, S. (1986). Meditation, creativity, and the composing process of student writers. *Dissertation Abstracts International, 46*(9-A), 2603.

Maslow, A. H. (1968). *Toward a psychology of being* (2nd ed.). New York: Van Nostrand Reinhold.

McClelland, D. C. (1989). Motivational factors in health and disease. *American Psychologist, 44,* 675-683.

Miller, J., Fletcher, K., & Kabat-Zinn, J. (1995). Three-year follow-up and clinical implications of a mindfulness-based intervention in the treatment of anxiety disorders. *General Hospital Psychiatry, 17,* 192-200.

*Murphy, M., Donovan, S., & Taylor, E. (1997). *The physical and psychological effects of meditation: A review of contemporary research with a comprehensive bibliography.* Sausalito, CA: Institute of Noetic Sciences.

Nidich, S. I., Ryncarz, R. A., Abrams, A. I., Orme Johnson, D. W., & Wallace, R. K. (1983). Kohlbergian cosmic perspective responses, EEG coherence, and the TM and TM-Sidhi program. *Journal of Moral Education, 12,* 166-173.

Nystul, M. S., & Garde, M. (1977). The self concepts of transcendental meditators and non-meditators. *Psychological Reports, 41,* 303-306.

Nystul, M. S., & Garde, M. (1979). The self concepts of regular transcendental meditators, dropout meditators and nonmeditators. *Journal of Psychology, 103,* 15-18.

O' Halloran, J. P., Jevning, R. A., Wilson, A. F., Skowsky, R., & Alexander, C. N. (1985). Hormonal control in a state of decreased activation: Potentiation of arginine vasopressin secretion. *Physiology and Behavior, 35,* 591-595.

Orme-Johnson, D. W., & Haynes, C. T. (1981). EEG phase coherence, pure consciousness, and TM-Sidhi experiences. *International*

Journal of Neuroscience, 13, 211-217.

Penner, W. J., Zingle, H. W., Dyck, R., & Truch, S. (1974). Does an in-depth transcendental meditation course effect change in the personalities of the participants? *Western Psychologist, 4,* 104-111.

Rivers, S., & Spanos, N. P. (1981). Personal variables predicting voluntary participation in and attrition from a meditation program. *Psychological Reports, 49,* 795-801.

Ryff, C. D., & Singer, B. (1998). Human health: New directions for the next millennium. *Psychological Inquiry, 9*(1), 69-85.

Shapiro, D. H. (1980). *Meditation: Self-regulation strategy and altered state of consciousness.* New York: Aldine.

Shapiro, D. H. (1994). Examinng the content and context of meditation: A challenge for psychology in the areas of stress management. *Journal of Humanistic psychology, 34,* 101-135.

*Shapiro, D. H., & Walsh, R. N. (Eds.) (1984). *Meditation: Classic and contemporary perspectives.* New York: Aldine.

Shapiro, S. L., & Schwartz, G. E. (1998). Mindfulness in medical education: Fostering the health of physicians and medical practice. *Integrative Medicine, 1,* 93.

*Shapiro, S. L., & Schwartz, G. E. (2000). The role of intention in self-regulation: Toward intentional systemic mindfulness. In M. Boekaerts, P. R. Pintrich, & M. Zeidner (Eds.), *Handbook of self-regulation* (pp. 253-273). New York: Academic Press.

Shapiro, S. L., & Schwartz, G. E. (in press). Intentional systemic mindfulness: Implications for self-regulation and health. *Advances in Mind body Medicine.*

Shapiro, S. L., Schwartz, G. E. R., & Bonner, G. (1998). The effects of mindfulness-based stress reduction on medical and pre-medical students. *Journal of Behavioral Medicine, 21,* 581-599.

Smith, W. P., Compton, W. C., & West, W. B. (1995). Meditation as an adjunct to happiness enhancement program. *Journal of Clinical*

Psychology, 51, 269-273.

Sridevi, K., Rao, P., & Krisha, V. (1998). Temporal effects of meditation and personality. *Psychological Studies, 43*(3), 95-105.

Tate, D. B. (1994). Mindfulness meditation group training: Effects on medical and psychological symptoms and positive psychological characteristics. *Dissertation Abstracts International, 55*(55-B), 2018.

Taylor, D. N. (1995). Effects of a behavioral stress management program on anxiety, mood, self-esteem, and T-cell count in HIV-positive men. *Psychological Reports, 76,* 451-457.

Tloczynski, J., & Tantriella, M. (1998). A comparison of the effects of Zen breath meditation or relaxation on college adjustment. *Psychologia: An International Journal of Psychology in the Orient, 41*(1), 32-43.

Van den Berg, W., & Mulder, B. (1976). Psychological research on the effects of the transcendental meditation technique on a number of personality variables. *Gedrag, Tijdschrift voor psychologie, 4,* 206-218.

Wallace, R. K. (1986). *The Maharishi technology of the unified field: The neurophysiology of enlightenment.* Fairfield, IA: MIU Neuroscience Press.

Walsh, R. N. (1983). Meditation practice and research. *Journal of Humanistic Psychology, 23*(1), 18-50.

Walsh, R. (1993a). Meditation research: The state of the art. In R. Walsh & F. Vaughan (Eds.), *Paths beyond ego: The transpersonal vision* (pp. 60-66). Los Angeles: Tarcher/Perigee.

Walsh, R. (1993b). The transpersonal movement: A history and state of the art. *Journal of Transpersonal Psychology, 25*(2), 123-139.

*Walsh, R., & Vaughan, F. (1993). *Paths beyond ego: The transpersonal vision.* Los Angeles: Tarcher/Perigee.

Weinberger, J., McLeod, C., McClelland, D., Santorelli, S. F., & Kabat-Zinn, J. (1990). *Motivational change following a meditation-based stress reduction program for medical outpatients.* Poster presented at the First International Congress of Behavioral Medicine, Uppsala, Sweden.

Wilber, K. (1993). The spectrum of transpersonal development. In R. Walsh & F. Vaughan (Eds.), *Paths beyond ego: The transpersonal vision* (pp. 116-117). Los Angeles: Tarcher/Perigee.

Woolfolk, R. L., & Franks, C. M. (1984). Meditation and behavior therapy. In D. H. Shapiro & R. N. Walsh (Eds.), *Meditation: Classic and comtemporary perspectives* (pp. 674-676). New York: Aldine.

World Health Organization. (1946). *Constitution*. Geneva, Switzerland.

Zamarra, J. W., Schneider, R. H., Besseghini, I., Robinson, D. K., & Salerno, J. W. (1996). Usefulness of the treatment of patients with coronary artery disease. *American Journal of Cardiology, 77,* 867-870.

영 성

신성한 것의 발견과 보존

영성의 정의
신성한 것의 발견
신성한 것의 보존
사는 동안 신성한 것의 발견, 보존, 재발견의 순환

신이 없었다면 세상은 무미건조한 단색의 세상, 색상이나 질감이 없는 세상, 모든 날들이 똑같은 세상이었을 것이다. 결혼은 정절이 아닌 생물학의 문제가 되었을 것이다. 노년은 현명함이 아닌 약함의 시기로 간주되었을 것이다. 그런 세상이었다면 우리는 모든 종류의 기분 전환, 우리 인생의 공허감으로부터의 기분 전환을 필사적으로 찾아다녔을 것이다. 왜냐하면 우리는 어떤 날들과 어떤 시간들을 특별하게 만드는 마법을 결코 배우지 못했을 것이기 때문이다.

(Kushner, 1989, p. 206)

G. Stanley Hall과 William James는 인간 경험에 있어서 신성한 것의 중심적 역할에 관한 Harold Kushner의 대담한 주장에 상당히 만족했을 것이다. 이들 심리학의 창시자들에게 영적 현상은 심리학 연구를 위한 매우 중요한 주제였다. 그러나 20세기 초부터 심리학자들은 (a) 영성을 무시하거나 (b) 영성을 병적인 것으로 간주하거나 (c) 영성을 보다 기초적인 심리학적 · 사회적 · 생리학적 기능으로 전락할 수 있는 과정으로 다루는 경향이 있었다. 저자들은 이러한 심리영성적 균열에 대한 많은 이유들을 제시했다. 즉, 영성과 같이 주관적이고 정의하기 어려운 현상을 연구하는 어려움, 일반 대중보다 상당히 낮은 차원의 종교성을 표출하는 심리학자들이 영성의 힘을 과소평가하는 경향, 그들의 '소비자'에게 제공하는 가치, 세계관, 자원에서 심리학계와 종교계 사이에서의 경쟁력 등이다(Pargament, 1997; Richards & Bergin, 1997; Shafranske & Malony, 1990).

이러한 균열에 대해 어떠한 설명이 나오든지 간에, 심리학자들이 영성에 주목해야 하는 충분한 이유가 많이 있다. 첫째, 영성은 '문화적 사실'

* Kenneth I. Pargament & Annette Mahoney

이다(Shafranske & Malony, 1996). 대다수의 미국인들이 신을 믿고(95%), 기도를 통해 신에게 도달할 수 있다고 믿으며(86%), 종교가 자신에게 매우 중요하다고 생각하고 있다(86%; Gallup, 1995; Hoge, 1996). 둘째, 점점 많은 경험적 문헌에서 인간 기능의 여러 측면에 있어 영성의 중요한 영향력이 지적되고 있다. 정신건강(Koenig, 1998), 약물 및 알코올 사용(Benson, 1992), 결혼 기능(Mahoney et al., 1999), 부모 역할(Ellison & Sherkat, 1993), 스트레스를 유발하는 인생 경험의 결과(Pargament, 1997), 질병률 및 사망률(Ellison & Levin, 1998; Hummer, Rogers, Nam, & Ellison, 1999) 등이 이 목록에 포함된다. 끝으로, 좀 더 실질적 특성으로 미국심리학회는 종교성을 '문화적 다양성' 변인으로 정의했다. 다른 다양성 변인들보다 상대적으로 주목을 적게 받기는 했지만, 심리학자들은 이러한 측면에 주의를 기울이고, 다양한 종교적 배경을 가진 내담자와의 상담을 하게 될 때 발생할 수도 있는 편견을 줄일 윤리적 의무를 가지고 있다(심리학자들의 윤리적 원칙과 행동 양식, 원칙 D 참조; APA, 1992). 요컨대, 심리학자들이 사람들의 생활에서 영적인 측면에 좀 더 신중하게 주의를 기울여야만 하는 아주 중요한 이유들이 있다는 것이다.

이 장에서는 영성에 관한 연구에서 나타나는 흥미로운 몇 가지 연구 결과를 살펴볼 것이다. 여기에서 살펴보는 내용은 포괄적이 아니라 선택적인 것이 될 것이다. 영성이 심리학적 관점에서 이해되고 연구될 수 있는 몇 가지 방법에 관해 논의할 것이다. 영성의 경험적 연구 및 영성과 안녕감과의 관계에서 배우기 시작하고 있는 몇 가지 것들을 살펴볼 것이다. 마지막으로 인간의 기능과 긍정심리학에 대한 영성의 영향력을 설명할 것이다. 이 과정에서 다른 사람들이 자신의 심리학 연구와 실제에서 영적 측면을 살펴보도록 장려할 것이다. 우선, 영성의 정의부터 살펴보기로 한다.

영성의 정의

대부분의 사람들은 자기자신을 영적인 존재라고 설명하지만, 영적이라는 단어는 다양한 방법으로 정의된다(Zinnbauer et al., 1997). 마찬가지로 심리학자들도 다양한 견해를 가지고 있다(Zinnbauer, Pargament, & Scott, 1999). 영성의 정의는 인간적인 것이라는 가장 적절한 표현에서부터(Twerski, 1998), 존재의 의미에 대한 추구(Doyle, 1992), 초월적 인간의 측면(Mauritzen, 1988)에 이르기까지 다양했다. 이렇게 풍부하고 복잡한 구성개념을 한 가지로 정의해서 모든 사람들을 만족시킬 수는 없지만, 어떤 특정 정의가 본 연구의 경계와 질서를 제공하기 위해 필요하다.

정의로 넘어가서, 영성과 종교성 간의 관계를 살펴보는 것이 특히 중요하다. 전통적으로 종교심리학자들은 이러한 구성개념들을 구별하지 않았다(Wulff, 1998). 그러나 좀 더 최근에 저자들이 그 두 가지를 대조시키기 시작했고, 일부에서는 종교가 제도적 · 교의적 · 제한적인 반면, 영성은 개인적 · 주관적이고 삶을 윤택하게 한다고 제안하고 있다. 다른 곳에서 우리는 이러한 두 가지 구성개념의 양극화에 반대하였다. 경험적 연구에서 대부분의 사람들이 자기자신을 종교적이면서도 영적이라고 정의하는 것으로 보인다고 하였다(Zinnbauer et al., 1997). 또한 종교와 영성 모두 개인적으로 또 사회적으로 표현될 수 있고, 두 가지 모두 안녕감을 촉진하거나 방해할 수 있는 능력을 가지고 있다(Pargament, 1999; Zinnbauer et al., 1999). 요컨대 두 가지 구성개념 사이에 중복되는 중요한 점들이 있다고 생각된다. 우리는 종교(religion)라는 단어를 고전적 의미에서 성스러울 뿐 아니라 세속적인 다양한 목적에 부합하는 광범위한 개인 및 제도적 영역으로 사용하고자 한다. 영성(spirituality)은 종교의 중요하고 독특한 기능을 나타낸다. 이 장에서 영성은 '성스러운 것에 대한 추구' 로 정의된다(Pargament, 1999, p. 12).

이러한 정의에는 두 가지 중요한 단어가 있다. 즉, 추구(search)와 성스러운 것(sacred)이다. 추구라는 단어는 영성이 하나의 과정, 즉 성스러운 것을 발견하려는 노력을 포함하고, 일단 성스러운 것을 발견하면 그것을 유지하고자 하는 노력을 수반하는 과정이다. 사람들은 성스러운 것을 발견하고 보존하고자 하는 시도에서 사실상 무한하게 많은 경로를 택할 수 있다. 영적 경로에는 전통적 종교 제도에서 비전통적 영적 단체, 프로그램, 협회(예를 들어, Twelve-Step, 명상 센터, 사이언톨로지)에 이르는 사회적 관여(involvement)가 포함된다. 그 경로에는 전통적으로 조직화된 종교(예를 들어, 개신교, 로만 가톨릭, 유대교, 힌두교, 불교, 이슬람교), 새로운 영성 운동(예를 들어, 페미니스트, 여신, 생태학적 영성), 또 보다 개인화된 세계관을 포함하는 신념 체계들이 포함된다. 경로는 기도, 성서 읽기, 종교 TV 시청, 통과의례, 요가, 음악, 예술, 사회적 활동을 포함하는 신성한 것을 목표로 하는 전통적인 종교적 방법으로 구성된다(Streng, 1976). 이 다양한 경로들이 공유하고 있는 것은 공통의 목적인 신성한 것이다.

옥스포드 영어사전에서는 '신성' 이라는 단어를 거룩한 것, 평범한 것과 "구별" 되고 숭배와 존경할 가치가 있는 것이라고 정의하고 있다. 신성한 것에는 신, 성스러운 것, 초월적인 것과 같은 개념들이 포함된다. 그러나 다른 대상들도 신성하게 되거나 신성과의 관련 또는 신성의 표현에 의해 특별한 힘을 취할 수 있다(Pargament, 1999). 신성한 대상에는 시간과 공간(안식일, 교회), 사건과 변환(탄생, 죽음), 물질(와인, 십자가), 문화적 상품(음악, 문학), 사람(성인, 컬트 지도자), 심리적 속성(자아, 의미), 사회적 속성(동정, 공동체), 역할(결혼, 육아, 일)이 포함된다. 우리는 사람들이 신성한 것으로 지각하는 것을 찾거나, 알거나, 경험하거나, 관련짓고자 노력하는 점에서 사람들을 영적이라고 기술한다.

Pargament(1999)가 지적했듯이, 영성에 관한 이러한 견해는 전통적 신을 중심으로 하는 제도에 기반한 영적 표현들과 종교적 기관, 믿음, 관행의 범위 밖에서 일어나는 무신론적 표현들 모두를 다룰 만큼 충분히 광범위하다. 그러나 영성의 정의는 이러한 구성개념과 관련하여 현상을 구별하는 기반을 제공한다. 다른 심리학적 속성과는 달리 영성은 신성한 것의 지각에 집중된다. 영성은 다른 인간의 과정과 중복되는데, 이 중 많은 과정들이(예를 들어, 창조력, 지혜, 용서, 의미, 희망, 겸손) 신성한 것에 이르는 경로를 나타내거나 자체적으로 또 스스로 신성하게 되는 정도까지만 이 책에서 설명된다. 물론 앞으로 알게 되겠지만, 겉으로 보기에는 세속적인 많은 대상들이 신성하게 되고, 그렇게 될 때 영성 연구를 위한 관련 주제가 되는 것이다.

Pargament(1999)의 영성에 관한 정의는 기본적으로 '선(good)'이라는 가정을 하지 않는다. 신성한 것을 추구함에 있어서 사람들은 건설적인 경로뿐 아니라 파괴적인 경로 또한 취할 수 있다. 예를 들어, 신의 지상 왕국을 실현하려고 노력하는 과정에서 사람들은 다른 믿음을 가지고 있는 사람들을 포용하거나 박해하려고 할 수도 있다. 신성한 것으로 인식되는 그러한 것들은 선의를 가진 것뿐 아니라 악의 있는 것(예를 들어, 독재적 종교지도자)을 포함할 수도 있다. 따라서 영성은 본질적으로 선한 것은 아니다. 도리어 영성의 가치는 신성한 것에 대한 추구의 특정한 형태, 즉 사람이 신성한 목적을 향하여 취하는 특정한 경로에 달려 있다.

끝으로, 영성이 과정이라는 점을 강조하기는 했지만, 영성은 또한 결과로써 이해되고 평가될 수 있다. 어떤 시점에서든지, 영적 안녕감(예를 들어, Paloutzian & Ellison, 1982)과 같이 개인이 영적인 것을 지향하는 기준을 사용해서 얼마나 성공적으로 신성한 것을 추구해왔는지를 평가할 수 있다. 우리는 또한 신성한 것의 추구에 따른 영향력과 다른 심리학적·사회적·신체적 건강 결과에 대한 이러한 추구의 성공을 평가할 수 있다. 이러한 정의를 염두에 두고, 우리는 이제 영성의 중요한 과정들로 넘어간다. 즉, 신성한 것의 발견 및 보존이다.

신성한 것의 발견

신을 발견하기

신에 대한 추구는 아동기부터 시작한다. "얼마나 어렸을 때부터 우리는 그 모든 것에 대해 궁금해하기 시작하는가?"라고 Robert Coles(1990, p. 335)는 아동의 영적 생활에 관한 자신의 연구에서 결론을 내린다. 아이들이 종교적 개념과 씨름할 수 있는 능력에 대해 이의를 제기하는 사람들도 있지만(Goldman, 1964), 사회과학자들은 신에 대한 추구에 관여하는 것으로 보이는 아이들에 대한 풍부한 일화적 설명을 제시했다. 아홉 살짜리 유대인 소년의 말을 살펴본다.

> 하느님을 찾고 싶어요! 하지만 하느님은 우주선이 착륙하기를 기다리면서 거기에 계시지는 않잖아요. 아시겠지만 하느님은 사람이 아니시니까요! 그분은 영이시죠. 안개와 아지랑이 같으세요. 어쩌면 하느님은 우리가 여기에서는 한 번도 본 적이 없는 그런 분이실지도 몰라요. 그러면 우리는 어떻게 알 수 있죠? 그분은 너무 다르시기 때문에 그분을 상상할 수는 없어요. 그분과 같은 것을 본 적이 없잖아요. … 하느님은 하느님이시고 우리는 우리라는 것을 기억해야겠어요. 하늘을 쳐다보면 내 생각대

로 나에게서, 우리에게서, 그분에게 다다르려고 노력하는 것 같아요!(Coles, 1990, pp. 141-142)

사회과학자들은 신성을 추구하는 성향에 대해 다양한 설명을 제시했다. 영성에 대한 타고난, 유전적 기초가 있다고 제안한 사람들도 있다(Bouchard, Lykken, McGue, Segal, & Tellegen, 1990). 또 신의 개념은 아이들이 초인적 존재를 상징화하고, 공상하고, 만들어내는 내부의 심리적 능력에 뿌리를 두고 있다고 강조한 사람들도 있다(Rizzuto, 1979). 영성은 인간의 한계를 드러내는 중요한 인생의 사건들과 도전들로부터 성장한다고 주장한 사람들도 있다(Johnson, 1959; Pargament, 1997). 또한 어린아이가 신에 대한 이해를 형성하는 데 있어서 사회적 맥락(가족적 · 제도적 · 문화적)의 중요성을 강조했던 사람들도 있다(Kaufman, 1981).

영성의 기원에 관한 경험적 연구는 많지 않다. Lee Kirkpatrick(1999)의 연구는 이러한 규칙의 예외다. 그는 Bowlby(1988)의 애착이론을 부연 설명하면서, 어린아이의 신에 대한 정신적 모델은 주요 애착 인물들과의 반복적인 상호작용에서 생겨나는 자아 및 다른 사람들의 모델과 일치할 가능성이 있다고 제안한다. 이러한 개념을 지지하며 Kirkpatrick은 신에 대한 애착의 특성(예를 들어, 안정적 혹은 불안정적인)과 부모에 대한 애착의 특성 간의 유사점을 보여주는 어린이, 청소년, 성인 사이의 많은 연구들을 인용한다. 그러나 어린이는 부모의 영적 가치관을 단순히 흡수하는 수동적인 스펀지가 아니다. 이러한 맥락에서 Kirkpatrick은 개인의 신과의 관계를 형성하는 다른 원동력의 증거를 제시한다. 그는 시간이 지나면서 사람들이 주요 애착 인물의 상실, 부재 또는 부적절에 대한 보상으로서 신성에 의지할 수도 있다고 지적한다. 예를 들어, 두 가지 장기적 연구에서 낭만적 사랑에 대해 애착을 보인다고 한 여성과 대학생들이 안정적 사랑을 하는 사람들보다 '신과 새로운 관계를 찾을' 가능성이 높다는 것을 알아냈다(Kirkpatrick, 1997, 1998, p. 962). 이와 유사하게 다른 연구가들은 커다란 정신적 충격을 받은 경험이 있는 사람들이 종교적 개종을 경험할 가능성이 더 높다는 것을 알아냈다(Ullman, 1982; Zinnbauer & Pargament, 1998).

Kirkpatrick의 연구처럼 다른 연구에서도, 사람이 신에 도달하는 길은 다양한 개인적 · 사회적, 전후 관계적 요소들에 의해 형성된다고 한다. 그렇다 하더라도 이제 막 성장하기 시작한 어린아이의 영성은 개인 및 사회적 세상에 대한 반응 그 이상이기 때문에 본 연구에서 모두 설명할 수는 없다. 어린이를 대상으로 한 인터뷰 연구는 어린이가 부모, 교사, 종교 지도자의 종교적 관점을 훨씬 넘어서서 거부하고, 정교화하고, 움직이는 능력을 강조한다. 어머니가 결핵으로 죽어가고 있는 열 살짜리 브라질 소녀의 말을 들어본다.

> 우리는 가난해서 천국에 갈 거라고 어머니는 말씀하시곤 했어요. 그 말을 믿었었죠. 어머니가 그런 말씀을 진짜로 믿는다고는 생각하지 않아요. 그냥 그렇게 말씀만 하시는 거죠. 그건 우리가 배고플 때 우리 모두가 입을 다물고 있도록 하는 방법이에요! 지금은 어머니가 그 말씀을 하시는 걸 들으면 그분을 바라보고 그분에게 묻죠. 예수님, 예수님 생각은 어떠세요? 어머니 말씀을 믿으세요?(Coles, 1990, p. 9)

이와 같은 이야기들은 믿음이라는 문제에 있어서 많은 어린이들이 소극적이지만은 않다는 사실을 말해준다. 대신, 어린이들은 순수하게 심리적이나 사회적 동기로 정리될 수 없는 욕구에 의해 자극을 받는 영적 순례자나 자신을 넘어서는 무엇인가를 찾는 구도자라고 하는 편이 좀 더 정확한 설명이 될 것이다.

신성에 대한 이러한 추구의 영향은 무엇인가? 신을 사랑이 있고, 동정적이고, 반응을 나타내는 분으로 인식하는 사람들이 더 높은 수준의 개인적 안녕감을 보고한다는 것을 심리학자들은 많은 연구를 통해 알아냈다(예를 들어, Kirkpatrick & Shaver, 1992; Pargament, Smith, Loenig, & Perez, 1998; Pollner, 1989). 반면, 좀 더 멀거나, 가혹하고, 무섭고, 형벌적인 단어들로 신을 설명하는 사람들은 더 높은 수준의 심리적 고통을 나타낸다(Pargament, Smith et al., 1998; Schwab & Peterson, 1990). 이러한 연구들을 토대로 보면, 신성에 대한 개인적 추구의 유용성이나 유해성은 그 사람이 발견하는 신의 본성 및 신과 형성하는 관계의 본성에 달려 있는 것으로 보인다.

신성한 것 발견하기

신은 영성에 대한 모든 이해의 중심이다. 그러나 영성은 신 이상의 것을 포함한다. 영성은 신성한 것과 관계가 있고, 신성한 것은 천국뿐 아니라 지상에서도 찾을 수 있다. 이전에 지적한 대로, 인생의 사실상 모든 측면이 신성한 상태를 드러낸다. 우리는 신성화라는 단어를 사용해서 영적인 중요성과 특성을 가진 대상에 대한 지각을 말한다(Mahnoney et al., 1999; Pargament, 1999). 신성화는 유신론 그리고 무신론적으로 일어날 수 있다. 신성은 인간의 많은 영역과 연결될 수 있다. 신은 결혼에서 나타나는 것으로 볼 수 있으며, 일은 신성한 소명이나 사명으로 인식될 수 있다. 환경은 신의 창조로 간주될 수 있다. 표면상으로 세속적인 대상들 또한 신성한 것 같은 특성이 불어넣어지면 신성한 특성을 발현시킬 수 있다. 많은 부모들이 자녀를 축복으로 생각한다. 신체를 거룩한 것으로 간주하는 사람들도 있다. 또 많은 사람들이 사랑은 영원하다고 말한다(Hendrick & Hendrick, 2002). 생각건대, 무신론자들조차 대상에 신성한 속성을 불어넣음으로써 그들을 신성화할 수 있다. 즉, 신성화 과정을 통해 사람들은 인생의 많은 측면에서 신성한 것을 발견할 수 있는 것이다.

사실 일부 종교적 전통에 따르면 모든 생명은 신성하다. 조각, 교육, 의식을 통해서 많은 전통의 신봉자들은 신이 인생의 모든 것에 출현(manifest)한다고 보도록 격려한다. 그러나 신성한 것과 신성하지 않은 것의 본질은 개인의 경험, 가족, 조직, 공동체, 더 큰 문화에 의해 형성되기 때문에, 종교 기관들이 신성화에 관한 유일한 교육 출처는 아니다.

Mahoney와 그 동료들(1999), Pargament(1999)는 신성화의 세 가지 중요한 영향을 지적한다. 첫째로, 사람들은 신성한 대상을 보존하고 보호하는 경향이 있다. 둘째로, 사람들은 신성한 것에 스스로 더 많이 투자하는 경향이 있다. 셋째로, 사람들은 자신의 삶의 신성한 측면에서 더 많은 의미, 힘, 만족을 얻는 경향이 있다. 이러한 주장을 지지하며 Mahoney와 그 동료들(1999)은 지역 사회의 97쌍의 백인 부부들로 이루어진 종교적 대표 표본을 연구한 결과, 결혼을 신성화한 사람들은 결혼생활에 대한 더 큰 만족, 결혼에 대한 더 많은 투자, 결혼생활의 갈등 감소, 결혼생활의 문제점에 대한 더 많은 효과적인 해결 전략 등 많은 이득을 경험한다는 사실을 발견하였다. 이와 유사하게, 부모 역할을 신성화한 부모들은 자녀에 대한 언어적 공격을 덜 하고 일관된 훈육을 더 많이 하는 것으로 나타났다(Swank, Mahoney, & Pargament, 1999). Emmons, Cheung과 Tehrani(1998)의 연구 또한 신성한 것에 대한 추구의 잠재적 이득을 강조하였다. 그들은 대학생들이 자신의 인생에서 얻으려 애쓴다고 말한 것들의 내용을 분석했다. 영적 추구는 궁극적 목적, 윤리, 더 높은 힘에 대한 헌신, 초월적인 것에 대한 인정과 관련된 개인적 목표로 정의되었다(Emmons et al., 1998). Emmons 외의 연구자들은 영적 추구가 다른 어떤 형태의 추구보다 안녕감의 수치와 높은 상관이 있다는 것을 발견하였다.

신성한 것을 추구하는 사람들은 또한 심리적이고 사회적인 많은 이득을 경험하는 것으로 보인다. 반면 구성원들이 지도자에게 신성한 지위를 부여하고 그가 죽을 때까지 따랐던 '헤븐스 게이트 컬트(the Heavens's Gate cult)'의 경우에서와 마찬가지로, 신성한 것의 발견은 몇 가지 문제들과 관련이 있다. 개인은 또한 신성한 것으로 가는 길이 막히거나 신성한 것을 상실했을 때 불안과 우울에 더 많이 취약해질 수 있다. 특히, 고뇌는 신성한 대상이 더럽혀졌을 때 생길 수 있고 격심해질 수 있다. 역사적으로, 신성한 것이 더럽혀졌다는 인식은 분노, 폭력, 전쟁으로 이어졌다. 따라서 신성한 것에 대한 추구가 항상 성공적이 아니라는 점을 명심하는 것이 중요하다. 영적 구도자와 더 큰 공동체에 위험이 없는 것도 아니다. 그러나 많은 사람들에게 있어서 신성한 것의 발견은 자신에 대한 의식 강화, 다른 사람들과의 관계에 대한 만족감 증대, 초월적인 것과의 유대감을 수반한다.

신성한 것의 보존

신성한 것을 발견한 후에도 추구는 끝나지 않는다. 일단 발견하고 나면, 사람들은 신성한 것을 유지하려고 애를 쓴다. 사회과학자들은 일반적으로 사람들이 종교와 영성을 신체적 · 심리적 · 사회적으로 자신을 유지하는 데 도움을 주는 메커니즘으로 간주했지만, 종교에 관심을 가진 사람들의 영적 참여의 궁극적 목적이 전적으로 생물학적 · 심리적 · 사회적인 것만은 아니다(Pargament, 1997). 대신 영적인 사람들은 신성한 것과의 관계를 개발, 유지, 촉진하는 것에 관심이 있다.

어떤 희생을 치르고서라도 신성한 것에 의지하고자 하는 인간의 욕망에 대한 적지 않은 예들이 있다. 『지옥에서 신과 함께(*With God in Hell*)』라고 제목이 붙은 책에서, Berkovits(1979)는 많은 유대인들이 제2차 세계대전 당시 유대인 강제 거주 지구와 강제 수용소에서 그들의 믿음을 지키기 위해 취했던 극단적 행동들을 설명한다. 한 유대인 부부는 게슈타포가 그들을 데려가기 위해 집에 난입했을 때 막 태어난 아들에게 의식적 할례를 급하게 치루었다. "서둘러요! … 그들이 우리를 죽이러 왔어요. 적어도 우리 아이가 유대인으로 죽을 수 있게 해야 해요."라고 어머니는 소리치고 있었다(p. 45). 강제 수용소의 또 다른 수용자는 수용소에서 예배를 드릴 장소를 비밀리에 찾아다녔다. 결국 그는 넓고 비어 있는 갱에서 기도할 장소를 찾았다. 그곳은 살해당한 사람들이 매장된 곳이었다.

영적 인내에 관한 이러한 실례들은 쉽게 찾아볼 수 있다. 사람들이 인생의 커다란 스트레스 요인들과 맞닥뜨릴 때, 변화가 아닌 영적 안정성이 보편적 현상인 것으로 보인다. 연구자들은 사고(Bahr & Harvey, 1979), 전쟁(Allport, Gillespie, & Young, 1948), 사랑하는 사람의 죽음(Balk, 1983)과 같이 정신적 충격을 받게 되는 사건들을 겪은 후에 믿음의 정도와 종교적 믿음 및 관행이 대부분 변하지 않거나 심지어 강화되기도 한다는 것을 알아냈다. 예를 들어, Croog과 Levine(1972)은 심장마비를 일으켰던 사람들을 대상으로 한 장기적 연구에서 그 집단의 3분의 2 이상이 심장마비 전후 1년 이상의 기간 동안 동일한 수준의 집회 참석률과 종교적 중요성을 보고했다는 것을 발견하였다.

개인과 신성한 것의 관계를 보존하기 위한 많은 영적 방법들이 있다.

사람들은 일상생활에서 기도, 명상, 영적 측면에 대한 경험을 통해 그들의 관계를 유지한다. 또한 각기 다른 형태의 많은 기도가 있다. 기도는 종종 개인이 신에게 도움을 간청하는 수단적 방법으로 간주되지만, 또한 신과의 관계를 유지하는 길이 되기도 한다. 이러한 측면에서 Poloma와 Gallup(1991)은 네 가지 유형의 기도를 구분한다. 즉, 의식(예를 들어, 기도문 낭독), 기원(예를 들어, 신에게 물질적인 것들을 간청), 대화(예를 들어, 죄에 대한 용서를 신에게 간청), 명상(예를 들어, 단지 신과 '함께 있는' 시간을 보내기)이다. 다른 세 가지 유형의 기도와는 대조적으로 명상 형태는 신성한 관계의 경험을 목표로 가지고 있다. 이 유형은 특히 도움이 될 수 있다. 지역사회 주민들을 대상으로 한 전화 설문조사에서 Poloma와 Gallup(1991)은 명상 형태의 기도가 다른 세 가지 기도 유형보다 개인의 안녕감 및 신에 대한 친밀감과 높은 관계가 있었다고 보고하였다.

명상 방법에 대한 연구는 명상 기도에 대한 연구와 일치하는 결과를 보여준다. 정기적으로 명상을 하는 사람들은 마음에 영적 기도를 묵상하며 명상한다. 문헌에 기술된 이 방법의 이로운 효과는 개인이 초월적 존재와 정기적으로 경험하는 유대감 덕분일 수도 있다(Marlatt & Kristeller, 1999).

끝으로, 많은 사람들이 특별한 시간과 환경에서 신성감을 경험하지만, 일상적으로 '신 또는 신성한 것의 실재(實在)를 경험' 하려고 노력하는 사람들도 있다. 영성은 인생에서 매일 일어나는 사건들에서 초월적 존재를 경험함으로써 촉진되고 유지될 수 있다. Underwood(1999)는 이러한 구조를 평가할 수 있는 매일의 영적 경험(Daily Spiritual Experiences) 척도를 개발하였다. 16개 문항으로 이루어진 이 척도는 경외감, 신의 사랑에 대한 인식, 초월적 존재와의 유대, 성령에 대한 느낌, 일체감 등 영성의 많은 측면들이 정기적으로 경험될 수 있다는 인식에서 생겨났다.

이러한 일상적인 형태의 영적 참여뿐만 아니라, 사람들은 스트레스를 받을 때 신성한 것을 보존하도록 돕기 위해 많은 영적 대처방법들에 의존할 수 있다. 다음에서 우리는 이러한 영적 대처방법 중 세 가지를 살펴볼 것이다(완전한 검토를 위해서 Pargament, 1997 참조).

경계 표시하기

인생은 개인적 · 사회적 세계에 대한 위협과 도전으로 가득 차 있다. 그러나 신성한 것에 대한 위협이 가장 위험한 것일 수 있다. 상당히 독실한 신자인 William Paden(1988)은 "만일 신성한 것이 세상의 기초라면, 그 신성을 거부하는 것은 무엇이든 용인될 수 없을 것이다."(p. 61)라고 기술하였다. 우리의 다원론적 문화에서는 이러한 위협들이 상당히 흔한 것일 수 있다. 위협은 신과 신성한 것을 매우 다른 방식으로 정의하고, 개인이 진실에 대한 특별한 지식을 가지고 있다는 기본적인 가정에 이의를 제기하는, 개인과 집단에 대한 노출의 형태로 나타난다.

제도적으로, 일부 종교 단체들은 '경계를 표시' 함으로써, 즉 개신교든, 가톨릭교, 힌두교, 이슬람교 또는 유대교든 간에 누군가를 특정 신앙 공동체의 회원으로 만드는 것에 대해 명확한 규칙을 정의함으로써 이러한 위협에 대처한다. 특유의 믿음, 가치, 특정한 종교적 전통 관행에 열중해서, 구성원들은 경쟁적이고 잠재적으로 위협적인 생활양식에 직면해서 신성한 생활방식을 보존할 수 있다. 그들은 또한 강제적 세계관, 명확한 개인 정체성으로 인해 같은 종교 신자들에 대한 지지 및 승인의 혜택을 받게 된다. 반대로 경계선을 넘는 사람들은 비평 및 비난에서부터 제명에 이르기까지 다양한 종류의 제재를 받는다.

기관뿐 아니라 개인들도 경계를 표시하는 방법을 가지고 있다. 사람들은 자신의 신성한 믿음, 관행, 가치를 위협하는 요소를 선택적으로 걸러내거나, 차단하거나, 왜곡할 수 있다. 예를 들어, Brock과 Balloun(1976)은 조직적인 기독교 내에서의 위선 행위를 공격한 메시지를 더 종교적인 사람들과 덜 종교적인 사람들에게 보냈다. 실험자들은 의도적으로 배경을 상당히 심한 잡음으로 채워서 메시지를 듣기 어렵게 만들었다. 덜 종교적인 사람들과는 대조적으로, 좀 더 자주 기도하고 교회에 출석한 참가자들은 '잡음 제거 버튼'을 눌러서 "기독교는 나쁘다."라는 메시지를 더 쉽게 들을 수 있게 만들지 않았다. 이러한 결과는 네 가지 다른 실험에서도 동일하게 나타났다. 관련 연구에서 Pargament와 DeRosa(1985)는 듣는 사람의 종교적 믿음의 정도(congruence)에 따라 다르게 녹음된 종교적 메시지를 제시하고 듣는 사람들이 그 메시지를 생각해내도록 했다. 메시지가 귀에 더 거슬릴수록, 듣는 사람들이 자신의 종교적 믿음에 맞춰 메시지에 대한 기억을 왜곡할 가능성이 더 높았다.

위협에 직면했을 때 사람들은 자신의 신앙 의지를 더욱 강화할 수 있다. Batson(1975)은 예수 그리스도가 하나님의 아들이라고 단언하는 사람들로 이루어진 집단과 그러한 사실을 단언할 수 없는 사람들로 이루어진 집단 중에서 선택함으로써, 종교적 의지를 공개적으로 나타내도록 요청받은 학생들을 대상으로 한 연구에서 이러한 과정을 설명했다. 예수가 부활했다는 주장을 정당화하기 위해 예수의 시신을 실제로 제자들이 훔쳤다는 '결정적 증거'를 담은 기사를 두 집단 모두에게 제시했다. 학생들이 그 기사를 읽기 전과 읽은 후에 그들의 종교적 믿음을 측정했다. 예상대로, 공개적으로 자신의 믿음에 대한 의지를 밝혔던 학생들은 확인하지 않은 기사에 노출된 후에 그들의 종교적 믿음을 강화시켰다. 제도적 또는 심리학적 메커니즘을 통해서 많은 사람들은 영적 위협에 대해 장벽을 만든다. Paden(1988)은 경계를 잘 표시하는 이러한 과정을 요약했다. "여기에서의 주제: 세상을 차단, 신성 모독은 피했다, 성벽을 세웠다, 넘지 않은 선, '신의 법 대신 인간의 법'을 따르는 것을 거부. 결과: 통합된 존재, 신성한 것은 손상되지 않음, 흠 없음(integrity) 유지." (p. 154)

그러나 경계 표시에는 몇 가지 부정적 결과가 수반될 수 있다. 심리학적 경계가 너무 강할 때, 사람들은 새로운 중요한 정보를 받아들이기를 거부할 수 있다. 사회적 경계가 너무 엄격하게 정의될 때, 사람들은 편견과 공격성을 가지고 그러한 경계 밖에 있는 사람들을 대할 수 있다. 예를 들어, 자신이 "한 가지 진정한 믿음을 남다르게 소유하고 있다." (p. 21)고 생각하는 기독교인들은 "유대인들은 예수를 진정한 구세주로 받아들이기 전까지는 그분에게 행한 것을 결코 용서받을 수 없다."와 "유대인들이 그렇게 많은 어려움을 겪은 이유는 예수를 배척한 데 대해 하나님이 그들을 벌하시는 것이다."라는 문장들에 동의할 가능성이 더 높다는 것을 Glock과 Stark(1966)이 발견하였다. 이와 유사하게, Altemeyer와 Hunsberger(1992)는 회원과 외부인 사이에 명확한 선을 긋는 종교적 근본주의자들이 많은 소수 단체들에 대해 더 높은 수준의 편견을 가지고 있다고 보고했다. 특히 놀라운 사실은 근본주의와 정치적 '급진주의자'의 체포, 고문, 처형을 지지하고 싶다는 의향과 "현재 동성애자들의 사망 원인이 되고 있는 에이즈는 그들의 행위에 대한 정당한 결과다." (p. 123)라는 문장에 대한 동의 사이에 상관관계가 있다는 것이었다. Hunsberger(1996)는 세 가지 주의사항을 덧붙였다. 첫째, 근본주의는 기독교인에 국한된 것이 아니다. 힌두교, 이슬람교, 유대교 근본주의자들 또한 더 높은 수준의 편견을 가지고 있다. 둘째, 모든 근본주의자들이 편견을 가지고 있다고 말할 수 있을 정도로 이러한 관계의 규모가 크지 않다. 셋째, 근본주의 간의 관계는 개인이 개인적 혹은 사회적으로 완고한 정도와 같은 다른 중요한 변수들에 의해 편견과 연결될 수 있다. 그럼에도 불구하고 경험적 연구를 토대로 보면, 근본주의와 편견 및 믿음에 대한 위협으로 간주되는 사람과 관행에 대한 공격성 사이에는 명확한 관련성이 있었다.

따라서 경계를 표시하는 과정은 사람들이 신성한 것을 보존하고 보호하는 한 가지 방법이다. 그러나 경계가 '과도하게 표시' 되면, 신성한 것이 보호되기 위해 자신이나 다른 사람들이 상당한 희생을 치러야 한다. 물론 신성한 것이 사실상 훼손되거나 더럽혀졌을 때, 경계 표시 과정이 성공적이지 못할 때도 있었다. 그러나 경계를 넘으면 사람들은 신성한 것을 보존하도록 돕기 위해 다른 영적 대처방법을 이용할 수 있다.

영적 정화

세상의 종교들은 사람들이 때로는 영적 궤도에서 이탈한다는 사실을 인정한다. 그러나 이 문제를 가볍게 받아들이지는 않는다. 죄나 범죄는 개인과 신성한 것 사이의 관계를 훼손한다고들 하고(Tillich, 1951), 그러한 이유 때문에 죄는 비난받는다. 그럼에도 불구하고 사실상 모든 믿음은 믿음의 신봉자들에게 올바른 길로 되돌아갈 수 있는 방법을 제시한다. 정화의 의식은 자신의 죄를 씻고 신과 화해할 수 있도록 해주는 대처방법이다. 의식은 많은 형태를 띨 수 있고, 얼마든지 물리적 요소(예를 들어, 물, 불, 비, 재, 태양, 피)와 다양한 행동(사회적 고립, 회개, 희생, 처벌; Paden, 1988)에 의존한다. 그러나 의식에는 세 가지 단계가 포함된다. (a) 개인의 죄에 대한 인정, (b) 악행에 대한 보상(reparation), (c) 신성한 수용, 용서, 화해가 수반되는 '과거 청산.' 예를 들어, 가톨릭교 내에서 고해성사에는 죄의 고해 후에 사제로부터의 사면과 고해성사의 의식 수행이 포함된다. 성사와 같은 정화 의식이 전 세계적으로 수행되지만, 그것이 개인의 안녕감에 미치는 영향이 직접적으로 연구된 적은 없다.

그러나 Pennebaker와 그의 동료들은 이 주제와 적어도 간접적으로 관련이 있는 몇몇 연구를 수행했다. 한 연구에서 그들은 대학생들에게 정신적 충격을 가장 많이 경험한 사건이나 중요하지 않은 할당된 주제 중 한 가지에 대해 적도록 했다(Pennebaker & Beall, 1986). '정신적 충격' 참가자 집단은 다시 세 개의 하위 집단으로 나뉘었다. 이 하위 집단들은 (a) 정신적 충격(정신적 충격-감정)과 관련된 자신의 감정에 관해서만, (b) 정신적 충격(정신적 충격-사실)과 관련된 사실에 관해서만, (c) 정신적 충격(정신적 충격-혼합)과 관련된 감정과 사실 모두에 관해서 적도록 요청받았다. 정신적 충격-감정과 정신적 충격-혼합 집단의 피험자들은 정신적 충격에 관해 적은 후에 다른 사람들보다 더 혼란에 빠졌지만, 그 후 6개월 동안 지켜본 결과 병이 적었고 제한된 행동도 적었다고 보고했다. 분명히 '고백'의 과정으로 인해 단기적으로는 괴로움이 커졌지만 장기적으로는 신체적 건강을 증진시켰다(Niederhoffer & Pennebaker, 2002).

Pennebaker와 그의 동료들이 연구한 세속적 형태의 고백과 정화의 영적 형태 사이에는 중요한 차이점들이 있다. 예를 들어, 영적 형태의 정화는 통상적으로 한 개인에게 고해 신부와 같이 감정을 상당히 억제하거나 이로운 효과를 증진시킬 수 있는 권위를 가진 종교적 인물을 필요로 한다. 또한 영적 형태의 정화는 신성한 존재로부터의 수용과 용서가 특징이다. 이러한 종류의 잠재적으로 인해, 강력한 영적 경험은 고백이 개인의 감정 및 신체적 안녕감에 미치는 영향을 보다 크게 해줄 수 있다. 이러한 영적 대처 방식을 잘 이해하기 위해서는 경험적 연구가 분명히 필요하다. 이러한 주제를 탐구하는 연구자들은 중요한 포인트를 명심해야 한다. 즉, 영적 정화의 궁극적 목표는 단순히 개인의 심리적 혹은 신체적 안녕감을 증진시키는 것이 아니라 개인에게 신성한 것을 되돌려주는 것이라는 점이다.

영적 재구성

많은 미국인들은 자신을 지켜보시며 확실히 보호해주시고 선행과 악행에 대해서 결국은 상이나 벌을 주시는, 사랑이신 하느님을 믿고 있다(Kushner, 1981). 그러나 자아의식과 공정한 세계관뿐 아니라 공평하고 자비로우신 하느님에 대한 믿음을 위협하는 중대한 손실을 겪지 않고 인생을 사는 사람은 거의 없다. 대처 과정에서 신성한 것의 보존은 심리학적 또는 사회적 목적의 보존만큼 중요한 일이다.

정신적 충격과 손실을 겪는 순간에도 공평하고 사랑이 많으신 하느님에 대한 믿음을 유지하는 한 가지 방법은 부정적인 사건 뒤에 있는 더 크고 유익한 영적 목적을 보는 것이다. 이것이 위기가 영적으로 의미를 가지게 되거나 심지어 성장의 기회까지도 되는 재구성의 한 형태다. 예를 들어, 한 어머니는 장남의 죽음에서 이런 식으로 의미를 찾았다. "하느님께서 모든 것을 하시는 데는 이유가 있다고들 말합니다. 그건 정말 사실입니다. 왜냐하면 저는 첫아이가 살아 있었다면 몰랐을 사랑으로 그 아이(첫아이가 죽은 후에 태어난 둘째 아이)를 훨씬 더 많이 사랑하기 때문입니다."(Gilbert, 1989, p. 10) 이와 같이 부정적인 사건을 선의의 종교적 문제로 평가하는 것은 아주 흔한 일이다. 예를 들어, 사고로 척수가 마비된 피해자들을 대상으로 한 연구에서 Bulman과 Wortman(1977)은 왜 나인가? 하는 질문에 대한 가장 평이한 답은 하느님이 이유를 가지고 계시다라는 것을 발견했다. 비극 뒤에 숨겨진 영적 목적을 보거나, 부정적인 사건을 영적 성장의 기회로 해석하거나, 손실은 사랑이 많으신 하느님의 뜻이고 그분의 뜻을 완전히 이해할 수는 없을 것이라고 생각하는 것이 사람들이 정신적 충격에 직면했을 때 신성의 선의에 대한 믿음을 보존하는 방법들이다.

경험적 연구에서 연구자들은 더 많은 선의의 종교적 틀 안에서 부정적 삶의 사건들을 해석하는 사람들이 일반적으로 위기에 더 잘 적응한다는 것을 보여주었다(검토를 원할 경우 Pargament, 1997 참조). 예를 들어, Jenkins와 Pargament(1988)는 암 환자들에게 자신의 병을 신이 어느 정도 통제한다고 생각하고 있는지를 물었다. 병에 대한 통제권이 하느님에게 있다고 생각하는 것은 높은 자존감에 대한 자기보고와 적응을 더 잘하는 환자에 대한 간호사의 보고와 관련이 있었다. 또 다른 연구에서, 사고로 입원한 인도 환자들이 사고를 업보로 생각하는 것은 심리적 회복 정도와 정적인 상관이 있었다(Dalal & Pande, 1988).

이와는 반대로, 스트레스가 많은 사건 이후에 사랑이 많으신 하느님에 대한 믿음을 유지할 수 없는 사람들은 문제에 더욱 취약하였다. 말기 환자를 위한 호스피스 간병인들을 대상으로 한 연구에서 Mickley, Pargament, Brant, Hipp(1998)는 경험의 선의의 종교적 재구성(예를 들어, 상황을 영적 관점에서 바라보고, 신의 뜻으로 돌리는 것)은 대처 효율성을 더 높이고, 더 많은 긍정적인 영적 결과를 가져오며, 큰 인생의 목표를 세운다는 것과 관련이 있다는 사실을 알아냈다. 이러한 종교적 평가는 계속 비종교적 평가의 영향을 통제한 후에 적응의 예측 요인이 되었다. 다른 연구자들도 유사한 연구 결과를 보고한 바 있다(Exline, Yali, & Lobel, 1999; Fitchett, Rybarczyk, DeMarco, & Nicholas, 1999). 예를 들어, 의학적 재활 환자를 대상으로 한 연구에서, 신에 대한 분노는 4개월의 기간 동안 기능적 상태의 쇠퇴의 예측 요인이 되었다(Fitchett et al., 1999). 이러한 연구는 중대한 인생의 위기를 겪을 때 신에 대한 선의의 관점을 유지하지 않는 사람들은 심리적 또는 신체적 문제를 겪게 될 위험에 처할 수 있음을 의미한다.

그러나 사람들을 돌보시고 공평하신 하느님에 대한 믿음을 보존하는 특정한 방법과 관련해서 단점도 있을 수 있다는 점을 주목해야 한다. 예를 들어, 부정적인 사건들의 경우 하느님께서 죄를 지은 사람들에게 벌로써 필요한 교훈을 가르쳐주려는 노력이라고 간주될 수 있다. 또한 부정적인 사건들을 악마와 같이 다른, 악한 영의 세력 탓으로 돌리는 것도 신의 선의가 보존될 수 있는 방법들이다. 이러한 형태의 종교적 재구성은 신성한 것을 보존할 수 있을지는 모르지만, 자책과 죄책감, 피해자 비난(victim-blame)과 명예 훼손, 공포와 불안을 값으로 치러야 살 수 있는 것이다. 한 여성이 암 진단을 받은 친구에게 했던 충고를 살펴본다. "네 인생에는 신을 화나게 한 무엇인가가 분명히 있어. 어딘가에서 그분의 뜻에서 벗어난 적이 틀림없이 있었을 거야. 이런 일들은 그냥 일어나는 게 아니거든."(Yancey, 1977, p. 13) 또한 연구자들은 이러한 부정적 형태의 종교적 재구성과 더 높은 수준의 우울, 고통, 신체적 증상, 인생의 스트레스 요인에 대한 부적응 사이에 상관관계가 있음을 보고한 바 있다(Koenig, Pargament, & Nielsen, 1998, Pargament, Koenig, & Perez, 출판 중, Pargament, Smith et al., 1998; Pargament & Zinnbauer, 1998). 겉으로 보기에는 이해할 수 없는 비극과 불공정에 직면해서 신성한 것을 보존하려는 노력은 사람들이 자기자신, 세상, 신성한 것을 이해하려는 방식의 미묘한 3부로 이루어진 균형이 필요하다.

사는 동안 신성한 것의 발견, 보존, 재발견의 순환

신성한 것을 발견하고 보존했다고 해서 신성한 것에 대한 추구가 끝나는 것은 아니다. 내부적 변화, 발전적 전환, 외부적 인생의 사건들은 신성한 것의 손실이나 신성한 것이 이해되고 경험되는 방법의 변화를 촉진시킬 수도 있다. 사람은 인생의 어느 순간에 신성한 것이 떠나고 재발견되는 시기를 경험할 수 있다. 이러한 시기에서 변화의 과정을 촉진시키기 위해 영적 방식들을 이용할 수 있다(검토를 원할 경우 Pargament, 1997 참조). 예를 들어, 전환의 종교적 의식은 사람들이 가장 소중하게 생각하는 사람의 죽음을 준비하고, 손실을 인정하고, 죽은 사람들이 사후에 안식을 찾게 하고, 그 사랑하는 사람의 영적 본질을 남은 사람들의 내적 경험에 더해 넣고, 남은 사람들이 다시 한 번 자신의 삶에서 신성한 가치의 새로운 원천을 찾도록 격려한다. 영적 전환은 자신의 제한적인 세상의 한계에 직면한 사람들이 신성한 것에 대한 의미를 자기자신에게 통합하는 또 다른 전환 방식이다. 그 결과는 자아를 넘어서는 힘의 발견과 경험이다.

신성한 것을 발견, 보존, 재발견하는 과정은 영성의 본질이다. 그것은 어린아이일 때 시작하고 끝나는 것도 아니고, 청년일 때 끝나는 것도 아니다. 전 생애에 걸쳐 다른 방법으로 전개되는 순환 주기다. 영성은 생물학, 사회, 심리, 상황, 초월적 힘의 독특한 조화에 따라 사람마다 각기 다른 형태를 취한다. 요컨대 영성은 상당히 개인화된 현상인 것이다.

결론 및 의미

영성은 가장 위대한 우리의 잠재력을 확증하는(speak to) 과정이다. 신성한 것을 마음속으로 그리고, 추구하고, 연관시키고, 유지하고, 변형하는 능력은 우리를 독특한 인간으로 만들어준다. 과거에 심리학자들은 종종 영성을 보다 기초적인 생물적 · 심리적 또는 사회적 동기로 격하시켰다. 분명 영성은 중요한 심리적 기능을 한다. 우리가 살펴본 대로, 신성한 것은 사실상 인생의 모든 측면과 근본적으로 서로 연결될 수 있다. 그러나 영성의 본질적 특성을 왜곡하지 않는다면 영성은 단지 생물적 · 심리적 또는 사회적 과정으로 전락할 수 없다. 영성은 그 자체가 중요한 인간의 동기이고(Emmons, 1999), 훨씬 더 많은 연구를 해볼 가치가 있다. 물론 우리는 사회과학자들처럼 신성한 것의 실제 존재를 확증할 수는 없다. 우리에게는 신을 측정할 수 있는 방법이 없다. 그러나 사람들이 신성한 것으로 인식되는 것을 발견하고 보존하려고 노력하는 다양한 방법들에 대해서 배울 수 있다. 또한 신성한 것에 대한 추구가 사람들의 삶에 어떠한 영향을 미치는가를 살펴볼 수 있다.

심리학자들과 기타 사회과학자들은 영성이 인간의 기능을 위해 많은 중요한, 종종 긍정적인 영향력을 가지고 있다는 것을 배우기 시작하고 있다. 그러나 영성의 연구는 시작 단계에 있을 뿐이다. 연구자들은 개인이 신을 믿는지의 여부, 얼마나 자주 종교 예배에 가거나 기도를 하는가, 자신이 평가하는 종교성 및 영성과 같이 전반적이고 말초적 측정을 하고 있는 연구에 의존해서 '거리를 두고' 영성을 연구하는 경향이 있었다. 이러한 과정을 보다 깊이 이해하기 위해서는 영성 지향적인 사람들에 대해 알아보고, 그들의 세계관과 가치관과의 관계를 살펴보며, 제도와 환경에 참여하고 관찰하며, 영성의 특정 자원과 방식을 훨씬 더 자세하게 살펴봄으로써 좀 더 바로 가까이에서 연구해볼 필요가 있다. 전통적 종교 제도와 관련된 것뿐 아니라 더 적고, 더 새롭고, 문화적으로 다양한, 비전통적 집단과도 관련된 최대한 다양한 영적 경로와 목적을 살펴보는 것이 중요할 것이다. 심리적 영적 공동체 사이의 긴장, 적대감, 오해의 역사를 고려해볼 때, 이러한 종류의 연구는 결코 쉽지는 않을 것이다. 연구자들은 이러한 유형의 연구를 시작하기에 앞서 종교 및 영성 심리학에서 어느 정도의 기초 교육을 받고, 영성에 대한 자신의 선입견과 태도를 살펴볼 필요가 있다. 이러한 분야의 연구는 초기의 비용과 도전을 감수할 만한 충분한 가치가 있다. 왜냐하면 영성의 연구는 인생에서 무시되는 측면에 대한 이해뿐 아니라 사람들이 안녕감을 증진시키도록 돕는 실질적 노력에 대해서도 밝은 전망을 가지고 있기 때문이다.

영성은 어떤 면에서는 삶의 독특한 자원을 제공한다. Pargament (1997)는 미국 심리학의 많은 부분이 통제 지향적이라고 지적을 당한 적이 있다. 비양심을 양심으로 만들고, 행동적 인지적 통제를 증가시키며, 의욕을 상실한 사람들에게 힘을 부여하는 것이 사람들이 자신의 인생에 대한 통제 능력을 더욱 많이 개발하도록 노력하는 미국 심리학의 특징이다. 그러나 우리의 삶에는 우리의 통제 밖에 있는 측면들이 있다. 탄생, 발달적 변화, 사고, 질병, 죽음은 존재의 불변 요소들이다. 이러한 요소에 영향을 미치기 위해서 노력한다 하더라도, 우리 삶의 상당 부분은 여전히 우리가 직접 통제할 수 없는 상태로 남아 있다. 그러나 영성에서는 우리의 통제에 한계가 있다는 사실, 즉 우리의 근본적인 인간적 불충분성을 이해하고 다루기 위한 방법들을 찾을 수 있다. 불행히도 영성의 언어, 즉 신성한 것, 초월성, 해방, 관용, 고통, 믿음, 미스터리, 유한성, 희생, 기품, 변형은 대부분의 심리학자들에게 생소한 것이다. 그렇다 하더라도 영성의 세계관, 방식, 가치관을 심리학과 연결시킴으로써 얻을 수 있는 것이 많이 있다. 한계와 능력은 모두 인간 조건의 일부분이다. 결국 우리는 어떠한 상황에서도 가능과 불가능 모두와 싸우는 것이다. 따라서 우리가 우리의 한계에 익숙해지도록 돕는 영성은 우리의 힘과 통제력을 강화시키고자 하는 심리학과 모순되는 것이 아니라 보완될 수 있는 것이다.

사회과학자, 건강 전문가, 정신건강 전문가들은 이미 영적 자원을 임상 실습(practice)에 통합시키는 '심리영성적 개입'의 개발을 시작하고 있다. 영적 성향이 있는 접근 방식들은 합리적-정서적, 인지행동, 정신분석, 결혼-가정, 실존주의 치료와 섞여 있었다(Shafranske, 1996). 이러한 개입의 효율성에 대한 평가는 아직 제대로 이루어지고 있지 않지만, 초기 결과는 전망이 밝은 것으로 나타났다(McCullough, 1999; Propst, Ostrom, Watkins, Dean, & Mashburn, 1992).

연구자와 임상가들은 종교적 전통에 명백히 뿌리를 두고 있는 구성개념인 '미덕(virtue)'에 관한 많은 연구를 시작했고, 이렇게 영적으로 관련 있는 주제를 예방, 교육, 치료적 개입에 적용하고 있다. 예를 들어, 희망에 관한 연구(Snyder, 1994; Snyder, Rand, & Sigmon, 2002), 용서에 관한 연구(McCullough, Pargament, & Thoresen, 2000), 사랑에 관한 연구(Thoresen, 1998; Hendrick & Hendrick, 2002), 수용에 관한 연구(Sanderson & Linehan, 1999), 평온에 관한 연구(Connors, Tosova, & Tonigan, 1999)에 대한 관심을 보이기 시작하고 있다. 앞으로는 심리학자들 또한 자기도취(Emmons, 1987), 악(Baumeister, 1997; Peck, 1983), 영적 분투와 같은 '악덕'에 관심을 돌려야만 한다. 사람들이 영성의 이처럼 더 어두운 측면과 싸우도록 돕는 것은 심리적 경험을 위한 또 다른 중요한 방향이 된다. 그러나 우리가 '부정적 심리학'으로 돌아가지 않도록 이러한 초점은 영성과 같은 자원에 대한 평가와 균형을 맞출 필요가 있다.

사람들을 돕고자 하는 우리의 노력에서, 영성을 경험하고 표현하는 다양한 방법들에 특히 민감해야 한다. 신성한 것에 대한 추구에서 사람들은 각기 다른 목적지로 향하는 많은 다른 경로를 택한다. 심리학자로서 우리는 사람들이 영적 여행을 하는 과정에서 형성하는 세계관, 의례, 공동체를 최대한 존중해야만 한다. 아마도 우리의 직업적 오만에 대한 가장 좋은 해결책은 영적 개인 및 공동체와 더 가깝고 협력적인 관계를 개발하려고 하는 의지에서 찾을 수 있을 것이다. 우리는 서로에게 또 서로에 대해서 배울 점들을 많이 가지고 있다. 상호 존중 및 신뢰를 기반으로 하는 관계와 함께, 우리의 자원을 공동 관리(pool)하고 우리의 능력을 확장해서 사람들의 안녕감을 증진시킬 수 있을 것이다. 또한 서로에게 배우고 일하고자 하는 의지와 함께 영적으로 풍성한 긍정적 심리학을 위한 기반을 마련할 수 있을 것이다.

참고문헌

Allport, G. W., Gillespie, J. M., & Young, J. (1948). The religion of the post-war college student. *Journal of psychology, 25,* 3-33.

Altemeyer, B., & Hunsberger, B. (1992). Authoritarianism, religious fundamentalism, quest, and prejudice. *International Journal for the Psychology of Religion, 2,* 113-133.

American Psychological Association (1992). Ethical principles of psychologists and code of conduct. *American Psychologist, 47,* 1597-1611.

Bahr, H. M., & Harvey, C. D. (1979). Widowhood and perceptions of change in quality of life: Evidence from the Sunshine Mine Widows. *Journal of Comparative Family Studies, 10,* 411-428.

Balk, D. (1983). Adolescents grief reactions and self-concept perceptions following sibling death: A study of 33 teenagers. *Journal of Youth and Adolescence, 12,* 137-161.

Batson, C. D. (1975). Rational processing or rationalization? The effect of disconfirming evidence on a stated religious belief. *Journal of personality and Social Psychology, 32,* 176-184.

Baumeister, R. F. (1997). *Evil: Inside human cruelty and violence.* New York: Freeman,

Benson, P. L. (1992). Religion and substance use. In J. F. Schumaker (Ed.), *Religion and mental health* (pp. 211-220). New York: Oxford University Press.

Berkovits, E. (1979). *With God in hell: Judaism in the ghettos and death camps.* New York: Sanhedrin Press.

Bouchard, R. J., Jr., Lykken, D. T., McGue, M., Segal, N. L., & Tellegen, A. (1990, October 12). Sources of human psychological differences: The Minnesota study of twins reared apart. *Science, 250,* 223-250.

Bowlby, J. (1988). *A secure base: Parent-child attachment and healthy human development.* New York: Basic Books.

Brock, T. C., & Balloun, J. L. (1967). Behavioral receptivity to dissonant information. *Journal of Personality and Social Psychology, 6,* 413-428.

Bulman, R. J., & Wortman, C. B. (1977). Attributions of blame and coping in the "real world": Severe accident victims react to their lot. *Journal of Personality and Social Psychology, 35,* 351-363.

Coles, R. (1990). *The spiritual life of children.* Boston: Houghton Mifflin.

Connors, G. J., Toscova, R. T., & Tonigan, J. S. (1999). Serenity. In W. R. Miller (Ed.), *Integrating spirituality into treatment: Resources for practitioners* (pp. 235-250). Washington, DC: American Psychological Association.

Croog, S. H., & Levine, S. (1972). Religious identity and response to serious illness: A report on heart patients. *Social Science and Medicine, 6,* 17-32.

Dalal, A, K., & Pande, N. (1988). Psychological recovery of accident victims with temporary and permanent disability. *International Journal of psychology, 23,* 25-40.

Doyle, D. (1992). Have we looked beyond the physical and psychosocial? *Journal of Pain and Symptom Management, 7,* 302-311.

Ellison, C. G., & Levin, J. S. (1998). The religion health connection: Evidence, theory, and future directions. *Health Education and Behavior, 25,* 700-726.

Ellison, C. G., & Sherkat, D. E. (1993). Obedience and autonomy: Religion and parenting values reconsidered. *Journal for the Scientific Study of Religion, 32,* 313-329.

Emmons, R. A. (1987). Narcissism Theory and measurement. *Journal of Personality and Social Psychology, 52,* 11-17.

Emmons, R. A. (1999). *The psychology of ultimate concerns.* New York: Guilford.

Emmons, R. A., Cheung, C., & Tehrani, K. (1998). Assessing spirituality through personal goals: Implications for researh on religion and subjective well-being. *Social Indicators Research, 45,* 391-422.

Exline, J. J., Yali, A. M., & Lobel, M. (1999). When God disappoints: Difficulty forgiving God and its role in negative emotion. *Journal of Health Psychology, 4,* 365-380.

Fitchett, G., Rybarczyk, B. D., DeMarco, G. A., & Nicholas, J. J. (1999). The role of religion in medical rehabilitation outcomes: A longitudinal study. *Rehabilitation Psychology, 44,* 1-22.

Gallup Poll Organization (1995). *Disciplining children in America:*

Survey of attitude and behavior of parents. Project registration No. 104438. Princeton, NJ.

Gilbert, K. R. (1989, April). *Religion as a resource for bereaved parents as they cope with the death of their child.* Paper presented at the meeting of the National Council on Family Relations, New Orleans, LA.

Glock, C. Y., & Stark, R. (1966). *Christian beliefs and anti-Semitism.* New York: Harper and Row.

Goldman, R. (1964). *Religious thinking from childhood to adolescence.* New York: Seabury.

Hathaway, W., & Pargament, K. I. (1990). Intrinsic religiousness and competence: Inconsistent mediation by different religious coping styles. *Journal for the Scientific Study of Religion, 29,* 423-441.

Hoge, D. R. (1996). Religion in America: The demographics of belief and affiliation. In E. P. Shafranske (Ed.), *Religion and the clinical practice of psychology* (pp. 21-42). Washington, DC: American Psychological Association.

Hummer, R. A., Rogers, R. G., Nam, C. B., & Ellison, C. G. (1999). Religious involvement and U. S. adult mortality. *Demography, 36,* 273-285.

Hunsberger, B. (1996). Religious fundamentalism, right-wing authoritarianism, and hostility toward homosexuals in non-Christian religious groups. *International Journal for the Psychology of Religion, 6,* 39-49.

James, W. (1902). *The varieties of religious experience: A study in human nature.* New York: Modern Library.

Jenkins, R. A., & Pargamnet, K. I. (1988). Cognitive appraisals in cancer patients. *Social Science and Medicine, 26,* 625-633.

Johnson, P. E. (1959). *Psychology of religion.* Nashville, TN: Abingdon.

Kaufman, G. D. (1981). *The Theological imagination: Constructing the concept of God.* Philadelphia: Westminster.

Kirkpatrick, L. A. (1997). A longitudinal study of changes in religious belief and behavior as a function of individual difference in adult attachment style. *Journal for the Scientific Study of Religion, 36,* 207-217.

Kirkpatrick, L. A. (1998). God as a substitute attachment figure: A longitudinal study of adult attachment style and religious change in college students. *Personality and Social Psychology Bulletin, 24,* 961-973.

Kirkpatrick, L. A. (1999). Attachment and religious representations and behavior. In J. Cassidy & P. R. Shaver (Eds.), *Handbook of attachment: Theory, research, and clinical applications* (pp. 803-822). New York: Guilford.

Kirkpatrick, L. A., & Shaver, P. R. (1992). Attachment theory and religion: Childhood attachments, religious beliefs, and conversion. *Journal for the Scientific Study of Religion, 29,* 315-334.

Koenig, H. G. (Ed.). (1998). *Handbook of religion and mental health.* San Diego, CA: Academic Press.

Koenig, H. G., Paragament, K. I., & Nielsen, J. (1998). Religious coping and health status in medically ill hospitalized older adults. *Journal of Nervous and Mental Disease, 186,* 513-521.

Kushner, H. S. (1981). *When bad things happen to good people.* New York: Schocken Books.

Kushner, H. S. (1989). *Who needs God?* New York: Summit Books.

Mahoney, A., Pargament, K. I., Jewell, T., Swank, A., B., Scott, E., Emery, E., & Rye, M. (1999). Marriage and the spiritual realm: The role of proximal and distal religious constructs in marrital functioning. *Journal of Family Psychology, 13,* 321-338.

Marlatt, G, A., & Kristeller, J. L. (1999). Mindfulness and meditation. In W. R. Miller (Ed.), *Integrating spirituality into treatment: Resources for practitioners* (pp. 67-84). Washington, DC: American Psychological Association.

Mauritzen, J. (1988). Pastoral care for the dying and bereaved. *Death studies, 12,* 111-122.

McCullough, M. E. (1999). Research on religion accommodative counseling: Review and metaanalysis. *Journal of Counseling Psychology, 46,* 92-98.

McCullough, M. E., Pargament, K. I., & Thoresen, C. E. (Eds.) (2000). *Forgiveness: Theory, research, and practice.* New York: Guilford.

Mickley, J. R., Pargament, K. I., Brant, C. R., & Hipp, K. M. (1998). God and the search for meaning among hospice caregivers. *Hospice Journal, 13,* 1-18.

Paden, W. E. (1988). *Religious worlds: The comparative study of religion.* Boston: Beacon.

Paloutzian, R. F., & Ellison, C. W. (1982). Loneliness, spiritual well-being, and quality of life. In L. A. Peplau & D. Perlman (Eds.), *Loneliness: A sourcebook of current theory, research, and therapy* (pp. 224-237). New York: Wiley.

Pargament, K. I. (1997). *The psychology of religion and coping: Theory, research, practice.* New York: Guilford.

Pargament, K. I. (1999). The psychology of religion and spirituality? Yes and no. *International Journal for the Psychology of Religion, 9,* 3-16.

Pargament, K. I., & DeRosa, D. (1985). What was that sermon about? Predicting memory for religious messages from cognitive psychology theory. *Journal for the Scientific Study of Religion, 24,* 119-236.

Pargament, K. I., Kennell, J., Hathaway, W., Grevengoed, N., Newman, J., & Jones, W. (1988). Religion and the problem solving process: Three styles of coping. *Journal for the Scientific Study of Religion, 27,* 90-104.

Pargament, K. I., Koenig, H. G., & Perez, L. (2000). The many methods of religious coping: Development and initial validation of the

RCOPE. *Journal of Clinical Psychology, 56,* 519-543.

Pargament, K. I., Smith, B., Koening, H. G., & Perez, L. (1998). Patterns of positive and negative religious coping with major life stressors. *Journal for the Scientific Study of Religion, 37,* 711-725.

Pargament, K. I., Zinnbauer, B. J., Scott, A. B., Butter, E. M., Zerowin, J., & Stanik, P. (1998). Red flags and religious coping: Identifying some religious warning signals among people in crisis. *Journal of Clinical Psychology, 54,* 77-89.

Peck, M. S. (1983). *People of the lie.* New York: Simon and Schuster.

Pennebaker, J. W., & Beall, S. (1986). Confronting a traumatic event: Toward an understanding of inhibition and disease. *Journal of Abnormal Psychology, 95,* 274-281.

Pennebaker, J. W., Hughes, C. F., & O' Heeron, R. C. (1987). The psychophysiology of compassion. Linking inhibitory and psychsomatic processes. *Journal of Personality and Social Psychology, 52,* 781-793.

Pollner, M. (1989). Divine relations, social relations, and well-being. *Journal of Health and Social Behavior, 30,* 92-104.

Poloma, M. M., & Gallup, G. H., Jr. (1991). *Varieties of prayer: A survey report.* Philadelphia: Trinity Press International.

Propst, L. R., Ostrom, R., Watkins, P., Dean, T., & Mashburn, D. (1992). Comparative efficacy of religious and nonreligious cognitive-behavioral therapy for the treatment of clinical depression in religious individuals. *Journal of Consulting and Clinical Psychology, 60,* 94-103.

Richards, P. S., & Bergin, A. E. (1997). *A spiritual strategy for counseling and psychotherapy.* Washington, DC: American Psychological Association.

Rizzuto, A. M. (1979). *The birth of the living God: A psychoanalytic study.* Chicago: University of Chicago Press.

Sanderson, C., & Linehan, M. M. (1999). Acceptance and forgiveness. In

W. R. Miller (Ed.), *Integrating spirituality into treatment: Resources for practitioners* (pp. 199-216). Washington, DC: American Psychological Association.

Schwab, R., & Petersen, K. U. (1990). Religiousness: Its relation to loneliness, neuroticism, and subjective well-being. *Journal for the Scientific Study of Religion, 29,* 335-345.

Shafranske, E. P. (Ed.). (1996). *Religion and the clinical practice of psychological.* Washington, DC: American Psychological Association.

Shafranske, E. P., & Malony, H. N. (1990). Clinical psychologists' religious and spiritual orientations and their practices of psychotherapy. *Psychotherapy: Theory, Research, Practice, Training, 27,* 72-78.

Shafranske, E. P., & Malony, H. N. (1996). Religion and the clinical practice of psychology: A case for inclusion. In E. P. Shafranske (Ed.), *Religion and the clinical practice of psychology* (pp. 561-586). Washington, DC: American Psychological Association.

Snyder, C. R. (1994). *The psychology of hope: You can get there from here.* New York: Free Press.

Streng, F. J. (1976). *Understanding religious life.* Encino, CA: Dickenson.

Swank, A., Mahoney, A., & Pargament, K. I. (1999, October). *The sanctification of parenting and its psychosocial implications.* Paper presented at the meeting of the Society of the Scientific Study of Religion, Boston.

Thoresen, C. E. (1998). Spirituality, health, and science: The coming revival? In S. Roth-Roemer, S. Kurpius Robinson, & C. Carmin (Eds.), *The emerging role of counseling psychology in health care* (pp. 409-431). New York: Norton.

Tillich, P. (1951). *Systematic theology* (Vol. 1). Chicago: University of Chicago Press.

Twerski, A. J. (1998). *Twerski on spirituality.* Brooklyn, NY: Shaar Press.

Ullman, C. (1982). Change of mind, change of heart: Some cognitive and emotional antecedents of religious conversion. *Journal of Personality and Social Psychology, 42,* 183-192.

Underwood, L. G. (1999). Daily spiritual experience. In *Multidimensional measurement of religiousness/spirituality for use in health research: A report of the Fetzer Institute/National Institute on Aging Working Group* (pp. 11-17). Kalamazoo, MI: Fetzer Institute.

Worthington, E. L., Jr., Kurusu, T. A., McCullough, M. E., & Sandage, S. J. (1996). Empirical research on religion and psychotherapeutic processes and outcomes: A 10-year review and research prospectus. *Psychological Bulletin, 119,* 448-487.

Wulff, D. (1998). *Psychology of religion: Classic and contemporary* (2nd ed.). New York: Wiley.

Yancey, P. (1977). *Where is God when it hurts?* Grand Rapids, MI: Zondervan.

Zinnbauer, B. J., & Pargament, K. I. (1988). Spiritual conversion: A study of religious change among college students. *Journal for the Scientific Study of Religion, 37,* 161-180.

Zinnbauer, B. J., Pargament, K. I., Cole, B., Rye, M. S., Butter, E. M., Belavich, T. G., Hipp, K. M., Scott, A. B., & Kadar, J. L. (1997). Religion and spirituality: Unfuzzying the fuzzy. *Journal for the Scientific Study of Religion, 36,* 549-564.

Zinnbauer, B. J., Pargament, K. I., & Scott, A. B. (1999). The emerging meanings of religiousness and spirituality: Problems and prospects. *Journal of Personality, 67,* 889-919.

긍정심리학의 미래

독립 선언

이 책의 발간을 계획하면서 한 가지 기본적인 의문점이 생겼다. 심리학이 과거에 용서, 사랑, 친절, 용기, 희망, 나눔, 돌봄, 협력, 희생, 영성 및 우정과 같은 인간이 지닌 장점을 이해하는 데 기여한 바는 무엇인가? 유감스럽게도 그리 많지 않다는 답이 나온다. 인간경험의 "어두운 면(dark side)"에 대해 끌리는 내재적 이유에 대해 논쟁할 수는 있지만 이는 비생산적 논쟁이라는 인상을 준다. 우리의 초점은 긍정심리학의 미래를 살펴보는 것이다.

그렇다면 긍정심리학의 미래는 어떤가? 이는 긍정심리학의 관점을 통해 철학적 문제(예를 들어, 즐거운 삶이란 어떤 것인가?) 및 실제적 문제(예를 들어, 긍정적 감정은 시간이 지남에 따라 우리에게 어떠한 영향을 미치는가?)를 다룰 수 있는 기회를 제공하므로 우리 모두에게 흥미로운 질문이다. 긍정심리학은 개인 및 지역사회 입장에서의 정신건강을 추구하는 안내자 역할을 할 수 있다. 끝부분에서는 이 책에 기고한 학자들이 인간의 강점을 통해 건강, 안녕 및 지역사회에 대한 소속감을 증진할 수 있는 방법에 대해 나름대로의 비전을 제시하고 있다.

이 장에서 우리는 심리학의 약점 모델에서 기인한 독립 선언에 대해 기술한다. 이러한 독립 선언은 네 부분으로 나누었다. 첫 번째 단원에서는 발생한 사건 및 그 중요성에 대해 간략히 검토하고, 두 번째, 세 번째 및 네 번째 단원에서는 긍정심리학의 과학, 적용 및 교육 관련 문제에 대해 살펴볼 것이다. 또한 이 장의 여러 부분에서는 긍정심리학 분야에서 두각을 나타내고 있는 학자들의 견해를 제시하였다.

---

* C. R. Snyder & Shane J. Lopez
Lisa Aspinwall, Babara L. Fredrickson, Jon Haidt, Dacher Keltner, Christine Robitschek, Michael Wehmeyer 및 Amy Wrzesniewski의 기고문 수록

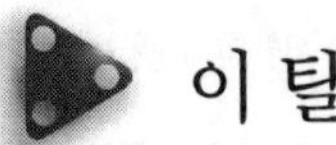

이 탈

일각에서는 긍정심리학의 관점을 최근의 현상으로 특징짓고 있다. 반면, 수년간에 걸쳐 서서히 진행되어온 것으로 보는 사람들도 있다. 이 단원에서는 긍정심리학의 대두에 이러한 두 가지 힘이 모두 작용했다고 설명하는 편이 가장 정확하다는 주장을 펼칠 것이다. 또한 긍정심리학의 발전이 실제로 미칠 영향에 대해서도 언급할 것이다.

긍정심리학 운동

긍정심리학은 약점 모델 대신이 아닌 필수 보완적인 과학적 추구의 일환으로 부각되었다. 정신질환과 치료에 대한 연구는 질병의 원인, 고통의 특성, 정신치료 및 약물치료를 통해 계속적으로 진행될 것이다. 그러나 사람들의 약점만을 볼 필요가 있을까? 우리의 편향된 관심에 대한 형평성 결여에 대해 Bandura(1998)는 우리가 "성공 이론보다는 복잡한 실패 이론에 훨씬 더 많은 투자를 해왔다."라고 말하고 있다. 그러나 일반적으로 사회과학자들, 특히 심리학자들 사이에서 인간 문제의 한 가지 측면에만 초점을 맞추는 것으로는 충분치 않다(Seligman & Csikszentmihalyi, 2000)는 의견에 동의하는 사람들이 점점 더 늘어나고 있다. 병리학 또는 강점에 대한 접근법 중 어느 쪽이 더 우월한지에 대해 논쟁을 벌일 필요는 없다. 실제로 현 역사적 시점에서 긍정심리학은 대결보다는 인간이라는 존재가 지닌 긍정적 측면에 대한 정확한 과학으로서의 실용적인 새로운 패러다임을 추구하고 있다.

우리가 여기서 즉시 강조하고 넘어가야 할 점은 긍정심리학적 관점이 전혀 새로운 관점은 아니라는 점이다(Snyder & McCullough, 2000). 실제로 지난 수십 년간 선구자적 사상가들은 자신들의 이론 및 연구 노력의 일환으로 긍정심리학의 설득력 있는 예들을 제시한 바 있다. 따라서 우리의 의식 속에 갑작스럽게 등장한 것처럼 보이는 현상도 실제로는 이러한 이론가 및 과학자들의 노력을 거쳐 그 입지를 꾸준히 넓혀온 이론이라고 볼 수 있다. 이 책의 저자들은 뛰어난 심리학자로 알려져 있고, 선구자들이다. 비록 이 과학자들을 과거에는 '긍정심리학자(positive psychologists)'로 칭하지 않았지만, 지난 20년 동안의 노력을 통해 이러한 관점의 강력한 기반을 마련했다.

긍정심리학에 필요한 생명력을 부여한 사람은 Martin Seligman이었다. 1998년 미국심리학회(American Psychology Association)의 회장직에 오를 때부터 그는 사람들이 지닌 최고의 장점을 인식하고 연구할 필요성, 즉 긍정심리학의 핵심 원리를 주장하기 시작했다. 그는 단순한 일회성에 그치지 않고 참여하는 행사마다 이 점을 반복적으로 강조함으로써 긍정심리학이라는 용어를 널리 보급하는 데 일조했다.

일종의 분수령적 시점이 되었던 1998년 이래로 긍정심리학에 대한 관심 및 지식의 점진적 확산과 관련해 발생한 사례에는 어떤 것이 있을까? 한 가지 분명한 점은 최근 들어 긍정심리학에 관한 주목할 만한 정보가 늘어났다는 것이다. 한 TV 방송사의 특별 프로그램, 전국 공영 라디오 방송(National Rublic Radio) 소식 및 잡지와 신문에 수없이 많이 게재된 기사들, 두 차례의 국가 정상회담, 저명한 학자들의 소모임, 3,700만 달러의 기금 모금(Seligman, 2000)(또 후생성 장관이 정신건강 연구기금으로 추천 중인 3억 달러) 등은 심리학계는 물론 나라 전체의 관심을 집중시켰다.

따라서 우리가 병리학 모델로부터의 독립 선언이라고 특징지은 과학적 운동의 첫 단계가 완성되었다. 보다 폭넓은 분야에서 현재 긍정심리학적 관점이 존재한다는 점을 인식하고 있다. 이 책은 긍정심리학의 핵심 연구 및 실천이 병리학 모델의 연구 및 실천과 함께 진행되어야 한다는 우리의 믿음을 바탕으로 제작된 것으로, 독립 선언의 또 다른 이정표가 되고 있다.

긍정심리학 관점 추가의 의미

병리학 모델은 적어도 두 가지 수준에서 지식 탐구의 한계를 나타내고 있다. 첫 번째로, 심리학자가 주어진 개인 또는 현상에 대한 연구를 병리학 모델 내에서 시작한다고 가정하고 인간의 강점을 가리키는 증거로 시작한다. 병리학 모델이 지배적인 위치를 차지하면 조사자는 강점을 추구하지 않는다. 우리는 여기서 보안관이 용의자를 끈질기게 뒤쫓다가도 일단 용의자가 국경만 넘으면 추격을 멈추는, 미국 카우보이 영화에서 흔히 볼 수 있는 장면을 연상할 수 있다. 긍정심리학의 접근법이 수용됨에 따라 그러한 경계는 지식의 추구를 가로막지 못할 것이다.

두 번째로, 심리학자가 강점 모델을 통해 연구하고 그 자료가 인간 강점에 대한 학문적 연구가 중요하다는 점을 증명한다고 하더라도, 병리학적 관점이 여전히 우위에 있을 수 있다. 자신의 재능 및 과학적 기술을 적용하여 최적의 건강에 대한 이해를 도모하려고 노력한 긍정심리학자의 사례를 생각해보라. 이 학자는 20년간의 연구를 통해 얻은 결과를 발표한 후 청중들로부터 질문을 받았다. 질문 중 하나는 현 맥락에서 중요한 의미를 지니는 질문이었다. 이 연구자는 왜 그의 연구의 대부분이 긍정심리학의 구성개념과 정신질환 사이의 관계를 조명했는지에 대한 질문을 받았다. 질문자는 계속 말을 이어갔다. "정신건강과의 연관성을 살펴보지 않은 이유는 무엇이죠?" 연구자는 처음에는 당황한 기색을 보였지만 곧 솔직하게 답변했다. "건강을 측정하는 방법을 몰랐거든요!"

긍정심리학의 관점은 이전에 사회과학자들이 탐지하지 못했던 인간 본성의 측면을 발견하는 데 도움을 줄 수도 있다. 예를 들어, 한때 도덕적 혐오감에 대한 연구에 힘썼던 Jon Haidt는 도덕적 미와 그 영향에 사로잡혔다. 경외, 특히 고상함(elevation)은 물론 긍정적 감정에 대해 생각해봄으로써 긍정심리학이 보편적으로 부상하는 계기가 되었다.

긍정적 정서인 고상함

정서는 일반적으로 자기이익 감시자라고 여겨져왔다. 정서를 통해 우리의 정신 및 육체는 자신에게 좋은 것에 대해 관심을 기울이게 된다. 그러나 우리가 모르는 제3자가 다른 사람을 돕는 모습을 보고 깊이 감동할 수 있는 인간 본성의 흥미롭고 아름다운 부분에 대한 연구는 아직 제대로 이루어지지 않은 것이 사실이다. 나는 지난 몇 년 동안 이러한 정서적 반응에 대해 연구했고 사람들이 그것에 대해 말하는 방식에서 많은 유사점을 발견하여 '고상함(elevation)'이라는 이름을 부여하게 되었다. 고상함은 기본적인 정서상의 특징으로 유발 조건(도덕적 미를 나타내는 행위), 생리학적 효과(가슴에 있는 미주 신경을 포함하는 부분에서 따뜻하고 개방적이며 유쾌한 감정을 느끼게 하는 무언가) 및 행동 경향(다른 사람을 더 사랑하고 도우려는, 즉 스스로 더 나은 사람이 되려는 욕구)을 이끌어낸다. 고상함을 가장 잘 표현하면 사회적 혐오의 정반대라고 할 수 있다. 고상함은 특정한 얼굴 표정(과거 연구가 전무한 이유가 바로 이 때문임)이 없으며, 부정적인 정서처럼 개별적인 개념도 아니다(경외, 사랑 및 감사와 중첩되는 것처럼 보임). 따라서 고상함은 분노 및 두려움과 같은 정서보다 연구하기가 더 어렵다. 그러나 연구가 불가능한 것은 아니다. Sara Algoe 및 Dacher Keltner와 함께 지속적인 연구를 한 끝에 미국의 6학년생들은 물론 비서구 문화권에 있는 사람들에게서도 도덕적으로 아름다운 이러한 행동에 대한 정서적 반응을 분명하게 규명할 수 있다는 점을 밝혀냈다. 고상함, 경외 및 감사와 같은 긍정적 정서에 대한 설명은 긍정심리학이 인간 본성의 전반적인 모습을 재정의하고 규명하는 데 있어서 중요한 분야다. – Jon Haidt

우리는 긍정심리학의 관점을 통해 인간 본성의 모든 측면을 이해하기 위한 연구의 길이 열렸고, 숙련된 연구자들이 건강과 안녕감에 관한 새로운 질문에 눈을 뜨게 됨은 물론 미래 과학 발전의 전기를 마련하고 있다고 보고 있다.

이탈: 긍정심리학의 문제

이 단원에서 우리는 향후 몇 년 동안 긍정심리학과 관련되어 제기될 주요 문제들을 살펴볼 것이다. 이러한 문제들은 그 정체가 확립됨에 따라 심리학의 모든 새로운 부문에 적용될 것이지만, 긍정심리학에 적용 시 논의하는 것이 중요하다.

연구, 동료 검토 및 신중한 주장을 기반으로 함

이 책의 이전 페이지를 통해 학자들은 과학적 원리 및 방법의 토대 위에서 긍정심리학을 확립하기를 원한다는 점이 분명히 드러났다. 병리학적 패러다임 내의 실험적 설계 및 정교한 통계 분석을 통해 이룩한 모든 진보는 긍정심리학 연구에도 활용될 수 있다. 실행 가능하고 지속적인 긍정심리학은 탁상공론 중심의 철학적 억측이 아닌 경험적인 검증과 최신 통계 절차를 통해 분석할 수 있는, 신중하게 구축된 가설에 바탕을 둘 것이다.

긍정심리학 실험의 확산으로 저널 편집자들, 즉 게이트키퍼들은 인간의 강점을 규명한 연구를 더 많이 보게 될 것이다. 그러나 이 경우 긍정심리학에 대해 저술한 저자들은 자신들이 쓴 내용에 대한 추가 검토 작업을 거쳐야 할 것이다. 말 그대로 저널 편집자들은 긍정심리학의 틀 내에서 제기된 결과들을 다양한 병리학적 설명과 비교 및 대조할 것을 요청할 것이다. 이러한 면에서 Snyder와 McCullough(2000)는 1980년대 다수의 심리학 저널에서 일어난 활동에 대해 "원고를 제출한 저자들은 종종 자신이 도출해낸 결과가 부정적 정서에 대한 반대 입장으로는 설명이 불가능하다는 점을 증명해야 했다. 현실을 볼 수 있는 우세한 렌즈는 증명이 가능한 보다 긍정적인 구조를 배제한 채 부정적 정서 구조의 강력한 지배를 받았다."(p. 154)라고 쓰고 있다.

새로운 패러다임이 성공적으로 보급되고 지지자들이 모이면, 연구 시 기존의 패러다임과 관련된 검증을 정기적으로 거칠 필요가 없어진다(Kuhn, 1970). 긍정심리학의 경우, 아직 이러한 단계에는 도달하지 못했다. 따라서 가까운 미래에 우리의 사상이 회의론에 직면할 위험에 대비해야 한다. 긍정심리학 사상을 변덕스럽고 장점이 없다고 치부하려는 무리가 있기 때문이다. 그러한 견해에 대한 Lisa Aspinwall의 맞대응에 주목해보자.

행복하면 더 지혜로워진다: 낙관주의 및 긍정적인 정서는 신중하고 현실적인 사고 및 행동을 촉진한다

아마도 긍정심리학에서 달성할 수 있는 가장 중요한 진보 중 하나는 긍정적인 믿음과 상태를 통해 신중한 현실적 사고와 건설적인 행동을 촉진한다는 점을 보여주는 충분한 증거를 해당 분야의 사고에 통합하는 것이다(Armor & Taylor, 1998; Ashby, Isen, & Turken, 1999; Aspinwall, 1998; Aspinwall, Richter, & Hoffman, 2000; Isen,

1993). 긍정적 사고를 지각 없고 허황되며 소망적인 또는 극단적인 낙관주의라고 특징짓는 것은 (a) 보다 철저하고 효율적이며 유연한 의사결정, (b) 해 또는 손해의 가능성을 암시하는 부정적인 정보에 대한 세심한 관심, (c) 다양한 환경에 적응하기 위한 대처 노력 및 좋은 결과 등을 포함한 낙관주의 및 긍정적 정서의 큰 이점을 보여주는 다수의 증거와 상충된다.

사람들은 종종 더 행복하거나 지혜로워질 수 있고 또 실제로 그러하다. 이러한 단언이 긍정심리학 연구 및 적용에 어떠한 영향을 미치는가? 몇 가지로 생각할 수 있다.

첫 번째로, 극단적인 낙관주의를 배제하려는 노력의 일환으로 긍정적인 믿음 및 상태에 대한 연구를 지나치게 단순화해서는 안 된다. 모든 긍정적인 믿음 및 상태가 유익하다고 말하는 것은 시기상조이며 틀릴 가능성이 다분하다. 이보다는 긍정적인 믿음 및 상태는 해롭다는 가정을 더 이상 하지 말아야 한다고 말하는 편이 더 합리적이다. 그러한 믿음을 건설적인 미래지향적 행동과 관련지을 수 있는 방법 및 시기(그 반대의 경우는 물론)를 이해하면 보다 미묘하고 정확한 견해를 얻을 수 있다(예를 들어, Armor & Taylor, 1998 참조).

미래 연구는 다양한 긍정적 상태 및 믿음이 지니는 본질 및 결과가 성취, 발달, 친밀한 관계, 집단 간 과정, 대처, 일, 건강(Aspinwall & Staudinger, 출판 중) 등의 다양하고 의미 있는 맥락 내에서 어떻게 평가되는지에 대해서 이루어져야 한다. 그러한 노력의 핵심 요소로 긍정적 및 부정적 정서가 인지 및 행동(Isen, 1993)에 미치는 체계적인 영향에 대한 보편적 가정을 버려야 한다. 이러한 가정은 잘못된 결론을 도출할 수 있다. 예를 들어, 우울증으로 인해 사람들이 주의깊게(carefully) 사고하게 된다면, 행복은 부주의한(careless) 사고를 증진시켜야만 한다는 결론에 도달한다. 또 부정적인 감정에 사로잡힌 사람들이 환경의 위험 정보에 민감하게 반응한다면, 긍정적인 기분 상태에 있는 사람들은 그러한 정보에 둔감해야만 한다. 다시 한 번 말하면, 이러한 결론은 수없이 많은 증거와 상충되지만 연구의 설계 및 해석에 영향을 미치는 경우가 자주 있다.

향후 몇 년 동안 연구 대상이 될 흥미로운 여러 '긍정적인' 주제 전반에 걸쳐 긍정적인 믿음, 감정, 속성을 진지하게 받아들이고 이를 신경학적 · 인지적 · 발달적 · 사회적 · 치료적인 기능 면에서 조명하려는 노력을 통해 인간의 건강 및 안녕감에 중요한 영향을 미칠 연구 결과를 다수 발견할 가능성이 있다. -Lisa Aspinwall

이러한 새롭고 흥미로운 접근 방식과 관련된 관심이 지나친 나머지 진행 중인 진보를 지나치게 과장하고 싶은 마음이 생길 수도 있다. 언론계에 종사하는 한 개인이 이미 일어난 발견 및 진보를 우리의 입을 빌려 말할 때 더욱더 그럴 가능성이 높아 보일 수 있다. 그러나 이러한 '획기적' 사고방식과는 정반대로, 과학은 일반적인 지식이 서서히 점진적으로 늘어나면서 진보한다. 따라서 연구자들은 긍정심리학 연구의 실시 과정에서 이를 게재하고 관련 연구를 공개 포럼에서 설명하는 과정에서 자신들의 데이터로부터 적절한 추론을 끌어내는 데 매우 신중을 기해야 한다. 데이터를 벗어나는 주장은 결코 적절치 않으며 새로운 분야의 경우, 특히 신뢰성에 큰 타격을 줄 수 있다. 한 명의 긍정심리학자가 근거 없는 주장을 하면 이는 모든 긍정심리학자들에 대한 믿음은 물론 '운동' 전체를 저해할 수 있다. 따라서 우리는 동료는 물론 우리 자신을 신중하게 감시해야 한다.

인간강점의 분류 필요성

긍정심리학은 인간의 강점과 시민으로서의 미덕을 분류해야 한다. 인간의 강점을 측정할 수 있게 되면, 그러한 강점에 대한 이해를 촉진시킬 뿐 아니라 이를 증가시키려는 노력을 도울 수 있을 것이다. 분류는 과학 연구에서 절대적으로 중요하고, 따라서 긍정심리학은 이러한 필요를 신중하고도 철저한 방식으로 충족하는 데 애써야 한다. 이 단원에서는 이 문제는 물론 관련 주제들에 대해 다룬다.

과학의 토대로서의 분류 체계

분류는 모든 과학 분야에서 존재하며(고등학교 화학 시간에 배운 주기율표를 기억해보라), 조사하는 현상을 범주화하는 시스템 없이는 과학 자체가 존재하기 어렵다고 볼 수도 있다. 심리학에서 분류 체계는 심리적 강점을 이해하고 연구를 촉진하며 강점을 주입하는 데 초점을 맞춘 긍정심리학 실습을 강화하는 데 필요하다. 정신질환의 진단 및 통계적 분류(DSM이라고 알려진 것; American Psychiatric Association, 1952, 1968, 1980, 1987, 1994, 2000) 체계를 분류 체계의 좋은 예라고 보지는 않지만, 심리학의 연구 및 실습 부분에서는 매우 영향력 있는 틀의 역할을 했다. 긍정심리학의 새로운 체계는 DSM이 보여준 바와 동등한 수준으로 널리 인정받아야 할 것이다.

분류 체계의 발달

분류 체계의 발달은 지역사회 실습 시 이루어지는 현장 검증과 함께 전문가들의 협동이 필요한 난제다. Christopher Peterson, Martin Seligman 및 컨설팅 팀이 강점 분류 체계를 개발하면서 심리학자들의 기술을 유용하게 사용 중이다. 이러한 분류학 초안에서 Peterson과 Seligman(2000)은 "심리학이 인간의 고뇌 및 번영과 관련된 유일한 분야는 아니다. 이러한 관점으로서의 심리학은 늦게 부각된 감이 있다. 심리학이 긍정적 특성 연구에 고유하게 기여하는 바는 100여 년에 걸쳐 개인 간의 차이를 측정하는 데 관심을 보여왔다는 점이다."(p. 3)라고 말했다.

이 책이 출간될 때쯤 이러한 분류 체계가 완성될 수도 있다. 더 나아가 DSM이 병리학 모델에 기여한 방법과 유사한 방식으로 긍정심리학에 기여할 수도 있다. 그러나 그동안 해당 분야에서 가장 눈에 띄는 구성개념을 다루고 있는 이론에 바탕을 둔 개인차 측정방법이 부족하다는 뜻은 아니다. 실제로 우리는 이미 그러한 측정방법을 몇 가지 보유하고 있다. 다음으로는 긍정심리학에서 개인차의 역할에 대해 살펴본다.

개인차

긍정심리학적 구성개념의 간략한 측정

이 책에 있는 내용을 바탕으로 보면, 다양한 긍정심리학의 구성개념에서 개인차 측정에 관한 연구가 큰 진전을 보인 것처럼 나타난다. 긍정심리학 운동의 초기 단계에서도 학자들은 믿을 만하고 타당한 자기보고 도구와 함께 정교하고도 설명이 가능한 이론을 구축했다.

개인 성장 주도성

개인 성장 주도성(Personal Growth Initiative: PGI; Robitschek, 1998, 1999)은 한 개인으로 변화하고 발달하는 데 있어서 활동적이고 의도적인 참여로 정의된다. 개인이 성장 또는 변화를 인식해야 함은 물론 이를 의도해야 한다는 의미다. 높은 PGI 점수를 원하는 사람들은 개인적 성장의 기회를 인식 및 활용한다. 이들은 또한 자신들의 성장을 촉진할 기회를 찾을 뿐 아니라 새로 만들어낸다. 이와는 정반대로 PGI 점수가 낮은 사람들은 자신들이 변화하고 있다는 사실, 또 성장을 위한 도전의 기회가 될 수 있는 상황을 적극적으로 회피하고 있을 수도 있다는 인식을 거의 또는 전혀 하지 않는다.

개인 성장 주도성 척도(Personal Growth Initiative Scale: PGIS;

Robitschek, 1998, 1999)는 이러한 구성개념을 측정한다. 현재까지 진행된 연구는 단일 요인 구조, 강한 내적 일관성 및 구성 타당도를 지지하고 있다. 여성과 남성 혹은 소수 인종과 다수 집단 간의 평균 점수는 큰 차이를 보이지 않았다. PGIS 점수는 주장성, 내적 통제 소재, 도구성, 인식(awareness)과 의도(intentional)인 성장과 정적인 상관관계가 있다. 또한 PGI는 환경 관련 진로 탐색 및 직업적 정체성(Robitschek & Cook, 1999)과도 관련이 있는 것으로 보인다. PGI를 개인 성장의 또 다른 척도와 결합했을 때(Ryff, 1999), 개인 성장 본능의 잠재적 구성개념은 심리적 긴장에 대한 가족의 기능을 매개하는 것으로 나타났다(Robitschek & Kashubeck, 1999). 우리는 사람들이 PGI(즉, 기꺼이 변화하고 성장하려는 자세)를 통해 스트레스 사건이 발생하고 심리적 불안을 경험하는 과정에서 도움을 구해 불안의 정도 및 영향을 줄임으로써 심리적 불안으로부터 벗어날 수 있다고 가정했다. 현재 이러한 가정을 확인하기 위한 연구가 진행 중이다. 현재 추가적으로 진행되고 있는 연구에서는 소수 인종집단을 대상으로 PGI 구성개념의 타당성을 검증하고 있으며, PGI, 경험에 대한 개방성 및 위험을 받아들이는 태도를 구분하는 연구를 진행 중이다. PGI는 인간행동의 많은 측면과 관련된 중요한 구성개념인 것으로 보인다. – Christine Robitschek

연구자들은 그러한 도구를 이용하여 연구에서 강점, 건강 및 안녕감에 대한 긍정심리학적 접근 방식에 점차 더 큰 관심을 두어야 한다. 또한 이러한 설문지의 경우 전달이 용이하기 때문에 도구 중심의 연구는 앞으로 대폭 늘어날 것으로 보인다(Snyder, 1997).

우울증, 신경증 및 적대감과 같은 약점 중심의 개인차 조절 및 매개 역할에 대한 연구는 수없이 많이 있었지만, 중재자의 입장에서 실시한 강점 중심의 변수에 대한 연구는 상대적으로 매우 적었다(Snyder & Pulvers, 2001). 따라서 21세기에 접어듦에 따라 긍정심리학에서 중재자 및 매개자로서 개인차의 역할에 더 관심을 기울여야 한다.

'기타' 긍정심리학 변인들

관련된 개인차 변인을 조사한 심리적 변인들이 있었던 것과 마찬가지로, 긍정심리학에 대한 우리의 관심을 정당화하는 비심리학적 '자원(resources)'에서도 개인차가 존재한다. 이러한 '기타' 변인은 다양한 설문지의 인구 통계 부분에서 종종 다뤄진다. 이로운 개인차를 기록한 이 목록에서 우리는 높은 수입과 교육수준(Diener, 1984; Veroff, Douvan, & Kulka, 1981), 높은 사회경제적 수준(Dohrenwend, 1998; Pearlin, 1989; Wills & DePaulo, 1991), 보다 양호한 신체적 건강상태(Williamson, Parmelee, & Shaffer, 2000) 등에 관심을 갖도록 할 것이다. 긍정심리학에서 환경적 변인(Wright & Lopez, 2002)은 물론 이러한 개념들을 사람들의 강점을 구성하는 부분 중 일부로 받아들이라는 조언이 적절할 것이다. 이 중 관심 사항은 중요한 인생의 결실을 얻는 데 있어 이러한 변수들이 지닌 예측적인 힘은 물론 다른 흥미로운 관계를 중재 또는 매개하는 방식에 대한 연구가 될 것이다.

최적 기능의 고유한 측면

긍정심리학 구성개념과 이와 관련된 개인차 도구를 발전시키는 데 있어서 병리학 모델에서 부각된 문제로부터 교훈을 얻는 것은 매우 중요하다. 특히, 병리학 개념들은 기존 개념의 유사성 및 차이점에 적절한 관심 없이 확산되어왔다. 긍정심리학 연구자들은 자신들의 구성개념을 고유한 것으로 보려는 본능을 억눌러야 한다(Snyder & Fromkin, 1980). 이는 구성개념이 중첩되는 부분에 대해 더 많은 관심을 기울여서 공통의 작동 과정 및 최적 기능의 공유 변인을 확인해야 한다는 뜻이다. 더 나아가 긍정심리학 연구자들은 사용하는 측정도구의 변별 타당성을 기록해야 한다. 따라서 긍정심리학 아이디어와 측정의 확산은 고유한 측면은 물론 공통되거나 공유되는 부분에 더 세심한 주의를 기울이며 진행되어야 한다.

표본 문제

긍정심리학 연구는 오늘날까지 백인 대학생들을 주 연구 대상으로 하는 표본 추출 패턴을 유지해왔기 때문에 지나친 단순화에 빠질 위험이 있다. 우리(Snyder, Tennen, Affleck, & Cheavens, 2000)가 긍정심리학 연구의 주 발표 매체인 1998년판 저널 여섯 권에서 발췌한 100여 편의 기사를 대상으로 최근 실시한 설문조사 결과, 다양한 분야의 연구를 위해 모집한 참가자들의 비율은 다음과 같았다. 대학생 45%, 지역사회 거주민 24%, 외래환자 13%, 아이들 및 청소년 9%, 병원의 환자들 8%, 정신병원 환자들 1%였다.

이 표본에서 여성 대 남성의 비율은 각각 56.4% 대 43.6%로, 이전 연구에서 남성이 여성보다 더 다수였던 경향과 대조를 이루고 있다. 우리는 긍정심리학 연구자들이 향후 연구에 여성과 남성을 계속 포함할 것을 권장한다. 현재 상담 및 임상심리학 박사학위 취득자의 약 80%가 여성이므로(Snyder, McDermott, Leibowitz, & Cheavens, 2000) 이들 분야에서 여성 연구자들이 남성과 함께 여성 연구 참가자들을 연구 대상에 포함시킬 것으로 예측된다.

이 설문조사에 포함된 논문들 중 인종 구성비를 밝히고 있는 논문은 절반에 불과하며, 그 논문들을 바탕으로 한 비율은 백인 75.6%, 흑인

18.9%, 라틴계 4.6%, 아시아계 2.8%, 기타 1.8%로 나타났다. 표본 추출된 나머지 절반의 논문에서 인종 구성비를 생략한 이유를 추론하기는 어렵다. 점차 다양해지고 다인종 국가로 변모하고 있는 21세기 미국에서 활동할 긍정심리학자들이 다양한 피부색을 지닌 연구 대상을 참여시키고 참가자들의 문화적 적응 수준을 파악하는 것은 매우 중요한 일이 될 것이다. 다른 나라에 있는 긍정심리학자들에게도 동일한 원칙이 적용된다. 긍정심리학 연구는 유사한 또는 상이한 과정이 효과적인지 여부를 조사하기 위해 다양한 인종집단을 대상으로 검증해야 한다. 연구의 이 시점에서 긍정심리학의 원리가 모든 인종집단에 적용된다고 가정하는 것은 다양한 과정이 특정 인종집단에만 적용된다고 추론하는 것과 마찬가지로 시기상조일 것이다.

아동들은 이 표본을 구성한 조사 대상 참가자들에 포함되지 않았다. 발달상 그리고 아동과 관련된 문제를 다룬 특정 저널이 있다는 점을 인정한다고 하더라고, 아동들이 병리학 연구와 유사하다는 이유로 조사 대상에서 제외한 것은 문제가 있다고 생각한다. 아동들에 관한 연구가 뒤늦게 시행되었다는 점에서, 부모로부터 일종의 '세대전수(trickle down)'의 영향을 받는다고 특징지어진 약점 모델에서 발생한 결과가 일어나는 것을 막기 위해, 평가할 때 신중을 기해야 한다. 긍정심리학 이론 및 연구에서 인과관계를 파악하는 것은 중요하다고 여겨진다.

발달상의 문제를 다룬다는 주장을 했지만, 긍정심리학이 젊은 층에만 해당되는 것은 아니라는 점을 강조할 것이다. 실제로 장년층에게도 훨씬 더 많은 관심을 기울일 필요가 있다. 이러한 점에서 볼 때, Snyder와 Tennen(2000)이 실시한 연구 표본 중 단지 35%의 표본만이 연구 참가자들의 연령을 밝힌 점은 시정해야 한다. 긍정심리학자들은 연구에 참여한 대상의 연령을 일상적으로 보고해야 한다. 뿐만 아니라, 노년층도 긍정심리학의 관점에서 연구 대상이 되어야 한다. 기대 수명이 증가하고 미국의 베이비붐 세대가 50대에서 60대로 접어듦에 따라, 긍정심리학 연구는 현 인구의 이 연령대를 대상으로 한 연구를 실시할 필요가 있다.

전반적으로 긍정심리학의 과학적 초점 및 적용은 인류 전체를 포괄하는 연령대 및 인종적 배경을 대상으로 해야 한다. 따라서 향후 연구 시 지침이 되는 가정은 긍정심리학이 소수보다는 다수를 위한 연구라는 점이다.

장기적인 연구

Louis Terman(Terman, 1926, 1959; Terman & Oden, 1947)은 지나치게 지적인 사람들의 삶을 연구함으로써 얻을 수 있는 교훈이 무엇인지에 대해 수십 년간 추적해왔다. 이와 유사하게 Emmy Werner(Werner & Smith, 1982, 1992)는 출생 배경은 다양하지만 삶 전체에 걸쳐 뛰어난 회복력 및 적응력을 보인 아동들을 조사했다. 대부분 단편적인 연구에 불과한 횡단적 방법론으로는 조사할 수 없는 통찰력을 제공하는 데 필요할 연구가 바로 이러한 종류의 장기적인 연구다.

우리는 또한 장기적인 연구 실시의 방법론적 및 재정적 어려움을 인식하고 있다. 이러한 형태의 연구가 필요하다고 주장하는 이유는 장기적 설계를 통해 심리적 강점이 장밋빛 미래를 보장하고, 세상의 병폐로부터 완충적 역할을 하며, 매일 매일의 삶에서 일어나는 예기치 않은 사건들을 헤쳐나가도록 도울 수 있는 방법을 묻는 질문에 대한 지속적인 답을 제공하기 때문이다.

이탈: 긍정심리학의 적용 문제

긍정심리학이 발전함에 따라, 이와 같은 연구로부터 도출되는 원리 및 발견 사실들 역시 함께 적용되어야 한다. 이 단원에서는 적용과 관련된 주요 문제들을 살펴볼 것이다.

변화를 실천에 옮기기

일차적 및 이차적 향상

우리는 이미 긍정심리학 실습을 일차적 및 이차적 향상(Snyder, Feldman, Taylor, Schroeder, & Adams, 2000)으로 나누는 것이 연구 및 적용의 목적에서 볼 때 유용하다고 제안한 바 있다. 일차적 향상에는 긍정심리학을 규정하기 위해 이전에 논한 바 있는 주제인 최적의 기능 및 만족을 얻기 위한 활동이 포함된다. 이차적 향상은 최고의 기능 발휘 및 만족을 얻기 위해서 시간이 지남에 따라 필요한 추가 노력을 나타낸다. 따라서 이차적 향상은 이미 긍정적인 수준인 일차적 향상의 기능 발휘 및 만족을 넘어서려는 노력에 해당한다. 이러한 이차적 향상 노력은 일차적 또는 기본적 수준의 향상을 달성한 후에 일어난다. 따라서 [그림 13-1]에서 볼 수 있는 바와 같이 긍정심리학의 향상 활동은 시간이 지나면서 발생한다고 개념화할 수 있으며, 그 속에서 최적의 기능 발휘 및 만족(일차적 향상)을 최고의 기능 발휘 및 행복(이차적 향상)으로 발전시켜나가는 것이다.

일차적 및 이차적 향상 사이의 차이를 보여주는 한 사례에 대해 생각해보자. 한 사람이 매주 세 차례의 격렬한 운동을 포함한 운동처방에 돌

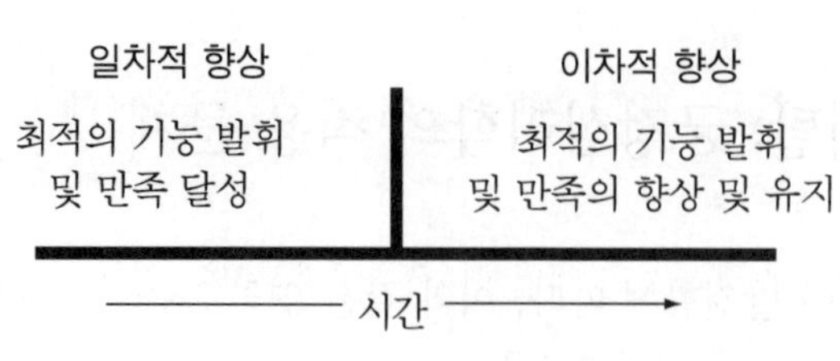

[그림 13-1] 긍정심리학의 일차적 및 이차적 향상

입하기로 결정했다고 가정해보자. 그 사람은 우리가 일차적 향상의 사례로 특징지을 수 있는 신체적 기능 및 건강 수준을 달성할 것이다. 그러나 그다음, 좋은 신체 조건을 지닌 사람의 보편적 수준을 훨씬 뛰어넘는 수준을 달성하기 위해 이보다 더 격렬한 운동처방에 돌입한다고 가정해보자. 이 경우 훈련 방식을 통해 정말 우수한 수준의 신체 기능 및 이와 관련된 심리적 행복을 얻을 수 있다. 그럴 경우 이 사람은 이차적 향상에 도달했다고 말할 수 있다. 또 다른 사례로, 다른 사람들과의 상호 교환을 통해 일차적 향상을 얻을 수도 있지만 그러한 경험의 최고 수준은 열정적 사랑, 자녀의 출산, 결혼, 사랑하는 사람의 졸업 등과 같은 강력한 인간 상호작용을 나타내는 사건을 포함할 것이다.

일차적 향상은 이차적 향상보다 달성이 더 용이하고 보다 폭넓게 적용 가능한 긍정심리학의 핵심적인 개념일 수 있다. 다른 한편으로 일차적 향상 활동의 일부 유형은 이차적 향상으로 진행되기에 가장 용이한 상태로 만들 수 있다. 또 다른 가능성은 일차적 향상보다 달성하기가 더 어렵다 하더라도 이차적 향상에 대해 이해하고 이를 증진하는 데 초점을 맞출 필요가 있다는 가능성이다. 이 후자의 경우, 이차적 향상은 매우 강력하고 만족감을 주는 경험이라는 사실을 통해 동기 부여가 가능하다.

개입 문제

긍정심리학 이론과 개인차 변인에 대한 수많은 연구에 비해 사람들에게서 긍정적인 변화를 유도하는 방법에 대한 연구는 별로 실시된 바 없다(그러나 공정하게 말하자면 개입 작업은 긍정심리학 연구 프로그램 중 일부에서 실시되었다고 인정하는 편이 맞을 것이다.).

모든 긍정심리학 개념에 대한 이해를 넓히려면 이를 향상시키는 방법에 대해 이해해야 한다. 따라서 긍정심리학은 병리학 모델에서 발생한 진단 및 개입의 분리를 지양해야 한다. 예를 들어, DSM은 그 영향력이 곳곳에 미치고 있음에도 각 진단 범주에 대한 적절한 개입과의 연관성을 제공하지 않는다. 긍정심리학의 분류 체계를 정의하는 이 시점에서 적절한 개입의 필요성에 대한 분명한 근거가 있어야 한다. 특히, 긍정심리학 개인차 측정에서 하나 이상에서 낮은 점수를 기록한 사람들의 강점을 증가시키는 방법에 대한 실험에 관심을 두어야 할 것이다. 이러한 후자의 설계를 통해 주어진 긍정심리학의 개념에 대한 이해 및 적절한 개입 제공에 필수적인 환경(개입)에 중요한 상호작용 과정을 거쳐 주요 인물(개인차)을 탐색할 수 있다.

긍정심리학 변화 과정에 내재된 역동을 보다 완벽하게 이해해감에 따라 최종 수혜자는 그러한 개입을 활용할 수 있는 사람들이 될 것이다. 긍정심리학은 변화 과정을 촉진하기 위해서 주로 병리학 모델에서 작용 중인 현 심리치료 결과를 조사하는 연구자들에게 손을 뻗쳐야 한다(Snyder & Ingram, 2000).

제공 문제

그러나 긍정심리학을 실행에 옮길 때에는 주의가 필요하다. 우리는 연구자들과 혁신적 실천가들이 개입의 근거를 이론과 연구에 두고, 이러한 개입을 보다 폭넓은 과학자 및 실천가 집단과 공유하기 전에 신중하고 광범위한 경험적 조사를 할 것을 권장한다.

우리가 발견한 사실을 적절하게 적용 해석하기 위해서는 긍정적 변화 과정에 대한 이해를 목표로 한 기초 연구를 실시해야 할 뿐 아니라 연구 프로그램 실시를 통해 그러한 개입이 실제로 가장 많은 사람들에게 효과적으로 제공될 수 있는 방법을 연구해야 한다. 결국 우리가 알고 싶은 것은 가족, 학교, 직업 환경 등의 맥락에서 사람들에게 어떻게 각자가 지닌 강점을 알려주는가 하는 것이다.

이와 마찬가지로 정부 및 민간 기관들은 긍정심리학 원리의 연구 및 적용을 통해 얻을 수 있는 이점에 대해 인식하고 있어야 한다. 긍정심리학 연구 및 행동 프로그램과 관련하여 지속적인 자금 지원의 필요성이 분명히 제기될 것이다. 이와 유사하게 정책 입안자 및 일반 대중은 긍정심리학 연구 및 적용의 유용성에 대해 인식하고 있어야 한다.

실습의 철학 및 범위 확대

기자들 사이에는 "좋지 않은 소식이 많을수록 판매 부수가 오른다."라는 격언이 있다. 그러나 분명 그것이 전부는 아니다. 인간의 의지가 지닌 강점, 사랑으로 넘치는 가족의 결속력 및 이웃 간에 서로 아끼는 지역사회의 활동에 대한 설득력 있는 설명은 균형 있는 보도를 목표로 할 경우 가치 있는 일이다. 그러한 보도는 또한 우리의 정신을 고양하고 일종의 본보기가 된다. 불행하게도 '좋지 않은 소식'에 대한 접근 방식은 사람들이 상황이 안 좋게 될 것을 기대하면서 보호책 마련에 몰두하고 또 어느 정도 수동적으로 나쁜 일이 일어나도록 방치하는 자기실현의 벙커 심리(bunker mentality)에 빠뜨릴 가능성이 높다.

우울증으로 치료를 받던 환자가 완치되는 경우와 같이 병리학적 접근 방식에서도 해피엔딩은 가능하지만, 여전히 우리의 관심을 끄는 내용은 부정적인 틀이다. 이러한 약점 관점은 마치 우리가 자동적으로 눈을 돌리는 디폴트 옵션과 같다. 병리학 모델이 기여하는 부분이 많음에도 불구하고(실제로 중요한 부분에서 다수 기여하고 있다) 사후 대응을 유도한다. 몇몇 주목할 만한 예외 사례를 제외하면 심리학의 약점 모델은 인생에 대한 수동적이고 회피적인 접근 방식을 조장할 수 있다. 다른 한편으로 긍정심리학은 인간이 놀랄 만한 재능 및 기술을 보유한 막대한 저장 창고와 같다는 가정으로 시작한다. 그러나 긍정심리학이 지닌 다수의 장점에도 불구하고, 인간의 능력에 대한 수동적 견해를 무의식중에 받아들임으로써 그러한 재능의 개발을 저해하고 있다. 긍정심리학은 인류에 대한 보다 종합적인 견해를 제공한다.

자기결정 및 인과적 행위자 이론

지난 10년 동안 특수교육 분야는 장애를 지닌 학생들의 자기결정권 강화의 중요성을 부각시켜 학교생활로부터 성인으로의 성공적인 전환을 유도하려는 노력에 상당한 관심을 집중하였다. 양부모 슬하에서 자란 청소년, 도시에서 자란 아동 및 청소년을 포함하여 학교생활에서 낙오하고 성인으로서의 인생에서도 낙오할 위험이 있는 다른 청소년층에도 공히 적용되어온 이러한 노력은 학교 졸업 시 자기결정권을 가진 학생들이 생활력 있고 자립적인 성인으로 성장할 확률이 더 높다는 주장을 바탕으로 한다. 우리는 인과적 행위자 이론(causal agency theory)이라고도 부르는 자기결정권의 기능적 모델을 개발했는데, 이 이론에서 자기결정권을 지닌 행동이란 자신의 삶에서 일차적인 인과적 행위자로서 행동하고, 부당한 외부 영향이나 간섭에서 벗어나 자신의 삶의 질에 대한 선택과 결정을 스스로 내린다는 뜻을 지닌다(Wehmeyer, 1996).

기능 모델은 성격, 지역사회, 동기심리학 연구를 통해, (a) 인간은 자율적으로 행동한다. (b) 행동은 스스로 조절한다. (c) 인간은 사건을 만들고 심리적으로 동기화된 방식으로 반응한다. (d) 인간은 자기실현 방향으로 행동한다 등 자기결정적 행동의 네 가지 핵심 특성을 들고 있다. 이 모델은 사람들이 인생에서 선택을 하고 통제를 경험할 기회를 가지는 것은 물론 목표 설정, 문제 해결, 의사 결정 및 요구 주장에 대한 학습을 포함하여 자기결정적 행동이 지니는 일련의 구성요소를 개발 또는 획득함에 따라 자기결정적으로 변모한다고 가정하고 있다. 우리의 연구는 경험적으로 이러한 틀의 정당성을 입증하고(Wehmeyer, Kelchner, & Richards, 1996), 장애 청소년의 상대적 자기결정권에 대해 살펴보며(Wehmeyer & Metzler, 1995), 학생의 자기결정권과 성인으로의 올바른 성장 사이의 관계에 대한 증거를 제공하고(Wehmeyer & Schwartz, 1997, 1998), 자기결정권의 획득을 가로막는 환경적 장애에 대해 조사했다(Wehmeyer & Bolding, 1999). 또한 자기결정권을 강화하기 위한 지침 제공 방식 및 자료를 파악하고(Wehmeyer, Agran, & Hughes, 1998), 교육자들이 청소년을 교육하여 자기결정권을 높이고 자기조절 능력을 지닌 문제 해결자로 키우기 위한 지침이 되는 모델을 개발함은 물론 그 정당성을 경험론적으로 입증했다(Wehmeyer, Palmer, Agran, Mithaug, & Martin, 2000). 현재 연구는 인과 추론, 주도적 능력의 개발 및 획득의 탐색을 포함하여, 사람들이 자신의 삶에서 인과적 행위자가 되는 핵심 이유를 조사 중이며, 그러한 능력이 기회나 인과적 행동에 대한 위협에 반응하여, 오히려 개인이 자기결정권을 확보하도록 활용되는 방식에 대해 살펴보고 있다. 우리의 초기 연구는 인지 및 기타 장애를 지닌 청소년을 주 대상으로 했지만, 교수 모델을 포함한 추후 연구와 인과 및 주도적 행위의 핵심 주체(operator)를 조사하려는 연구의 경우 장애를 지니거나 기타 위험집단에 있는 청소년을 배제하지는 않았으며 모든 청소년에 적용된다. – Michael Wehmeyer

긍정적 신체

긍정심리학 연구는 말하자면 "본질적인 내용을 파고들" 필요가 있다. 대부분의 긍정심리학자들이 인지 및 행동 수준에 초점을 맞추고 있지만, 우리는 인간이 지닌 강점을 신경학적, 생물학적 및 생리적 수준으로까지 추적하는 연구자들이 점점 더 늘어날 것이라고 믿고 있다.

긍정심리학 관점에서 어떤 조사자들은 인간의 발전을 이끈 신체 구조 및 과정을 주로 다룬다. 심리학과 신경과학이 연결되는 지점에서 진행 중인 흥미로운 진보와 함께 인간강점의 표출과 관련된 뇌의 구조 및 기능에 관한 발견이 있기를 기대해본다. 이러한 접근 방식은 현재까지는 별다른 주목을 받지 못했지만 긍정심리학 개념을 이해하고 적용하는 데 있어서 향후 진보를 촉진할 엄청난 잠재력을 지니고 있다.

긍정적 가정

사회에 의미 있게 기여할 수 있는 낙천적이고 적응력이 뛰어난 자녀를 배출하는 가정은 어떤 특징을 지니고 있을까? 분명 이는 매우 복잡한 질문이지만, 그럼에도 불구하고 긍정심리학자들이 해결해야 할 질문이기도 하다. 긍정적 가정 연구에서는 그 하나의 시작점으로써 가치 주입에 가정의례(family ritual)가 하는 역할을 조사할 수 있을 것이다. 또 다른 방법은 가족들이 매일 겪은 힘든 일에 대해 어떻게 설명하는지, 미래 목표를 어떻게 정하고, 어떤 방식으로 자녀들에게 희망을 불어넣는지를 파악하는 것이다(McDermott, Cook, & Rapoff, 1997; McDermott & Hastings, 2000). 긍정심리학은 전통적인 남녀로 이루어진 두 부모와 자녀 모델뿐 아니라 21세기의 점차 다양화되고 있는 가족 형태를 대상으로 하는 것이 현명할 것이다. 그러나 그 구조가 어떻든간에 가정은 긍정심리학의 신조를 증진하는 핵심 영역이 될 것이다. 이러한 이유와 수많은 다른 이유들 때문에 가정은 긍정심리학자들의 주요 관심 대상이 되어야 한다.

긍정심리학은 또한 아동심리는 물론 아동의 복지에 대한 이해 및 증진에 초점을 맞추는 기타 다른 분야에도 연구의 문을 열어야 한다. 예를 들어, 아동 임상심리학자의 교육은 아동들의 약점은 보완하고 모든 아동들의 강점은 향상시키는 데 초점을 맞추곤 한다.

긍정적 학교

건강한 발달을 위해 필요한 자극과 양육을 제공하는 곳이 가정이지만, 다수의 가정은 자녀들의 기본적 의식주 문제 해결에도 어려움을 겪고 있는 것이 현실이다. 따라서 학교가 보조적인 지도 및 서비스를 제공하는 곳이 되고 있다. 우리는 학교와 가족이 그러한 심리 및 신체 건강 프로그램을 수용하고 있다는 것을 경험상 알고 있다. 일부 비평가들은 그러한 프로그램들이 '진정한 배움(real learning)'으로부터 귀중한 시간을 빼앗는다고 주장하지만, 우리는 긍정심리학적 지원을 통해 더 나은 배움의 장을 마련할 수 있으리라고 확신한다. 이것은 양자택일의 문제가 아니라, 아이들이 삶의 기술 및 필수 지식을 동시에 배울 수 있는 탁월한 교육의 기회를 제공하자는 것이다.

학교심리학자들은 종종 특별한 요구(예를 들어, 학습장애, 문제 행동 및 신체적 문제)를 지닌 아동에게 최적의 학습 환경을 제공하도록 보장할 책임이 있는 존재로 인식되어왔다. 이러한 전문가들은 학교에서 핵심적 역할을 하며 긍정심리학은 이들의 도움이 필요하다. 학교심리학자들은 모든 아동은 물론 특별한 욕구를 지닌 아동이 최선의 능력을 발휘하도록 격려하는 데 있어 긍정심리학의 기본 원칙이 매우 흥미롭다는 점을 깨달을 것이다. 이러한 접근 방식은 교실 활동에 다양한 긍정심리 경험을 추가하는 것에 기초한다. 예를 들어, 중학교 학생들에게 희망을 증진시키기 위해서 일련의 교실 체험을 제시했다(Lopez, Bouwkamp, Edwards, & Teramoto Pedrotti, 2000). 나아가 그러한 교육 활동이 학생들의 심리적 및 학문적 발달 모두에 유익하다는 점이 입증되었다고 가정하고, 우리는 긍정심리학의 원칙 및 적용이 대학의 교수 지침 교과 과정에 포함되어야 한다고 믿고 있다. 우리는 교사들이 이러한 긍정심리학 접근법을 체계적으로 사용하는 날이 오기를 고대한다. 추측건대, 최고의 교사들이라면 이미 긍정심리학을 교수 계획 및 유형에 포함시켰을 것이다.

청소년 발달

Benjamin Franklin은 낭비된 강점은 그늘에 놓인 해시계와 같다고 말한 바 있다. 이는 아이들이 지닌 미지의 자산의 경우에도 해당되는데, 그 이유는 아이들이 종종 자신의 잠재력을 깨닫기 위해서는 도움이 필요하기 때문이다. 성인으로서 우리에게는 청소년의 잠재력 개발을 도울 책임이 있다. 그러려면 재능이 있거나 문제에 빠질 위험이 있는 학생들뿐 아니라 모든 아이들에게 약간의 지원 및 안내가 필요하다고 보아야 한다(Snyder & Tran, 2000). 긍정심리학은 "저 말썽꾸러기 녀석들과 저 애들이 일으킨 문제를 좀 봐."라고 비난을 하는 것이 아니다. 그보다는 모든 아이들을 자신의 자녀처럼 생각하고 이들의 잠재력을 최대한 끌어내기 위해 할 수 있는 일이 무엇인지를 자문한다. 이러한 점에서 아마도 우리가 아이들에게 줄 수 있는 최대의 선물은 시간일 것이다. 성인으로서 우리는 때로는 자신의 일에 얽매여서 우리의 자녀들은 물론 이웃에 있는 아이들과 충분한 시간을 보내지 못한다. 아이들은 긍정적 모델을 갈망한다. 이를 달성하려면 아이들이 서로에게 폭력을 휘두르는 사람들로 가득 찬 TV 화면보다 현실 세계의 사람들로 눈을 돌리도록 만드는 편이 훨씬 더 낫다.

긍정적 작업장

Turner, Barling과 Zacharatos(2002)는 작업 환경이 재정적 성과 및 사람들의 건강과 관련하여 더 나은 성과를 내는 보다 긍정적인 장소가 될 수 있는 방법에 대해 설명하고 있다. 산업 및 조직 심리학자들 역시 작업장이 근로자들의 자원을 개발하고, 의미를 찾으며, 사회·정서 및 심리적 행복을 추구하는 곳이 되도록 하기 위한 방법에 대해 연구하고 있다. 우리는 오늘날 작업장에서 이루어지는 인간 잠재력 개발을 도외시해서는 안 된다.

직업, 경력, 소명: 일의 의미

일의 경험에 있어 사람들 간에 어떠한 차이가 있는가? 사람들은 깨어 있는 시간의 3분의 1을 일터에서 보내고, 직업으로 자기자신을 규정하는 일이 많아지고 있음을 고려해볼 때 이는 중요한 질문이다. 연구 결과, 대부분의 사람들은 자신이 하는 일과 세 가지의 분명한 관계를 지니고 있는데, 즉 직업(jobs), 경력(careers) 또는 소명(calling)(Bellah, Madsen, Sullivan, Swidler, & Tipton, 1985; Schwartz, 1986, 1994; Wrzesniewski, McCauley, Rozin, & Schwartz, 1997)을 말한다. 이 셋은 서로 분명하게 구분된다. 직업(jobs)을 가진 사람들은 기쁨이나 성취감보다는 일에 대한 경제적 보상을 중시한다. 경력(careers)을 지닌 사람들은 승진에, 소명(callings) 의식이 있는 사람들은 사회에 기여하는 데에서 즐거움을 찾는다. 성직에서부터 전문직에 이르기까지 다양한 직업군에 종사하는 사람들은 자신이 하는 일을 주로 이 세 가지 방식 중 하나로 본다. 직업, 경력 및 소명은 또한 각각 일종의 직업(occupations)에 해당된다. 천직을 갖고 있다는 것은 인생 및 직업 만족도에서 최고에 있음은 물론 일을 하며 놓치는 시간이 가장 적다는 것을 의미한다(Wrzesniewski, 1997). 일에 대한 일반적 태도로 직업, 경력 및 소명을 통해 새로운 직업의 질과 직업 수준은 물론 진로 탐색 시 추구하는 목표를 예측할 수 있다. 최근 연구 결과, 천한 일을 하는 사람들은 자신이 하는 일에 대한 관계를 전환할 수 있으며 이는 직업상 하는 일 및 일과의 관계에 더 큰 의미를 부여함으로써 가능하다는 점이 밝혀졌다(Wrzesniewski & Dutton, 2000). 일을 주제로 한 연구에 대한 개념적 접근법으로서 직업, 경력 및 소명은 일의 의미를 이해할 수 있는 풍부한 기회를 제공한다. – Amy Wrzesniewski

긍정적 지역사회

활기가 넘치는 지역사회란 아이들의 건강한 발달 촉진이라는 공통의 목적으로 단합한 사회를 말한다. 문화 및 역사적 보존을 위해 결속하기도 한다. 지역사회의 임무가 지닌 본질과는 무관하게, 효과적인 지역사회는 단일화된 목표를 지니고 있다(Bellah, Madsen, Sullivan, Swidler, & Tipton, 1992). 더 나아가 그러한 지역사회가 목표 추구를 통해 원하는 결과를 얻어내면 이를 기념하는 축하 행사를 연다. 이것을 언급하는 이유는 지역사회의 노력이 긍정적인 연결을 가져오고, 목표 달성 시 지역사회에서 이를 축하하는 것은 미래의 성공 가능성을 증가시키기 때문이다.

지역사회 심리학 분야는 아직까지 학문적 주목을 받지 못하고 있다. 아마도 긍정심리학을 연구하는 동료들의 지원으로 단지 나쁜 일을 예방하려고만 하기보다는 좋은 일이 생기도록 유도하는 데 더 관심을 가짐으로써(Snyder & Feldman, 2000), 지역사회가 지니는 영향력을 주제로 하는 연구가 더 늘어날 것이다. 지역사회는 긍정심리학이 수용 가능하고 또 수용해야 할 개념이다.

이탈: 긍정심리학의 훈련 문제

수십 년 동안, 심리학도들은 인간의 약점에 대해 배웠고, 병리학 모델은 여러 세대에 걸쳐 젊고 연약한 이들의 마음속 깊이 각인되었다. 그 학생들이 성장하면서 학계 및 기타 응용 분야에 진출하여 동일한 부정적 심리를 제자들에게 전수했다. 긍정심리학자들이 자신의 강점을 파악하고 매일의 활동을 통해 자신의 능력 및 재능을 인식하고 있는 일반인들과 협력할 때만이 인간을 번영으로 이끌고 이를 촉진하는 긍정심리학의 임무를 달성할 수 있다. 심리학자들은 이를 실현시키기 위해 질병보다는 건강이 인간 조건의 자연스러운 상태라고 가정한다. 그러나 가까운 미래에 우리의 목표는 긍정 및 부정의 두 심리 사이에서 균형을 찾는 것이다.

우리는 독자들이 연구 참여자, 내담자, 배우자, 자녀 및 자기자신에 대해 하는 가정들에 대해 생각해볼 것을 권한다. 심리학은 부정적인 렌즈를 통해 사람들을 볼 것을 제안한다. 우리는 인간의 행동을 볼 때 자기자신이 어떻게 생각하는가가 개인에 대한 이해를 증진하는 데 가장 중요하다고 본다. 무엇을 보는가가 검증하려는 가설을 결정한다. Aristotle-Galileo의 '진자 논쟁(pendulum debate)' 은 이 점을 보여준다. Aristotle은 진자가 정지 상태에 있을 때 자연스러운 상태라고 가정했다. 그러므로 그는 '휴식에 들어가는 시간(time to come to rest)' 에 관심을 가지고 미터법을 중심으로 '진자' 와 관련된 가설을 세웠다. 다른 한편으로 Galileo는 흔들리는 상태는 마찰이 없을 경우에 자연적인 상태라고 믿었기 때문에 '시간당 진동 횟수' 에 더 관심을 가졌다. 이렇듯 자신이 믿고 보는 것은 조사 대상에 영향을 미친다. 따라서 연구자나 임상가들이 처음에 언뜻 보아 한 개인의 강점 대신 질환의 징후를 볼 경우, 이것이 그

후 세워지는 가설을 결정할 것이다.

인간 본성의 다른 측면

긍정심리학의 미래는 밝으며, 심리학 분야 전반에 걸쳐 열정적인 젊은 학자 집단이 참여할 가능성이 높다. 이 분야가 가져올 진보는 관계에 대한 새로운 아이디어에서부터 안녕감 및 미덕에 대한 연구에 이르기까지 수없이 많다. 이 중 아마도 가장 오랫동안 기억될 부분은 긍정심리학이 인간 본성의 보다 긍정적이고 자비로운 성질에 대해 생각해볼 기회를 준다는 점이다.

행동 과학의 많은 위대한 전통들은 인간 본성을 있는 그대로 그려왔다. Freud에게 인간은 갈등적이고 방어적이며 신경증적인 대상이다. 사회심리학을 형성한 실용주의적 접근 방식에서는 인간이 자기이익을 극대화하는 결과를 합리적으로 추구한다고 가정하고 있는데, 이는 진화심리학의 주장과 동일하다. 심리학의 다른 부문은 부정적인 측면을 훨씬 더 강조한다. 즉, 공격성을 연구하지 화해를 연구하지 않는다. 부정적 감정을 연구하지 긍정적인 감정은 연구하지 않는다. 만족보다는 관계에 대한 불만족 및 관계 청산만을 연구해왔던 것이다.

물론 이것은 인간의 본성에 대한 가정에 불과하다. 긍정심리학은 인간 본성에 대한 대안적이고 과학적인 접근 방식을 제공한다. 긍정심리학은 많은 면에서 단지 생각이 어떻게 행동을 이끄는지에 대한 질문을 제기한 것으로, 심리학에서 인지적 혁명을 일으킬 잠재력을 지니고 있다. 긍정심리학은 긍정적인 인간 본성에 대해 질문하고 있다.

이러한 강조를 통해 적어도 세 가지 면에서 과학적 진보를 낳고 있다. 첫 번째로, 연구자들은 이제 심리학에서 상대적으로 덜 다루어지던 부분을 연구하고 있다. 이는 긍정적 감정에 대한 연구를 통해 분명히 알 수 있다. 초기의 감정 이론가들은 부정적 감정의 수가 긍정적 감정의 수보다 많다고 가정하는 경우가 대부분이었다(실질적인 이유는 전혀 없음). 현재에는 부분적으로 Fredrickson의 연구에 영향을 받아 경외, 사랑, 욕구, 안심, 희망, 자긍심 및 기쁨을 포함한 수많은 긍정적 감정이 있다는 점을 발견하고 있다. 이러한 상태는 부정적인 상태와는 다른 방식으로 작용할 수 있고, 분명 인간이 가장 소중히 여기는 많은 활동 속에 내재되어 있다. 긍정심리학이 없다면 이러한 감정 상태는 여전히 그 중요성을 인정받지 못했을 것이다.

두 번째로, 인간 본성에 대한 다수의 보편적인 가정이 긍정심리학 연구의 도전을 받고 있다. 예를 들어, Freud의 이론 중 일부는 사랑하는 사람을 잃은 감정을 이해하는 최선의 방법은 분노와 죄책감 같은 부정적 감정들을 훈습(본인의 문제 및 무의식을 계속하여 반복적으로 탐구해나가는 과정)하는 것이라고 주장해왔다. 그러나 내가 George Bonanno와 공동으로 실시한 연구 결과, 이러한 가정이 잘못되었음이 드러났다(또한 이러한 가정을 바탕으로 한 임상치료에 대해서도 우려하지 않을 수 없다.). 우리는 사랑하는 사람을 잃은 사람들 중 극도의 분노를 드러낸 사람들의 경우 장기간에 걸쳐 그 분노가 더욱더 심해지는 반면, 웃음을 되찾고 상실감을 어느 정도 극복한 사람들이 더 빨리 회복한다는 점을 발견했다.

마지막으로, 긍정심리학 내에서 이루어진 연구는 보다 '부정적인' 렌즈를 통해 주로 보았던 많은 현상들에 대해 보다 미묘한 차이가 있는 견해를 발전시키는 데 도움이 될 것이다. 예를 들어, 괴롭힘에 대한 논문은 주로 따돌림과 피해자화(victimization)에 대해 발표된 논문에서 드러나듯 적대적 내용 및 반사회적 결과에 초점을 맞추었다. 이는 물론 사실이며 괴롭힘의 한 단면이기도 하다. 그러나 이러한 극단적인 종류의 괴롭힘이 대부분의 사람들이 살면서 매일 부딪치는 괴롭힘을 대표한다고 가정하는 것은 잘못된 일이다. 괴롭힘에 대해 나의 연구는 다른 가정에서 시작하고 있다. 즉, 대부분의 괴롭힘은 장난치고 가장하려는 인간의 능력을 반영하며 애정 표현에서부터 사회화에 이르는 다양한 친사회적 기능을 달성한다는 가정을 말한다.

긍정심리학이 발전함에 따라, 사람들이 미덕과 아름다움을 통해 발견하는 영감에서부터 지역사회에 헌신하는 방식에 이르기까지 인간 본성에 관한 수많은 영감 어린 통찰력이 생겨날 것이다. 이러한 통찰력은 인간 본성에서 좋은 면은 무엇인가?라는 긍정심리학이 제기하는 단순한 과학적 질문에서 생겨날 것이다. – Dacher Keltner

분명 개인적 및 전문적인 경험은 우리가 '보는(see)' 것을 결정한다. 따라서 인간 본성에 대한 우리의 견해는 훈련의 영향을 받을 수 있다(Snyder, 1977). 전문적으로 훈련을 받은 패러다임은 인간행동에 대한 견해는 물론 긍정적 변화를 위해 취하는 노선을 결정한다. 긍정심리학이 온전히 실행 가능하려면 이러한 관점에 맞는 교수와 교육 과정을 갖춘 엄격한 대학원 프로그램을 개발해야 한다. 또한 긍정심리학의 인턴십 과정에서도 동일한 프로그램 및 과정이 필요하다. 임상, 상담, 성격 및 사회심리학 프로그램 또는 이 중 두 가지 이상의 프로그램에 여러 학자들과 함께 참여함으로써 대학원생 수준에 적합한 긍정심리학 교육의 장을 마련할 수 있다. 더불어 대학생을 위한 긍정심리학 과정도 필요하다.

조직 수준에서, 결국에는 긍정심리학의 관점을 전문적으로 다루는 조직 및 대회와 모든 영역의 학문적 및 교육적 발전과 마찬가지로 연구 발표의 장이 되는 저널은 물론, 긍정심리학의 핵심 사상에 의견을 실어주는 저서 역시도 필요하다. 긍정심리학을 제대로 교육하려면 이 모든 것은 물론 그 이상이 필요하다.

긍정심리학의 미래

긍정심리학은 엄청난 잠재력을 지니고 있다. 이 분야의 아이디어 중 많은 부분이 긍정심리학보다 먼저 알려졌지만, 현재에 이르러서야 대규모 운동 및 이 핸드북 등의 자료에 대한 반응으로서 다양한 아이디어들이 인간 번영을 위한 과학의 개발이라는 공동의 사명하에 하나로 융합되었다. 이러한 잠재력을 100% 실현하려면 연구 대상이 되는 현상의 범위를 확대할 필요가 있다. 예를 들어, 긍정적인 감정의 과학적 연구는 부정적 감정에 대한 연구보다 훨씬 뒤떨어져 있다는 점을 지적한 바 있다. 또한 일부 긍정적인 감정은 말 그대로 경외, 평정심, 감사 및 고양과 같은 경험적 주목을 거의 받지 못했다. 이 책은 놀랄 만큼 광범위한 분야를 다루고 있지만 초기의 긍정심리학과는 분명 상당한 차이가 있다. 나는 이 분야에 관심을 갖고 있는 독자들이 그러한 차이를 찾아내고 이를 기회로 그 차이를 줄이기 위해 경험적 기여를 할 것을 권한다.

긍정심리학이 지닌 잠재력을 100% 발휘하기 위해 중요한 것은, 사람들의 성공 비결을 연구하는 데에 평생을 헌신할 심리학자들을 양성하는 일이다. 대학원 학생들을 모집하고 최근 박사학위 취득자를 대상으로 재교육을 실시하여 긍정심리학을 활발히 연구하도록 하는 것이 아마도 첫 번째 과제일 것이다. 그러한 노력은 이미 긍정심리학 여름학교(Positive Psychology Summer Institute) 및 긍정심리학 미래 학자 지원 프로그램(Young Scholars Grants Program)을 통해 진행 중이다. 이러한 프로그램들은 긍정심리학 내의 교육 및 복지 프로그램을 제도화하려는 취지로 시작된 것이지만, 차세대 긍정심리학자들을 양성하기 위해서는 보다 광범위한 노력이 필요하다. 예를 들어, 긍정심리학자들로 구성된 다양한 교수진을 가진 박사과정을 통해 긍정심리학의 대학원생 및 박사 후 훈련 프로그램을 개발할 수 있다. 이러한 훈련 프로그램은 심리학의 경계를 넘어서 심리학 및 관련 학문의 수많은 하위 분야의 장점을 활용할 필요가 있다. 긍정심리학 자체를 '확대 및 구축하려는(broaden-and-build)' 이러한 노력 및 기타 다른 적극적인 노력을 통해 긍정심리학 분야가 꽃을 피울 수 있을 것이다. – Barbara Fredrickson

이탈을 마치며

다른 승객들이 서서히 비행기에 탑승하고 있을 때 내 옆자리에는 백발의 여성이 앉아 있었다. 비행기가 순항고도에 접어들자 우리는 떠들기 시작했고, 이 대화는 필라델피아에서부터 도착지인 캔자스 시에 도착할 때까지 이어졌다. 나는 이 여성이 교직에 몸담고 있다가 정년퇴직한 지 15년이 넘었다는 사실을 알게 되었다. 이 여성은 은퇴 후 자신의 손자들과 보낸 시간에 대해 다정하게 얘기했다. 사실 이 비행기를 탄 것도 새로 태어난 증손자를 보러 가기 위해서였다. 그녀는 내게 "어떤 일을 하세요?"라고 물었다. 나는 잠깐 교수로 재직했다고 말한 후 긍정심리학에 관한 나의 연구에 대해 언급했다. 이에 대해 듣자 이 여성은 생기를 되찾고는 긍정심리학에 대한 질문을 계속했다. 시간은 쏜살같이 흘러 어느덧 우리는 비행기에서 내려서 터미널로 향하고 있었다. 그녀가 돌아서서 말했다. "긍정심리학, 그거 시간을 보내기에 좋은 방법이네요." 그 말과 함께 손을 흔들더니 마중 나온 가족들을 향해 사라졌다. "긍정심리학, 시간을 보내기에 좋은 방법이군요." 그 말에 전적으로 동의하며 여러분도 부디 동참하기 바란다.

American Psychiatric Association (1952). *Diagnostic and statistical manual of mental disorders*. Washington, DC: Author.

American Psychiatric Association (1968). *Diagnostic and statistical manual of mental disorders* (2nd ed.). Washington, DC: Author.

American Psychiatric Association (1980). *Diagnostic and statistical manual of mental disorders* (3rd ed.). Washington, DC: Author.

American Psychiatric Association (1987). *Diagnostic and statistical manual of mental disorders* (3rd ed., Rev.). Washington, DC: Author.

American Psychiatric Association (1994). *Diagnostic and statistical manual of mental disorders* (4th ed.). Washington, DC: Author.

American Psychiatric Association (2000). *Diagnostic and statistical manual of mental disorders* (4th ed., text revision). Washington, DC: Author.

Armor, D. A., & Taylor, S. E. (1998). Situated optimism: Specific outcome expectancies and self regulation. In M. P. Zanna (Ed.), *Advances in experimental social psychology* (Vol. 30, pp. 309-379). New York: Academic Press.

Ashby, F. G., Isen, A. M., & Turken, A. U. (1999). A neurological theory of positive affect and its influence on cognition. *Psychological Review, 106*, 529-550.

Aspinwall, L. G. (1998). Rethinking the role of positive affect in self-regulation. *Motivation and Emotion, 22*, 1-32.

Aspinwall, L. G. (in press). Dealing with adversity: self-regulation coping, adaption, and health. In A. Tesser & N. Schwarz (Eds.), *The Black well handbook of social psychology: Vol. 1, Intraindividual processes*. Oxford, England: Black well.

Aspinwall, L. G., Richter, L., & Hoffman, R. R., III. (2000). Understanding how optimism "works": An examination of optimists' adaptive moderation of belief and behavior. In E. C. Chang (Ed.), *Optimism and pessimism: Theory, research, and practice* (pp. 217-238). Washington, DC: American Psychological Association.

Aspinwall, L. G., & Staudinger, U. M. (Eds.) (in press). *A psychology of human strengths: Perspectives on an emerging field.* Washington, DC: American Psychological Association.

Bandura, A. (1998, August). *Swimming against the mainstream: Accenting the positive aspects of humanity.* Invited address presented at the annual meeting of the American Psychological Association, San Francisco.

Bellah, R. N., Madsen, R., Sullivan, W. M., Swidler, A., & Tipton, S. M. (1985). *Habits of the heart: Individualism and commitment in American life.* New York: Harper and Row.

Bellah, R. N., Madsen, R., Sullivan, W. M., Swidler, A., & Tipton, S. M. (1992). *The good society.* New York: Vintage.

Diener, E. (1984). Subjective well-being. *Psychological Bulletin, 95,* 542-575.

Dohrenwend, B. P. (1998). Theoretical integration. In B. P. Dohrenwend (Ed.), *Adversity, stress, and psychopathology* (pp. 539-555). New York: Guilford.

Isen, A. M. (1993). Positive affect and decision making. In M. Lewis & J. M. Haviland (Eds.), *Handbook of emotions* (pp. 261-277). New York: Guilford.

Kuhn, T. S. (1970). *The structure of scientific revolutions.* Chicago: University of Chicago Press.

Langer, E., & Abelson, R. (1974). A patient by any other name.... Clinician group differences in labeling bias. *Journal of Consulting and Clinical Psychology, 42,* 4-9.

Lopez, S. J., Bouwkamp, J., Edwards. L. E., & Teramoto Pedrotti, J.

(2000, October). *Making hope happen via brief interventions*. Presented at the Second Positive Psychology Summit, Washington, DC.

McDermott, D. S., & Hastings, S. (2000). Children: Raising future hopes. In C, R. Snyder (Ed.), *Handbook of hope: Theory, measures, and applications* (pp. 185-200). San-Diego, CA: Academic Press.

McDermott, D., & Snyder, C. R. (2000). *The great big book of hope: Help your children reach their dreams*. Oakland, CA: New Harbinger.

Pearlin, L. I. (1989). The sociological study of stress. *Journal of Health and Social Behavior, 30,* 241-256.

Peterson, C., & Seligman, M. E. P. (2000). *The VIA taxonomy of human strengths and virtues*. Unpublished manuscript, University of Pennsylvania, Philadelphia.

Robitscheck, C. (1998). Personal growth initiative: The construct and its measure. *Measurement and Evaluation in Counseling and Development, 30,* 183-198.

Robitscheck, C. (1999). Further validation of the Personal Growth Initiative Scale. *Measurement and Evaluation in Counseling and Development, 31,* 197-210.

Robitschek, C., & Cook, S. W. (1999). The influence of personal growth initiative and coping styles on career exploration and vocational identity. *Journal of Vocational Behavior, 54,* 127-141.

Robitscheck, C., & Kashubeck, S. (1999). A structural model of parental alcoholism, family functioning, and psychological health: The mediating effects of hardiness and personal growth orientation. *Journal of Counseling Psychology, 46,* 159-172.

Ryff, C. D. (1989). Happiness is everything, or is it? Explorations on the meaning of psychological well-being. *Journal of Personality and Social Psychology, 57,* 1069-1081.

Schwartz, B. (1986). *The battle for human nature: Science, morality, and modern life*. New York: Norton.

Schwartz, B. (1994). *The costs of living: How market freedom erodes the best things in life.* New York: Norton.

Seligman, M. E. P. (2000, October). *Positive psychology: A progress report.* Presented at the Second Positive Psychology Summit, Washington, DC.

Seligman, M. E. P., & Csikszentmihalyi, M. (2000). Positive psychology: An introduction. *American Psychologist, 55,* 5-14.

Snyder, C. R. (1977). "A patient by any other name" revisited: Maladjustment or attributional locus of problem? *Journal of Consulting and Clinical Psychology, 45,* 101-103.

Snyder, C. R. (1997). The state of the interface. *Journal of Social and Clinical Psychology, 16,* 1-13.

Snyder, C. R. (2000). The past and possible futures of hope. *Journal of Social and Clinical Psychology, 19,* 11-28.

Snyder, C. R., Feldman, D. B., Taylor, J. D., Schroeder, L. L., & Adams, V., III. (2000). The roles of hopeful thinking in preventing problems and promoting strengths. *Applied and preventive Psychology: Current Scientific Perspectives, 15,* 262-295.

Snyder, C. R., & Fromkin, H. L. (1980). *Uniqueness: The human pursuit of difference.* New York: Plenum.

Snyder, C. R., & Ingram, R. E. (2000). Psychotherapy: Questions for an evolving field. In C. R. Snyder & R. E. Ingram (Eds.), *Handbook of psychological change: Psychotherapy processes and practices for the 21st century* (pp. 707-726). New York: Wiley.

Snyder, C. R., & McCullough, M. (2000). A positive psychology field of dreams: "If you built it, they will come...." *Journal of Social and Clinical Psychology, 19,* 151-160.

Snyder, C. R., McDermott, D., Cook, W., & Rapoff, M. (1997). *Hope for the journey: Helping children through the good times and the bad.* Boulder, CO: Westview; San Francisco: HarperCollins.

Snyder, C. R., McDermott, D. S., Leibowitz, R. Q., & Cheavens, J. (2000).

The roles of female clinical psychologists in changing the field of psychotherapy. In C. R. Snyder & R. E. Ingram (Eds.), *Handbook of psychological change: Psychotherapy processes and practices for the 21st century* (pp. 639-659). New York: Wiley.

Snyder, C. R., & Pulvers, K. (2001). Dr. Seuss, the coping machine, and "Oh, the places you will go." In C. R. Snyder (Ed.), *Coping and copers: Adaptive processes and people* (pp. 3-29). New York: Oxford University Press.

Snyder, C. R., Tennen, H., Affleck, G., & Cheavens, J. (2000). Social, personality, clinical, and health psychology tributaries: The merging of a scholarly "river of dreams." *Personality and Social Psychology Review, 4,* 16-29.

Snyder, C. R., Tran, T., Schroeder, L. L., Pulvers, K. M., Adams, V., III., & Laub. L. (2000). Teaching children the hope recipe: Setting goals, finding routes to those goals and getting motivated. *Today's Youth, 4,* 46-50.

Terman, L. M. (1926). *Genetic studies of genius: Vol. 1. Mental and physical traits of a thousand gifted children.* Stanford, CA: Stanford University Press.

Terman, L. M. (1959). *Genetic studies of genius: Vol. 5. The gifted group at mid-life.* Stanford, CA: Stanford University Press.

Terman, L. M., & Oden, M. H. (1947). *Genetic studies of genius: Vol. 4. The gifted child grows up.* Stanford, CA: Stanford University Press.

Veroff, J. B., Douvan, E., & Kulka, R. A. (1981). *The inner American: A self-portrait from 1957 to 1976.* New York: Basic Books.

Wehmeyer, M. L. (1996). Self-determination as an educational outcome: Why is it important to children, youth and adults with disabilities? In D. J. Sanda & M. L. Wehmeyer (Eds.), *Self-determination across the life span: Independence and choice for people with disabilities* (pp. 15-34). Baltimore: Paul H. Brookes.

Wehmeyer, M. L., Agran, M., & Hughes, C. (1998). *Teaching self-*

determination to students with disabilities: Basic skills for successful transition. Baltimore: Paul H. Brookes.

Wehmeyer, M. L., & Bolding, N. (1999). Self-determination across living and working environments: A matched-samples study of adults with mental retardation. *Mental Retardation, 37,* 353-363.

Wehmeyer, M. L., Kelchner, K., & Richards, S. (1996). Essential characteristics of self-determined behaviors of adults with mental retardation and developmental disabilities. *American Journal on Mental Retardation, 100,* 632-642.

Wehmeyer, M. L., & Metzler, C. (1995). How self-determination are people with mental retardation? The National Consumer Survey. *Mental Retardation, 33,* 111-119.

Wehmeyer, M. L., Palmer, S., Agran, M., Mithaug, D., & Martin, J. (2000). Promoting causal agency: The Self-Determined Learning Model of Instruction. *Exceptional Children, 66,* 439-453.

Wehmeyer, M. L., & Schwart, M. (1997). Self-determination and positive adult outcomes: A follow-up study of youth with mental retardation or learning disabilities. *Exceptional Children, 63,* 245-255.

Wehmeyer, M. L., & Schwartz, M. (1998). The relationship between self-determination, quality of life, and life satisfaction for adults with mental retardation. *Education and Training in Mental Retardation and Developmental Disabilities, 33,* 3-12.

Werner, E. E., & Smith, R. S. (1982). *Vulnerable but invincible: A study of resilient children.* New York: McGraw-Hill.

Werner, E. E., & Smith, R. S. (1992). *Overcoming the odds: High risk children from birth to adulthood.* Ithaca, NY: Cornell University Press.

Williamson, G. M., Parmelee, P. A., & Shaffer, D. R. (Eds.) (2000). *Physical illness and depression in older adults: A handbook of theory, research, and practice.* New York: Plenum.

Wills, T. A., & DePaulo, B. M. (1991). Interpersonal analysis of the help-seeking process. In C. R. Snyder & D. R. Forsyth (Eds.), *Handbook of social and clinical psychology: The health perspective* (pp. 350-375). Elmsford, NY: Pergamon.

Wrzesniewski, A. (1999). *Jobs, careers, and callings: Work orientation and job transitions*. Unpublished doctoral dissertation, University of Michigan.

Wrzesniewski, A., & Dutton, J. E. (in press). Crafting a job: Revisioning employees as active crafters of their work. *Academy of Management Review*.

Wrzesniewski, A., McCauley, C. R., Rozin, P., & Schwartz, B. (1997). Jobs, careers, and callings: People's relations to their work. *Journal of Research in Personality, 31*, 21-33.

찾 · 아 · 보 · 기

《인 명》

《내 용》

편저자 소개

릭 스나이더(C. J. Snyder)

2006년에 작고했으며, 미국 캔자스 대학교에서 임상심리 분야의 라이트 저명 교수(The Wright Distinguished Professor of Clinical Psychology)로 헌정되었다. 그는 임상, 사회, 성격, 건강 및 긍정심리학 분야 연구로 전 세계적으로 명망 있던 심리학자였다. 일생을 캔자스 대학교 심리학과 교수로 지내면서 수많은 책을 편저 혹은 저술하였는데, 대표작으로는 『희망의 심리학』『긍정심리학』『긍정심리학 핸드북』『긍정심리평가』『독특성: 인간의 차별성 추구』 등이 있다. 희망과 용서에 대한 수많은 학술 논문을 심리학 분야의 저명한 학술지에 게재하였는데, 그의 희망이론에서는 희망을 주도사고와 경로사고로 구성되는 목표지향적인 사고로 이해하였고, 이 이론에 바탕을 둔 많은 경험연구들은 수많은 연구자, 임상가 및 일반인에게 인간 강점의 중요성을 부각시켰다. 2000년에는 미국의 유명 TV 프로그램인 '굿 모닝 아메리카' 에 출연하여 출연자를 대상으로 한 현장실험을 통해 그의 희망이론을 설득력 있게 전파하였다. 그는 『사회 및 임상 심리학회지』의 편집장을 무려 12년 동안 역임하였고, 캔자스 대학교가 수여하는 '탁월한 진취적 교육자 상(Honor for an Outstanding Progressive Educator; 일명 HOPE 상)' 을 포함한, 모두 27개의 영예로운 상을 수상하였으며, 일생 동안 41명의 박사논문을 지도하였다.

셰인 로페즈(Shane J. Lopez)

현재 미국 캔자스 대학교 심리학과 부교수로 재직 중이다. 긍정심리학, 심리평가 및 정신건강 분야 전문인력 양성 등을 전공 분야로 하는 그의 연구는 개인의 삶에서 희망과 용기의 역할을 규명하는 데 초점을 두고 있다. 미국 갤럽연구소의 수석 연구자이도 한 그는 긍정심리학에 바탕을 둔 강점 계발 프로그램에 대한 연구를 지휘하고 있다. 또한 그는 국제긍정심리학회의 창립에도 깊이 관여하였고, 다양한 분야의 전문가들이 긍정심리학 분야에서 서로 교류할 수 있도록 촉진하는 선구자 역할을 해 왔다. 수십 편의 저명한 학술지에 논문(예: 학술지 상담자, 임상심리학지, 응용신경심리학지, 예방과 치료 등)을 게재하였으며, 긍정심리학 분야에서 널리 읽히는 여러 권의 책들(『긍정심리학 핸드북』『긍정심리평가』『긍정심리학』『모형과 측정도구 편람』 등)을 편저 혹은 저술하였다. 그는 『사회 및 임상 심리학지』의 부편집장을 역임했으며, 현재 『긍정심리학회지』를 포함한 여러 학술지의 편집위원으로 활발히 활동하고 있다. 아울러 '2003년 캔자스 심리학자 연합회 선정, 우수 강의 교수 상' 등을 포함한 여러 번의 영예로운 수상을 하였다.

역자 소개

이희경

한양대학교 교육학과 및 동 대학원에서 상담심리학을 전공했으며, 상담심리 전문가로 한국상담심리학회 자격관리 부위원장과 발전기획위원회 부위원장을 역임한 바 있다. 현재 가톨릭대학교 심리학과 조교수로 재직 중이다. 2006년부터 가톨릭대학교 심리학과 대학원에 '긍정심리학 세미나'와 '긍정심리상담' 강좌를 개설해 오고 있으며, 현재까지 희망, 낙관성, 공감 등 긍정심리학 분야에 대한 다수의 학술논문을 발표하였다. 현재 긍정심리학적 상담모형 개발 및 개입 프로그램, 한국적 긍정심리 평가도구 개발 등에 관심을 가지고 연구하고 있다. 역서로는 『긍정심리평가: 모델과 측정』 『카렌호나이의 정신분석』이 있다.

긍정심리학 핸드북
Handbook of Positive Psychology

2008년 8월 22일 1판 1쇄 발행
2021년 8월 20일 1판 5쇄 발행

지은이 • C. R. Snyder · Shane J. Lopez
옮긴이 • 이희경
펴낸이 • 김진환
펴낸곳 • (주) 학지사
04031 서울특별시 마포구 양화로 15길 20 마인드월드빌딩
대표전화 • 02)330-5114 팩스 • 02)324-2345
등록번호 • 제313-2006-000265호

홈페이지 • http://www.hakjisa.co.kr
페이스북 • https://www.facebook.com/hakjisabook

ISBN 978-89-5891-797-7 93180

정가 19,000원